기독교문서선교회(Christian Literature Center: 약칭 CLC)는 1941년 영국 콜체스터에서 켄 아담스에 의해 시작되었으며 국제 본부는 미국 필라델피아에 있습니다. 국제 CLC는 59개 나라에서 180개의 본부를 두고, 약 650여 명의 선교사들이 이동도서차량 40대를 이용하여 문서 보급에 힘쓰고 있으며 이메일 주문을 통해 130여 국으로 책을 공급하고 있습니다. 한국 CLC는 청교도적 복음주의 신학과 신앙서적을 출판하는 문서선교기관으로서, 한 영혼이라도 구원되길 소망하면서 주님이 오시는 그날까지 최선을 다할 것입니다.

## 추천사 1

**왕 인 성 박사**
부산장신대학교 신약학 교수

많은 그리스도인이 대설교자인 찰스 스펄전의 이름은 익히 알고 있지만, 그의 아내인 수잔나(수지) 스펄전의 신앙 유산에 대해서는 아는 사람이 매우 적다. 그녀는 하나님께 헌신적이었던 사람으로 그녀의 남편을 적극 지원했을 뿐만 아니라, 그녀 자신도 매우 귀중한 사역을 감당하였다. 그녀는 가난한 목회자들을 돕기 위한 모금을 주도하였고, 남편인 찰스 스펄전의 설교들을 꼼꼼히 살펴 편집하고 출간하는 일을 수행하였다.

또한, 그녀 역시도 다섯 권의 책을 펴내었다. 찰스 스펄전의 삶을 관찰하던 레이 로즈 주니어(Ray Rhodes Jr.)는 그와 36년간의 결혼 생활을 한 수지의 삶에 대한 여러 자료를 면밀히 살펴본 후, 그녀가 저명한 설교자인 한 사람의 아내일 뿐만 아니라 주의 사역에 온전히 헌신한 주의 종이었음을 확인하였다. 짧지 않은 결혼 생활 동안 수지는 찰스 스펄전의 병약한 몸뿐만 아니라 인간적 약점까지도 보듬으면서 그의 사역을 적극적으로 지원하였다.

그리하여 우리는 그녀에 대해 사모나 여성 사역자로서 제한적으로 기억하기보다는 온전한 그리스도인의 헌신의 귀감으로 여기는 것이 바람직하다. 레이 로즈 주니어는 감히 수잔나 스펄전이 없었다면 오늘날 우리가 찰스 스펄전을 기억하지 못했을 수도 있다고 말한다.

따라서 스펄전의 아내 수지의 신앙 유산을 다룬 이 책은, 남녀 성별을 떠나 다른 이들을 섬기고 세워가는 일에 관심이 있는 오늘날의 그리스도인들에게 참된 그리스도인의 삶과 사역은 어떠해야 하는가를 너무도 선명하게 보여주기에, 이 책을 읽는 많은 그리스도인의 마음속에 사랑과 헌신의 진정한 의미가 오롯이 새겨지기를 소망한다.

# 추천사 2

**R. 알버트 몰러 주니어**(R. Albert Mohler JR.)
남침례신학교 총장

때때로 역사 속에서 가장 눈에 띄는 교훈들은 고요함으로부터 온다. 교회사에서 발견되는 가장 이상한 침묵 가운데 하나는 사역자들과 목회자들 심지어 가장 유명한 기독교 지도자들의 아내들에 대한 주의 결핍이다. 그러한 고요함을 인지한 후에 우리는 스스로 생각해야 한다.

왜 그동안 이 역사적인 관심사가 이목을 끌지 못했는가?

물론 첫 번째로 드는 생각은 천 년이 넘는 시간 동안 로마가톨릭교회의 가르침과 훈련의 영향 아래 성직자들은 결혼을 하지 않았다는 사실이다. 오늘날 복음주의적 그리스도인들은 이것을 잘 알고 있다. 복음주의적 회중은 그들의 목회자들이 몇몇 경우를 제외하고는 결혼하기를 기대하지만 그들 대부분은 그때나 지금이나 왜 로마가톨릭교회가 성직자들의 독신을 기대했는지를 생각하지 않는다.

조금도 과장하지 않고 이러한 사실은 신학과 교회 훈련에 일어난 큰 변화를 보여준다. 그리고 이러한 큰 변화를 이해하기 위해서 우리는 16세기 종교개혁으로 돌아가야 하며 특별히 마틴 루터와 그가 소중히 여겼던 아내 케이티(Katie)를 생각해 볼 필요가 있다. 그들은 결혼한 목회자 가정의 모델을 세워갔는데 루터는 아내와 아이를 갖는 기쁨을 누렸다. 사실상 그들은 개신교 가정의 모델을 제시한 것이다.

마틴 루터가 1507년에 사제 서품을 받았을 때 그는 이미 어거스틴 수도사였다. 그는 이제 성직자가 되었다. 두려운 천둥번개가 치는 동안 성 안나(St. Anne)에게 그 유명했던 서약을 하고 나서 루터는 법에서 신학으로 관심을 돌렸다. 그의 아버지 한스 루터(Hans Luther)보다 이러한 결정에 대해 실망한 사람은 없었는데 그는 자신의 아들이 변호사가 되기를 원했고 결혼하고 나서 손자를 보았으면 하는 바람이 있었다.

루터는 성경에 비추어 보았을 때 로마가톨릭의 가르침과 훈련이 확실히 비성경적임을 확신했고 1517년 10월 31일에 '95개 조항'을 붙인 후에 종교개혁의 서막이 열리기 시작했다. 궁극적으로 루터는 의무적인 성직자의 독신이 비성경적인 가르침들 가운데 하나라고 보았다. 그는 자신이 가르치던 학생들을 결혼 적령기에 들어선 전직 수녀들과 연결시켜 주면서 중매하는 일을 시작했다. 오래전부터 루터는 자신의 아내 케이티와 결혼 생활을 했으며(그녀는 전직 수녀였다) 교회와 가정에서 종교개혁을 구현했다.

나의 서재에는 마틴 루터와 케이티 루터의 모습이 그려진 멋지고 역사적인 유화 세트가 있다. 이 그림들은 내 개인 도서관에서 가장 소중한 소장품이다.

왜 그런가?

마틴과 케이티는 삶과 유산에 있어서 서로 불가분의 관계에 놓여 있기 때문이다. 마틴 루터는 자신의 아내를 언급하지 않고서는 알려질 수 없는 저명한 첫 번째 기독교 목사가 되었다. 루터는 이를 확신했다. 우리는 케이티와 아이들, 그리고 기독교 가정의 따뜻함으로부터 얻을 수 있는 힘과 사랑을 언급하지 않고서는 루터를 설명할 수 없다. 루터는 왜 바울과 디모데가 교회에서 가르치는 직무를 맡은 사람이 "한 아내의 남편"(딤전 3:2)이 되어야 한다고 이야기했는지를 이해했다.

레이 로즈 주니어는 동일한 진리가 찰스 스펄전(Charles Haddon Spurgeon, 1834-1892)에게도 적용된다고 분명히 말한다. 이 책 『수잔나 스펄전의 생애와 유산』(*Susie: The Life and Legacy of Susannah Spurgeon*)에서 로즈는 그녀에 대한 이야기를 들려준다. 물론 그는 수지의 이야기를 들려주면서도 빅토리아 시대의 영국에서 가장 유명한 설교자 찰스 스펄전에 관한 이야기도 전해 준다. 우리는 찰스가 사랑했던 아내, 수지에 대해서 알면 알수록 그녀의 존재와 사랑과 영향력에 대한 지식이 없이는 찰스의 인생을 이해하는 것이 불가능하다는 사실을 알게 되었다.

최고의 서적들은 독자들의 필요를 충족시키는데 이 책이 바로 그런 책이다. 이야기를 잘 전해 주는 책들이 읽을 만한데 지금 당신의 손에 쥐어진 이 책이 진정으로 그런 책이다. 내가 마틴과 케이티의 초상화들을 소중히 여기는 또 다른 이유가 있다. 나의 사역은 나의 사랑하는 아내 메리가 없었다면 지금 이루어지고 있는 사역의 모습이 아니었을 것이고 나 역시 지금 이대로의 내 모습이 아니었을 것이다. 나는 레이 로즈가 자신의 사랑하는 아내 로리에 관하여 동일한 방식으로 증언했던 것도 이와 같은 맥락인 것을 잘 안다.

나는 레이 자신이 결혼 생활 가운데 누리는 행복이 왜 그가 이 책을 저술했는지 왜 그가 수지의 이야기를 들려주는 것이 중요할 것임을 알았는지 그리고 왜 여러분이 간절한 마음으로 이 책을 읽고 싶어 할 것인지에 대해 설명하는데 큰 도움을 줄 것이라고 말해도 무방하다고 생각한다.

**수잔나 스펄전 코클랭**(Susannah Spurgeon Cochrane)
찰스/수잔나 스펄전의 증손녀

이 책은 의심할 여지없이 나의 증조모인 수지(Susie)의 생애에 관하여 가장 상세하고 역사적인 측면에서 정확하며 분명한 진술을 하고 있다. 레이 로즈(Ray Rhodes)는 수지의 생애에 관하여 꼼꼼하게 조사했고 읽기 쉽고 주의를 이끄는 방식으로 소개했다. 나는 각 장을 읽어 가면서 수지가 살았던 삶을 본받고 싶었다.

**첫째**, 가장 중요한 것은 하나님을 향한 강하고 변치 않는 믿음을 소유하는 것이다.
**둘째**, 수지와 찰스가 서로에게 보여준 헌신처럼 나 역시 남편에게 최대한의 헌신을 보여주는 것이다.
**세째**, 그녀의 삶 속에 지속되어 온 질병과 수많은 시련에도 불구하고 끝까지 흔들리지 않고 인내하는 것이다.

당신이 그리스도의 영광을 위하여 그분을 섬기고자 하는 한, 이 책은 필요한 모든 것을 공급하시며 필요 그 자체가 되시는 그리스도를 바라보며 살아갈 수 있도록 격려할 것이다.

**톰 네틀스(Tom Nettles)**
남침례신학교 역사신학 은퇴교수, 수석교수
『드러난 진리로 살아가는 삶: 찰스 해돈 스펄전의 삶과 목회 신학』
(Living by Revealed Truth: The LIfe and Pastoral Theology of Charles Haddon Spurgeon)의 저자

나는 이 책을 읽은 후 '이 책은 기쁨이 될 것이다'라고 생각했다. 나는 연대표를 공부하자마자 '이 책은 아주 도움이 될 것이다'라고 생각했다. 서론을 읽고 나서는 '이 책은 매력적일 것이다'라고 생각했다. 수지의 젊은 시절에 대해서 읽고 난 후 나의 추측이 옳다는 것을 확인했는데 '이 책은 잘 연구되었다'라고 생각했다. 나는 수지와 스펄전의 생애에 중요한 교차점을 사색하면서 놀랐는데, '이 책은 설교의 황태자에 새로운 빛을 비춰 준다'는 사실에 주목했다.

멍뚱(Mentone)에서 마지막 달과 스펄전의 죽음에 대한 이야기에 이르렀을 때 '이 책은 두 사람이 한 마음과 한 생각으로 교감하는 결혼의 가치를 보여준다'고 생각했다. 북펀드 사역과 그로부터 파생된 사역들에 관한 주제들을 본 후에는 "어떻게 이 숙녀분께서 실제적인 비전의 모범이었고 실천하는 것을 지켰는가"라고 생각했다. 그녀가 글쓰기에서 보여준 독립적인 유용성은 다음과 같은 추측을 가능하게 했다.

> 그것은 성경의 지식과 그리스도와의 깊은 교제와 훈육의 풍성함을 나눔에 있어서 많은 그리스도인 여성에게 모범이 될 수 있을 것이며 남성들도 이러한 문제에 있어서 동일하게 적용할 수 있다.

교회 개척과 메트로폴리탄타버내클를 재건할 때 그녀가 맡았던 역할은 '이것은 옳은 일이다. 우리는 결코 그리스도의 나라를 확장하고 하나님께 영광 돌리는 섬김을 우리의 생명이 다하는 그 날까지 멈춰서는 안 될 것이다'라는 확신을 주었다. 이 강철 그림자와 같은 여인의 죽음에 잇따르던 전 세계적인 통곡은 내 마음속에 다음과 같은 결론을 내리게 했다.

> 은혜로 성숙된 한 생명 안에서 그녀는 찰스 없이는 그런 사람이 될 수 없었을 것이며 찰스 역시 수지 없이는 사랑과 존경을 받을 수도 위대한 업적을 달성할 수도 없었을 것이다. 사실 우리 모두가 삶의 각 처소에서 어떠한 존재가 되고 미래를 준비하기 위해서는 동료, 친구, 교회, 고난, 승리, 하나님의 지혜와 선하심에 대한 인식이 필요하다.

### 스카티 워드 스미스 (Scotty Ward Smith)
테네시주 프랭클린 크라이스트커뮤니티교회(Christ Community Church) 은퇴목사
테네시주 내쉬빌 웨스트엔드커뮤니티교회(West End Community Church) 전속 교사
『매일 드리는 기도』(Everyday Prayers)를 포함하여 다수의 책을 저술한 작가

나는 레이 로즈 주니어의 신간 『수잔나 스펄전의 생애와 유산』(Susie: The Life and Legacy of Susannah Spurgeon)을 너무 좋아한다. 하지만 이 책은 레이만큼 복음을 사랑하고, 넘치는 기쁨과 열정으로 그의 아내 로리를 사랑하고, 가능한 한 많은 양서를 하나님의 사람들의 손과 마음에 가져다 준 한 친구로부터 기대할 수 있는 것이다. 수잔나 스펄전은 모든 위대한 남성 뒤에 "존재감이 없는 여성"이 있다는 선입견을 떨쳐버린다. 그녀는 자신 만의 놀라운 유산, 생애, 표현, 이야기를 가지고 있다.

그녀는 세계적으로 유명한 남편 찰스 스펄전의 그림자에 가려져서 살아가는 삶을 기쁘게 받아들였지만, 그녀의 삶은 우리 모두가 배울 수 있고, 많은 혜택을 얻을 수 있다. 레이에게 감사드리는 점은 나는 더 이상 수잔나 스펄전을 자기 남편의 사역을 단순히 조력하는 사람으로 여기지 않는다는 것이다. 이제 나는 스펄전이란 이름을 들을 때, "당신은 수지를 이야기하는 것입니까 아니면 찰스를 이야기하는 것입니까"라고 물어볼 것이다. 나는 이 책의 중요성과 시기적절함과 유익함을 아무리 강조해도 지나치지 않다고 생각한다.

### 마이클 A. G. 헤이킨 (Michael A. G. Haykin)
영국왕립역사학회 회원(FRHistS), 남침례신학교 교회사 교수, 학과장
『8명의 믿음의 여성』(Eight Women of Faith) 저자

레이 로즈가 이 책을 출간하기 전까지 수잔나 스펄전에 관한 실질적인 연구가 없었다는 사실을 믿을 수가 없다. 찰스 스펄전의 존재와 그의 사역은 너무나도 잘 알려졌지만 어떤 이유인지는 몰라도 수지의 존재와 그녀의 생애는 찰스의 생애의 일부로만 여겨져 왔다. 감사하게도 레이는 그동안 간과되어 온 것을 교정해 주었고 우리에게 영감을 주었던 한 순례자의 인생 이야기 전체를 들려주었다. 나는 남녀를 막론하고 많은 독자가 이 책을 읽었으면 하는 바람을 가지고 있다.

### 에이미 버드(Aimee Byrd)
『우리는 왜 친구가 될 수 없을까?』(Why Can't We Be Friends?),
『작지 않은 여성』(No Little Women)의 저자

수잔나 스펄전의 삶 전체에 대한 전기가 출판되기를 너무 오랫동안 기다려 왔다. 레이 로즈는 그 기다림에 가치가 있었음을 증명해 주었다!

이 책은 그녀가 감명을 주었던 사람들처럼 모든 독자에게 동일한 효과를 나타내는 보물과도 같다. 이 책은 우리들의 마음을 모아서 주님의 선하심에 놀라움을 경험할 수 있도록 한다. 찰스 스펄전은 자신의 아내를 "믿음 안에서 강하고 가장 용감한 여성"이라고 언급했는데 그녀는 하나님의 영광에 초점을 맞추며 살아갔으며 그 영광의 신학은 그녀의 혈관을 통하여 우리의 심장과 입술과 손과 펜으로 나왔다.

가정주부 출신 신학자들의 여왕, 수잔나 스펄전은 자신의 삶의 여정에 놓여 있던 많은 장애물과 고난을, 약함을 통하여 주님께서 그 강한 힘으로 일하실 기회로 삼았다. 그리고 그분은 그녀의 가족과 친구들에게 복을 주시기 위해서 그리고 목회자들과 고아들, 심지어 우리들을 섬기기 위해서 그녀를 통하여 강력하게 일하셨다. 나는 수잔나 스펄전의 생애를 통하여 그리스도를 더욱 풍성하게 이해할 수 있도록 도와준 것에 대해서 레이에게 감사한다.

### 도날드 S. 휘트니(Donald S. Whitney)
켄터키주 루이빌 남침례신학교 영성신학 교수, 부학장
『그리스도인의 삶을 위한 영적 훈련』(Spritual Discipline for the Christian Life),
『가정 예배』(Family Worship),『성경을 사용하여 기도하기』(Praying the Bible) 저자.

찰스 스펄전은 19세기 후반 기독교 국가에서 가장 유명한 이름이었다. 그는 모든 기독교 역사 가운데 여전히 "설교의 황태자"로 널리 알려졌고, 오늘날에도 나를 포함하여 수많은 복음주 설교자의 영웅이다. 스펄전이 그의 경건한 아내, 수지를 얼마나 깊이 사랑했고 의지했는지는 많이 알려지지 않은 사실이다.

원전에 대한 연구와 오랫동안 잠자고 있던 자료에 대한 새로운 통찰을 통하여 레이 로즈는 그녀의 유명한 남편과 함께 '수잔나 스펄전'을 그녀가 있어야 할 위치로 복원시켰다. 스펄전에게 관심을 가진 사람이라면 누구나 이 책을 재미있게 읽을 것인데, 특별히 가정생활, 가정 예배 실천, 스펄전 가족의 영적 관계에 대한 통찰은 흥미를 더해 줄 것이다.

**제프 로빈슨(Jeff Robinson)**
켄터키주 루이빌 크라이스트펠로우쉽교회(Christ Fellowship Church) 담임목사
「복음연합」(The Gospel Coalition) 선임편집자

"모든 위대한 남성 뒤에는 위대한 여성이 있다"라는 진부한 속담이 있다. 이 속담은 종종 참인 것으로 판명난다. 우리들 대부분은 저 위대한 찰스 스펄전에 대해서 잘 알고 있지만, 찰스의 자녀를 양육하고 그의 가정을 지키며 소울 메이트가 되어 주었으며 빅토리아 시대 영국의 정황 속에서 가마솥처럼 들끓는 지역 교회 사역의 치열함 속에서 그의 마음을 지켜주었던 경건한 아내에 대해서 극소수만이 알고 있을 뿐이다.

나의 친구이자 동역자인 레이 로즈는 수잔나 스펄전의 생애를 명료하면서도 생동감 있게 저술했고, 설교의 황태자를 그토록 사랑했던 그녀의 삶 속으로 우리를 안내해 준다. 이 책은 독특하면서도 우리에게 너무 필요한 전기이다. 이 책은 예수 그리스도의 교회를 섬기기 위하여 저술된 최고의 역사적 기록이며, 앞으로 수십 년 동안 사랑스러운 스펄전 여사에 관한 표준적인 일대기가 될 것이다. 말 그대로 이 책에는 모든 그리스도인을 위한 무언가가 있다. 하나님께서 사자의 심장을 가진 영혼의 단짝을 위대한 찰스 스펄전에게 주셨다는 사실을 읽고 기뻐하라.

**메이건 힐(Megan Hill)**
『함께하는 기도』(Praying Together) 저자, 「복음연합」(The Gospel Coalition) 편집자
「크리스천투데이 우먼」(CT Women),
「말씀 속에 발견하는 오늘」(Today in the Word) 정기 기고자, 목회자 아내

찰스 스펄전을 좋아하는 사람들은 찰스의 아내 수지의 새로운 전기를 집어 들고서 기뻐할 것이다. 수지의 생애에 관한 레이 로즈의 신중한 연구는 19세기의 위대한 설교자를 사랑과 기도로 지탱해 주었던 한 여성의 이야기를 밝히 드러내 준다.

수지의 이야기는 만성 질환 가운데에서도 하나님을 신뢰하는 모범을 보여주고 부부애의 다정한 그림을 보여준다. 그리고 독자들은 가난한 목회자들에게 수천 권의 책을 후원했던 수지의 북펀드 사역으로 인하여 하나님께 감사할 것이다. 우리는 이 세상을 살다 간 수많은 성도의 이야기로부터 많은 것을 배울 수 있는데 이 책도 그러한 경우에 있어서 예외가 아니다.

**메리 비키(Mary Beeke)**
『친절함의 법칙』(*The Law of Kindness*) 저자
조엘 비키(Joel Beeke, 퓨리탄개혁주의신학교 총장, 작가)의 아내

수지는 편안하고 안락한 우리의 삶으로부터 매일 건강상의 한계라는 어려움이 있었지만 하나님의 나라를 확장하기 위하여 자신의 은사들을 사용하는 데 결코 제한받지 않았던 그 시절로 우리를 안내한다.

수지는 유명한 남편, 찰스 스펄전이 우울증과 사역의 어려움을 겪고 있었을 때 곁에서 그를 격려했을 뿐만 아니라, 가난한 목회자들에게 책과 구호품을 보내라는 하나님의 손짓과 부르심을 예의 주시했는데, 이러한 그녀의 모습은 우리에게 얼마나 큰 감동을 주는가!

수지가 감당했던, 신실하고 겸손한 목회자들을 격려하는 사역은 각자 처한 환경 속에서 하나님께서 당신의 영광을 위하여 우리에게 주신 은사들을 잘 활용할 수 있도록 힘을 북돋아 준다. 레이 로즈가 빅토리아 시대를 살아가던 수잔나 스펄전의 생애와 역사를 다루는 방식은 흥미롭고, 유용한 정보를 제공하며, 동기 부여가 된다.

**코트니 레이시그(Courtney Reissig)**
『일상생활 속에서 경험하는 영광』(*Glory in the Ordinary*),
『뜻하지 않은 페미니스트』(*The Accidental Feminist*)의 저자

나는 오랫동안 수잔나 스펄전(Susannah Spurgeon)의 전기를 읽고 싶어 했고, 레이 로즈(Ray Rhodes)는 보기 드문 이 여성의 전기를 통하여 나와 교회에게 선물을 주었다. 만약 당신이 겪고 있는 시련이 하나님께 사용될 것이라는 사실과 당신의 약함이 거룩함을 향하는 길이라는 사실과 일상적이며 숨겨진 사역 속에서 당신의 믿음이 하나님께 가치가 있다는 사실을 알고 싶다면 수지를 당신의 교사이자 친구로 삼으라.

당신은 이 책을 통하여 당신과 동역하는 한 자매를 발견할 것이며 그로 인하여 격려를 받게 될 것이다. 하나님은 당신의 택하신 백성의 삶 속에 의도하신 일을 행하실 것이며 수지는 신실한 모범을 보인 사람들 가운데 한 사람이다.

**토드 프리엘(Todd Friel)**
Wretched TV and Radio 진행자, 다수의 책을 저술한 작가

이 얼마나 예기치 않은 큰 기쁨을 주는 책인가!
　집중해서 단숨에 읽어 내려 갈 수 있고, 다채롭게 쓰여졌으며, 놀라울 정도로 힘을 북돋아 준다. 수잔나 스펄전은 단역을 맡은 것이 아니었다. 그녀는 믿기 힘들 정도로 힘든 질병에도 불구하고, 우리 왕께서 이 땅에 다시 돌아오실 때까지 신실하게 살아야 할 모범을 보여주었다. 이 책은 아주 좋은 읽을거리이다.

**사라 질스트라(Sarah Zylstra)**
「복음연합」(*The Gospel Coalition*) 선임작가

현대 독자들처럼 옛 성도들의 삶에 공감하는 것은 종종 어려운 일이다. 레이 로즈는 개인적인 경건에 힘쓴 한 여성의 그림을 우리에게 그려 준다. 이 그림은 시대를 막론하고 여성들에게 영감을 불어넣어 준다.

# 수잔나 스펄전의 생애와 유산

*Susie: The Life and Legacy of Susannah Spurgeon, wife of Charles H. Spurgeon*
Written by Ray Rhodes Jr.
Translated by Ki Woon Lee

This book was first published in the United States by Moody Publishers,
820 N. LaSalle Blvd.,
Chicago, IL 60610, USA with the title Susie,
copyright ⓒ 2018 by Ray Rhodes Jr.
Translated by permission.
All rights reserved.

Korean Edition Copyright © 2024 by Christian Literature Center, Seoul, Korea.

## 수잔나 스펄전의 생애와 유산

2024년 3월 29일 초판 발행

지 은 이 | 레이 로즈 주니어
옮 긴 이 | 이기운

편    집 | 진애란
디 자 인 | 김현미, 서민정
펴 낸 곳 | (사)기독교문서선교회
등    록 | 제16-25호(1980.1.18.)
주    소 | 서울특별시 동대문구 천호대로 71길 39
전    화 | 02-586-8761~3(본사) 031-942-8761(영업부)
팩    스 | 02-523-0131(본사) 031-942-8763(영업부)
이 메 일 | clckor@gmail.com
홈페이지 | www.clcbook.com
송금계좌 | 기업은행 073-000308-04-020  (사)기독교문서선교회
일련번호 | 2024-20

ISBN  978-89-341-2655-3

이 한국어판 저작권은 Moody Publishers와 독점 계약한 (사)기독교문서선교회가 소유합니다. 신저작권법에 의하여 한국 내에서 보호를 받는 저작물이므로 무단 전재와 무단 복제를 금합니다.

SUSIE: THE LIFE AND LEGACY OF SUSANNAH SPURGEON, WIFE OF CHARLES H. SPURGEON

# 수잔나 스펄전의
# 생애와 유산

레이 로즈 주니어 지음
이기운 옮김

CLC

## 목차

추천사 1  **왕인성 박사** | 부산장신대학교 신약학 교수   1
추천사 2  **R. 알버트 몰러 주니어** | 남침례신학교 총장   2
수지를 향한 찬사   **수잔나 스펄전 코클랭** 외 11인   4

연대표   16
수지 여사에 대한 소개: 1832-1903년   24
저자 서문   32
역자 서문   39

제1장  성장과 가족: 수지 여사의 출생과 빅토리아 시대의 영국   41
제2장  앞을 향해 나아가는 순례자: 1852-1855년   63
제3장  수정궁에서 하나 된 마음   78
제4장  천국을 이루어 가는 결혼 생활   108
제5장  부모가 되다   126
제6장  슬픈 그림자와 믿음   144
제7장  가정과 해외에서 서로 손을 잡고   165
제8장  고난이 다가오다   179
제9장  스펄전 여사의 북펀드 사역   201

*Susie:*
*The Life and Legacy of*
*Susannah Spurgeon,*
*wife of Charles H. Spurgeon*

**제10장** 웨스트우드로 이사하다: 계속되는 북펀드 사역     222

**제11장** 멍똥(Mentone)에서의 행복 그리고 슬픈 안녕     238

**제12장** 그리스도와 함께 더 나은 본향으로     261

**제13장** 수지의 편지 사역     271

**제14장** 마지막 씨앗을 뿌리며     295

**제15장** 왕의 영광을 바라보다     316

에필로그 수잔나 스펄전의 유산     342
스펄전의 증손녀 글     366

# 연대표

생년월일 미상: 수잔나(수지) 스펄전의 조부모는 샘슨(Sampson)과 메리 놋(Mary Knott), 윌리엄과 메리 톰슨(William and Mary Thompson)이었다. 샘슨과 메리는 1801년에 결혼했고 샘슨은 1860년에 사망했다고 알려졌다. 그는 향사(Esquire)였고 은퇴한 방앗간 주인이었고 부유했다.

1805년 또는 1806년 1월 20일: 수잔나 스펄전의 어머니 수잔나 놋 톰슨(Susannah Knott Thompson)은 켄트(Kent)의 람스게이트(Ramsgate)에서 태어난다. 타넷(Thanet)의 세인트 로렌스(St. Lawrence)에 있는 교구 교회에서 침례를 받았다.

1808년 3월 9일: 수잔나 스펄전의 아버지 로버트 베넷 톰슨(Robert Bennett Thompson)은 런던에서 태어난다. 6월 타버내클에서 영국 분리주의자 매튜 윌크스(Matthew Wilks) 목사에게 침례를 받았다.

1823년 6월 2일: 헨리 킬빙턴(Henry Kilvington)과 메리 놋(Mary Knott, 수지의 이모, 그녀의 어머니 수잔나의 자매)이 결혼한다. 수지와 그녀의 부모는 잠시 킬빙턴 가족과 함께 살았다.

1829년: 수지의 사촌이자 나중에 가까운 친구가 된 수잔나 킬빙턴(Susannah Kilvington)이 태어난다.

1831년 4월 16일: R. B. 톰슨(R. B. Thompson)과 수잔나 놋(Susannah Knott)이 사우스워크(Southwark)의 런던 자치 지구에 위치한 캠버웰(Camberwell)의 성 자일스 교회(St. Giles Church)에서 결혼한다.

1832년 1월 15일: 수지 톰슨은 런던의 올드 켄드 길(Old Kent Road)에서 태어난다.

1834년 6월 19일: 찰스 해돈 스펄전은 에섹스(Essex)의 캘브돈(Kelvedon)에서 태어난다

1837-1901년: 빅토리아 여왕의 통치기

1840년: 프랑스 개혁교회의 오데베즈(J. J. Audebez) 목사의 아내 잔느(Jeanne)가 사

망한다. 오데베즈가 1842년 고인이 된 전처의 자매와 결혼한 이후에 수지는 파리와 오데베즈의 집을 방문한다. 그녀는 1845년과 1854년 3월 사이에 여행할 동안 가끔씩 오데베즈 가족과 함께 살았다.

1841-1850년: 제임스 스미스(James Smith)가 뉴파크스트리트채플(New Park Street Chapel)을 섬긴다. 톰슨 가족은 그의 재직 기간 동안 이 교회에 다닌다.

1842년: 로버트 베넷은 채권자들의 요구를 충족시킬 수 없었다. 이후 1843년 초와 1851년 말, 한때 로버트 베넷은 메서스(Messers)사에서 일한다. Cook and Son은 런던 중심부에 위치해 있다. 1840년에 톰슨 씨 가족은 런던의 중심부에서 살았다. 1843년에 로버트 베넷의 재정적인 문제는 해결되었다.

1848년: 수잔나 킬빙턴은 윌리엄 올니와 결혼한다. 올니 가족은 수지의 삶에 중요한 영향을 준다.

1850년 1월 6일: 찰스 스펄전은 콜체스터(Colchester)의 아틸러리 스트리트(Artillery Street)에 위치한 프리미티브메소디스트채플(Primitive Methodist Chapel)에서 회심한다.

1850년 5월 3일: 찰스는 아일햄 페리(Isleham Ferry)의 리버 라크(River Lark)에서 침례를 받는다(역자주: 본서에서는 침례교 배경과 관련될 경우 "침례"로 번역하였다).

1850년 10월 3일: 찰스는 케임브리지에 있는 세인트 앤드류스 스트리트 침례교회(St. Andrew's Street Baptist Church)의 회원으로 받아들여진다.

1851년: 대영박람회가 이 박람회의 주요 건물인 '수정궁'과 함께 런던 하이드 파크에서 개장한다. 찰스 스펄전은 6월에 이 박람회에 참석하기 위해서 케임브리지에서 온다.

1851년 10월: 찰스는 케임브리지 북쪽에 위치한 워터비치채플(Waterbeach Chapel)의 목회자가 된다.

1852년: 수지는 어느 주일 저녁 런던 중심부에 위치한 포울트리채플(Poultry Chapel)에서 회심한다. 날짜는 알려지지 않았다.

1853년 1월 29일: 수지는 나폴레옹 3세(Napoleon III)와 유제니(Eugenie)의 결혼식 전날 노틀담성당(Notre Dame Cathedral)을 방문한다.

1852/53-1855년: 1852년 말 또는 1853년 초 로버트 베넷과 그의 가족은 헨리와 메리 킬빙턴(수지의 이모)의 집으로 임시로 이사 왔고 1855년 늦봄까지 거주

한다. 그들은 브릭스턴 로드(Brixton Road)에 있는 7 St. Ann's Terrace에서 살았고 이후에 런던 중심부로 돌아와서 210 Falcon Square에서 살았다.

1853년: 수잔나 놋 톰슨의 자매 메리 킬빙턴은 사망한다.

1853년 늦여름 또는 가을: 찰스는 케임브리지에서 주일 학교 행사에서 설교한다. 이 기회를 통하여 런던의 뉴파크스트리트채플(New Park Street Chapel)에 초대되어 설교한다.

1853년 12월 18일: 찰스는 초청 강사로 뉴파크스트리트채플에서 처음으로 설교한다. 수지 톰슨은 아침 예배에 참석하지 않았지만 토마스 올니(윌리엄의 아버지)의 권면으로 저녁 예배에 참석했고 찰스의 설교를 처음으로 듣는다.

1853-54년: 런던에 콜레라가 창궐하여 11,000명의 사람들이 사망한다. 1854년에 찰스는 아프고 죽어가며 슬퍼하던 사람들을 섬긴다.

1853-56년: 크림 전쟁

1854년: 수정궁은 런던 남부의 시든햄(Sydenham)에서 재건된다.

1854년 4월 20일: 찰스는 수지에게 『천로역정』(*The Pilgrim's Progress*)을 선물한다. 윌리엄 올니는 찰스에게 수지의 영적 싸움에 대해서 이야기해 주었고 이것이 이 선물의 계기가 된다.

1854년 4월 28일: 찰스는 뉴파크스트리트채플(New Part Street Chapel)에서 목회하기로 결정한다.

1854년 6월 10일: 찰스와 수지는 수정궁의 개장 행사에 참석한다. 이곳에서 책을 선물함으로써 수지를 향한 자신의 사랑을 보여준다.

1854년 8월 2일: 찰스는 그녀의 할아버지 소유의 정원에서 수지에게 청혼한다.

1854년 12월: 수지는 뉴파크스트리트채플의 등록 교인이 되며 그리스도를 믿는 믿음에 대한 간증문을 기록한다.

1855년 1월 23일: 수지는 교회 앞에 서서 자기 믿음에 대하여 간증한다.

1855년 2월 1일: 수지는 자신의 약혼자인 찰스에게 침례를 받는다.

1855년 2월 4일: 수지는 공식적으로 1867년 9월까지 뉴파크스트리트채플에서 등록 교인으로 활동한다. 그녀는 1867년 말에 병에 걸렸고 이제 메트로폴리탄 타버내클이 된 그 곳에서 거의 예배 참석을 하지 못한다.

1855년: 찰스가 혼스(Horns)에서 설교를 준비할 때 수지를 잃어버린다. 그녀는 화가 나서 친정 어머니의 집으로 뛰쳐나갔다. 이 사건은 아마도 1855년의 2월과 5월 사이 어느 날에 일어났을 것이다. 찰스는 75 Dover Street에 살고 있었다. 수지는 그때 혼스에서 1마일 정도 떨어져 있는 브릭스턴의 7 St. Ann's Terrace에 살고 있었다.

1855년: 『고대의 브룩스에게서 가져온 부드러운 돌들』(Smooth Stones Taken from Ancient Brooks)이 그 해 말에 찰스 스펄전에 의해 출간되었다. 1855년 여름 찰스는 수지가 토마스 브룩스의 글에서 핵심적인 인용문을 가져왔음을 알리기 위하여 목록에 올려놓았다. 비록 이 책에 수지의 이름이 올려져 있지 않지만 이 책은 수지의 첫 번째 출간 활동이다.

1855년 4월: 수지는 콜체스터(Colchester)에 있는 찰스의 부모님을 처음으로 방문한다.

1855년 12월 22일: 찰스는 수지에게 자신의 첫 설교집을 헌정한다.

1856년 1월 8일: 수잔나(수지) 톰슨은 찰스 해돈 스펄전과 결혼한다. 그들은 파리로 신혼여행을 떠난다.

1856년 1월: 찰스와 수지는 217 New Kent Road에 위치한 첫 번째 집으로 이사한다.

1856년 봄: 수지는 찰스와 함께 스탐본(Stambourne)의 그의 할아버지를 방문한다.

1856년: 패스터스칼리지(Pastors' College)가 한 명의 학생으로 시작되었고 1857년에 공식적으로 더욱 발전했다.

1856년 9월 20일: 수지는 쌍둥이 형제 찰스와 토마스를 출산한다.

1856년 10월 19일: 서레이 가든의 음악당 재난.

1856년 11월 2일: 찰스는 뉴파크스트리트채플의 강단으로 복귀한다.

1856년 11월 23일: 찰스는 설교하기 위하여 서레이 가든의 음악당으로 복귀한다.

1857년 가을: 찰스와 수지는 99 Nightingale Lane으로 이사한다.

1857년 10월 7일: 찰스는 수정궁에서 거의 24,000명에게 설교한다.

1857-1867년: 수지는 상대적으로 건강한 몸 상태였고 종종 찰스와 여행을 떠난다. 그녀는 알프스를 등반했고 미술관들을 여행했고 베니스를 만끽한다. 그

녀는 교회에서 활동했다. 그녀는 찰스가 칼빈의 강단에서 설교했던 1860년에 제네바에서 찰스와 함께 있었다.

1861년 3월 18일: 메트로폴리탄타버내클이 개회 예배를 드렸고 5,000-6,000명을 수용할 수 있었다.

1862년 4월 14일: 수지의 어머니 수잔나 톰슨이 세상을 떠난다. 찰스는 그녀의 장례식에서 설교한다.

1866년 8월: 찰스는 앤 힐야드(Ann Hillyard)가 후원해 준 20,000파운드로 남자 아이들을 위한 고아원을 시작한다. 여기에서 스톡웰(Stockwell) 고아원이 시작되었을 것이다.

1867년: 스톡웰 고아원이 공식적으로 시작된다.

1868년: 수지의 병은 심각해지며 더 이상 여행할 수 없었다.

1868-1869년: 톰슨 씨(R. B. Thompson)는 Falcon Square에서 Bell Street로 이사한다.

1869년: Nightingale Lane에 있는 집은 허물어졌고, 새로운 건물이 동일한 위치에 지어졌다.

1868-1869년: 수지는 브라이튼(Brighton)에서 제임스 영 심슨(James Young Simpson) 경에게 수술을 받는다. 그녀는 남은 생애 동안 혼자 생활하기 어려운 환자로 살아간다.

1869년: 토마스 올니가 이 세상을 떠난다.

1870년 10월 18일: R. B. 톰슨은 런던 중심부에 위치한 그리스도 교회(Christ Church)에서 메리 앤 커크우드(Mary Ann Kirkwood)와 결혼한다. 로버트는 와인 무역상이다. 로버트와 메리 앤은 런던 근처의 혼지(Hornsey)에서 산다.

1872/1872-1892년: 찰스는 악화되어 가는 건강 때문에 종종 겨울철 몇 달 동안 프랑스의 멍똥(Mentone)에 거주했다.

1873년 10월 5일: 톰슨 씨는 사우쓰 테라스(South Terrace)의 팬젠스(Penzance)에서 심장 마비로 세상을 떠난다. 그는 그곳에 묻힌다.

1874년 10월 21일: 스펄전 부부의 아이들인 찰스와 토마스 스펄전은 18세가 되어 메트로폴리탄타버내클에서 침례를 받는다.

1875년: 버지니아에서 온 노예였던 토마스 존슨(Thomas Johnson)은 패스터스칼리지에서 스펄전의 학생이 되어 학업을 시작한다.

1875년 여름: 스펄전 여사의 북펀드 사역(Book Fund)이 시작되며 그녀가 세상을 떠날 때까지 담당자로 섬긴다.

1875년: 여자 아이들을 위한 고아원이 스톡웰(Stockwell)에서 시작된다.

1880년: 늦여름에 찰스와 수지는 런던 남쪽의 노우드(Norwood) 상부와 시든햄 힐(Sydenham Hill)의 수정궁 근처에 위치한 뷸라힐(Beulah Hill[Westwood])로 이사한다.

1881년 1월 8일: 수지와 찰스는 그들의 결혼 25주년을 기념한다.

1884-1885년: 수지는 『북펀드 사역의 10년』(*Ten Years of My Life in the Service of the Book Fund*)을 출간한다.

1887년: 내리막 논쟁(The Down-Grade Controversy)이 시작된다. 찰스는 10월 28일에 침례교 연합(Baptist Union)에서 사임한다.

1888년 1월 18일: 침례교 연합은 찰스에 대한 불신임 투표를 한다.

1888년: 찰스는 『믿음 은행의 수표책』(*The Cheque Book of the Bank of Faith*)을 출간하며 그 책에서 그 논쟁으로 말미암아 자신이 고난을 겪고 있고, 수지 역시 역경 속에 처해 있음을 기록한다. 수지는 내리막 논쟁 때문에 찰스가 57세의 젊은 나이로 세상을 떠났다고 믿었다.

1889년: 수지는 런던의 쏜톤 히쓰(Thornton Heath[웨스트우드 근처])에 위치한 뷸라 침례채플(Beulah Baptist Chapel)에 등록한다(메트로폴리탄타버내클은 회원 권한에 이의를 제기했다).

1889년 3월: 찰스와 수지의 손녀 마거릿 메이(데이지) 스펄전(Marguerite May [Daisy] Spurgeon)이 세달 만에 이 세상을 떠났다.

1890년: 찰스와 수지의 손자, 찰스 필립 스펄전(Charles Philip Spurgeon)은 1살이 못되어 이 세상을 떠났다.

1891년 6월 7일: 찰스는 메트로폴리탄타버내클에서 마지막 설교 말씀을 전한다.

1891년 10월: 이달 초에 찰스와 수지는 영국의 이스트본(Eastbourne)으로 함께 여행을 떠난다.

1891년 10월 26일: 찰스는 자신의 건강이 따뜻한 기후 속에서 향상될 것이라고 믿고 수지와 함께 런던을 떠나 멍똥으로 떠난다. 수지는 자신의 투병생활 가운데 처음으로 여행을 떠난다.

1891년 10월-1892년 1월 중순: 찰스는 자신의 책, 『하나님 나라의 복음』(The Gospel of the Kingdom)의 대부분을 완성한다.

1892년: 찰스와 수지는 1월 8일에 그들의 36주년 결혼기념일을, 1월 15일에는 수지의 60번째 생일을 축하한다.

1892년 1월 17일: 찰스는 그가 머물고 있던 멍똥에 있는 한 호텔에서 그의 마지막 예배를 인도한다. 1월 20일에 찰스는 앓아 누웠으며 11일 이후 그가 이 세상을 떠날 때까지 계속 침대에 누워 있었다.

1892년 1월 31일: 찰스는 보 리바지(Beau Rivage) 호텔 숙소에서 오후 11시 5분에 이 세상을 떠난다. 수지는 찰스와 함께 있었고 그의 곁에는 그의 형제, 처형, 수지의 친구 엘리자베스 톤도 있었다. 찰스를 위한 장례 예배는 멍똥에서 드려졌고 찰스의 시신은 런던으로 옮겨진다. 수지는 한 달 동안 런던으로 돌아가지 않고, 대신에 토마스 핸베리(Thomas Hanbury)의 자택에서 안정을 취한다.

1892년 2월 11일: 찰스는 웨스트 노우드 묘지(West Norwood Cemetry)에 묻힌다.

1892년 3월: 수지는 이탈리아에서 런던으로 돌아와 그녀가 맡았던 북펀드 사역을 이어 간다.

1894년 3월: 토마스 스펄전은 메트로폴리탄타버내클의 목회자로 선출되었다. 상당수의 반대가 있었다. 그는 4월 2일에 목회자의 직무를 받아들인다.

1895년: 수지는 『북펀드 사역의 10년, 속편』(A Sequel to Ten Years of My Life in the Service of the Book Fund)을 출간한다.

1895년 봄: 수지는 벡스힐 온 시(Bexhill-on-Sea)에 침례교 교회가 없다는 사실을 발견하고 기도의 시간을 보낸 후 그곳에 교회를 개척하기로 결심한다.

1896년: 벡스힐 온 시의 뷸라 침례교회는 학교 예배실을 첫 번째 건물로 사용했다. 교회는 1897년 1월 31일에 공식적으로 구성되었다.

1896년: 수지는 『명종곡』(A Carillon of Bells)을 출간한다.

1897-1900년: 수지는 『찰스 스펄전의 자서전』(C. H. Spuegeon's Autobiography)의 공동 편집자이자 주요 기고자이다.

1897년 4월 12일: 수지는 벡스힐의 채플을 착공한다. 7월 7일에 그녀는 기념비를 세운다.

1898년: 수지는 『고벨화송이』(*A Cluster of Camphire*)를 출간한다.

1898년 4월 20일: 메트로폴리탄타버내클은 화재로 소실된다.

1898년 8월 17일: 뷸라 침례교회는 빚을 지지 않고 벡스힐 온 시(Bexhill-on-Sea)에서 시작된다.

1899년 2월 8일: 수지는 메트로폴리탄타버내클의 지하실에서 재정 모금을 인도한다. 그녀는 의사의 조언을 듣지 않고 메트로폴리탄타버내클을 재건축하기 위하여 30,000불을 모금한다.

1900년 9월: 메트로폴리탄타버내클에서 다시 예배로 모인다.

1901년: 수지는 『여름 과일 한 바구니』(*A Basket of Summer Fruit*[1901])를 출간한다.

1903년 10월 22일: 수지는 웨스트우드에서 오전 8시 30분에 사망한다.

1903년 10월 27일: 채츠워쓰 로드 침례교회(Chatsworth Road Baptist Chapel)에서 장례 예배를 드리고 웨스트 노우드 묘지(West Norwood Cemetry)에서 장례식을 거행했으며 웨스트우드의 도서관에서 추모 예배가 드려진다.

1903년: 찰스 레이(Charles Ray)는 『수잔나 스펄전의 생애』(*The Life of Susannah Spurgeon*)를 출간한다.

1904년: 수지를 위한 기념비가 벡스힐에 위치한 뷸라 침례교회에 세워진다. 북편드 사역은 엘리자베스 톤(Elizabeth Thorne)의 지도 아래 웨스트우드에서 지속된다.

1917년 10월 17일: 토마스 스펄전이 사망한다.

1926년 12월 13일: 찰스 스펄전 주니어가 사망한다.

2018년 9월: 『수잔나 스펄전의 생애와 유산』(*The Life and Legacy of Susannah Spurgeon*)이 출간된다.

# 수지 여사에 대한 소개

1832-1903년

수잔나 스펄전 여사는 편지를 쓰고 나서(그녀는 해를 거듭하며 이처럼 수백 통의 편지를 썼다) 그것을 조심스럽게 『하나님 나라의 복음』(*The Gospel of the Kingdom*)의 표지에 넣었다. 작고한 그녀의 남편 찰스 해돈 스펄전(Charles Haddon Spurgeon)은 영국 침례교 목사이며 "설교의 황태자"로 잘 알려져 있다.

그녀는 소포 꾸러미를 싸서 오랜 친구이자 조수인 엘리자베스 톤(Elizabeth Thorne)에게 부쳤다. 이전에 보냈던 많은 소포처럼 편지와 책은 궁극적으로 스펄전 여사의 북펀드(Mrs. Spurgeon's Book Fund) 사역의 일환으로 한 목사에게 보내질 것이다. 이 목사는 지금 외국에 거주하고 있으며 한때 패스터스칼리지(Pastors' College)의 한 강의실에 앉아서 대학의 설립자인 찰스 스펄전의 강의를 경청했다.

마태복음 주석은 스펄전의 마지막 작품이었는데 수지 여사는 다음과 같이 설명했다.

> 주님의 영광을 위한 다정하고 사랑스러운 수고와 손길은 이제는 죽음으로 인하여 차갑게 식었습니다.[1]

---

[1] Mrs. C. H. Spurgeon, *Ten Years After!: A Sequel to "Ten Years of My Life in the Service of the*

수지 여사에 대한 소개    25

그 후 언젠가 그 목사는 수지에게 답장했다.

나는 명석한 두뇌와 분주한 손놀림으로 만들어진 마지막 작품을 말로 표현할 수 없을 정도로 소중하게 생각합니다. 그리고 나는 당신의 편지를 표지 안에 넣어 붙였습니다.²

또 다른 목사는 다음과 같이 기록했다.

당신과 그 분의 사역자를 위한 작품 위에 하나님의 복 넘치기를 원합니다. 당신이 빈 의자와 당신이 사랑했던 사람을 생각나게 하는 집 안의 많은 물건을 보고 적막한 외로움을 느낄 때마다 당신을 응원합니다. 용기를 내세요!³

―❦―

수지 여사는 1892년 1월 31일에 남편을 주님 품으로 보내고 나서 깊은 상실감에 여전히 슬퍼하고 있었고 홀로 남겨진 연약한 과부인 자신에게 주님께서 어떤 일을 하실지에 대하여 전혀 알 수가 없었다.
그녀는 17년 동안 지속해 온 가난한 목회자들을 위한 북펀드 사역을 지속할 수 있을까?
그녀는 다음과 같이 결단하며 이야기했다.

하나님께서 내가 그 사역을 계속하도록 이끄셨고 외로움과 슬픔 속에 머

---

*Book Fund"* (London: Passmore & Alabaster, 1895), 206.
2   Ibid., 221.
3   Ibid., 185.

물러있던 내 마음과 생각을 지키시기 위해 힘을 공급하셨습니다.[4]

찰스는 그녀가 이 책 사역을 시작하도록 격려했고, 수지 여사를 "주님과 그분의 가난한 종들을 위한 적극적인 섬김을 통하여 나타나는 위로의 능력을 내게 알려준 빛의 천사"로 묘사했다.[5]

그녀의 남편이 저술한 책들이 그녀의 손길을 통해서 전달되면서 그 책들은 수지 여사의 마음을 휘저었다. 그녀는 남편과 함께 유럽 대륙을 횡단했던 결혼 초기를 기억했다. 베니스를 통과하는 대운하를 사랑하는 남편과 함께 곤돌라를 타고 노를 저어서 갔던 시절을 회상했을 때 그녀의 얼굴에는 미소가 번졌다.

그 도시의 낭만이 그들의 마음을 가득 채웠고 그녀는 "꿈을 꾸는 듯하다"라고 설명했다. 일상조차 기쁨을 머금고 있었다. 찰스는 그녀에게 부드러운 목소리로 "여보" 그리고 "내 소중한 사랑"이라고 불렀다. 이따금씩 그들은 너무 많이 웃어서 눈물이 나올 정도였다. 그러나 수지 여사는 지금 그녀의 눈에서 흐르는 눈물을 닦아 내고 있었다. 그녀는 남편을 그리워했다.

인생에 수많은 시련이 찾아왔지만 그들은 서로 기쁨을 나누었다. 수지 여사는 몸에 극심한 통증이 찾아왔을 때 자신의 건강이 악화되고 있음을 알리는 첫 번째 건강 신호를 느꼈다고 회상했다. 그녀는 결국 수술을 받았고 이로 인하여 그녀에게 주어진 시간 대부분을 집에서 갇혀 지냈으며 자신의 남편과 구원자 되신 주님 모두에게 유용한 존재가 될 수 있을지에 대한 의문이 생겼다. 병환으로 인한 고난의 시절이 찾아온 것이다.

그때부터 수지는 건강 때문에 남편과 함께 여행을 할 수 없었다. 찰스가 남부 프랑스로 출장을 갔을 때 그는 아내가 동행하지 못한다는 사실

---

[4] Ibid., 171.
[5] Ibid.

을 슬퍼하면서, 그리워하는 눈빛으로 그녀를 바라보았을 것이다. 수지 여사는 집에서 수천 마일 떨어져 있는 곳으로 출장을 가야 했던 찰스도 자주 아팠기에 아내를 남겨 두고 떠나는 것이 쉽지 않았다는 사실을 잘 알고 있었다.

그녀는 자신이 고통을 당하는 가운데서도 남편 찰스가 우울증, 통풍, 신장병으로 고통스러워할 때 그를 종종 위로해 주었다. 그녀는 가끔씩 찰스가 왜 그러한지에 대한 이유도 모른 채 울고 있는 모습을 발견했는데 그의 우울증의 상태는 너무나도 좋지 않았다. 수지는 조지 허버트(George Herbert)의 시를 찰스에게 읽어줌으로써 위로해 주었다.

수지가 다른 사람들을 적극적으로 섬길 수 있는 기회는 찰스가 그녀에게 새롭게 출간된 책, 『목회자 후보생들에게』(Lectures to My Students)를 전해 주던 날 찾아왔다. 그녀는 이 책의 출간을 매우 기쁘게 생각했고 영국의 모든 목회자가 이 책을 무료로 받아 보았으면 하는 바램이 생겨났다. 찰스는 자기 아내를 보면서 "그러면 그렇게 될 수 있도록 당신이 한 번 해 보시겠어요"라고 말해주었다.

남편의 제안에 깜짝 놀란 수지 여사는 위층으로 피해서 잠시 숨을 고르고, 서랍에 모아둔 얼마 되지 않는 돈을 찾았다. 그녀는 "아마도 주님께서는 이 얼마 되지 않는 헌금일지라도 목회자들을 위해서 몇 권의 책이라도 후원할 수 있도록 사용해 주실거야"라고 생각했다. 하지만 그때 당시 그녀는 목회자들과 그 가족들을 섬기는 일에 자기 여생을 바칠 것이라는 사실을 생각지도 못했다.

그 소포가 일솜씨가 좋은 톤(Thorne) 양에게 있다는 사실을 인지하면서 수지 여사는 가난한 목회자들에게 책과 물질과 그들의 아내와 자녀를 위한 옷을 후원하면서 보내온 약 20년간의 세월을 되돌아보았다. 하나님은 찰스를 통하여 그녀의 사역에 영감을 주셨고 수지 여사는 이 사실에 대하여 매우 감사하게 생각했다.

그녀의 가장 큰 열망은 그리스도께 영광 돌려드리는 것이었지만 목회자들을 섬겼던 그녀의 사역은 "하나님께 놀라운 삶의 예배를 보여준 찰스를 기억할 수 있는 최고의 기념비"였다.⁶ 이러한 생생한 기억을 가지고 수지(Susie)는 남편 책상 의자에 기대어 36년 동안의 결혼 생활을 곱씹어 보았다.

단지 12달 전 1월 31일에 찰스는 프랑스 멍똥(Mentone)에 있는 보리바쥐호텔(Hotel Beau Rivage)의 자기 방에서 향년 57세의 나이로 이 세상을 떠났다. 수지는 남편 옆에서 고개를 숙여 "오랫동안 빌려주셨던 이 귀한 보물로 인하여 감사를 드렸고 미래에 주어질 힘과 인도하심을 은혜의 보좌 앞에서 구했다."⁷

찰스가 이 세상을 떠난 다음 해에 그녀는 "자기 삶에 깊이 자리잡고 있던 왕자님"과 사별을 하고 홀로 남겨지게 되면서 심각한 정신적 고통을 느꼈다.⁸ 수지 여사는 소중히 여기던 펜들 중 하나를 조심스럽게 집어 잉크에 찍고서는 펜촉을 종이에 살포시 갖다 대면서 다음과 같이 써 내려갔다.

> 저는 남편이 생각하고 기도하고 글을 쓰던 집무실에서 펜을 들었습니다. 이 방의 모든 공간은 거룩한 곳입니다. 그가 남기고 간 모든 것이 소중합니다. (이제는 가장 소중한 자산이 되어버린) 그의 책들은 그가 책장에 꽂아 놓은 그대로 빛을 내며 줄지어 서 있고, 그 방은 주인을 맞이할 준비를 하고 기다리고 있을 것입니다.
>
> 그러나 저 빈 의자를 보십시오!

---

6　Ibid., 172.
7　C. H. Spurgeon, *C. H. Spurgeon's Autobiography: Compiled from His Diary, Letters, and Records, by His Wife, and His Private Secretary* (London: Passmore and Alabaster, 1897-99; repr., Pasadena, TX: Pilgrim Publications, 1992), 4:371.
8　Mrs. C. H. Spurgeon, *Ten Years of My Life in the Service of the Book Fund: A Grateful Record of My Experience of the Lord's Ways, and Work, and Wages* (London: Passmore & Alabaster, 1887), 79.

문에 걸린 초상화를 보십시오!

종려나무 가지들이 옷을 그늘지게 만드는 것을 보십시오!

이상하고 엄숙한 고요함이 이 공간 구석구석에 스며있고, 이제 그는 더 이상 지구상에 존재하지 않습니다!

나는 때때로 그의 의자 옆에 앉아서 오랫동안 그의 몸을 지탱해준 팔걸이에 머리를 대고 누운 채로 주님 앞에 슬픔을 토로합니다. 그리고 나는 홀로 남겨졌지만 "그가 모든 것을 잘했도다"(막 7:37)라는 사실을 알고 있다고 그분께 또 다시 말씀드립니다.

그리고 이 방에서 저 방으로 거닐고 눈물이 앞을 가린 채로 내가 사랑했던 사람이 좋아했고 감탄했던 물품들을 바라보며, 내 뒤에 그의 발자국 소리를 듣기를 기대할 뿐만 아니라 사랑의 인사를 건네는 그의 부드러운 목소리에 담긴 달콤한 말투를 기대하면서, 나는 다윗왕이 슬픔 가운데 "나는 그에게로 가려니와 그는 내게로 돌아오지 아니하리라"(삼하 12:23)라고 했던 말이 얼마나 마음에 와 닿는지를 새삼스레 깨달아야만 했습니다.[9]

그녀의 남편이 소유했던 만 이천 권의 서적들이 그녀를 둘러쌌는데 그 중의 절반은 그가 너무나도 사랑했던 청교도들에 의해 저술되었거나 그들에 관한 책들이었다.[10] 수지 여사의 "가장 소중한 자산"인 스펄전의 책들은 세 개의 방에 걸쳐서, 즉 집무실, 옆에 있는 도서관, 그리고 근처에 있는 다른 작은 방에 있었다.

수지 여사는 책상에서 나와 남편이 그녀에게 해 주었던 수많은 격려를 기억해보았다. 그녀는 외로움과 허약한 건강 상태에도 아랑곳하지 않았으며 감당하던 사역을 그만둘 수도 없었다. 그녀는 다섯 권의 책을 쓴 다작가이며 다른 출판물에 기고하기도 했다(네 권으로 된 『찰스 스펄전의 자서전』

---

9   Mrs. C. H. Spurgeon, *Ten Years After!*, 213–14.
10  Duncan Ferguson, "The Bible and Protestant Orthodoxy: The Hermeneutics of Charles Spurgeon," *Journal of the Evangelical Theological Society* 25, no. 4 (1982): 457

[*C. H. Spurgeon's Autobiography*]을 포함해서).

전기 작가 리차드 엘스워쓰 데이(Richard Ellsworth Day)는 자신이 저술했던 찰스 스펄전에 관한 유명한 책에서 만약 수지 여사가 찰스의 삶과 그의 사역에 개인적으로 깊이 관여하지 않았더라면 "저술 활동에 있어서 엘리자베스 바렛 브라우닝(Elizabeth Barrett Browning)과 같은 수준으로 올라섰을 것이다"라고 생각했다.[11]

그뿐만 아니라 수지 여사는 메트로폴리탄타버내클(Metropolitan Tabernacle)을 후원했고 자기 집을 환대의 장소로 개방해 주었고 패스터스칼리지(Pastors' College)의 "어머니"로 섬겼으며 심지어 교회 개척의 도구로 쓰임 받았다.

그녀의 소망과 꿈과 섬김은 찰스의 삶과 사역과 직접적으로 연결되어 있지만 수지 여사는 그 위대한 설교자를 만나기 전부터 20년 동안 기쁨과 슬픔과 소망과 꿈으로 가득 찬 삶을 살아왔다. 수지 여사가 남편에게 사랑 받고 하나님의 나라를 위하여 귀하게 쓰임 받는 경건하고 인내심이 강한 여성으로 성장할 수 있게 해 주었던 그녀의 부모님, 가족, 교회 지도자들, 친구들, 경험들은 하나님의 예비하심이었다.

그리고 찰스가 이 세상을 떠나고 난 후 그녀의 삶을 지탱해 준 것은 하나님의 은혜였다. 수지 여사는 자신의 삶과 사역을 되돌아보면서 하나님을 찬양했다.

> 하나님의 모든 약속은 진실하며 깊은 슬픔과 어둠 가운데서도 그분의 빛은 그분을 신뢰하는 자들을 둘러 비춘다는 개인적인 경험에서 우러나온 것들을 그들(그녀에게 책들을 후원받았던 목회자들)에게 간증할 수 있게 하시고 나의 삶을 지탱해 주시는 하나님의 은혜는 이루 말할 수 없을 정도로

---

[11] Richard Ellsworth Day, *The Shadow of the Broad Brim: The Life Story of Charles Haddon Spurgeon; Heir of the Puritans* (Philadelphia: The Judson Press, 1934), 105.

놀라우십니다!¹²

※

    10년 후 1903년 산뜻했던 10월의 어느 날 수지 여사는 향년 71세로 주님의 품으로 떠나 백합으로 장식된 관에 누워 있었다. 그녀는 목회자들에게 위로의 글을 쓰고 자신의 삶 속에서 일해 오신 하나님의 손길을 묵상하던 찰스의 책상이 놓여 있는 방 바깥의 도서관 중앙에 누워 있었다.

    아들 찰스는 그녀의 이름이 "백합"을 의미하는 수잔나(Susannah)임을 회상하면서 그녀가 "그리스도인으로서 보여준 성품은 이 달콤한 식물과 같은 아름다움과 특징에 견줄 수 있습니다"라고 이야기하면서 사랑하는 어머니를 위하여 추모사를 썼다.¹³ 갈색 눈과 밤색 머리를 가진 아름다운 그의 어머니는 아름다운 삶을 살았다. 그녀는 자신의 남편을 사랑했다. 그녀는 예수님을 사랑했으며 하나님을 신실하게 섬겼다.

    수지 여사의 생애를 찰스 스펄전과 분리시켜 생각하는 것은 불가능하지만, 그녀의 삶 자체만을 두고 보더라도 놀라운 여성이었다. 그녀의 유일했던 이전 전기 작가, 찰스 레이(Charles Ray)는 수지 여사가 "찰스 해돈 스펄전의 아내이자 그녀 자신"으로 살았을 것이라고 결론을 내렸다.¹⁴

---

12  Mrs. C. H. Spurgeon, *Ten Years After!*, 194.
13  *The Sword and the Trowel: A Record of Combat with Sin & Labour for the Lord* (London: Passmore and Alabaster), December 1903, 606.
14  Charles Ray, *The Life of Susannah Spurgeon. In Free Grace and Dying Love* (1903; repr., Edinburgh: The Banner of Truth Trust, 2013), 123-24.

    1892년 11월에 수잔나 스펄전은 자신의 남편 찰스 스펄전이 강단에서 사용하던 성경을 메사추세츠의 노쓰필드(Northfield)로 보냈다. 이곳은 그녀의 친구 D. L. 무디(D. L. Moody)와 엠마 무디(Emma Moody)가 거주하던 곳이었다. 이 성경 속에 수지는 다음과 같이 메모했다.

    이 성경은 내 소중한 남편이 사용했던 것이며, 나의 진정한 기쁨과 함께 지금 복된 예배가 지속되고 확장되는 데 쓰임 받는 분의 손에 주어집니다.¹

    수지는 D. L. 무디의 사역에 확신이 있었고, 무디가 시카고복음주의협회(Chicago Evangelization Society, 이후 무디바이블인스티튜트[Moody Bible Institute]로 개명된다)와 오늘날 무디출판사(Moody Publishers)가 된, 성경기관무료배포협회(Bible Institute Colportage Association[BICA])를 설립했을 때 그녀는 확신했다.

    BICA에 의해 첫 번째로 출간된 책은 1894년에 나온 찰스 스펄전의 고전 『은혜의 모든 것』(All of Grace)이었다. 무디출판사가 수잔나 스펄전 여사

---

1  Lyle W. Dorsett, *A Passion for Souls* (Chicago: Moody, 1997), 291.

사망 115주년, 그리고 『은혜의 모든 것』(All of Grace)이 출간된 지 거의 125년째가 되어 가는 것을 기념하여 수잔나 스펄전 여사의 전기를 출간하는 것은 시의적절하다.

필자는 환상적인 무디 출판팀에게 감사의 말씀을 전하고 싶다. 내가 이 책을 제안했을 때 받아 주었으며, 문 앞에서 나를 그 자리에 멈춰서지 않게 해준 렌달 페이라이트너(Randall Payleitner), 이 책에 대해서 함께 흥분하고, 이 프로젝트가 진행될 수 있도록 지도해 주고 격려해 준 잉그리드 벡(Ingrid Beck)에게 감사드린다.

또, 친절함과 인내와 유머 감각을 보여주고 이 책을 더 나은 책으로 만들어준 아만다 클리어리 이스텝(Amanda Cleary Eastep), 마케팅을 위해서 열심히 일해준 애쉴리 토레스(Ashley Torres), 광고 제작 감독으로 수고해 준 에릭 피터슨(Erik Peterson), 간결하고 명료하며 사려 깊은 대화로 이 책이 발전될 수 있도록 도와준 코너 스터치(Connor Sterchi)에게 감사드린다. 이 프로젝트에 참여했던 교정팀과 첨삭자들부터 디자인과 마케팅에 이르기까지 무디(Moody)에서 일하는 모든 스텝에게 감사의 인사를 전한다.

나의 오랜 친구이자 이 시대에 찾아볼 수 있는 믿음의 영웅, 알버트 몰러 주니어(R. Albert Mohler Jr.)가 이 책의 추천사를 써 준 것은 나에게 헤아릴 수 없는 복이다. 남침례신학교(The Southern Baptist Theological Seminary)에서의 지칠 줄 모르는 지도력을 포함하여, 그의 넓고 풍성한 사역은 탁월함의 모범을 보여준다. 알버트와 그의 아내 메리(Mary)는 우리 가족에게 훌륭한 모범이 된다.

나는 수지의 이야기를 가장 먼저 기꺼이 받아들여 준 출판업계에서 일하는 내 친구 크리스 리즈(Chris Reese)에게 빚을 졌다. 크리스의 격려는 나를 무디 출판사의 친구들을 소개해 준 것도 포함된다. 그는 우리의 구원자 되시는 분의 종에 어울리는 마음의 소유자이다.

연구를 도와주고, 안목을 가지고 원고를 읽어준 다른 친구들, 제시카 로벗슨(Jessica Roberson), 수잔 디랜드(Susan DeLand), 조지 스콘드라스(George

Scondras), 스캇 윌리엄스(Scott Williams), 모린 가드너(Maureen Gardner), 웨스 해먹(Wes Hammock), 케이틀린 해먹(Katelyn Hammock), 한나 로즈(Hannah Rhodes), 그리고 메리 로즈(Mary Rhodes)에게 감사한다.

나는 남침례신학교에서 윌리엄(빌)과 모린 가드너를 처음 만났다. 그들은 런던에서 왔는데 당시 처음으로 미국을 방문하고 있었다. 내가 다음 런던 여행에 대해서 그들에게 이야기했을 때, 빌은 나를 공항에서 픽업해 주겠다고 제안했다. 이것은 우리의 놀라운 우정의 시작이었다. 빌과 모린은 나와 아내 로리를 위해 런던을 돌아다니면서 기사 노릇을 해 주었고, 연구를 위하여 나를 대신하여 여러 번에 걸쳐서 이곳저곳을 방문해 주었다. 그들의 도움이 없었다면 이 책은 출간되지 못했을 것이다.

빌과 모린을 통하여 나는 찰스와 수지의 증손녀인 수잔나(수지) 스펄전 코클랭을 만났다. 그녀와 남편 팀(Tim)은 로리와 나를 그들의 집에서 반겨주었다. 수지는 나의 저술에 공개적인 지지를 해 주었고, 멋진 후기도 남겨 주었다. 그녀의 고조부는 이를 자랑스럽게 여길 것이다. 수지의 다정한 어머니 힐러리 스펄전(Hilary Spurgeon) 역시 필자를 위하여 여러 질문에 친절하게 답해 주었으며 토마스 스펄전의 사진과 가족 사진을 제공해 주었다.

나의 친구 크리스천 조지(Christian George)는 내가 이 전기를 쓰도록 격려해 주었다. 그가 스펄전도서관(Spurgeon Library)의 큐레이터로 일하는 동안, 그는 내가 그곳의 자료를 무제한으로 사용할 수 있도록 도움을 주었다. 그는 나에게 필립 오르트(Phillip Ort)가 이끄는 스펄전 전문 학자들로 구성된 팀을 소개시켜 주었다. 필립은 지금 스펄전도서관의 감독으로 일하고 있으며 이 프로젝트가 진행되는 동안 도움을 주었다.

미드웨스턴침례신학교(Midwestern Baptist Theological Seminary)의 총장 제이슨 앨런(Jason Allen)을 비롯하여 나의 연구를 도와준 모든 이들에게 감사드린다. 미드웨스턴침례신학교에 있는 스펄전도서관은 스펄전 연구를 위한 세계적인 중심부이자 굉장히 아름다운 곳이다.

30년 동안 알아온 나의 친구 도널드 휘트니(Donald S. Whitney)에게 감사한다. 그는 내가 남침례신학교에서 공부할 때 박사과정 지도 교수였다. 그는 탁월한 작가, 교수, 경건의 모범, 그리고 박사 과정에서 나를 지도해 준 친구이자 멘토이다.

마이클 헤이킨(Michael Haykin), 톰 네틀스(Tom Nettles), 조 헤로드(Joe Harrod), 콜먼 포드(Coleman Ford), 제프 로빈슨(Jeff Ronbinson)과 같은 남침례신학교의 다른 교수들과 리더들은 나에게 값진 조언을 해 주었는데, 이들은 나의 소중한 친구들이다.

나는 이 프로젝트를 통하여 켄터키주 파인빌(Pineville)에 위치한 크릭침례성경대학(Creek Baptist Bible College)의 도니 폭스(Donnie Fox), 섀넌 베네필드(Shannon Benefield), 마이클 디랜드(Michael Deland)와 같은 새로운 친구들을 소개받았다. 그들은 나를 환대해 주었고, 그 전원적인 학교에서 연구하는 동안 더욱 오래 머무를 수 있게 해 주었다.

연구를 위하여 영국에서 머무는 동안 나는 여러 사람에게 환대를 받았고 도움을 받았다. 한나 와인콜(Hannah Wyncoll - 메트로폴리탄타버내클에서 오랫동안 목회자로 섬겼던 피터 마스터스[Peter Masters]의 딸)은 나에게 메트로폴리탄타버내클의 기록보관소의 자료들을 사용할 수 있도록 허락해 주었다. 메트로폴리탄타버내클은 매 주일 천 명 정도가 함께 모여 예배를 드리는 가운데 부흥성장을 이루고 있다.

피터 몰덴(Peter Morden)은 스펄전칼리지(Spurgeon's College)에서 나를 따뜻하게 환영해 주었고, 도서관 사서인 애나벨 헤이크래프트(Annabel Haycraft)는 나의 질문에 답변을 잘해 주었으며, 전자 자료들도 제공해 주었다. 그밖에 영국에서 나를 도와준 사람들은 다음과 같다.

- 영국의 콜체스터에 위치한 '아틸러리 스트리트 복음주의 교회'(Artillery Street Evangelical Church - 찰스 스펄전이 회심했던 장소)의 말콤 레인(Malcom Lane)과 루쓰 레인(Ruth Lane)

◆ 케임브리지에 위치한 '세인트 앤드류스 스트리트 침례교회'(St. Andrew's Street Baptist Church – 찰스가 교회 회원으로 다녔던 교회)의 관리자, 에일린 호리(Eileen Hori)

◆ 옥스퍼드대학의 리젠트파크칼리지/앵거스도서관의 사서, 엠마 월쉬 (Emma Walsh)

◆ '벡스힐 온 시'(Bexhill-on-Sea)에 위치한 뷸라침례교회(Beulah Baptist Church)의 전임 목사, 그레이엄 할리데이(Graham Holiday)와 그의 아내 크리스틴(Christine), 협동 목사 데이비드 락우드(David Lockwood)와 그의 아내 캐롤린(Caroline), 교회 직원이자 회원인 에리카 제임스(Erika James), 수잔 매튜스(Susan Matthews), 그리고 론 에드워즈(Ron Edwards)

◆ 마틴 엔셀(Martin Ensell – 마틴은 찰스 스펄전의 첫 목회지였던 워터비치침례교회[Waterbeach Baptist Church]의 목회자이다)과 안젤라 엔셀(Angela Ensell)

◆ 스펄전이 침례 받았던 라크강(River Lark) 경계에 위치한 건물의 소유주, 게리 에이브스(Gary Aves)

◆ 교회와 관련된 전자화된 기록들을 제공해 준 런던의 쏜톤 히쓰(Thornton Heath)에 위치한 뷸라패밀리처치(Beulah Family Church)의 목회자, 존 클레버리(John Cleverly)

◆ 런던의 상부 노우드(Upper Norwood)의 해리스아카데미(Harris Academy)의 학장, 기즐 랜드먼(Gizlé Landman)

필자는 박사 과정에서 연구할 때 남침례신학교의 제임스 보이스100주년도서관(James P. Boyce Centennial Library - 아담스 윈터스[Adams Winters]와 직원들에게 감사드린다), 캔자스시티의 미드웨스턴침례신학교의 스펄전도서관(Spurgeon Library), 파리에 위치한 프랑스개신교역사협회(French Protestant Historical Society)의 도서관, 뉴올리언즈침례신학교의 존크리스천도서관(John T. Christian Library - 제프 그리핀[Jeff Griffin]과 키 세인트 아만트[Ky St. Amant]에게 감사드린다)에 보관된 기록들과 특별 수집 자료를 포함하여, 여러 연구 도서관을 이용할 수 있는 특권을 받았다.

이 책을 공개적으로 지지해 준(너무 많아서 일일이 언급할 수가 없다) 많은 분들에게 감사드린다. 이 책의 원고를 읽고 논평해 준 여러분의 시간, 에너지와 노력에 너무나도 감사를 드린다. 거의 90,000 팔로워를 보유한 트위터 계정 @CHSpurgeon을 관리하는 신실한 목회자 리 다드(Lee Dodd)에게 감사드린다. 일찍부터 다양한 소셜 네트워크에 이 책을 홍보하는 데 도움을 준 리(Lee)에게 감사드린다.

나의 어머니 도로시(Dorothy)와 나의 장인과 장모, 로드니 웹(Rodney Webb)과 루 웹(Lou Webb)에게 특별히 감사를 표한다. 그들은 처음부터 이 프로젝트를 응원해 주었다. 그뿐만 아니라 작고하신 나의 아버지 레이(Ray)는 의심할 여지 없이 나의 교육과 저술 활동을 자랑스러워할 것이다.

북쪽 조지아(North Georgia)에 위치한 그레이스커뮤니티교회(Grace Community Church)에 특별한 감사를 드린다. 나의 동역자 케빈 자라드(Kevin Jarrard) 장로의 리더쉽 연구를 위하여 유럽 여행을 계획한 스캇 윌리엄스(Scott Williams)와 보니 윌리엄스(Bonney Williams), 그리고 우리 교회의 집사님들인 폴 터너(Paul Turner), 조쉬 오닐(Josh O'Neil), 아드리안 링크(Adrian Rink) 없이는 이 규모 있는 작업을 착수하는 것이 불가능했을 것이다.

재정, 시간, 격려를 제공함에 있어서 인색함이 없었던 여러분에게 감사드리고, 사랑을 전한다. 가장 나의 삶에 있어서 우선순위에 있기 때문에 이들을 가장 마지막에 언급한다. 나의 아름다운 아내 로리(Lori)와 여섯 명의 딸들, 레이첼(Rachel), 한나(Hannah), 사라(Sarah), 메리(Mary), 리디아

(Lydia), 아비게일(Abigail)과 사위인 아드리안(Adrian)과 케일럽(Caleb), 그리고 네 명의 손주들, 수잔나(Susannah), 조시야(Josiah), 케일럽(Caleb), 이든 로즈(Eden Rose), 너희들이 가장 수고가 많았다.

나에게 사랑을 베풀어 주고, 기도해 주고, 응원해 주고, 집에서 조용한 공간을 마련해 주고 집을 떠나 일할 수 있는 시간을 준 너희들에게 감사한다. 나는 내가 표현할 수 있는 것보다 더 많이 너희를 사랑한다. 여섯 살짜리 딸 아비게일은 이 책의 표지에 자신의 이름을 넣어 달라고 요청했다. 나는 사무실에서 아비게일과 함께 보낸 시간을 소중히 여긴다. 종종 나는 그녀에게 이렇게 부탁하곤 했다.

"아비게일, 오늘 뭐하고 지냈니?"
그녀의 답은 다음과 같다.
"나는 수잔나 스펄전에 대해서 연구하고 있었어요."

그녀는 스펄전을 연구하는 학자들 가운데 가장 어리고, 훌륭하고, 사랑스러운 사람일 것이다. 다정한 아비게일아, 고맙다. 마지막으로, 아름다운 삶을 살았던 수잔나 스펄전에 관하여 공부하고 글을 쓰기 위한 필요한 모든 것을 공급하시는 자비와 은혜로 인하여, 크고 위대하신 나의 하나님과 나를 구원하신 예수 그리스도께 찬양을 올려드린다.

> 두 사람이 한 사람보다 나음은 그들이 수고함으로 좋은 상을 얻을 것임이라 혹시 그들이 넘어지면 하나가 그 동무를 붙들어 일으키려니와 홀로 있어 넘어지고 붙들어 일으킬 자가 없는 자에게는 화가 있으리라 … 세 겹줄은 쉽게 끊어지지 아니하느니라 (전 4:9-10, 12 하반절).

## 역자 서문

**이 기 운 박사**
총신대학교신학대학원 겸임교수

  이 책은 나의 전공(신약학) 분야가 아니었기 때문에 이 책을 번역할 수 있는 기회를 얻게 되리라고는 전혀 생각지 않았지만, 내가 본서에 대한 번역 의뢰를 받았을 때 망설임 없이 흔쾌히 수락하였다. 우리는 스펄전이라는 이름을 들을 때 그 유명한 영국의 청교도 설교자 찰스 스펄전을 떠올리곤 한다.

  그러나 우리는 또 다른 스펄전이 존재한다는 사실에 대해서 생각하지 못할 것이다. 그 사람은 바로 찰스 스펄전의 아내 수잔나 스펄전이다. 나는 수잔나 스펄전의 전기를 읽은 후, 널리 알려지지 않은 이 여성의 이야기로 많은 이들이 모여들고 귀 기울였으면 하는 소망이 생겼다.

  이 책은 대중에게 잘 알려지지 않았던 찰스 스펄전의 아내 수잔나 스펄전에 대한 의미 있는 전기이다. 그녀가 주님을 사랑하는 마음과 사역 현장에서 알게 모르게 든든한 버팀목이 되어주었던 이야기들은 우리의 마음에 깊은 감동을 준다. 나는 단순히 그동안 잘 알려지지 않았던 수잔나 스펄전의 전기가 많은 사람들에게 알려지는 것을 넘어서, 한국 교회에서 섬기는 수많은 사역자의 배우자들에게 깊은 도전과 위로를 주기를 소망한다.

  모두가 수잔나 스펄전의 모범을 따를 수는 없지만, 그녀의 삶으로부터 중요한 통찰을 얻을 수 있다. 수잔나 스펄전은 남편 찰스 스펄전의 사역을 도우면서도, 한편으로는 외로운 싸움을 하면서 자신에게 주어진 또 다른 영광스러운 사역을 홀로 감당하기도 하였다. 그녀는 결코 남편에게 종속된 존재가 아니었다. 그녀는 단순히 스펄전의 든든한 버팀목이자 지원군일 뿐만 아니라, 교회를 위하여 기여할 것이 무엇인지를 진지하게 고민하는 가운데 스펄전의 사역을 더욱 풍성하게 하였다.

교회 역사 속에서 수많은 여성의 기도와 수고와 헌신은 이루 말할 수 없을 것이다. 남편 목회자들이 감당하고 있는 영광스러운 직분을 더욱 완전하게 해 주고자 하는 아내들의 섬김과 사랑의 모습을 우리는 주변에서 목도해 왔다. 목회자 아내들은 자신들의 눈물과 헌신을 드러내지 않고 묵묵히 섬겨야 하는 것이 미덕이라는 통념과 한국 교회가 바라는 이상적인 모델을 따라야 한다는 부담감으로 사역 현장에서 고군분투하고 있을 것이다.

이러한 부담감을 초월할 수 있는 한 가지 중요한 비결은 주께서 맡겨주신 영광의 사역이 사역자들에게만 주어진 것이 아니라, 배우자 역시 영광스러운 주의 나라 확장의 일에 중요한 기여를 하고 있다는 사실을 인식하는 것이다. 여러모로 힘든 시기를 극복하고자 밤낮 눈물로 기도하는 한국 교회의 사역자들을 생각하며, 특히 교회를 위해 가정을 위해 온갖 어려움을 이겨내는 한국 교회의 목회자 사모님들을 생각해 본다.

사모라는 호칭으로, 엄마로서, 아내로서 이름도 없이 빛도 없이 살아가며 자신의 배우자가 존경받는 목회자로 세워지기를 소망하면서 지금도 그 자리에 변함없이 서 있으며 헌신하고 계실 사모님들께 이 귀한 책이 도전과 위로가 되길 소망한다. 이 귀한 책을 번역할 수 있도록 기회를 주시고, 출판의 모든 과정 가운데 힘써주신 기독교문서선교회(CLC) 관계자분들께 깊은 감사를 드린다

# 성장과 가족
### 수지 여사의 출생과 빅토리아 시대의 영국

　서리가 내리는 1도의 날씨였지만 수지 여사가 태어나던 1832년 1월 15일, 태양은 톰슨 씨 집 밖에서 밝게 빛나고 있었다. 가족에 새로운 아이를 환영하는 온기는 로버트 베넷(Robert Bennett Thompson)과 이제 막 아홉 달째 수잔나 노트 톰슨(Susannah Knott Thompson)을 품고 있던 그의 아내에게는 겨울의 차가운 온도를 맞서는 것 이상으로 따뜻했다.[1]

　런던의 올드 켄트 로드(Old Kent Road)에 있는 톰슨 씨 집은 16세기의 종교적 반대자들이 반역으로 기소되고 교수형을 당했던 곳에서 멀리 떨어지지 않은 곳에 위치해 있었다. 템스강(Thames River)은 수지 여사의 첫 번째 거주지의 북쪽으로 흘렀지만 그녀는 평생 여러 번에 걸쳐 그 유명한 물길의 양쪽 지역에 거주했다.

　윌리엄 4세(William IV)가 영국을 통치하고 있었고 그의 젊은 질녀 빅토리

---

[1] 이 장과 이 책 전체에 걸쳐서 언급되는 출생, 침례, 결혼, 가족, 땅, 그리고 사망 기록들에 관한 여러 참고 자료는 인구 조사, 신문, 땅, 그리고 법률에 관한 다른 기록들로부터 가져온 것이다. 이러한 기록은 ancestor.com, findmypast.com, newspapers.com, and nationalarchives.gov.uk 와 같은 웹사이트에 보관되어 있는 사본들이다. 어떤 경우, 사망 진단서와 같은 법적 문서들은 주문해서 얻을 수 있었다. 나는 결론을 내리기 위해서 법적 기록들을 서면으로 된 자전적 기록들과 신문에 나온 기록들과 비교했다. 상식이라고 생각되는 일반적인 역사 정보는 매번 구체적으로 인용하지는 않았다.

아(Victoria)는 수지 여사가 태어났을 때쯤에는 왕관을 물려받을 상속자였다. 오랜 투병생활 끝에 윌리엄은 1837년에 죽었고 18살의 빅토리아가 왕위에 올라서 1901년 그녀가 죽던 해까지 통치했다. 수지는 빅토리아가 왕관을 썼을 때 다섯 살이었고 빅토리아가 죽은 지 2년 후에 세상을 떠났다.

수지 여사 생애의 모든 것은 빅토리아 시대의 문화로 특징 지워진다. 빅토리아 여왕의 통치는 대부분 격식을 차렸지만 그녀는 특별히 영국에서 도덕성과 가족 생활에 중요한 영향을 끼쳤다. 빅토리아 여왕의 남편 알버트(Albert)와 그들의 아홉 명의 자녀들은 19세기에 감탄, 호기심, 그리고 비평의 주제였다.

그녀의 오랜 통치 기간은 2세기를 지나는 동안 직접적인 영향을 주었고 멜버른(Melbourne), 디스라엘리(Disraeli), 그리고 글래드스톤(Gladstone)을 포함해 수많은 수상이 그녀를 섬겼다. 수지 여사가 빅토리아 여왕을 만났을 가능성은 없지만 그녀는 빅토리아 여왕과 동시대 사람이었다.

수지 여사는 연대적인 측면에서 뿐만 아니라 문화적으로도 빅토리아 시대 사람이었다. 71년이라는 기간 동안 그녀는 찰스 디킨스(Charles Dickens)의 작품들을 포함하여 그 시대의 문학들과 친숙했으며 그 사랑받던 영국 출신 작가의 산문은 심지어 수지의 후기 저술에도 나온다.[2] 여러 상위 중산층의 젊은 여성처럼 수지 여사는 박식했으며, 문학, 음악, 예술, 그리고 언어에 조예가 깊었다.

수지 여사는 빅토리아 시대 가운데 일어났던 런던의 수많은 변화를 목격했다. 특별히 여성의 참정권 운동과 같은 여성 권익의 진보가 1800년대 후반에 들어서 견인력을 얻었다. 그러나 빅토리아 시대 내내 여성들은 주로 집안에서 그들의 가치를 인정받았다. 결혼 생활에서 남편은 법적으로 자기 아내의 인생 대부분을 통제했다. 그 시대가 그렇긴 했어도 수지 여사

---

[2] *Ten Years*, 333를 보라. 한 예로, Mrs. C. H. Spurgeon, *Ten Years of My Life in the Service of the Book Fund: A Grateful Record of My Experience of the Lord's Ways, and Work, and Wages* (London: Passmore & Alabaster, 1887).

가 살아 있는 동안 여성의 권익은 발전되어 갔다.

수지 여사는 사회적으로 교육적으로 성장했고 결혼하고 난 후에는 찰스 해돈 스펄전(Charles Haddon Spurgeon)의 아내로 사는 것에 만족했다. 그녀는 남성 중심의 사회에서 살았고 사역을 했음에도 복음 사역을 감당하면서 자기를 아껴주던 남편의 아내로서, 친구로서, 동등한 사람으로서 그리고 파트너로서의 복된 삶을 누렸다.

수지 여사가 살던 세대는 비약적인 기술적 발전을 경험했는데 거리에 가스불이 들어왔고 기찻길을 통해서 빠른 수송이 가능해졌고 나중에 19세기말에는 전기불과 전화기가 도입되었다. 런던은 변화의 도시였다. 수지 여사가 태어났을 때에는 여행을 하려면 도보로 한정되거나 말이나 마차나 보트로 여행을 다녀야 했지만 1840년대에는 수많은 열차 선로가 유럽 전역에 걸쳐 구축되었고 1850년대에는 기차들이 영국과 프랑스의 아름다운 풍경들을 가로질러 갔다.

수지 여사는 오래 걷는 것을 즐겼으며 경치가 좋은 통로를 마차를 타고 갈 것인지 또는 걸을 것인지 선택권이 주어졌을 때 그녀는 걸어가는 것을 선택했다. 수지 여사는 알프스 산맥의 산길 대부분을 걸어 다녔고 가능할 때마다 걷기 위해서 마차나 노새를 두고 갔는데 그녀는 위에 있는 높은 산과 아래에 있는 깊은 협곡을 서서 바라보는 것을 너무나도 좋아했기 때문이다.

산업 혁명으로 영국은 본래 촌락 인구에서 도시 환경에 거주하고 있는 다수의 시민을 보유했다. 19세기 초에서 1850년대 중반까지 거의 극복할 수 없을 정도의 도전들이 이 도시 지도자들을 당혹스럽게 만들었고 시민들을 괴롭게 했다. 기회를 찾아다니는 새로운 거주민들로 가득 찬 거리들 때문에 런던은 큰 짐을 안게 되었고 이를 감당할 준비가 안 되었다. 위생 상태가 악화되었다. 템스강에서 흘러나오는 물은 오염되었다. 죽음은 감

염된 우물과 더러운 강으로부터 흘러 도시의 가정집으로 들어왔다.³

결과적으로 런던에 콜레라가 창궐하게 되면서 모든 이웃에서 울음소리가 들렸다. 수지 톰슨(Susie Thompson)과 그녀의 가족은 런던을 고통으로 몰아넣은 이 전염병이 도는 동안 도시에 죽음이 퍼져 나가는 것을 목격하면서 두려움을 느꼈다. 제조업의 발달과 무역의 확대로 부자들이 증가한 반면, 가난은 19세기 초부터 중반에 이르기까지 인구가 밀집되어 있고 종종 비위생적인 이웃 가운데 살고 있던 많은 사람을 괴롭게 했다.

매춘과 다른 형태의 악은 엄격한 성 윤리, 법, 질서, 그리고 여성을 "집에 있는 천사"로 여겼던 낭만적 관점을 포괄하던 빅토리아 시대의 도덕성과 뚜렷한 대조를 이루었다. 빅토리아 시대의 문화에 스며있는 종교적 가치와 진취력이 있는 노동 윤리는 산업을 활성화했다.

수지 여사는 디킨스가 썼던 것처럼 "최고의 시간과 최악의 시간"을 보내면서 이 도시에 남아 있었다.⁴ 그래도 그녀는 질병과 죽음과 공장에서의 고된 노동을 피했고 특권이 덜했던 런던 소녀들에게 주어질 수 없었던 많은 혜택을 누렸다. 이런 문제가 있었음에도 빅토리아풍(Victorianism)은 경제가 확장되면서 황금기로 접어들었고 크림 전쟁(Crimean War)을 제외하면 유럽 대륙은 비교적 평화로운 시기였다.

빅토리아 시대의 런던은 수지 여사가 살았던 삶의 정황이었다. 그녀가 젊은 시절에 런던을 벗어나 모험을 하는 경우는 프랑스에서 새로운 문화를 경험하고 교육의 기회를 추구할 때였다. 수지 여사는 인솔자를 대동하여 마차로 도버(Dover)로 내려가서 배로 영국해협을 건넜고 미술관들과 성당들과 전쟁의 승리를 기념하는 기념비들이 즐비한 파리의 화려함을 향해 나아갔다.

---

3   Tyler Duke, "Outbreak of 1853–1854," London Pulse Projects, n.d., https://londons-pulse.org/outbreak-of-1853-1854/.

4   Charles Dickens, *A Tale of Two Cities* (London: Chapman & Hall, 1864), 1. Spurgeon's own copy, held at The Spurgeon Library, Midwestern Baptist Theological Seminary, Kansas City, Missouri.

제1장 성장과 가족   45

  그녀는 그곳에서 불어 회화를 배웠으며 노틀담(Notre Dame)의 탑들을 바라보고 센느강(Seine River)을 따라 루브르 근처를 걸으면서 그녀가 가진 영국 정서는 조금 더 세련되어졌다. 아마도 이 "빛의 도시"는 수지의 언변과 그녀의 후기 저술에 드러나는 시적인 특징을 형성시켜 주었던 빅토리아 시대의 런던에 견줄 수 있었을 것이다. 확실한 것은 그녀의 문화적 성향과 교육적 발전은 이 두 도시의 영향을 받았다.

## 1. "빛의 도시"에서 빛나는 삶을 살았던 수지

  대부분 런던의 소녀들처럼 수지 여사는 음악, 예술, 예절, 예의 그리고 가사를 배웠다. 그러나 젊은 여성으로서 그녀는 파리에서 유학하면서 중요한 시간을 보냈다. 다음 소개되는 런던 신문의 광고는 수지 여사가 왜 파리로 건너갔는지 그리고 어떻게 프랑스 교회 개혁 운동의 지도자였던 쟝 요엘 오데베즈(Jean-Joël Audebez) 목사와 그의 가족과 연결되었는지에 대한 단서를 제공한다.

> 몇 달간 파리에서 지내기 원하는 숙녀 분들과 젊은 여성들은 프랑스 출신의 목회자, 쟝 요엘 오데베즈(Jean-Joël Audebez) 목사 가정에서 행복하고 편안한 보금자리를 얻을 수 있습니다. 여기로 오시는 분들은 사회적, 종교적 교류가 주는 장점들로 즐거운 시간을 보낼 것입니다. 그의 세 딸은 매일 프랑스어를 가르쳐줄 수 있습니다.[5]

  만약 이 광고가 수지 여사가 언제 파리에서 공부를 시작했을 지에 대한 정확한 지표라면 그때는 아마도 그녀가 18세였을 것이다. 그러나 그녀는

---

5  *The British Banner*, Vol. III-No. 155, 1. Wednesday, December 18, 1850.

파리를 훨씬 전에 방문했을 것인데 이전에 파리로 유학하기 위한 기회들이 열려 있었기 때문이다. 그렇기 때문에 아마도 그녀의 첫 방문은 16세였을 것이다.

이와 상관없이 오데베즈(Audebez)가 게재한 광고는 수지 여사에게 있어서 조금 더 교육을 받고 사회적 신학적 교류에 참여할 수 있었던 완벽한 기회였다. 파리는 그녀의 교실이 되었고 그녀가 72세가 될 때까지 그곳을 자주 여행하면서 제2의 고향으로 삼았다.

프랑스의 수도는 수지의 마음을 사로잡았으며 그녀는 아름다운 성당들과 미술관들에 매료되었다. 색채, 창문, 고대 건물들의 첨탑들은 그녀에게 천국과도 같았다. 그녀는 프랑스 역사에 대한 깊은 지식을 가지고 있었고 그녀의 후기 저술을 보면 "그녀가 거닐던 거리를 그슬려 검게 만들어 버린" "공산주의의 불길"과 "그녀가 애정하던 사원들과 궁전들을 훼손시켰던" "격동의 군중들"로 묘사했던 일이 있기 전 파리의 영광스러운 나날들을 향수에 젖은 채 회상했다.[6]

그녀의 수많은 파리 방문은 프랑스어를 배우고 유명한 명소들을 돌아보기 위해서 짧은 여행을 일정에 포함시켰다. 그녀는 파리를 여행하는 동안 오데베즈(Audebez) 목사의 가정에서 몇 달을 보냈다.[7] 수지 여사는 1840년에 오데베즈 목사의 아내가 세상을 떠난 후 아내의 자매와 두 번째 결혼 생활을 하던 1842년에 그 집으로 처음 오게 되었다. 거의 확실한 사실은 그의 딸 클라리 파울린느(Clary Pauline)와 의붓딸 마리아(Maria)는 수지 여사와 친구가 되었고 그들은 또래 친구였다.

그들은 수지의 프랑스어 교사가 되어 주었다. 오데베즈는 작가, 설교자, 선교 지도자로 활동했으며 또한 파리에 소재한 몇몇 독립적인 회중의 목

---

[6] C. H. Spurgeon, *C. H. Spurgeon's Autobiography: Compiled from His Diary, Letters, and Records, by His Wife, and His Private Secretary* (London: Passmore and Alabaster, 1897–99; repr., Pasadena, TX: Pilgrim Publications, 1992), 2:176.

[7] Ibid.

사였다.[8] 존 이어들리(John Yeardly)는 그의 『회고록과 일기』(*Memoir and Diary*)에서 오데베즈 목사에 대해 좋게 평가했다.

> 우리는 스스로 그에게 경청하는 경향이 있음을 많이 느꼈으며 금요일 저녁에 성 모르 거리(Rue St. Maur)에 있는 예배당으로 갔다. 그리고 우리는 이 간증을 간직하고 있는데 복음이 가난한 자들에게 전해지는 것을 들었다. 그는 자신이 전하는 설교의 내용을 이루는 시편 25편과 로마서의 일부분을 먼저 읽었다. 그의 설교는 초기 기독교인들의 설교를 생각나게 했다. 나의 마음은 구원과 거룩함의 열매를 맺을 유일한 방편으로 주 예수를 믿으라는 그의 인상적인 권면을 받아들였다.[9]

또한, 오데베즈는 프랑스의 복음주의 협회의 창설자들 가운데 한 사람이었다. 그는 하나님의 성령이 프랑스에서 일하신다는 사실을 전하고 그곳에서 복음전도 사역의 수고를 돕기 위한 자금을 모으기 위하여 1840년에 런던을 여러 차례 방문했다. 런던을 여행하는 동안 오데베즈는 수지 여사를 편안한 마음으로 그 학교에 맡길 수 있게 된 톰슨(R. B. Thompson)을 알게 되었을 가능성이 있다.

오데베즈 가족과 같이 경건한 사람들과 함께 생활하는 것은 그녀가 점차적으로 교육을 더 많이 받고 복음에 대한 이해가 깊어지고 그의 가족과 함께 교회에 출석하면서 확고한 기독교적인 영향을 수지 여사에게 주었다. 수지 여사가 어린 시절에 경험했던 문화와 교육은 미래의 배우자의 그것들과는 정반대였다.

---

[8] Henry Clay Fish, *Pulpit Eloquence of the Nineteenth Century: The German, French, American, English, Scotch, Irish, and Welsh Pulpit* (1858), 218, Discourse XVII on J. J. Audebez, https://books.google.com.

[9] Charles Tylor, ed. *Memoir and Diary of John Yeardley*, Minister of the Gospel (Philadelphia: Henry Longstreth, 1860), 222–23.

찰스 스펄전은 책을 많이 읽고 배우기를 좋아하던 사람이었지만 그의 어린 시절은 목초지, 먼지 날리는 길, 작은 마을이 있는 시골 문화에 깊이 베어 있었다. 그는 런던을 방문해 본 적이 있긴 했지만 스탐본(Stambourne)의 농촌공동체에 있는 할아버지 소유지에 있는 집, 작은 마을 콜체스터(Colchester)에 있는 부모님의 집 그리고 십대 시절을 보냈던 외딴 마을이 있던 케임브리지(Cambridge)라는 청교도 세계 속에서 더 많은 시간을 보냈다.

그는 나중에 런던으로 이사하고 결혼하고 나서도, 신선한 공기, 맑은 하늘, 고지대가 있는 도시 외곽에서 보금자리들을 찾았다. 시골 생활이 스펄전의 어린 시절의 경험들을 특징 짓는데, 이는 그가 향년 57세의 나이로 세상을 떠날 때까지 그의 언변, 저술, 설교에 고스란히 나타났다. 수지 여사는 도시에서 자란 소녀였지만 그럼에도 불구하고 자연의 진가를 잘 알았다.

나중에 그녀가 신체적인 고통으로 괴로워하고 종종 뷸라 힐(Beulah Hill)에 있는 그들의 집, 웨스트우드(Westwood)에 틀어박혀 있을 때 그녀는 예술가가 되어서 찰스와 함께 주택 단지의 공터를 거닐면서 발견했던 매력적인 그림들을 펜과 붓으로 영원히 남겼으면 하는 바램이 있었다. 그러한 행복한 기억들로 인하여 그녀는 그 장소를 둘체 도뭄(Dulce Domum, 달콤한 집)으로 불렀다.[10]

수지 여사의 어린 시절과 청소년 시절은 물질적으로 풍족했고 사회적으로는 약삭빨랐다. 반면, 찰스는 그리 대단하지 않은 평범한 사람이었는데 열렬한 독서 습관으로 길러진 인상적인 사고방식 때문에 시골에서나 도시에서나 농부든지 건축가든지 다양한 사람들과 대화를 나눌 수 있었다. 그는 런던에 도착해서 처음에는 시골 목사의 모습으로 뉴파크스트리트채플(New Park Street Chapel)에서 목회를 했다.

---

[10] Mrs. C. H. Spurgeon, *Ten Years*, 227.

그는 사례비를 적게 주는 작은 마을교회 출신이지만 워터비치채플(Waterbeach Chapel) 식구들은 복되게 받은 어떤 물질이든지 자신들을 지도하는 이중직 목회자(bivocational pastor)와 기쁜 마음으로 나누었다. 스펄전은 그의 친구 H. I. 웨이랜드(H. I. Wayland) 앞에서 이전 기억을 떠올렸다.

> 나는 케임브리지에 있는 내 방의 일주일 사용료로 12실링을 지불했고, 다른 비용을 위해서 7실링을 남겨 두었다. 그러나 사람들이 마을로 올 때마다 감자, 순무, 양파, 사과 그리고 가끔씩 고기를 조금 가져다 주었고 나는 그렇게 생계를 유지했다.[11]

이와 반대로 수지 여사의 가족은 더욱 풍요로운 환경 속에서 살았는데 그녀의 아버지가 운영했던 기업체와 집안의 풍요로움으로 인하여 때로는 환경이 더욱 좋아졌다.

## 2. 수지의 부모와 가족

[혼란을 방지하기 위하여, 이 부분은 수잔나(Susannah)라는 이름을 가진 세 사람, 수잔나(수지) 톰슨(이후에 스펄전), 그녀의 어머니 수잔나 놋 톰슨(Susannah Knott Thompson), 그리고 그녀의 사촌 수잔나 킬빙턴 올니(Susannah Kilvington Olney)를 언급한다.]

수지 톰슨(Susie Thompson)은 자신의 유년기와 십대 시절에 대한 기록을 거의 남기지 않았다. 그녀의 가족 배경에 관한 단편적인 문서들은 인구 조사와 공식적인 기록을 통하여 한군데로 모아질 수 있었다. 올드 켄드 로드

---

[11] H. I. Wayland, *Charles H. Spurgeon: His Faith and Words* (Philadelphia: American Baptist Publication Society, 1892), 27.

(Old Kent Road)에 있는 수지 여사의 주소는 그녀의 조부모인 샘슨(Sampson)과 메리 놋(Mary Knott)이 살던 곳 근처였는데, 그곳에는 작은 정원이 있었고 훗날 찰스와 수지 여사의 로맨스에 있어서 중요한 역할을 했다.

수지 여사의 어린 시절에 대한 얼마 안 되는 기록들을 훑어보면, 그녀는 이렇게 회상했다.

> 나는 어린 시절에 말썽을 피워서 어머니를 괴롭게 했을 때, 책망과 체벌을 받고 나서 "어머니, 저를 사랑하지 않으세요"라고 떨리는 마음으로 질문했습니다. 그리고 어머니는 "아니, 나는 너를 사랑한단다. 하지만 너의 나쁜 행동은 사랑하지 않아"라고 변함없이 대답하셨습니다. 나의 가련한 어머니! 의심할 여지없이 나는 그녀를 아주 많이 시험해 보았고, 이러한 대답은 마음 아픈 부모의 사랑에서 나올 수 있는 최선이었습니다.
> 그러나 하늘의 아버지는 잘못을 저지르는 자녀들에게 이보다 더 듣기 좋고 정선된 말씀을 해 주십니다. 그 분의 사랑은 위대하기 때문에 그는 "내가 그의 길을 보았은즉 그를 고쳐 줄 것이라"(사 57:18)라고 말씀하십니다. 오! 우리 하나님의 달콤한 가련함이여. 오! 설명할 수 없는 부드러움이여. 오! 지구상에 존재하는 최고의 사랑을 뛰어넘는 당신의 사랑이여.
> 우리의 완고한 마음을 이와 같은 온정의 힘에 굴복하지 않습니까?
> 하나님은 우리의 모든 악함을 아십니다. 그 분은 우리의 변덕스러움을 보십니다, 그러나 우리를 향한 그분의 계획은 분노와 유기가 아니라 치유이며 용서입니다.[12]

그녀는 외동딸로서 출장을 자주 떠나야 했던 그녀의 아버지 직업 때문에 어머니와 함께 상대적으로 고독한 가정 생활을 했을 것이다. 로버트 베

---

12　*The Sword and the Trowel: A Record of Combat with Sin & Labour for the Lord* (London: Passmore & Alabaster, August 1897), 439.

넷(Robert Bennett)은 경력을 쌓는 동안 여러 차례에 걸쳐서 창고업의 현장 감독, 순회하면서 물건을 파는 외판원으로 고용되었고, 결국 메써(Messers)사에 고용되었다.

대형 창고 및 유통 회사인 '쿡 앤 선'(Cook and Son)은 런던의 세인트 폴스 코트야드(St. Paul's Courtyard)에 위치한 실크, 아마 섬유, 모직물, 그리고 면직물을 다루던 회사였다.[13] 수지 여사가 어렸을 때 상당 기간 동안, 그녀의 아버지는 순회 외판원으로서 천, 옷, 그리고 악세서리를 취급했었다. 그는 자기 회사 제품의 샘플을 가지고 소매업자들을 방문하면서 확장되고 있던 철도로 전국을 누볐다.[14]

1840년대가 시작될 때 수지 여사는 여덟 살의 소녀였고 10년이 지나 열일곱 살이 되었다. 이 때는 그녀와 그녀의 가족뿐만 아니라 런던에 거주하던 많은 사람에게 여러 면에서 들쭉날쭉했던 시기였다. 이 때 빅토리아(Victoria)와 알버트(Albert)의 결혼식이 있었지만 심각한 경제 침체기로 인해 실업률이 증가했고 그 세기 동안 가장 높은 범죄율을 기록했다.[15] 전국을 장악하던 재정적인 위기는 톰슨 씨 가족에게도 예외는 아니었다.

10년 중에서 초기에 로버트 베넷(R.B.)은 다른 두 창고업자들과 파트너쉽을 맺었다. 그 파트너쉽은 1842년 8월 24일에 끝났다. 1842년 5월까지 로버트 베넷(R.B.)은 채권자의 요구를 충족시킬 수 없었다. 1842년 10월자 「모닝 애드버타이저」(*Morning Advertiser*)는 "오늘의 법률 고지. 파산 법원"이라는 제목으로 "12시에 창고업자, 우드 스트리트의 로버트 베넷 톰슨, 회계 감사와 배당"이라고 목록에 실었다.[16] 의심할 여지없이 이 사건

---

[13] Jardim Formoso, "Sir Francis Cook DNB" (March, 2009), http://jardimformoso.blogspot.com/2009/03/sir-francis-cook-dnb.html. See also *The West Briton and Cornwall Advertiser*, October 9, 1873.
[14] "Cook, Son, and Co.," 위키피디아, https://en.wikipedia.org/wiki/Cook,_Son_%26_Co.
[15] Sally Mitchell, *Daily Life in Victorian England* (London: Greenwood Press, 1966), 5.
[16] *The Morning Advertiser*, London, October 25, 1842.

은 톰슨 씨 가정에 지장을 주었다.

　파산, 빚, 실직은 광범위하게 퍼져 있었고 두려운 일이라고 할지라도 19세기 영국의 상황에서는 불리한 것으로 보였다. 톰슨 씨 가정이 가난해지는 것을 피했지만, 그러한 재정적인 침체와 연결된 최악의 시나리오들 가운데 한 가지는 그가 이행해야 할 의무들을 충족시킬 수 있는 능력이 일시적으로 부재한 것이었는데, 이는 그가 짊어져야 했던 무거운 짐이었음에 틀림없었다.

　수지 여사는 그때 당시 열 살에 불과했는데 가족에게 불어닥친 감정적인 타격을 느낄 수 있을 만큼 성숙한 나이였지만, 부모와 친척들이 그녀의 아버지로 인해 일어난 재정적인 문제로부터 보호해 주어야 하는 어린 나이였다. 수지 여사는 자기 아버지가 겪은 경제적인 문제에 대해서 언급한 적이 없고, 어떤 편지에서도 그 시기동안 그녀가 느꼈던 감정을 표출하지 않았다.

　수지 여사가 다작하는 성향을 고려했을 때 자기 아버지와 어린 시절에 대해서 드물게 언급한 것은 이례적이다. 그녀가 이 문제에 대하여 과묵한 이유는 아마도 빅토리아 시대의 영향이거나, 그녀가 어려운 시기를 생각하면서 느꼈던 슬픔과 곤란함 때문이었을 것이다.

　빠른 기차를 이용하는 교통 체계가 런던의 일간 신문이 영국 전역의 작은 마을과 도시의 아침 식탁에서 읽혀지도록 하는 '전국적인 문화'를 형성하면서 1850년대의 런던 사람들은 더 나은 삶을 영위하게 되었다. 속도가 빨라진 증기선이 대서양을 횡단하면서 더욱 많은 국제적인 문화가 영국에서 발전되었다.[17] '영국 지상주의'의 가장 눈에 띌 만한 기념비적인 행사는 런던의 하이드 파크(Hyde Park)에서 1851년 5월에 개최되어 같은 해 10월까지 계속되었는데 바로 대영 박람회(Great Exhibition)였다.[18]

---

[17] Mitchell, *Daily Life*, 6.
[18] Ibid., 7-8.

제1장 성장과 가족　53

　　로버트 베넷(R. B.)의 아내 수잔나와 딸 수지는 600만 명의 다른 사람들과 마찬가지로 그 박람회에 참석했을 것이 거의 확실하다. 찰스 스펄전은 1851년 6월에 런던 북부에서 살았으며, 대영 박람회에 방문하기 위해서 케임브리지에서 기차를 타고 왔다.[19] 전 세계에서 온 최신 발명품들과 기술적 진보의 결과물들이 6개월간 선보였다. 박람회가 끝나고 그 중심적인 구조물인 수정궁(Crystal Palace)은 해체되고, 재건축되었고, 1854년 런던 남부에서 다시 문을 열었다.[20]

　　금속과 유리로 지어진 수정궁은 독특한 건축학적 경이로움 그 자체였으며, 알버트 왕자가 바라던 꿈의 실현이었다. 십만 개의 전시품을 보유하며, 세인트폴대성당(St. Paul's Cathedral)보다 세 배나 긴 이 거대한 구조물은 "공학 기술과 디자인의 승리"였다.[21] 1854년에 수정궁은 수지와 찰스의 관계를 싹 틔우는 데 중요한 역할을 했다.

　　수지의 가족은 1850년대에 주로 팰콘 스퀘어(Falcon Square)의 런던 중심부에 주로 살았다. 로버트 베넷(R. B.)은 재정적인 상황이 나아지면서 자신의 집에서 일할 하인을 고용할 수 있었다. 수지 여사는 파리에 가있을 때를 제외하고서, 1856년에 결혼할 때까지 부모님과 함께 살았다. 그러나 2년 반 동안 톰슨 가족은 템스강의 사우스 뱅크(south bank)에 있는 수지 여사의 고모 메리와 그녀의 남편 헨리 킬빙턴의 집(7 St. Ann's Terrace on Brixton Road)에서 다시 머물렀다.[22]

---

[19] C. H. Spurgeon, *Autobiography*, 1:211.
[20] Mitchell, *Daily Life*, 7. 대영 박람회의 중심이었던 수정궁(the Crystal Palace)의 잔해물은 런던의 시든햄 힐(Sydenham Hill)에 남아 있다. 수정궁은 1836년에 불타고 재건축되었다. 윈스턴 처칠(Winston Churchill)은 수정궁의 파괴를 "한 시대의 마지막"으로 지칭했다. https://londonfirejournal.blogspot.com/2005/07/crystal-palace-1936.html.
[21] Mitchell, *Daily Life*, 7.
[22] 수지 여사의 집, 7호는 2차 세계 대전 때 무너졌다. 그러나 주택의 형태는 폭탄에도 남아 있는 구조물들 가운데(집들은 서로 연결되어 있다) 여전히 존재한다. 그 구조물을 마주 볼 때, 맨 왼쪽에 있는 집은 맨 오른쪽에 있던 수지 여사의 가옥 구조와 유사했을 것이다. 수지 여사의 주택 사진은 *Autobiography*, 2:14에서 찾아볼 수 있다.

톰슨 씨 가족은 아마도 메리의 악화된 건강 상태와 죽음 때문에 킬빙턴 씨 가족을 돕기 위해서 그들과 함께 살았을 것이다. 킬빙턴 씨 집에는 아이들이 있었고, 수지 여사와 그 어머니는 의심할 여지없이 그들을 도와주었을 것이다.

헨리와 메리의 둘째 딸 이름 역시 수잔나(Susannah)였고, 수지 여사의 사촌이자 친구였다. 그때까지 톰슨 씨 가족은 킬빙턴 씨 가족과 함께 살았고, 사촌 수잔나는 결혼했다. 사촌 수잔나는 뉴파크스트리트채플(New Park Street Chapel)의 충실한 일꾼들인 토마스 올니와 유니티 올니(Thomas and Unity Olney)의 아들 윌리엄(William)과 결혼을 했는데, 그들의 결혼은 훗날 수지 여사와 올니 씨 가족, 궁극적으로는 찰스 스펄전과의 연결 고리를 만들어 주었다.

수지는 수잔나와 윌리엄과 각별한 사이였다. 그녀는 영적 싸움을 하던 어느 날, 윌리엄을 찾아가서 상담을 받았다. 그녀는 그를 가끔씩 '아버지 올니의 둘째 아들'로 인척 관계로는 사촌으로 불렀다. 그녀는 그를 '뉴파크 스트리트 주일학교'의 열정적인 일꾼, 진정으로 마음이 넓은 사람, 그리고 젊은 순례자들의 위로자"로 묘사했다.[23]

수지와 사촌 수잔나의 각별한 관계는 종종 수지를 토마스 올니 씨 가족이 맺어온 사회적 관계 속으로 이끌었으며, 그녀는 '올니 부부에게 각별히 사랑받는 사람'으로서 그 집에서 정기적으로 환영받았다.[24] 뉴파크스트리트채플을 향한 올니 씨 가족의 사랑은 수지와 그녀의 부모가 가끔씩 예배에 참석하도록 했다. 수지는 아직 그리스도인이 아니었지만 기독교적인 영향에 둘러싸여 있었다.

제임스 스미스(James Smith) 목사는 뉴파크스트리트채플에서 9년(1841-1850) 동안 섬겼다. 그는 벤자민 키치(Benjamin Keach)와 존 길(John Gill)이

---

[23] C. H. Spurgeon, *Autobiography*, 2:6.
[24] Ibid., 2:4.

포함된 1600년대로 거슬러 올라가는 탁월한 침례교 목사들의 전통 위에 서 있던 사람들 가운데 요 근래 사람이었다.[25] 스미스 목사를 "예스러우며 단호한 설교자였지만 영혼을 그리스도께로 인도하는 복된 예술에 정통한 사람"으로 묘사했던 수지 여사를 포함해서 토마스 씨 가족의 존경을 받았다.

그러나 그 시점에 수지는 회심하지 않았으며 확신이 없었다. 그녀는 '[그녀가] 주 예수 그리스도를 믿는 [그녀의] 믿음을 고백할 수 있을지를 눈물 어린 갈망으로 궁금해 하면서,' 스미스 목사가 새 신자들에게 침례를 주는 장면을 목격했을 것이다.[26] 토마스와 유니티는 그들의 자녀들과 마찬가지로 젊은 수지의 영적 성장에 있어서 중요한 사람들이었다. 찰스와 결혼하기 전의 수지에 대한 정보가 빈약함에도 불구하고 경건한 사람들에게 영향을 받은 한 소녀와 젊은 여성의 모습이 떠오른다.

1903년에 출간된 전기, 『수잔나 스펄전의 삶』(*Life of Susannah Spurgeon*)에서 찰스 레이(Charles Ray)는 다음과 같이 기록하고 있다.

> 올니 부부가 이 젊은 소녀를 매우 좋아했고 자주 초대했던 사실로 미루어 볼 때, 그녀는 의심할 여지없이 뉴파크스트리트채플(New Park Street Chapel)을 자주 방문했다.[27]

그러나 수지가 스물한 살이 되기까지 그리스도를 향한 믿음을 고백하지 않았다. 종종 그녀의 글에서 자신이 죄에 대한 확신이 있었다는 사실을 보여준다. 아마도 그녀의 죄책감이 죄 고백을 방해하면서 그리스도의

---

[25] Ibid., 1:303–20.
[26] Ibid., 2:3.
[27] Charles Ray, *The Life of Susannah Spurgeon. In Free Grace and Dying Love: Morning Devotions* by Susannah Spurgeon (1903; repr., Edinburgh: The Banner of Truth Trust, 2013), 127.

은혜를 바라보지 못하게 했을 것이다.

그녀가 회심한 후 여러 해가 지나고, 수지는 자신의 '불안감'과 '연약함'에 대하여 여전히 슬퍼했다. 그녀는 후년에 자신을 '너무 태만하며, 자격이 없으며, 용납할 수 없다'라고 여전히 생각했지만, 그녀는 그때에 하나님의 친절함에 대해서 알고 있었으며 자신의 죄를 극복할 수 있도록 그분께 도움을 구했다.[28]

수지의 부모가 깊은 신앙이 있었는지에 관하여는 불확실하다. 로버트 베넷(R. B.)이 어느 독립 교단 예배당에서 유아 침례를 받았고, 그의 아내 수잔나 놋(Susannah Knott)도 영국 국교회에서 침례를 받았다는 사실은 확실하지 않다. 톰슨 씨 가족이 뉴파크스트리트채플에 출석했던 기간은 주로 스미스 목사가 제직하던 때였고, 성공회와 연관이 있었다면, 그들은 더 이상 그렇지 않았다는 것을 암시한다.

그 시대의 많은 영국 가정이 그러했듯이, 토마스 씨 가족은 정기적으로 성경을 읽었을 것이다. 그 당시 성경에 대한 영국 사람들의 애정의 깊이에 관하여 논란이 있겠지만, 그럼에도 불구하고 빅토리아 시대 전문가인 티모시 라르센(Timothy Larsen)은 성경에 대해 다음과 주장한다.

> [성경은] 빅토리아 시대의 사상과 문화 속에 지배적으로 존재했다.[29]

빅토리아 시대의 문헌과 예술은 성경에 관한 언급으로 가득했으며,[30] 빅토리아 시대의 가족들은 '아침과 저녁으로 개인 경건 시간과 가정 예배'에 자주 참여했었다. 라르센(Larsen)은 다음과 같이 말했다.

---

28 Susannah Spurgeon, *Free Grace and Dying Love: Morning Devotions* (repr., Edinburgh: The Banner of Truth Trust, 2013), 18.

29 Timothy Larsen, *A People of One Book: The Bible and the Victorians* (Oxford: Oxford University Press, 2012), 1.

30 Ibid., 2-4.

[성경은] 사람들이 자신의 경험을 보던 렌즈였다.³¹

그러나 빅토리아 시대 속에서 성경의 우월성은 주로 문화적 겉치장이었다. 이와 상관없이 빅토리아 시대에 성경을 어느 곳에서나 발견할 수 있었다는 사실은 명백한데, 이것은 수지 톰슨의 삶 가운데 어린 시절과 20년의 세월을 이해할 수 있는 틀을 갖추도록 돕는다.

수지가 1903년에 이 세상을 떠났을 때, 그녀의 아들 토마스는 장례 예배 때 "로버트 베넷(R. B.)과 그의 아내가 뉴파크스트리트채플 예배에 가끔씩 참석했었다"³² 라는 사실을 이야기했었고, 이는 그들이 교회 회원이거나 열심을 내어 참여했던 사람들이 아니었음을 보여준다.

이러한 사실은 스미스 목사가 뉴파크스트리트채플을 떠난 후 톰슨 씨 가족의 열정이 식어버렸거나 톰슨 여사의 병이 악화되면서 수지가 예배에 참여하지 못했다는 사실을 암시할 수 있다. 1855년 늦봄에 로버트, 수잔나, 그리고 수지는 킬빙턴 집에서 펠콘 스퀘어(Falcon Square)로 이사했다.³³

펠콘 스퀘어는 사람들이 거주하던 여관들과 상점들이 즐비했고 사업 거래가 이루어지던 혼잡한 지역이었다. 로버트 베넷(R. B.)의 사업 본부가 인근에 있었는데 수지는 종종 아버지의 사업장을 지나서 산책했고 상점에 진열된 최근에 입고된 물건들을 들여다보았다.

크리스토퍼 렌(Christopher Wren)의 건축적 기량을 뽐내던 때를 떠올리게 하는 위대한 건축물인 세인트폴성당(St. Paul's Cathedral)의 거대한 돔은 수지의 집에서도 보였을 것이다. 그녀는 즐거운 마음으로 이 도시를 산책할 때 집 근처에 있는 오래된 소와 말 구유를 지나 위대한 감리교 설교자

---

31　Ibid., 6.
32　*The Sword and the Trowel*, November 1903, 550.
33　로버트는 이미 이 장소에 거주지와(또는) 사업장을 가지고 있던 것으로 보여진다. 펠콘 스퀘어는 스펄전의 전기 작가들이 로버트의 활동 무대로 설정하며, 그를 펠콘 스퀘어의 R. B. 톰슨으로 소개한다.

인 존 웨슬리(John Wesley)가 1738년에 회심했던 올더스게이트 스트리트 (Aldergate Street) 근처를 자주 거닐었다.

## 3. 부모님의 죽음

수지 여사는 1856년에 결혼했고 그녀의 부모는 펠콘 스퀘어에 남아 있었다. 로버트 베넷(R. B.)은 창고업자로 계속 일하고 있었다. 안타깝게도 수지의 어머니인 수잔나는 1862년까지 오랜 투병 생활로 고생했다. 톰슨 여사의 고난은 극심했으며 그녀는 4월 14일에 세상을 떠났다. 사망 확인서는 그녀의 사망 원인을 "불확실한 날짜의 복부 종양. 배에서 출혈"로 기록한다.

「옵저버」(The Observer)에 실린 그녀의 부고 기사에는 "14번째, 로버트 베넷(R. B.)의 아내 수잔나, 펠콘 스퀘어 시티, 57세"라고만 적혀 있었다.[34] 찰스 스펄전은 4월에 자기 부모에게 보낸 편지에 톰슨 여사가 오랜 시간 동안 겪었던 고난에 대해서 언급한다.

> 4월 21/62
>
> 사랑하는 아버지, 어머니
> 지난 주 급박했던 소동으로 제가 해야 할 일을 하지 못했습니다. 즉, 우리가 겪은 인명 손실을 알리는 것입니다. 가엾은 톰슨 여사가 지난 월요일 저녁에 숨을 거두셨고, 저는 오늘 아침에 그녀를 묻어 주었습니다. 그녀는 너무 오랫동안 고통스러워했기 때문에 한편으로 그녀가 이 세상을 떠났다는 것은 진정 기쁜 일입니다. 죽음의 쓴맛은 과거의 일입니다.

---
34 *The Observer* (London, England), April 21, 1862, 8.

> 살아 있는 채로 육신이 썩어가는 고통을 겪으면서 누워있는 것보다 떠나는 편이 훨씬 나았습니다. 수지와 가엾은 우리 톰슨 씨는 바랄 수 있는 대로 이 운명에 순응했고, 지금 이렇게 된 것이 오히려 잘 된 것이라고 제가 생각했던 것처럼 그들도 동일한 생각을 하고 있습니다. 그녀는 많은 평화를 누렸으며 어린아이와 같은 믿음을 간직한 것처럼 보였습니다. 우리가 오직 유일한 구원자의 훌륭하심을 통하여 영광으로 들어가듯이 그녀도 그렇게 영광을 경험했습니다. 가엾고 죄 받을 영혼은 보혈로 씻겨졌고 육신은 천사장의 나팔 소리를 기다립니다. 우리의 가장 따뜻한 사랑을 받아주세요. 우리가 아버지, 어머니를 볼 수 있기를 희망하는 때가 다가옵니다. 준비되는 대로 알려 주시고, 항상 저희를 생각해 주세요.
> 두 분에게 사랑받는 자녀, 찰스.[35]

수지는 어머니의 고난이 끝났다는 안도감을 느끼는 동시에 그녀를 떠나보낸 슬픔에 젖어 있었다. 이 편지는 수잔나의 사망 날짜와 찰스가 그녀의 장례 예배를 인도했다는 사실을 알려줄 뿐만 아니라, 톰슨 여사가 오랜 시간동안 병으로 고생했었다는 사실도 보여준다. 수지의 자매가 요절했다는 사실과 함께, 이후 수지의 오랜 투병 생활은 유전병이 존재했을 것이라는 가능성을 시사해 준다. 가장 중요한 것은 찰스의 편지에는 톰슨 여사가 '단순한 어린 아이와 같은 신앙'을 가졌다는 사실을 보여준다.

톰슨 여사의 죽음은 수지와 아버지 간의 관계에 변화를 주는 것처럼 보였다. 1860년 후반에 로버트 베넷(R. B.)은 펠콘 스퀘어(Falcon Square)에서 그가 와인 무역상으로 일했던 벨 스트리트(Bell Street)로 이사했다. 1870년 10월 18일에 그는 뉴게이트스트리트(Newgate Street)에 위치한 그리스도교회(Christ Church)에서 과부였던 메리 앤 커크우드(Mary Ann Kirkwood)와 재

---

[35] 리젠트파크칼리지(Regent's Park College)의 앵거스 도서관(Angus Library)에 보관된 편지. 사용이 허가됨.

혼했다. 로버트 베넷(R. B.)과 메리 앤은 런던 외곽에 있는 혼지(Hornsey)의 미들턴스트리트(Middleton Street)에 거주했다.

놀랍게도 그가 재혼한 후 찰스나 수지나 톰슨 씨의 친척 그 누구도 그들의 결혼식에 참여했다거나 로버트 베넷(R. B.)과 교류했었다는 언급이 없다. 그 대신 로버트 베넷(R. B.)의 회계사인 조셉 램스데일(Joseph Ramsdale)이 그 결혼식의 법적 증인으로 나섰으며 나중에는 톰슨 씨의 유언 집행자 역할을 맡았다.

로버트 베넷(R. B.)이 가족 간의 대화를 나누었다는 마지막 언급은 수지가 브라이튼(Brighton)에서 수술하고 회복하고 있었을 때, 그녀의 아버지가 나이팅게일 레인(Nightingale Lane)에 있는 그들의 집에 잠시 들렀다는 사실을 언급했던, 찰스가 수지에게 1869년에 보낸 편지에 나온다.[36]

그녀의 어머니를 여의고 아버지의 형편이 불확실한 상황 속에서 수지는 자신의 집과 하던 일에 만족했다. 그녀는 찰스와 결혼한 후에 그의 부모를 자신의 부모로 받아들였고 그들을 어머니와 아버지로 불렀다. 그녀는 찰스의 부모에게 편지를 보낼 때, '딸'이란 애정 어린 호칭을 사인으로 남겨서 보내기도 했다.

1871년에 실시된 인구 조사는 로버트 베넷(R. B.)과 메리 앤이 여전히 혼지(Hornsey)에서 거주했고, 로버트는 와인 무역업에서 일하고 있지 않은 상태였다고 기록한다.[37] 로버트 베넷(R. B.)은 1873년에 알려지지 않은 이

---

[36] C. H. Spurgeon, *Autobiography*, 3:187.
[37] 1871년 인구 조사는 로버트 베넷 톰슨(Robert Bennett Thompson)을 리처드(Richard)로 잘못 기록하고 있다. 하지만 그의 가장 최근 직업이 와인 무역업자라는 기록은 정확한데, 이는 1870년에 발급된 그의 결혼 증명서와 1873년의 사망 증명서에 기재되었기 때문이다.
1831년의 결혼증서에 나온 로버트 베넷의 서명과 1870년의 결혼증서 서명을 비교함으로써, 두 서명이 동일한 사람에 의한 것으로 밝혀졌다. 결혼 증서, 인구 조사, 로버트 베넷의 부고 기사에 기재된 주소를 고려해 봄으로써, 1871년의 인구 조사는 로버트를 리차드로 잘못 기록했다는 사실이 명확해졌다. 그러므로 "리차드"는 수지 여사의 아버지이자 스펄전의 장인인 로버트 베넷 톰슨이다.

유로 그의 집에서 300마일 정도 떨어져 있는 펜젠스(Penzance)에 있는 사우스 테라스(South Terrace)로 여행을 떠났는데, 10월 5일, 65세의 나이로 그곳에서 세상을 떠났으며, 아마도 심장 마비("위와 심장 경련")가 원인이었던 것으로 추측된다.[38]

「웨스트 브리튼과 콘월 신문」(West Briton and Cornwall Advertiser)은 그가 찰스 스펄전 목사의 장인어른이었던 것으로 기록한다. 톰슨은 자기 인생의 전부를 보냈던 런던이 아니라 펜젠스(Penzance)에 묻혔다. 만약 재정적인 문제로 그랬다면 수지와 찰스는 그가 필요했던 자금을 어렵지 않게 제공할 수 있었을 것이다.

로버트 베넷(R. B.)이 사망했을 때, 그가 모은 자금은 사업 초기에 성공적인 나날들을 보낸 이후로 점점 줄어들었으며, '머켄타일 신용조합'(Mercantile Credit Association)에 빚을 진 채로 생을 마감했다.[39] 로버트 베넷(R. B.)은 상대적으로 부유함을 누렸지만, 그의 재정은 자신의 생애에 걸쳐 변동을 거듭했던 것으로 보여진다.

영국에서는 재산이 한 사람의 사회적 지휘를 결정하는 유일한 잣대는 아니었다. 사업, 재산 소유권, 그리고 직책은 종종 사회적 지위를 결정하는 것과 관련하여 재무 포트폴리오만큼이나 중요했다. 그러므로 재산, 일, 그리고 직위와 관련하여 로버트를 향사(Esquire)와 신사(gentleman)로 설명하는 것이 그에 대해서 더욱 잘 나타내 줄 것이다.

로버트 베넷(R. B.)의 이야기는 조금 슬프게 끝이 났다. 그는 자신의 아

---

[38] 콘월주(Cornwall)의 펜젠스(Penzance)에 위치한 호적총국(General Register Office)에서 발급된 사망 신고서의 공인된 사본. 1873년 10월 6일 호적 담당자 존 제임스(John James)에 의해 등록되었다.
[39] 공식적인 기록은 그의 개인 자산이 400파운드 이하였다는 사실을 보여준다. 이것은 그렇게 많은 금액은 아니었다. 나중의 기록을 보면, 그의 개인 자산은 45파운드 이하로 기재되었다. 이러한 차이는 잘못 인쇄되었거나, 수정된 기록, 둘 중 하나이다. 문제가 되는 것은 로버트 베넷이 사망할 당시 빚이 남아 있었다는 것이고, 아마도 소송 절차 후에 남은 재산이 단지 45파운드였다는 것이다.

내와 함께 있었을 가능성이 높지만, 자기가 살던 집과 자신의 유일한 딸에게서 멀리 떨어진 채 세상을 떠났고 땅에 묻혔다. 그가 세상을 떠났을 때 수지는 투병 중이었으며 그녀는 대부분 집에 갇혀 지냈다. 그래도 그녀의 경건한 성품으로 미루어 보았을 때 우리는 그녀가 자기 아버지를 사랑했으며 그를 위해 기도했으리라고 믿는다.

    수지 여사 생애의 초기 21년에 대한 정보가 부족함에도 불구하고, 그녀가 어머니 뱃속에 있을 때부터 교회를 다녔고 어린 시절부터 예수님을 향한 사랑을 공언했다는 진술은[40] 그녀가 그리스도와 그의 교회가 영광 받으시는 가정에서 양육되었음을 보여준다. 그리고 그녀는 스물한 살이 될 때까지 믿음의 고백을 하지는 않았지만, 그녀의 어머니, 친구들, 친척, 목회자에 의해 복음의 씨앗이 마음에 뿌려졌고, 그것이 계속 자라나서 결과적으로 그리스도를 향한 참된 믿음이 생겨났다.

---

[40] Lewis Drummond, *Spurgeon: Prince of Preachers* (Grand Rapids: Kregle, 1992), 573.

# 앞을 향해 나아가는 순례자

1852-1855년

런던의 북쪽으로 61마일 떨어져 있는 케임브리지의 시온채플(Zion Chapel)에서 19세의 설교자는 주일 학교 기념일 모임에서 설교를 했다. 케임브리지 첨탑들의 북쪽에 위치한 워터비치침례채플(Waterbeach Baptist Chapel)의 목사, 찰스 해돈 스펄전(Charles Haddon Spurgeon)은 힘차게 말씀을 전했고, 그의 설교는 그날 예배에 참석했던 어느 젊은 남성에게 깊은 인상을 남겼다.

불붙은 채 선포되는 말씀을 들은 조지 굴드(George Gould)는 그러한 재능이 도시에서 발휘되면 얼마나 좋을지에 대해서 생각했고 그 교회를 기억해 두었다. 굴드가 런던으로 돌아오자마자, 그는 토마스 올니(Thomas Olney)를 만나서 그에게 뉴파크스트리트채플(New Park Street Chapel)에서 말씀을 전하도록 초청할 것을 권했다. 그들이 말했듯이 그 이후의 이야기는 여러분도 다 아는 이야기이다.

굴드가 이 일을 경험하기 몇 달 전, 삶을 변화시킨 비슷한 설교가 런던에서 있었다. 1852년 어느 주일 저녁에 수지 톰슨은 그 도시에 있는 자기 집을 나와서 '칩사이드 스트리트'(Cheapside Street)로 나갔고, 왼쪽으로 돌아 포울트리채플(Poultry Chapel)로 들어가서 예배를 드렸다. '세인트폴대성당'(St. Paul's Cathedral)의 그늘에 둘러싸여서 런던의 상업 지구에 위치한 이 오래된 예배당을 향해가던 그녀의 6분간의 산책이 밤이 다가기 전 그녀를 다른 여행으로 인도할 것이라고는 전혀 예상하지 못했다.

그것은 영적 어둠에서 영원한 생명을 향한 여행이었다. 수지는 뉴파크스트리트채플에 정기적으로 참석했지만, 그녀가 가끔 다른 교회의 특별 예배에 참석하는 것이 이상해 보이지는 않았다. 포울트리채플로 가는 지름길은 수지와 부모님들이 한 동안 그 지역에 살았기 때문에 친숙했다. 1640년에 이 예배당에서 처음 예배가 드려졌고, 청교도 설교자 토마스 굿윈(Thomas Goodwin)이 이곳을 개척했다.

영국 국교도와 의견을 달리했던 비국교도(nonconformist) 회중이 1819년 칩사이드에 있는 포울트리로 이주했다.[1] 이 지역은 과거에 가금류 판매상이 있었던 곳이어서 포울트리(역자주: Poultry는 '가금류'라는 의미이다)로 이름 붙여졌다.

수지의 아버지는 '올드 아틸러리 그라운즈 행정 교구'(Old Artillery Grounds Parish) 근처에서 태어났고, 무어 스트리트(Moore Street) 인근의 '조지 휫필드 타버내클'(George Whitefield's Tabernacle)에서 유아 침례를 받았다. 수잔나 웨슬리(Susannah Wesley)와 존 번연(John Bunyan)과 같은 사람들의 유해들이 존웨슬리채플(John Wesley's chapel) 길 건너 번힐 필즈(Bunhill Fields) 묘지의 정확히 북쪽에 안장되었다.

로버트 베넷이 '조지 휫필드 타버내클'에서 유아 침례를 받은 사실, 수지가 포울트리 예배당에 출석했던 사실, 그녀와 부모가 뉴파크스트리트채플에 출석했던 사실은 톰슨 씨 가족이 신학적으로 영국 국교회보다는 비국교도 신앙에 더 맞닿다는 사실을 보여주는 지표들이다. 톰슨 씨 가족의 경우 그들의 비국교도 신앙은 부분적으로 그들이 비국교파 교회 국가로부터의 독립을 믿었으며 사실상 복음주의적이었다는 것을 의미했다.

---

1 "City Temple, London," Wikipedia, https://en.wikipedia.org/wiki/City_Temple,_London.

그 해 겨울 저녁, S. B. 버그니(S. B. Bergne) 목사는 로마서를 설교했다.

> 그러면 무엇을 말하느냐 말씀이 네게 가까워 네 입에 있으며 네 마음에 있다 했으니 곧 우리가 전파하는 믿음의 말씀이라 네가 만일 네 입으로 예수를 주로 시인하며 또 하나님께서 그를 죽은 자 가운데서 살리신 것을 네 마음에 믿으면 구원을 받으리라(롬 10:8-9).

겨울 저녁에 해가 저물고 그 예배당의 실내는 상대적으로 작고 '우중충'했음에도 불구하고[2], 수지 여사는 자신의 영혼에 비춰지는 '참된 여명의 빛'을 경험했다. 설교 말씀이 회중에게 들려질 때, 수지는 그 밖에 다른 무언가도 들었는데 … 그녀는 "나에게 너의 마음을 주어라"라는 주님의 음성을 들었다.

그녀는 훗날 "그분의 사랑에 매여" "그날 밤 그분께 전적으로 굴복하겠다는 엄숙한 결심을 했다"라고 기록했다.[3] 그때 수지의 나이는 거의 스물한 살이었다. 정중하며 종교적인 영국 문화에서 볼 수 있는 여러 광경처럼, 수지는 성경을 읽고 기도하며 교회에 출석하는 가운데 기독교 문화권에서 21년을 보냈다. 비록 처음에는 새롭게 생긴 자신의 믿음에 대해서 의심이 많았지만 남은 생애 동안 그녀가 그리스도인으로서 살아간 삶은 매우 달랐다.

수지는 포울트리 예배당에서의 경험을 그리스도께 진정으로 회심한 시

---

2   Albert Dawson, *Joseph Parker, D.D., His Life and Ministry: Minister of the City Tabernacle, London* (London: S.W. Partridge & Co., 1901), 66.

3   C. H. Spurgeon, *C. H. Spurgeon's Autobiography: Compiled from His Diary, Letters, and Records, by His Wife, and His Private Secretary* (London: Passmore and Alabaster, 1897-99; repr., Pasadena, TX: Pilgrim Publications, 1992), 2:5-6. 수지가 회심했던 날짜는 알려지지 않았다. 수지는 그 예배가 "스펄전이 런던으로 오기 약 일 년 전"이었다고 기록한다(*Autobiography*, 2:5). 스펄전은 1853년 12월 18일에 처음으로 뉴파크스트리트에서 설교했다. 토마스 스펄전은 그녀의 회심이 1852년에 일어났다고 믿었다.

간으로 회고했지만, 그럼에도 다음 해에 '어둠, 낙담, 그리고 의심'의 시기로 들어섰다. 회심 이후 곧바로 영적 도전들을 마주하는 것은 그녀에게 어려웠지만, 더 나쁜 것은 그녀는 계속해서 새롭게 생긴 믿음과 의심을 모두 마음속에 묻어 두었다. 그녀는 "하나님과 관련된 것들에 대해서 냉담하고 무관심"해졌으며 자신의 영적 상태를 "병약하고 생기 없는" 것으로 설명했다.[4]

---

그녀는 찰스 스펄전의 설교를 처음 듣고는 크게 감명 받지 못했지만, 수지는 훗날 하나님의 주권이라는 관점으로 그들의 첫 번째 만남을 해석했다. 그녀는 언변, 태도, 복장과 관련하여 사회적인 예절을 식별하도록 훈련받았다. 찰스는 빅토리아 시대를 살아가는 예의바른 젊은 남성 설교자에게 적합한 모습이 어떠해야 한다는 수지의 선입관을 깨뜨렸다.

수지는 찰스의 머리카락, 옷, 버릇, 그리고 도발적인 설교 스타일을 불쾌하다고 생각했다. 훗날 그녀는 자신이 젊은 시절 가지고 있던 정서에 대해 회상하면서 이렇게 기록했다.

> 아! 내 두 눈이 앞으로 연인이 될 그를 바라보았다는 것을 생각할 때, 그때 나는 얼마나 아무 생각이 없었던 것일까요! 다가올 미래에 하나님께서 나를 준비시키고 있었다는 영광에 대해서 한 번도 꿈을 꾼 적이 없었던 것일까요! 우리의 삶이 우리에게 맡겨지지 않고, 하나님께서 우리를 택하신다는 사실은 은혜입니다. 그렇지 않으면 우리는 때때로 최고의 축복을 외면하며, 그분이 보여주시는 섭리를 통하여 경험할 수 있는 세심하며 훌륭한

---

[4] Ibid., 2:6.

선물들로부터 멀어집니다.⁵

　찰스가 그 역사적인 예배당의 강대상에 처음 섰을 때가 1853년 12월 18일 주일 아침이었다.
　수지는 뉴파크스트리트채플에서 집사로 섬겼던 토마스 올니의 가족과 함께 시간을 보내고 있었는데, 그녀는 그날 아침 예배에 참석하지는 않았지만, 가족들이 집으로 돌아온 후, 어리둥절해 하며 놀라기도 하면서 크게 기뻐하는 모습을 목격했는데, 이는 "그들이 그러한 설교를 전에 들어본 적이 없었으며 … 진수성찬을 먹었기 때문이었다."⁶ 올니와 그의 가족은 젊은 찰스로 인하여 기쁨이 넘쳤으며, 그들은 그날 찰스가 했던 첫 설교가 그와 교회에게 일어날 엄청난 일들의 지표로 믿었으며, 소망을 가졌다.
　그러나 찰스는 이 예배에 대해서 다른 반응을 보였다. 그는 천명이 넘는 좌석을 보유한 건물에 참석자가 거의 없었기 때문에 실망감을 금치 못했고, 그를 사랑하며 지지해주던 사람들이 있는 워터비치 예배당으로 돌아가기를 원했다.⁷ 찰스가 런던에서 설교하는 동안 12월의 그날 아침, 마을 교회에 모인 회중은 뉴파크스트리트채플에서 모인 작은 회중들보다 훨씬 많았다.
　올니 씨 가족은 주일 저녁 예배 때 더 많은 회중을 확보함으로써 19살의 설교자를 격려하기로 결심하고 그날 오후 내내 저녁 예배에 참석할 친구들을 동원하는 일로 시간을 보냈다. 수지는 그 예배에 참석하도록 권유받은 토마스 올니 씨의 지인들 가운데 한 사람이었다.⁸ 강대상에 스펄전이 나타나기를 기다리는 동안, 이 역사적인 예배당에 대한 좋은 기억과 함께 한껏 기대에 부풀어 올랐다.

---

5　Ibid., 2:5.
6　Ibid., 2:4.
7　Ibid.
8　Ibid., 2:4. 수잔나는 토마스 올니를 "아버지 올니"로 불렀다.

그녀는 그 교회에서 이전에 경험했던 것들을 상기시켰다. 그녀는 한 집사님의 복장과 "계단이 없는 특이한 강대상"부터 전임자였던 제임스 스미스 목사가 예배를 인도하는 방식에 이르기까지 모든 것을 기억해 냈다.[9] 수지는 예배와 목회자에 어울리는 예절에 관하여 계몽되어진 견해를 가지고 있었다.

올리 씨 가족은 그들이 "작은 수지"로 부르곤 했던 그녀가 스펄전이 전하는 말씀을 듣기 위하여 자신들과 함께 예배에 참여하는 것을 기쁘게 생각했다. 그녀는 올리 씨 가족을 존경했지만, 찰스의 설교를 듣는 것에 그다지 열성을 보이지 않았다. 그녀는 "목회자의 존엄과 교양에 대한 개념들을 가지고 있었는데, 그날 아침 예배드렸던 사람들이 그 젊은 남성의 독특한 외모를 떠올리게 하는 이야기를 듣고나서 다소 충격을 받았다."

그녀가 강대상에 서있는 찰스를 처음 보았을 때, 그의 설교에 마음이 끌린 것이 아니라, 그의 외모 때문에 집중할 수 없었다. 그녀는 찰스의 "큰 검정색으로 된 광택이 곱고 보드라운 큰 깃", "길고 이상하게 다듬어진 머리카락과 흰색점 무늬의 파란 손수건"을 재미있게 생각했다.[10] 이 설교자의 외형에 대한 수지의 관심은 그녀의 영적 미성숙함과 런던에서 자라나면서 형성된 문화적 관점을 대변했다.

이는 유명한 교회들의 구성원들이었던, 영국의 위대한 도시에 살고 있는 많은 교구 주민에게도 해당되는 경우였다. 그러나 수지는 올리 씨 부부를 기쁘게 하기를 원했고, 그녀가 아주 오랜 시간이 지난 후 "나의 소중한 남편이 런던에서 두 번째 설교했을 때 그 예배에 참석했다"라고 언급했다.[11]

출석하라는 요청에 마지못해 승낙했지만, 평범한 부와 정서를 지닌 여느 일반 소녀와 달랐던 수지는 "그 젊은 목사의 유창한 설교에 전혀 매료

---

[9] Ibid., 2:3-4.
[10] Ibid., 2:5.
[11] Ibid. 스펄전의 두 번째 설교는 1853년 12월 18일 주일 저녁에 있었다.

되지 못했었으며" "스펄전의 세련되지 못한 태도와 언변은 존경보다는 후회하는 마음을 갖게 했다"고 생각했다.[12]

몇 년이 지나고 스펄전이 세상을 떠난 이후 수지는 젊은 시절에 견문이 좁았던 자신의 모습을 회상했다. 그녀는 자신이 "어리석음"을 인정했으며 "찰스의 복음 제시와 죄인들을 향한 그의 강력한 간청을 충분히 이해할 만큼 영적인 생각을 가지고 있지도 않았다"는 사실을 인정했다.[13] 그러나 찰스의 설교는 불확실함으로 가득 찬 수지에게 있어서 필사적으로 들어야 했던 설교였다.

## 1. 수지와 뉴파크스트리트채플의 영적 도전들

수지의 빈정 상한 마음은 찰스의 메시지를 받아들이지 못하게 했으며, 동시에 그녀는 참된 믿음의 확신이 부족했기에 고심하게 되었다. 몇 년 후에 그녀는 다음과 같은 말로 당시의 상황을 설명했다.

> 나는 그 목소리에서 나오는 진심어린 간청과 경고를 받았는데, 그 누구도 나보다 더 많이 회복과 각성을 필요로 하는 사람이 없었을 것이며, 곧바로 그 말씀은 내게 세상에서 가장 감미로운 소리가 되었다.[14]

수지는 성경적인 설교가 필요했으며, 처음에는 주저했지만 찰스를 통하여 그녀가 겪었던 고난의 상황 가운데 필요한 도움을 발견했다. 뉴파크스트리트채플은 자신들이 처한 문제에 직면해있었고, 지난 날에 보여주었던 생기 넘치던 모습을 잃어갔다. 예배 참석자수는 눈에 띄게 줄어들어 갔

---

12 Ibid.
13 Ibid.
14 Ibid, 2:6.

고, 절망감은 교회에 남아서 열심히 섬기던 신실한 성도들을 시험에 들게 했다.

몇 안되는 신실한 성도 가운데서 하나님께서 그 교회에 부흥을 가져오시기를 기도해왔던 올리 씨 가족이 있었다. 수지의 부모님들은 이 교회에서 찾아볼 수 없었고, 올리 씨 가족이 아니었으면 수지 자신도 교회에 적극적으로 참여하지 않았을 것이다. 수지처럼, 그 교회는 영적 부흥이 필요했다. 스펄전이 뉴파크스트리트채플에서 첫 설교를 하기 4일 전인 1853년 12월 14일에 기록된 교회 회의록은 그 교회가 어려움에 직면했던 사실을 보여준다.

> 친애하는 형제 자매들이여, 우리가 과거 몇 해 동안 목회자의 부재로 말미암아 교인수가 늘지 않았다는 사실에 대해서 유감스럽습니다.

런던 침례교 연합에 보내진 회의록은 이러한 흥미로운 말로 끝마쳤다.

> 우리는 우리 교회의 통계 기록을 동봉했습니다. 형제자매들이여, 우리를 위하여 기도해주십시오.[15]

찰스의 첫 설교 후, 그 교회는 더 나은 날들을 앞에 두고 새 소망을 가지게 되었다. 1854년 1월말에 시작된 본격적인 시련이 끝나기도 전에, 그 교회는 자신들의 목회자로 섬겨달라고 젊은 찰스 스펄전에게 간절한 마음으로 청빙을 요청했다. 1854년 4월 28일에 그가 그 교회에 보낸 편지를 보면 단순히 이렇게 진술되어 있었다.

---

15 Ibid., 1:340. 뉴파크스트리트채플은 어려움을 겪은 유일한 침례교 회중들의 모임이 아니었다. 여러 침례교 연합 교회가 교세의 감소를 보였다.

나는 그 제안을 받아들입니다(I ACCEPT IT).[16]

그는 그 교회에게 자신을 기도 중에 기억해주기를 간청했고, 병든 자를 돌보며 궁금한 것들이 있는 사람들을 데려오며 상호 간의 교화(edification)하는 것과 같은 모든 선한 일을 위하여 동역하기를 요청했다.[17] 그는 19세 밖에 되지 않았지만, 이러한 도움 요청으로 말미암아 자신의 성숙함을 보여주었으며, 하나님의 은혜로 말미암아 그는 곧바로 이 임무를 감당할 준비가 되었다.[18]

찰스는 그의 가장 큰 도움이 첫 번째 주일, 회중석에 자리 잡고 앉아있던 갈색 곱슬머리를 한, 사랑스러운 런던 출신 숙녀로부터 올 것이라는 사실을 전혀 알지 못했다. 찰스의 사역을 통하여 그 교회는 점점 생기가 돌아났으며, 수적인 성장과 영적인 성장 모두를 경험했다. 수지 톰슨 역시 영적 활력을 얻었으며 성장을 경험했다.

---

[16] Ibid., 1:35. 강조는 원문 그대로이다.
[17] Ibid., 1:353.
[18] 존경받는 목회자들의 중요한 역사를 가진 뉴파크스트리트채플이 19세의 젊은 목사를 청빙했다는 사실이 일반적이지 않아 보이지만, 그 교회의 역사에 이러한 전례가 없었던 것은 아니었다. 파트리샤 크루파(Patricia Kruppa)는 그의 전임 목사들이었던 존 길(John Gill)과 존 리폰(John Rippon)이 그 회중에게 말씀을 전하라고 부름 받은 때가 역시 19세였다는 사실을 주목했다. 그래서 스펄전의 젊음이 크게 방해가 되지 않았으며, 어떤 이로 하여금 역사는 그 자체로 반복하는 것임을 희망하도록 부추겼을 것이다.
많은 사람이 '나의 독창성 또는 심지어 기이함이 런던의 청중들의 주의를 끌었던 비결이라고 확신했다' 라고 스펄전은 자기 아버지에게 솔직히 털어놓았다. 뉴파크스트리트채플의 회중은 스펄전의 생기 넘치는 태도와 인습에 매이지 않은 설교들이 그들에게 드리워진 암울한 미래를 되살릴 것이라고 희망하면서, 그에게 모험을 걸어 보기로 결심했던 것 같다." (Patricia Stallings Kruppa, *A Preacher's Progress* [New York: Garland, 1982], 70).

## 2. 영적 도움의 수단으로서 『천로역정』

수지의 영적인 삶에 찰스의 영향력이 미치기 전에, 그녀는 자신의 사촌 수잔나의 남편, 윌리엄 올니에게 안내받기를 원했었는데, 수지가 자신의 영적 상태에 대하여 염려하고 있다고 이야기했을 때 귀를 기울여 준 사람이었다. 윌리엄은 찰스에게 수지의 영적 싸움에 대해서 알려 주었던 사람이었을 것이다.

윌리엄과의 대화를 마친 다음, 수지는 무언가 적혀있는 존 번연(John Bunyan)의 『천로역정』(*The Pilgrim's Progress*)의 삽화를 받고서는 놀랐다.

> 톰슨 양, 복된 순례의 여정을 향한 희망을 향하여. 찰스 스펄전으로부터, 1854년 4월 20일.[19]

찰스의 관점에서, 『천로역정』은 수지에게 적합한 책이었다. 그녀는 22세였지만, 새로운 회심자였으며, 그것도 낙담했던 사람이었다. 번연의 글이 찰스 자신의 기독교 신앙에 대한 이해에 있어서 중요했던 것처럼, 찰스는 번연의 풍유(allegory)가 긍정적인 측면에서 수지의 마음 안에 내재된 믿음에 대한 불확실함을 해소해 줄 것이라고 확신했다.

그녀는 찰스의 선물이 영적 싸움을 하는 영혼으로 하여금 천국을 향해 나아갈 수 있도록 돕기 위한 그의 바램을 보여주는 것으로 여겼다. 그녀는

---

[19] C. H. Spurgeon, *Autobiography*, 2:6-7. 수지는 윌리엄 올니를 "진정한 큰마음 씨"(2:6)라고 불렀다. "큰 마음"(Greatheart)은 천로 역정에 등장하는 한 인물이다. 톰 네틀스(Tom Nettles)는 스펄전이 『천로역정』을 좋아했다고 언급하면서 다음과 같이 이야기한다.
"영성, 창의성, 실제적인 지식에 대한 청교도적 기준의 최고봉은 베드포드 출신의 땜장이, 존 번연의 『천로역정』이었다. 스펄전은 전 생애에 걸쳐서 이 책의 '모든 판본을 논평하려고 노력했다.' '그리고 가능하다면 묶음, 활자 인쇄, 가격을 고려하여 특정 청중에게 이 책을 추천했다'"(Tom Nettles, *Living by Revealed Truth: The Life and Pastoral Theology of Charles Haddon Spurgeon* [Fearn, Scotland: Christian Focus, 2013], 443).

그가 보여준 관심에 대단히 감명을 받았으며, "그 책은 매우 귀중했으며 도움이 되었다."[20] 번연의 풍유는 그녀의 마음 깊숙이 자리 잡았고, 궁극적으로 그녀가 저술한 책들, 편지들, 그리고 다른 문학적인 작품들에 영향을 주었는데, 그녀의 글은 종종 그리스도인의 삶을 나타내는 번연의 기술 어구들을 사용했다.

※

찰스는 수지에게 전적 권면을 하기 위해서 현명하게도 『천로역정』을 선택했다. 1903년에 수지가 세상을 떠나던 해에, 두 사람의 아들 토마스 스펄전(Thomas Spurgeon)은 자기 아버지가 "존 번연과 사랑에 빠졌었고" "믿음과 생각과 언어에 있어서 그와 유사하다"라고 기록했다.[21]

토마스는 "여기에는(『천로역정』) 아기들을 위한 모유와 성인들을 위한 고기가 있다 … 게다가 고기는 '아기들'이 맛보고 즐길 수 있을 정도이며, '성인들'은 모유 한 두 모금으로 인하여 더욱 건강하게 될 것이다"라고 생각했다.[22]

스펄전 전문 연구자인 피터 몰덴(Peter Morden)은 번연의 글은 "그리스도인의 삶을 이해하는 틀"과 "그리스도인의 삶의 여정을 따라 일어났던 특정한 경험들을 이해"하기 위한 방법을 제안함으로써, 스펄전에게 영향을 주었다고 설명한다.[23]

---

20 Ibid., 2:7.
21 C. H. Spurgeon, *Pictures from Pilgrim's Progress: A Commentary on Portions of John Bunyan's Immortal Allegory* (Pasadena, TX: Pilgrim, 1992; Bellingham, WA: Logos Bible Software, 2009), 4.
22 Ibid.
23 Peter Morden, *Communion with Christ and His People: The Spirituality of C. H. Spurgeon* (Eugene, OR: Pickwick, 2013), 29. 몰덴은 자신의 저서에서 스펄전이 번연에게 영향 받았다는 사실을 상세히 이야기한다(26-30). 그는 스펄전에게 『폭시의 순교자』(*Foxe's Book of Martyrs*) 역시 중요하다고 언급하지만, 존 번연의 글들은 "최고의 영향력"을 가

찰스와 수지는 올리 씨 가족을 정기적으로 방문했던 사람들이었기 때문에 그들은 서로 자주 볼 수 있었다. 수지가 찰스와 친분이 더 생겨나면서, 그녀는 자신의 영적 관심사를 그에게 나눔으로써 자신의 속마음을 털어놓았다. 품위 넘치는 도시 여성이 자신의 관심사를 순박한 찰스에게 나눈다는 상상력을 발휘해보면 재미있다. 한때 그녀에게 불쾌감을 주었던 사람이 그녀가 상담하고 싶어 하는 사람이 되었다는 것이 얼마나 아이러니한가.

> 어느 정도의 떨림이 있었지만, 나는 하나님 앞에서 점차적으로 나의 상태를 그에게 이야기해주었고, 그는 설교와 대화로, 성령의 능력을 통하여, 내 영혼이 갈망했던 평화와 용서를 위한 그리스도의 십자가로 나를 부드럽게 이끌어 주었습니다.[24]

찰스와의 교감과 번연의 『천로역정』은 수지가 성경에 더욱 전념할 수 있도록 도와주었다. 토마스 스펄전은 『천로역정의 삽화들』(Pictures from Pilgrim's Progress)에 대한 추천사는 어떻게 번연이 저술한 이 고전 작품이 수지에게 도움이 되었는지를 쉽게 이해할 수 있는 맥락을 제공한다.

찰스 스펄전은 성경을 진지하게 공부할 수 있도록 권면하면서 이렇게 이야기한 적이 있었다.
"오! 당신과 저는 하나님의 말씀의 중심부로 들어가고, 그 말씀은 우리들에게 들어올 것입니다. 저는 누에가 그 잎사귀를 먹는 것을 본 적이 있는데 우리는 주님의 말씀을 이와 같이 섭취해야 합니다. 그저 그 표면 위를 기어 다니는 것이 아니라, 우리의 가장 깊숙한 곳에 도달할 때까지 올바르

---

진 『천로역정』과 함께 "굉장히 중요했다"라고 주장한다(26).
[24] C. H. Spurgeon, *Autobiography*, 2:7.

게 먹어야 합니다. 단순히 눈으로 그 말씀을 훑어보거나 시적인 표현이나 역사적인 사실들을 생각해내는 것은 게으른 것입니다.

그러나 마침내 당신이 성경적인 언어로 이야기하게 되고, 당신이 가진 삶의 스타일이 성경적인 모델을 바탕으로 형성되며, 당신의 영이 주님의 말씀의 풍미를 갖게 될 때까지, 성경의 중심부로 파고 들어 그것을 먹는 것은 복됩니다. 제가 이야기하고자 하는 바에 관하여서 존 번연을 예로 들어 보겠습니다. 그가 쓴 글 어느 곳이라도 읽어 보십시오, 그러면 당신은 거의 성경 그 자체를 읽는 것과 같다는 사실을 깨닫게 될 것입니다.

그는 자신의 영혼이 성경으로 흠뻑 젖을 때까지 그것을 읽었습니다. 그의 글들은 매력적이게도 시로 가득하지만, 그는 '왜 이 사람은 성경을 살아내는가'라고 지속적으로 느끼고 말하게끔 하지 않고서 모든 산문시 중에서 가장 매력적인 『천로역정』을 우리에게 제공할 수 없었습니다.

어느 곳이든 그를 찔러보면 그의 피가 성경으로 이루어져 있다는 사실을 확인할 수 있고, 성경의 정수가 그에게서 흘러나옵니다. 그는 성경의 어떤 본문을 인용하지 않고서는 말할 수가 없는데, 그의 영혼이 하나님의 말씀으로 가득 차 있기 때문입니다."[25]

스펄전에게 있어서 번연의 글을 읽는 것은 "거의 성경 그 자체를 읽는 것과 같았"고 "성경의 정수가 그에게서 흘러나온다." 스펄전은 다음과 같이 고백한다.

성경 다음으로 내가 가장 가치 있게 여기는 책은 바로 존 번연의 『천로역정』입니다. 나는 적어도 그 책을 100번 정도 읽었다고 생각합니다. 그 책은 계속 읽어도 피곤하지 않으며 그 책의 신선함의 비밀은 상당 부분을 성경에서 가져와 편찬했다는 사실입니다. 이 책은 단순하지만 아주 빼어난

---

[25] C. H. Spurgeon, *Pictures from Pilgrim's Progress*, 5–6.

풍유적 형태 안에 참된 성경적 가르침을 담아내었습니다.[26]

명백하게 번연의 이 고전 작품은 수지 자신의 피가 "성경으로 이루어진" 것이라고 여긴 것처럼 그녀의 삶에 지대한 영향을 미쳤고, 1884년까지 그녀는 성경을 열네 번을 완독했는데, 이는 "연간 매일 성경 세장씩 읽기"를 실천했음을 의미했다.[27]

몇 년 후에 찰스는 수지에게 그녀가 사용했던 것과 같은 성경 읽기 계획표를 추천할 수 있는지에 대해서 물어보았다. 그녀는 정기적으로 성경을 완독하는 것이 "그렇지 않으면 지나칠 수 있는" 부분들을 포함하여 모든 성경을 아는 데 있어서 독자에게 도움이 되었다고 답했다.

그러나 그녀의 "영적인 계몽과 원기회복"에 있어서, 그녀는 성경의 "반절"과 같이 한 부분을 택해서 묵상하는 것을 선호했다. 그녀의 묵상은 성경 몇 절에 집중하는 시간동안 진행되었는데, 이로 인하여 그녀는 "성령으로 말미암아 더 나은 본문 적용을 경험했다."[28] 수지가 보여준 믿음의 성장은 성경 읽기, 묵상 그리고 그 이후 찰스의 지도의 영향에 대하여 증거한다.

그녀는 성경 말씀이 "부드러운 말씀"이며 "그분의 사랑스런 음성을 들으면서 모든 비중 있는 문장을 곰곰이 잘 생각해야 하며, 보배로운 주 예수 그리스도 자신의" 말씀이라고 여겼다.[29] 수지를 찰스에게로, 그리고 더 나아가 『천로역정』으로 안내했던 사건들의 연속은 하나님의 섭리 안에서 할 수 있었던 공부였다.

만약 수지의 사촌 수잔나가 윌리엄 올니와 결혼하지 않았다면, 만약 토

---

26  Ibid., 11.
27  *The Sword and the Trowel: A Record of Combat with Sin & Labour for the Lord* (London: Passmore & Alabaster), February 1898, 50.
28  Ibid.
29  Susannah Spurgeon, *Free Grace and Dying Love* (repr., Edinburgh: The Banner of Truth Trust, 2013), 64.

마스 올니가 유니티 포터와 결혼하지 않았다면, 만약 제임스 스미스가 뉴파크스트리트채플에서 계속 사역을 이어갔다고 상상해보면, 찰스와 수지는 절대로 만날 수 없었을 것이다. 그래도, 이 모든 일의 시작이 된 첫 번째 사건은 토요일 오후 케임브리지에서 일어났다.

조지 스티븐슨(George Stevenson)은 자신의 『찰스 스펄전 목사의 삶과 사역에 대한 개요』(Sketch of the Life and Ministry of the Rev. C. H. Spurgeon)에서 조지 굴드와 토마스 올니의 만남을 시적으로 기록했다.

> 케임브리지에서 설교했던 이 젊은 설교자는 뉴파크스트리트채플의 집사에 의해 추천되었다. 소망은 뒤따라왔다. 믿음은 강해진다. 그곳에 청빙 지원서가 접수되고, 그 젊은 설교자는 아직 "십대"였던 나이에 런던에서 한때 가장 규모가 컸던 침례교회의 위임 목사가 된다. 이 젊은 청년은 바로 찰스 해돈 스펄전 목사이다.[30]

찰스는 케임브리지에서 자신의 연설과 올니에게 했던 굴드의 해당 요청은 "케임브리지셔(Cambridgeshire)에서 런던으로 이동하게 된 계기였고, 하나님의 손길"이었다고 말했다.[31] 또한, 그 일은 그가 수지 톰슨의 마음을 향하여 나아가게 된 계기이기도 했다.

---

[30] George Stevenson, *Sketch of the Life and Ministry of the Rev. C. H. Spurgeon* (New York: Sheldon and Company, 1859), 22.

[31] C. H. Spurgeon, *Autobiography*, 1:299.

## 수정궁에서 하나 된 마음

　신문들이 도시 남쪽에서 진행되고 있는 거대한 건축 프로젝트에 대한 소식을 전하면서 런던 사람들은 몇 달 동안 기대에 부풀어 올랐다. 1854년 6월 10일에 수정궁은 다시 문을 열었고 그날은 대대적인 축하의 날이었다. 철과 유리로 장식된 그 궁전은 유명 건축 디자이너 조셉 팩스턴 경(Sir Joseph Paxton, 1803-1865)의 재능이었으며, 건축학의 경이로움이었다.

　이 건물은 본래 런던 하이드 파크에 1851년에 개최된 대영박람회를 위해서 임시 건물로 건축되었다. 일 년이 채 안되어 공사가 끝났고, 6개월 만에 철거되었고, 박람회가 폐회된 후에 런던 남쪽 지역, 시든햄 힐(Sydenham Hill)에 있는 장소로 영구적으로 옮겨졌다.[1] 웅장한 건물 자체뿐만 아니라, 그 궁전을 둘러싸고 있는 멋진 경내에는 정원, 분수대, 수많은 멸종 동물의 모형들이 있었다. 수정궁의 개장 축하에 대한 흥분 속에서, 인상적인 러브 스토리가 전개되고 있었다.

　수지는 1854년 4월에 찰스가 그녀를 향한 목회적인 관심이 있던 사실과 그들 사이에 지속해서 자라나던 우정이 6월에 로맨스로 꽃피울 것이라는

---

[1] "AD Classics: The Crystal Palace/Joseph Paxton," http://www.archdaily.com/397949/ad-classic-the-crystal-palace-joseph-paxton/.

사실에 대하여 전혀 알지 못했다. 수지가 회심했던 포울트리채플에서 보냈던 나날보다 더 행복했었다고 증언했지만, 그녀의 기쁨은 새로 발견한 영적 이해력과 자신을 지도하던 목회자와의 우정을 나누는 특권으로 인한 것이었다.

6월 전까지는 찰스에 대한 어떤 낭만적인 생각도 그녀의 마음속에 들어오지 않았던 것 같다. 처음에 찰스는 단지 『천로역정』이라는 선물을 통하여 "천국을 사모하면서 고군분투하는 영혼"을 도와주고 있었지만, 수지와의 우정에 관하여 무언가 더 발전할 수 있는 가능성에 대해 생각해 보면서 곧장 사모하는 마음을 가졌음에 틀림없다. 번연의 책을 선물한 후 두 달이 되지 않았을 때, 찰스는 그녀와 친구 이상의 관계를 추구하면서, 자신의 관심을 수지에게 표현하기 위한 창의적인 방법을 강구했다.

수지 톰슨과 찰스 스펄전은 뉴파크스트리트채플에서 온 친구들과 함께 자리에 앉았다. 군중들이 수정궁의 개장식을 목 빠지게 기다리는 동안, 찰스는 수지에게 마틴 터퍼(Martin Tupper)의 『속담 철학』(*Proverbial Philosophy*)을 건네주었고, 그녀에게 "결혼에 관하여"라는 제목의 글을 읽게 했다.

> 하나님께서 예비하신 선한 아내를 구하라. 그녀는 하나님의 섭리 가운데 주어지는 최선의 선물이기 때문이다.
> 그러나 그분이 약속하지도 않았는데 대담한 확신으로 구하지 말라.
> 당신은 그분의 선하신 뜻을 알지 못한다. 당신의 기도가 거기에서 복종해야 하는 것이다.
> 그리고 그분이 당신을 잘 돌보실 것이라고 확신하면서 당신의 소원을 그분의 자비에 맡기라.
> 만약 당신이 젊었을 때 아내를 갖고자 한다면 그녀는 지금 이 지구상에 살아가고 있다.
> 그러므로 그녀에 대하여 생각하며 그녀의 안녕을 위해 기도하라. 그렇다.

당신이 그녀를 아직 만나보지 못했을지라도 말이다.[2]

찰스가 "당신은 미래의 남편이 될 사람을 위해서 기도합니까"라고 그녀에게 속삭였을 때 수지는 그를 바라보았다.[3] 그 의도된 메시지는 그녀를 놀라게 했지만 오해의 여지가 없었다. 수지는 그 질문에 대답하지 못했지만 심장 박동이 빨라졌고 그녀의 볼은 빨갛게 변해 갔다.

그녀는 찰스와 시선을 맞추지 않았고, 그가 "그들 안에 밝아오는 빛"을 볼까 봐 두려웠다. "화려한 행렬이 수정궁 주위를 지날 때," 그녀는 찰스 옆에 계속해서 잠자코 앉아 있었다. 그러나 "눈부신 야외 행렬"은 "그녀의 마음속에 고동치고 있던 새롭고 이상한 감정들"과 견줄 수 없었다.[4]

수지는 찰스가 전에 낭만적인 관심을 보였을 때 어떤 암시조차 발견하지 못했다는 사실이 오늘날 현대 독자들에게 놀랄 만한 일이겠지만, 이는 그녀가 찰스와의 우정에 관하여 전혀 예측하지 못했음을 보여준다. 한 쌍의 젊은 청년들은 함께 있던 무리에서 빠져나와서, 그 건축물 구석구석을 돌아보고, 궁전 정원 주위를 산책했고, 바깥에 나와서 100야드 아래에 있는 호수로 함께 걸어갔다.

그들은 그 호수에서 "멸종된 괴물들의 거대한 모형들"을 보았다. 두 사람에게 이 공룡 모형들은 매력적이었지만, 더 중요한 것은 하나님께서 찰스와 수지 사이에 평생 지속될 사랑의 유대 관계를 형성시키고 계셨다는 사실이다.[5] 1892년에 찰스가 이 세상을 떠난 후, 수지는 6월 어느 날 저녁

---

2   M. F. Tupper, *The Poetical Works of Martin Tupper: Including Proverbial Philosophy, A Thousand Lines, Hactenus, Geraldine, and Other Poems*, series 1, Proverbial Philosophy, *"Of Marriage"* (New York: John Wilen, 1859), 156.
3   C. H. Spurgeon, *C.H. Spurgeon's Autobiography: Compiled from His Diary, Letters, and Records, by His Wife, and His Private Secretary* (London: Passmore and Alabaster, 1897 99; repr., Pasadena, TX: Pilgrim Publications, 1992), 2:8.
4   Ibid.
5   Ibid.

에 수정궁 경내를 따라 거닐던 산책에 대해서 설명했다.

> 기념할 만한 6월의 바로 그날 산책하는 내내, 나는 하나님 자신이 우리를 서로 영원히 연합시키셨다고 믿게 됩니다. 그 시간부터 우리의 우정은 빠른 속도로 자라났고 사랑은 빠르게 깊어져 갔습니다.[6]

수지는 수정궁을 "우리가 가장 좋아하는 유원지"였다고 말했다.

> 그 건물은 그 자체로 엄청난 매력을 뿜냈고, 아마도 개장하던 날이었기 때문에 우리의 눈에 덤으로 더 많은 은혜가 주어진 것으로 생각했다.[7]

## 1. 찰스와 수잔나의 약혼식

찰스가 『천로역정』을 수지에게 선물한 지 두 달이 되지 않았을 때 자신의 낭만적 의도를 보여주기 위하여 터퍼(Tupper)의 시를 보여주었다. 그리고 두 달 후에 그는 1854년 8월 2일에 그녀의 조부, 샘슨 놋(Sampson Knott)의 정원에서 청혼했다.[8]

수지에 따르면, 그 정원은 "삼면이 벽돌로 된 높은 벽이 있었고, 일자형으로 자갈길이 놓여 있었고, 할아버지가 자부심을 느꼈던 큰 배나무가 잘 자라던 곳 중앙에 작은 잔디가 깔려 있는 … 약간 오래된 정원이었습니다." 그 정원은 아주 낭만적인 장소는 아니었고, 수지는 대부분의 사람들

---

[6] Ibid.
[7] Ibid., 2:13.
[8] 확실하게 이야기할 수는 없지만, 인구 조사 자료를 파악한 결과, 수지와 찰스의 약혼식이 열렸던 정원은 그녀의 조부, 샘슨 놋(Sampson Knott)의 정원인 것이 거의 확실하다.

이 "사랑의 선언"을 위한 장소로 선택할 것이라고 생각하지 않았다.[9]

그러나 수지에게 그 정원은 약혼식 장소가 되었으며 그녀의 기억에 영원히 각인되었기 때문에 "암울"하다고 생각해 왔던 그 곳은 아주 멋진 분위기를 느낄 수 있는 장소로 다가왔다. 그녀는 훗날 다음과 같이 회상했다.

> 내 사랑하는 사람이 나를 자신의 것으로 여겨주었고 나를 얼마나 사랑하는지 말해주었기 때문에 오늘까지도 나는 그 오래된 정원을 신성한 장소와 행복의 낙원으로 생각합니다.[10]

수지를 향한 찰스의 사랑은 명백했지만 청혼의 순간까지 "사랑합니다"라는 강력한 말을 아껴두었다. 그녀는 청혼을 받을 때 "떨렸으며" "기쁨과 반가움이 있었지만 침묵을 지켰다." "약혼이라는 소중한 예식"에서 "사랑스럽고 참된 모든 마음은 경험이나 기대감으로부터 오는 세부적인 것들을 채울 수 있습니다. 나에게 그것은 달콤했던 만큼 엄숙한 시간이었습니다."[11]

수지는 그 경험에 의해 압도되면서, 기도하면서 하나님을 곧바로 찾아야 할 것처럼 느꼈다. 그녀는 그 진기한 정원에서 빨리 빠져나와 할아버지 집에 있는 다락방으로 올라갔다. 거기에서 그녀는 "하나님 앞에 무릎을 꿇고, 찬양하며, 그렇게 좋은 사람에게서 사랑을 받는다는 사실 가운데 역사한 그분의 말로 형용할 수 없는 자비로 인하여 행복의 눈물을 흘리면서 감사를 드렸습니다."[12]

1854년 8월 2일자 그녀의 일기에 다음과 같이 기록했다.

---

[9] C. H. Spurgeon, *Autobiography*, 2:8.
[10] Ibid., 2:8–9.
[11] Ibid., 2:9.
[12] Ibid.

오늘 아침에 나에게 일어났던 모든 일을 적는 것은 불가능합니다. 나는 고요함 속에 하나님의 자비를 경외하고, 모든 은택을 주신 그분을 찬양할 수밖에 없었습니다.[13]

수지는 그때 당시 찰스의 위대함의 정도에 대하여 완전히 알지 못했었다고 훗날 고백했다. 그녀가 찰스 해돈 스펄전이 어떤 존재였는지 완전하게 파악했었다면 그녀는 아마도 압도당했을 것이다. 수지는 찰스와의 약혼과 결혼에 대하여 생각하면서 하나님께서 그들을 서로 만나게 하셨다고 표현했다. 그녀는 다음과 같이 선언했다.

우리를 함께 이끌어 온 그 완전한 사랑은 결코 느슨하지도 불안하지도 않았습니다. 나는 하나님의 탁월한 종의 평생 동반자가 될 자격이 없었다는 사실을 지금은 잘 알고 있지만, 그가 이러한 것을 전혀 생각하지 않고 자기 아내를 하나님께서 그에게 주신 최고의 선물로 바라보았다는 사실을 알고 있습니다.[14]

찰스와 수지는 수정궁에 들어갈 수 있는 정기 입장권을 구했고, 그들은 약혼 기간 동안 일주일에 한 번씩 그 곳에서 자주 만나 함께 산책하고 이야기를 나누었다.[15] 화려한 정원이 있는 수정궁은 그들의 사랑이 자랄 수 있는 흥미롭고 아름다운 환경을 제공해 주었다. 정서적으로 그 궁전은 찰스가 1854년 6월에 자신의 감정을 그녀에게 창의적인 방식으로 보여준 곳이었기 때문에 수지의 마음속에는 특별한 장소였다.

게다가 수정궁 그 자체는 외국에서 들여온, 마음을 사로잡는 전시물들과 멋진 경치 때문에 방문하기에 좋고 교육적인 장소였다. 그들이 그 궁

---

[13] Ibid.
[14] Ibid.
[15] Ibid., 2:13–14.

전의 경내에 들어가서 호숫가를 걸을 때마다 달콤했던 6월의 그날에 대한 기억들이 그녀의 마음속에 넘쳐 났다. 수지는 일주일에 한 번씩 갖는 그 만남들이 지속적인 사역의 부담뿐만 아니라, 산업의 냄새와 결합된 암울한 런던의 날씨가 주는 우울함의 효과에 대비할 수 있도록 찰스에게 도움을 주었다고 믿었다.

찰스는 시든햄(Sydenham)에서 수지를 만나기 위해서 런던 브리지 역(London Bridge station)에서 기차를 탔으며, 빠른 시간 안에 수정궁에 도착했다. 한편 수지는 브릭스턴 로드(Brixton Road)에 위치한 세인트 앤스 테라스(St. Ann's Terrace)에 살고 있었는데, 그녀는 종종 수정궁까지 7마일을 걸어갔으며, 이는 가벼운 것이 아니었다. 수지는 오래 걸어야 했지만, 그 걸음은 "만남에 대한 기대감과 기분 좋은 우정의 보상이 있었기에 나에게는 기쁜 일이었습니다"라고 이야기했다.[16]

일주일마다 한 번씩 수지와 만나자고 제안했던 찰스의 방식은 영리했다. 그녀는 다음과 같이 말했다.

> [뉴파크스트리트채플에서] 목요일 저녁 예배를 마친 후면 복도에서 누군가 나에게 속삭였습니다.
> 
> "내일 세 시."
> 
> 이 말은 만약 내가 그 시간까지 그 궁전에 오면, '누군가' 수정궁 분수에서 나를 만날 것이라는 의미였습니다.[17]

찰스와 수지의 낭만은 명랑하고 몹시 유쾌했다. 그녀는 수정궁에서 찰스와 보냈던 시간을 "눈부시며 더없이 행복한 시간들"로 설명했다. 그들이 만난 지 얼마 안 되었을 때 두 사람은 건강을 누렸으며, 비록 찰스는 사역으로 매우 바빴지만, 훗날 그들의 신체적인 활력을 잃어갔던 어려움들로

---

16  Ibid.
17  Ibid., 2:13.

인하여 방해를 받지는 않았다.

수정궁에서 이루어진 정기적인 만남뿐만 아니라, 일주일에 한 번 있었던 그들의 '데이트'는 찰스가 하는 일들의 중심을 차지했다. 찰스는 주로 월요일에 도버 75번가(75 Dover Road)에서 수지의 집으로 짧은 드라이브를 했다. 그는 자신의 주일 설교문을 가져와서 출판과 배부를 위하여 수정 작업을 했다. 찰스가 일을 하는 동안 수지는 그 옆에 조용히 앉아 있었고, 그녀는 그와 함께 했던 시간을 "그 목사의 미래의 배우자에게 좋은 훈련"으로 여겼다.[18]

만약 수지가 자기를 위한 독립적인 포부들을 품어본 적이 있었다면, 이때쯤 그녀는 찰스의 목표와 계획과 일을 받아들였고, 그를 돕는 것으로부터 기쁨을 발견했다. 빅토리아 시대를 살아가던 여성들은 거의 독립을 누리지 못했으며, 대부분이 남편의 그늘 아래에서 살 것으로 기대되었지만, 수지의 관계적 관점은 문화적 규범 위에서 형성된 것이 아니었다. 그녀는 단순히 찰스와 같이 친절한 사람에게 자신의 삶을 헌신하는 것을 기뻐했다.

찰스의 수지를 향한 사랑은 깊었으며, 그는 수지를 여왕처럼 보살폈다. 그들의 사랑 이야기는 그녀를 향한 찰스의 부드럽고, 사려 깊고, 낭만적인 대우에 대한 일화들로 넘쳐난다. 그러나 그는 또한 자신에게 주어진 일에 타협하지 않고 전념했다. 수지는 찰스가 자기에게 맡겨진 사역을 통하여 보여준 헌신은 "그의 마음속에 있는 다른 모든 열정과 목적을 지배했고, 심지어 흡수하기까지 했습니다"라고 말했다.[19]

수지는 자신에게 주어진 환경에 만족했지만 그럼에도 불구하고 때로는 외로움을 느꼈다. 가끔 찰스는 수지가 주일에 교회에서 그를 향해 다가가

---

[18] Ibid., 2:14.
[19] Ibid., 2:15.

도 인식하지 못할 정도로 사역에 너무 몰두되어 있었다. 그는 마치 그녀가 완전히 낯선 사람이었던 것처럼 자신을 소개한 적도 있었다. 수지는 찰스가 주의를 빼앗기는 것에 대하여 너그러운 마음을 가지고 있었고, 기분이 안 좋은 이유를 그의 탓으로 돌리는 경향을 보이지 않았다.

그러나 수지는 찰스가 그녀에게 실수를 저질러서 화가 났던 적이 적어도 한 번은 있었다. 톰슨 씨 가족이 살고 있던 곳에서 1-2마일 떨어진 켄싱턴 공동체에는 혼스(Horns)라고 불리던 회관이 있었는데, 종종 설교 장소로 사용되던 곳이었다.

찰스는 어느 날 오후 그곳에서 설교하기로 되어 있었다. 그는 톰슨 씨 가족과 점심을 즐긴 후, 수지와 함께 회관으로 가기 위해서 택시를 잡았다. 그는 런던에 거주한 지 일 년이 채 안되었지만 그의 명성은 치솟았으며, 결과적으로 군중들은 그가 설교를 할 때마다 무리 지어 모였다. 찰스는 수지를 택시에서 나오도록 도와주었는데, 그녀는 수많은 무리 가운데 찰스를 잃어버리지 않도록 그 옆에 붙어 있으려고 노력했다.

그러나 찰스는 오로지 이제 곧 전할 복음 설교에 집중했는데, 결과적으로 그는 수지에 대해서 까맣게 잊어버린 채로 군중이 건물 안으로 밀고 들어오는 상황 속에서 무심코 그녀를 두고 가 버렸다. 수지는 그 건물에서 뛰쳐나왔으며 씩씩거리고 얼굴에 눈물이 흘러내린 채로 친정 어머니 집으로 돌아갔다. 톰슨 여사는 그녀의 슬픈 마음을 공감하면서, 자기 딸이 하는 이야기에 열심히 귀를 기울였고 그녀의 "심란해진 마음"을 달래 주려고 했다. 수지는 다음과 같이 회상했다.

> 내가 선택한 남편은 일평생 하나님과 그분을 향한 예배를 위하여 절대적으로 헌신되었고, 그의 마음속에 나 자신을 우선순위로 세움으로써 그를 방해해서는 절대로 안 되는 비범한 사람이라고 어머니는 나를 지혜롭게 설득하셨다.

수지는 자신이 매우 어리석었으며 고집이 강했다는 사실을 깨달으면서, 찰스가 "수지, 수지!"라고 외치면서 집으로 뛰어 들어왔을 때 진정하기 시작했다. 그는 톰슨 여사에게 수지를 찾아 모든 곳을 다 찾아봐도 소용이 없었다고 북받쳐 오르는 감정으로 이야기했다.

수지는 다음과 같이 회상했다.

> 어머니는 그를 한쪽으로 데리고 가서 모든 사실을 이야기해 주었습니다. 그리고 나는 그가 사태를 파악했을 때 어머니께서 찰스를 역시 진정시켜야 한다고 생각했는데, 어쨌든 나를 불쾌하게 만든 그의 속마음은 너무나 순진했기 때문에 찰스는 내가 그를 의심하는 모습을 보면서 틀림없이 내가 부당하다고 느꼈을 것입니다.
>
> 결국, 어머니는 나를 그에게로 데려가 주었으며 나는 아래층으로 내려갔습니다. 그는 조용한 목소리로 내가 얼마나 화가 났었는지를 말하게 하고 나서 어머니가 해 준 작은 교훈을 반복했습니다. 그는 나를 향한 자신의 깊은 애정을 확인시켜 주었지만, 모든 것에 앞서 그가 하나님의 종임을 언급했습니다. 나는 내 주장을 그분께 복종시킬 준비를 해야만 했습니다.[20]

찰스는 자신의 영웅 조지 휫필드(George Whitefield)처럼 공적인 사역을 우선순위에 두었고, 때때로 자기 가족들의 필요에 관여하는 것은 부차적인 것으로 삼았다. 그러나 찰스와 수지의 결혼에 대한 전체적인 전망은 그가 자신에게 주어진 사역적인 책임감을 도외시하지 않았으며, 그는 수지로 하여금 보살핌 받고 있다는 확신을 주었다. 그녀는 자신의 입장에서 강도 높은 헌신을 했다. 그녀는 다음과 같이 이야기한다.

---

[20] Ibid., 2:16.

주님을 위한 그의 사역을 방해하지 말아야 하며, 그의 업무를 성취하지 못하게 해서는 안되며, 나의 좋지 못한 건강 때문에 나와 함께 집에 있어 달라고 간청하면 안된다는 것은 내 결혼 생활에 있어서 항상 정해진 목표였다.[21]

비록 "사역의 끊임없는 요구들과 저술 활동과 유난히 바쁜 삶으로 인한 복합적인 일이 항상 따라다녔던 한 남자와의 결혼 생활은 특수한 어려움으로 때로는 버거웠지만, 주님은 수지가 스스로 했던 은밀한 약속을 성취할 수 있도록 도와주셨다.

톰슨 여사의 둘 사이의 화평을 이루려는 노력이 성공적으로 이루어진 후에, 세 사람은 그날 저녁에 "유쾌하게 아늑한 차"를 함께 즐겼다. 수지는 훗날 다음과 같이 회고했다.

폭풍우가 친 후, 우리의 마음이 잠잠해진 것은 얼마나 기쁜 일인지, 그리고 지혜로운 조언과 부드러운 중재를 해 준 어머니를 우리는 얼마나 사랑하고 존경했는지.[22]

지혜가 부족한 어머니는 찰스와 수지의 멀어진 관계를 악화시켰을 것이지만, 수지의 어머니는 온화하면서도 용감한 성격을 가지고 있었고 그녀가 보기에 찰스와 수지의 아름답고 독특한 관계가 전개되고 있음을 알아차렸다. 그 감동적인 저녁에 찰스와 수지의 관계는 돈독해졌으며, 톰슨 여사를 향한 그들의 존경심은 깊어져 갔다.

두 사람의 약혼 기간은 찰스가 수지의 영적 성장에 대하여 얼마나 진지하게 생각했는지, 그리고 그녀의 경건 훈련에 있어서 찰스가 자신의 역

---

[21] Ibid.
[22] Ibid.

할을 어떻게 이해했는지에 대한 일화로 가득 차 있다. 『천로역정』(*The Pilgrim's Progress*)은 수지의 성화를 위하여 찰스 자신이 헌신했었다는 초창기의 증거였다.

터퍼(Tupper)의 책은 그들이 기도할 필요를 암시했고, 찰스는 또 다른 책을 찾았는데, 청교도 목사이자 작가인 토마스 브룩스(Thomas Brooks[1608-1680])가 저술한 이 책은 그들이 결혼하기 전 몇 달 동안 수지를 격려했다.[23] 수지는 배우기를 열망했으며 그녀에게 있어서 생명과 같은 소중한 사람에게 조언을 듣는 것에 대해서 유난히 기뻐했다.

1855년 여름에 톰슨 씨 가족이 팰콘 스퀘어(Falcon Square)로 이사한 후, 찰스와 수지는 더욱 자주 만났으며, 수지는 그들의 "마음이 순결한 사랑 가운데 점점 밀접해져 갔다"라고 행복한 마음으로 이야기했다.[24] 수지와 찰스는 더 많은 시간을 함께 보냈지만, 찰스는 그녀의 집을 방문할 때 계속해서 할 일을 가지고 갔다.

어느 날 찰스가 "저는 당신이 이 책을 신중하게 읽었으면 좋겠는데, 특별히 당신이 좋아하거나, 흥미를 끌거나 유익하게 다가온 문단들과 문장들을 모두 표시해 주면 좋겠소. 해 줄 수 있겠소"라고 말했을 때 그녀는 약간 망연자실 했었다.[25] 찰스의 의도는 수지가 토마스 브룩스의 글을 일부 발췌하고 모아서 책으로 출판하는 것이었다.

이러한 문서 작업은 수지에게 있어서 처음이었지만, 그녀는 토마스 브룩스의 책에서 발견한 문구들을 "눈부신 다이아몬드와 붉은 빛이 도는 금"

---

[23] 그녀는 토마스 브룩스의 책이 "녹슨 것 같은 책"이라고 묘사했다. 찰스는 그녀에게 "이 책을 신중하게 읽어 보라"고 부탁했다. 그는 수지가 이 책에서 삶을 변화시키는 표현들을 찾아서 표시해 두기를 원했다. 찰스는 수지가 표시해 둔 것들을 가지고 훗날 『고대의 브룩스에게서 가져온 부드러운 돌들』(*Smooth Stones Taken from Ancient Brooks*)을 출간했다. 나는 이 책에 있는 몇몇 표현에 대하여 간략하게 조사했고, 그 인용구들의 출처가 브룩스의 다양한 글이라는 사실을 발견했다.
[24] C. H. Spurgeon, *Autobiography*, 2:19.
[25] Ibid.

으로 묘사했다. 그녀는 훗날 찰스와 함께 했던 공동 작업의 결과를 회고하면서 다음과 같이 이야기했다.

> 사랑은 … 비교할 수 없는 선생님이며, 나는 의욕 넘치는 학생이었습니다. 소중한 선생님의 도움과 제안으로 그 작업은 매일 진행되었고 때가 되어 한 권의 작은 책으로 나왔는데, 그는 『고대의 브룩스에게서 가져온 부드러운 돌멩이들』(Smooth Stones Taken From Ancient Brooks)이라고 불렀습니다.
> 이 제목은 유쾌하며 저자의 이름을 따온 청교도적인 연극이었으며, 나는 편집자들이 서로 협력했던 결과에 만족했다고 생각합니다. 나는 이 작은 책이 이제 절판되어서 거의 접할 수 없을 것이라고 믿지만, 이 책을 소유한 사람들은 정독을 하면서 관심이 깊어져 가는 것을 느낄 것이며, 페이지 사이에 숨겨진 감미로운 사랑 이야기를 알 수 있게 됩니다.[26]

이 책에 수지의 이름은 나오지 않으며 현대판 역시 그녀의 이름을 싣지 않는다. 수지는 자신의 이름이 그 작품에 나옴으로써 수반될 그 어떤 개인적인 신용이나 명성도 바라지 않았다. 그녀의 관심은 그 책의 내용이며 페이지 사이에 숨겨져 있는 "감미로운 사랑 이야기"였다.

브룩스의 글을 모으는 수지의 수고는 찰스와 하나가 되게 했으며, 영적 지혜를 얻을 수 있는 또 다른 기회였다. 찰스는 브룩스의 설교와 글이 신뢰할 만한 성경적 강해였다고 믿었다. 수지와 찰스는 폭풍우를 헤쳐 나가고 결혼과 사역 가운데 생겨나는 여러 도전을 극복해 가면서, 그들이 서 있던 자리 위에 견고한 토대가 놓여졌다.

수지는 약혼하고 약 4개월 후에 찰스의 지도 아래 뉴파크스트리트채플에서 교회 회원 자격을 신청했다. 수지는 교회 회원 자격을 얻기 위하여

---

[26] Ibid. 『부드러운 돌멩이들』(Smooth Stones)은 찰스와 수지가 약혼했던 1855년에 첫 번째로 출간되었다.

자신의 믿음에 대하여 진술해야 하는 필수 과정을 거쳐야 했다. 이 간증은 교회 지도자에게 전달되고, 그는 공식적인 교회 문서에 서명함으로써 교회 회원됨에 동의했다는 사실에 대한 기록을 남겨 두었다.

수지는 담당 목사(찰스)와의 면담 일정을 잡았고, 교회 지도자들은 그녀의 집을 방문하여 그녀가 경건한 삶을 살고 있는지 확인했으며, 교회에 주님께서 자신을 어떻게 인도하셨는지에 대하여 진술했으며(1855년 1월 23일), 침례를 받은 후에 교회 회원으로 인정되었다. 교회 문서에 나와있는 수지의 이름 옆에는 찰스가 간단하게 "C. H. 스펄전에 의해 확인됨"이라고 기록했다.[27]

수지가 쓴 간증문에 대한 스펄전의 첫 번째 반응은 기쁨이었다.

> 오! 나는 내 사랑하는 사람이 자기 영혼 속에 나타난 은혜로운 일하심을 그렇게 잘 증언할 수 있어서 기쁨의 눈물을 흘릴 수 있습니다(나는 지금 확실히 그렇게 하고 있습니다). 나는 당신이 진정으로 하나님의 자녀였다는 사실을 잘 알고 있었지만, 당신이 그러한 경로로 인도받아 왔다고 생각하지 않았습니다.
>
> 나는 내 주인님이 당신의 가슴을 괴로움으로 들썩거리게 만든 돌덩어리들과 씨름을 하면서, 깊이 쟁기질을 해 오셨고, 깊은 곳에 씨앗이 뿌려진 것을 압니다. 나는 그 어느 누구에게도 아첨하지 않지만, 솔직히 내 주위를 사로잡은 몇 가지 경우는 당신이 했던 간증만큼이나 만족스럽습니다. 나는 당신을 존경하는 친구로서가 아니라 당신의 목사로서 공정하게 평가합니다.[28]

찰스의 기쁨 어린 글은 감동으로 넘쳐난다. 수지는 그의 약혼녀였고 곧 뉴 파크 스트리트에서 찰스와 동료 교회 회원이 되었다. 이 시점에서 찰스

---

[27] 수지가 교회 회원이 되었다는 기록들은 런던의 메트로폴리탄타버내클에 보관되어 있다.
[28] Charles Ray, *The Life of Susannah Spurgeon*. In *Free Grace and Dying Love* (1903; repr., Edinburgh: The Banner of Truth Trust, 2013), 143-44.

는 처음으로 수지가 그리스도를 위해 적극적으로 섬기는 삶을 살 수 있도록 격려했다.

> 내가 영적 증상에 관하여 무엇이든 안다면, 나는 당신을 위한 치료법을 알고 있다고 생각합니다. 당신의 위치는 그리스도를 위한 성실한 노동의 영역이 아닙니다. 당신은 한 가지 보다는 여러 가지 방법으로 할 수 있는 모든 것을 해 보았습니다.
> 그러나 당신은 섬길 수 있는 성도들 또는 죄가 많거나 병이 들었거나 비참한 사람들과 실제적으로 접촉하는 자리 가운데 나아오지 않았습니다. 적극적인 섬김은 온기를 가져다주며 이것은 의심을 제거하는 경향이 있는데, 우리의 일은 소명과 택하심의 증거가 되기 때문입니다.[29]

수지에게 보낸 편지 속에서 찰스는 자신의 목회적인 의무와 그녀를 향하여 점점 커지는 낭만적 감정을 구별했다. 그 편지에서 그는 다음과 같이 기록했다.

> 나는 당신을 존경하는 친구로서가 아니라 당신의 목사로서 공정하게 평가합니다.

그는 그녀의 믿음이 섬김에 관여하도록 다정하게 격려했다. 그는 동료 그리스도인들을 향한 적극적인 봉사가 그녀의 의심을 제거할 것이며, 그녀가 구원받았다는 증거를 보여줄 것이라고 믿었다.

수지는 『천로역정』을 통하여 "의심의 성"(Doubting Castle)에 있을 때 하나님의 약속들을 기억하는 법을 배웠다. "절망의 거인"(Giant Despair)이 크

---

[29] Iain Murray, *Letters of Charles Haddon Spurgeon* (Edinburgh: The Banner of Truth Trust, 1992), 54.

리스천(Christian)과 희망찬(Hopeful)이란 사람들을 감옥에 가두었을 때, 그들은 자유를 얻기 위하여 오로지 기도하며 하나님의 약속들을 기억할 필요가 있었다. 번연은 다음과 같이 기록했다.

> 당연히 토요일 자정쯤 그들은 기도하기 시작했고, 동이 틀 무렵까지 계속 기도했다. 날이 밝아오기 직전에 선한 크리스천은 거의 반쯤 놀라서 열정적으로 외쳤다.
> "이런 어리석은 사람 같으니라구. 나는 자유로울 수 있는데도, 이 악취가 진동하는 지하 감옥에 누워있어야 하나?
> 나는 내 품에 약속(Promise)이라는 열쇠가 있는데, 의심의 성(Doubting-Castle)의 어떤 문도 열 수 있어". 그러자 희망찬((Hopeful)은 말했다.
> "선한 형제여, 좋은 소식이군. 당신의 품에서 그것을 꺼내어 문을 열어보자."
> 그러자 크리스천은 자기 품에서 열쇠를 꺼내어 지하 감옥의 문을 열기 시작했다. [그가 열쇠를 돌리자] 빗장이 풀리고 문은 쉽게 열렸다. 그리하여 크리스천과 희망찬은 둘 다 밖으로 나왔다.[30]

수지는 우선 하나님의 약속에 대해서 생각할 필요가 있었고, 그 약속에 의거하여 행동해야 했다. 그녀는 열쇠를 넣어서 문을 열고 '왕의 대로'(King's Highway)로 돌아왔어야 했다.[31] '왕의 대로'를 여행하는 것은 다른 사람을 위하여 섬기는 것을 포함했다. 찰스는 수지를 격려했고 그녀가 진술했던 기쁨 어린 믿음의 간증을 즐거워했다. 그는 수지에게 사탕발림 말을 하지 않으려고 조심하면서 그녀가 진정한 그리스도인이 될 것이라는 확신을 나누었다.

---

[30] John Bunyan, *The Pilgrim's Progress* (1865; repr., Edinburgh: The Banner of Truth Trust, 1977), 134.
[31] Ibid.

하나님은 그분의 자비하심 속에서 당신이 진정으로 택함 받았다는 사실을 보여주셨습니다.

찰스는 그녀의 삶을 지켜보며 그녀가 회심했던 경험에 대해서 읽어 보고, 현명한 충고에 기꺼이 주의를 기울이겠다는 의지를 확인함으로써 수지의 영성에 대한 결론을 내렸다. 수지는 영적으로 빠르게 성장했기 때문에 찰스는 그녀에 대하여 다음과 같이 묘사했다.

마음의 교훈으로 깊이 훈련받았으며 영혼에 대한 지식에 완전하게 정통해 있습니다.[32]

찰스는 수지가 그리스도를 향하여 확신에 찬 사랑을 품고 있다고 생각하면서 벅찬 감정을 이기지 못했다. 그는 다음과 같이 이야기했다.

구주께서 피 값으로 사신 당신은 그분께서 나에게 주신 선물이며 내 마음은 그분의 지속적인 선하심에 대한 생각으로 흘러넘치고 있소.

찰스는 하나님께서 선하시다는 사실에 대해서 의심한 적은 결코 없었지만, 수지가 진술한 믿음의 간증을 읽고 난 후, "그분께서 여러모로 베풀어 주시는 자비로 인하여 기쁨의 목소리를 높이지 않을 수 없었다."[33]

찰스의 감정은 우선적으로 동료 그리스도인의 믿음에 대한 간증으로 인한 목회자의 기쁨으로 이해되어야 하며, 둘째로, 그가 표현했던 두 배의 기쁨은 그녀가 찰스의 약혼녀였기 때문이다. 수지는 1855년 2월 1일에 침례를 받았으며, 2월 4일 주일에 교회 식구가 되었다. 그녀는 자신의 침례

---

[32] Ray, *The Life of Susannah Spurgeon*, 144.
[33] Murray, *Letters*, 55.

에 대하여 다음과 같이 묘사했다.

> 나는 하나님을 향하여 회개하고, 우리 주 예수 그리스도를 향한 믿음의 고백을 하면서 그 곳에서[뉴파크스트리트채플] 나의 사랑하는 사람에게 침례를 받았다.[34]

수지는 찰스가 필요로 하는 파트너였고, 그를 위하여 기도했으며, 점차적으로 의지했는데, 그는 이런 수지로 인하여 큰 기쁨을 누렸다. 그들은 1855년 4월에 콜체스터(Colchester)에 거주하는 찰스의 부모님을 찾아뵈었고, 그곳에서 수지는 따뜻하게 환영받았다. 수지의 아버지는 자신의 딸이 찰스와 함께 여행하는 것을 마지못해 허락해 주었으며 그녀는 훗날 다음과 같이 슬퍼했다.

> 약간의 곤란과 실망을 겪고 난 후 나의 아버지의 허락을 받았고 우리는 출발했다.[35]

아마도 톰슨 씨는 신중한 아버지였을 뿐이었고, 자기 딸을 아직 남편이 아닌 남자와 함께 여행 보내는 것에 대해서 염려했다. 또는 아래의 설명이 암시하는 것처럼 그는 찰스가 자신을 충분히 존경하지 않는다고 느꼈을 것이다. 이와 상관없이 스펄전에 대한 톰슨 씨의 감정은 계속 변했으며, 수지와 약혼하기 두 달 전인 1854년 11월에 자기 어머니에게 보낸 편지가 이러한 사실을 명시한다.

---

[34] C. H. Spurgeon, *Autobiography*, 2:9.
[35] Ibid., 2:17.

> 75 Dover Road
> 1854년 11월 1일
>
> 친애하는 어머니,
> 폴리[아마도 친척]는 어제 수정궁에 갔었고 저는 폴리가 그날 즐거운 시간을 보냈으리라 생각됩니다. 우리는 톰슨 여사와 그 딸을 만났고 톰슨 씨의 긴급한 초대로 우리는 브릭스턴에 있는 집으로 갔습니다. 나는 엘리자[찰스의 여동생]를 남겨 두고, 내가 말한 그 집에서 하루를 보내려고 합니다. 젊은 킬빙턴 씨[헨리와 메리의 아들]는 내일 호주로 갈 예정이고, 연로한 놋(Knott) 씨와 모든 가족을 오늘 만나기로 했습니다. 저는 우리가 죄를 짓지 않고 살아가면서, <u>스스로를 기뻐하기</u>를 소망합니다. 하나님은 여전히 저를 아낌없이 대해주십니다. 우리 예배당을 위해서 한번에 800파운드가 넘는 연보가 드려지는 것을 생각해 보십시오. 100파운드를 연보하는 것은 내 모든 깃털을 뽑는 것과 같지만, 하나님의 섭리로 그것들은 곧 다시 자라날 것입니다. …
> 저는 자주 외출하지 않고, 제 자리에 있을 때에는 다른 사람을 위하여 시간을 사용합니다. 톰슨 씨는 갑자기 과도한 친절을 보이고 저를 어떻게 섬겨야 할지를 잘 모릅니다. 그는 저를 그런대로 좋아해야 한다고 분명히 말하지만, 저는 그를 만나는 일에 있어서 결코 부르심을 받지 않았고 그래서 당신은 제가 그를 자주 방문하지 않는다는 사실을 아십니다.
>
> 당신이 가장 사랑하는 아들 찰스[36]

찰스와 수지가 만난지 얼마 되지 않았을 때 쓰여진 이 편지는 톰슨 씨가 자기 딸의 젊은 약혼자에게 마음을 여는 속도가 느렸다는 사실을 보여준다. 그러나 이 편지가 쓰일 당시만 해도 그는 미래의 사위가 될 찰스에게

---

[36] 런던의 메트로폴리탄타버내클에 보관된 편지.

제3장 수정궁에서 하나 된 마음 97

조금 더 대접해 주고 심지어는 그를 섬기고 싶어 하는 마음을 가진듯해 보였다. 그렇기는 해도 톰슨은 찰스를 향하여 내키지 않았던 마음을 1855년 봄에 다시 한번 보여준다.

그는 수지가 찰스와 함께 그의 부모님께 인사드리러 갈 수 있도록 허락해 주기를 주저했다. 수지는 당시 22살이었지만 분명한 것은 자기 아버지의 뜻과 상관없이 독립적으로 결정할 수는 없었다. 어쨌든 톰슨 씨의 망설임은 하나밖에 없는 딸이 아직 남편이 아닌 남자와 먼 거리를 여행하는 것에 대한 단순한 염려에서 비롯되었을 것이다. 수지는 자기 아버지가 꺼리는 마음을 보여주었기 때문에 실망했다.

찰스의 부모님, 존(John)과 엘리자(Eliza)는 자기 아들이 수지를 배우자로 선택했다는 사실에 대해 전혀 의심하지 않았다. 그들은 수지의 방문을 매우 기뻐했고 그녀를 기꺼이 받아주었다. 수지는 "모든 가족에게서 애정이 담긴 환영을 받았고 귀여움을 받았고 환대를 받았다." 가족들은 "콜체스터와 그 주위에 있는 모든 장소와 흥미로운 볼거리를 보여주기 위해서" 그녀를 데리고 외출했다.

수지는 여유로 주어진 몇일 동안 자신이 사랑하는 사람과 함께 "종일토록 넘치는 기쁨"으로 오랜 시간 함께 하는 것에 대해서 가장 감사했다. 그녀는 다음과 같이 말했다. 찰스와 함께 했던 그 시간은 "내 마음을 기쁨으로 가득 채우고 다른 즐거움을 잊어버리게 만들 정도로 충분했습니다."[37] 그들은 존과 엘리자와 찰스의 형제자매들을 만난 후 런던으로 돌아왔다. 찰스는 기질상 자기의 본업으로 즉시 돌아갔다.

일주일에 걸친 그들의 휴가는 의미 있는 시간이었지만, 런던으로 돌아왔다는 사실은 서로 만날 기회가 다시 적어졌다는 것을 의미했다. 그러나 여느 때처럼 찰스는 수지의 집을 방문했고, 그들은 매주 편지를 주고받았다. 찰스는 수지에게 다음과 같이 편지를 썼다.

---

[37] C. H. Spurgeon, *Autobiography*, 2:17.

내 사랑, 나를 위해 기도해 주오, 그리고 우리가 합심하여 드리는 간구를 통하여 우리 구주의 공로로 말미암아 복을 누리게 될 것입니다.

찰스는 사랑하는 약혼녀와 더할 나위 없이 행복한 나날을 보낸 후에 그들이 서로를 향한 사랑이 맹신하는 수준에까지 이르러 더 많은 유혹에 직면하게 된 것을 알아차렸다. 그는 다음과 같이 권유했다.

우리가 서로를 각자 마음속의 우선순위로 삼는 것에 대해 주의를 기울이도록 합시다. 다만, 우리가 가야할 길을 주님께 맡겨드립시다.[38]

수지를 향한 사랑이 그토록 강렬했기에 그는 그녀를 우상화한 나머지 하나님과의 관계에 방해가 될까 봐 두려워했다.

그가 쓴 편지의 또 다른 부분은 찰스의 가장 좌절된 싸움 가운데 하나를 보여준다. 찰스는 삶의 상당 부분을 우울증으로 고생했으며, 수지와 주고받은 편지의 일부는 그 시절에 찰스가 '사기 저하'를 겪고 있었다는 사실을 보여준다. 그러나 그는 성경을 보고 나서 낙심 가운데 위로를 발견했다. 또한, 그는 기도해야 할 필요를 깨달았다. 그의 명성이 널리 알려지면서 그는 하나님을 더욱 의지했다.

수지는 찰스의 편지에 사랑스러운 마음을 담아서 다음과 같이 답장했다.

---

[38] Ibid., 2:18.

내 사랑하는 이에게

저는 방금 받은 편지에 대해서 따뜻하고 다정한 감사를 표합니다. 지난 한 주 동안 제가 얼마나 행복했는지를 이야기하려고 하는 것은 쓸데없는 행동일 것입니다. 그렇지만 말은 마음에서 우러나오는 따뜻하고 빛나는 생각과 감정을 담아내는 차가운 접시일 뿐입니다. 저는 이 행복한 한 주 동안 당신이 저에게 보여주신 모든 친절과 돌봄에 대해서 감사를 표현하고 싶습니다.

그러나 제가 알게 된 것이 당신에게는 기쁨이었다는 것에 대하여 감사함으로써 오히려 당신을 고통스럽게 할까 봐 두렵습니다. 저는 당신이 "왕관에 있는 보석들"에 대하여 생각하느라 오늘까지도 바빴을 것이라고 예상합니다(그는 설교할 때 이 주제에 관해서 이야기했다). 그 보석들은 각자 가지고 있는 크기, 색깔, 값어치, 그리고 아름다움이 모두 다르지만, 가장 작은 보석이라도 "소중한 돌"입니다. 그렇지 않나요?

확실히 스탠더드(Standard) 신문은 "더욱더 높이"(Excelsior)를 모토로 삼지 않습니다. 또는 "사람들에게 호의를"이라는 표현이 창에 달려 휘날리는 깃발의 문구가 될 수 없지만 그것은 중요치 않습니다. 우리는 아삽이 "진실로 사람의 노여움은 주를 찬송하게 될 것이요 그 남은 노여움은 주께서 금하시리이다"(시 76:10)라고 고백한 것처럼, 모든 것이 그분의 통제 아래 있음을 알고 있습니다.

내 사랑이여, 그분의 복이 오늘밤 당신에게 특별한 방식으로 임하기를 기도합니다. 그리고 다가오는 안식일에 당신이 많은 회중 앞에 섰을 때, "하나님의 모든 충만함으로 채워지기를" 기도합니다. 좋은 밤 되세요.

당신을 너무나도 좋아하는 신실한 동반자, 수지로부터.[39]

---

[39] Ibid.

수지는 편지를 통하여 찰스에게 빛을 비춰 주었다. 그녀는 찰스가 '사기 저하'를 겪고 있었다는 사실을 인지하면서, 그를 위해 기도하고 있었지만 사실 그 이상을 해내었다. 그녀는 종교 언론과 세상 언론들로부터 불공평한 비난을 받았지만 수지는 그를 격려해 주었다.

두 사람은 콜체스터에서 함께 보낸 시간으로 여전히 큰 기쁨을 누리고 있는 동안에, 수지는 찰스가 자신을 어떻게 돌봐 주었는지에 대해서 편지에 특별히 언급을 했다. 그녀는 자신이 찰스의 설교 준비에 관심이 있었다는 사실을 그에게 확신시켜 주었고, 특별히 모든 것을 통치하시는 하나님의 주권에 대한 이해와 같은 성경적 통찰로 그를 위로해 주었다.

수지는 찰스가 주일 설교를 준비하는 동안 기도를 드렸다. 그것은 사랑스러운 편지이며, 찰스는 이 편지를 통하여 슬픔에서 벗어나 정신적으로 고양되었음에 틀림없다. 분명한 것은, 그는 수지에게 이야기하기를 간절히 소원했다.

> 내 사랑이여, 당신 여기에 있습니까?
> 어떻게 나를 위로해 주겠소?
> 그러나 당신이 없기 때문에 나는 더 좋은 것을 할 것이오. 홀로 위로 올라가서 내 슬픔을 구주께서 들으시도록 기도하는 가운데 내 마음을 쏟아낼 것이오.[40]

찰스는 고난의 시간 가운데 그에게 익숙한 것을 했다. 그는 또한 "구주의 귀"가 당신의 종의 간구를 들을 수 있도록 항상 열려 있다는 사실을 수지에게 보여주었다.

---

[40] Ibid., 2:19.

## 2. 찰스와 수지가 나눈 사랑의 편지(1855-1856)

　1855년 6월에 찰스는 스코틀랜드로 떠났다. 설교 일정을 소화하는 동안, 그는 휴식을 취하고 회복하려고 생각했다. 사실 쉴 수 있는 시간은 얼마 없었다. 그는 출타할 동안 집을 그리워했고, 자신의 약혼녀가 가까이 있었으면 하는 바램이 있었다. 수지에게 보냈던 편지에서, 그는 "내 사랑, 나를 위해서 기도해 주오"라고 요청했다.[41]

　수지는 자신의 사랑 이야기를 자서전에 이야기하면서, 찰스와의 관계를 얼마나 보여주어야 하는지를 생각할 때 갈등했다. 그러나 그녀는 독자들이 찰스의 편지들을 통하여 그들의 관계 속에서 부드러움, 달콤함, 빛나는 기쁨과 같은 것들을 볼 수 있도록 내용을 충분히 공개하기로 결심했다.[42]

　찰스는 기도 요청을 하면서 자신의 마음을 수지에게 쏟아 부었을 뿐만 아니라, 수지가 "헌신하는 연인"이라는 표현을 듣기를 원했다.[43] 수지는 서로에 대한 사랑을 묘사했고, "모든 문장들 사이에 흐르는 부드러운 작은 실개천"에 대해 이야기했다.[44] 그 문장들은 "개울의 바위 사이로 지나가면서 노래하고 춤추는 물과 같았으며, 나는 그 음악을 진정시킬 수 없었

---

[41] Ibid., 2:18.
[42] Ibid., 2:1. 수지는 찰스와의 사랑 이야기에 관하여 얼마나 많은 내용을 공개해야 할지를 결정할 때 그녀가 느꼈던 갈등에 대해서 설명했다. 그녀는 두 가지 선택권이 있었다고 믿었다. "하나는 가능한 한 은혜가 될 수 있도록, 관례적인 어법을 사용하고 상식적인 내용만을 공개함으로써, 우리의 사랑 이야기의 부드러운 진실과 달콤함을 숨기는 것이었습니다. 또 다른 하나는, 내 영혼의 충만함으로부터 나오는 것을 기록하는 것이며, 하나씩 하나씩 과거에 대한 공정한 시선을 묘사하도록 내 펜을 혹사시키는 것인데, 그 이야기들은 내 눈에 살아 움직이고 사랑스러운 현실들로 다시 자라났습니다" (2:1).
그녀는 후자를 선택했다. "나는 그렇게 할 수 밖에 없음을 느꼈습니다. 나의 손은 내 마음이 시키는 대로 기록했고, 또한 나는 실수가 없으신 성령님의 인도하심을 신뢰합니다"(2:1). 수지가 자신의 사랑 이야기에 대하여 가능한 한 많은 정보를 공개했다는 사실을 독자들로 하여금 기뻐하게 하라.
[43] Ibid., 2:24.
[44] Ibid., 2:23.

습니다"라고 수지는 이야기했다.⁴⁵

　수지를 향한 찰스의 애정 어린 말들은 해가 지나도 "마르지" 않았고, 그녀는 "그 물줄기는 더욱 깊고 넓어져갔으며 그 노래의 리듬은 더욱 달콤하고 강렬하게 차올랐습니다"라고 말했다.⁴⁶ 찰스는 1855년 6월 17일에 스코틀랜드에서 자신이 했던 설교의 성과와 사역의 도전들에 대해서 서술했다. 그러나 그는 재빠르게 수지에 대한 생각과 사랑으로 되돌아왔다.

> 이제 당신에게로 돌아가기 위해서 운전을 하면서도 나는 하루 종일 당신을 꿈꾸었고, 당신이 내 곁에 있었다고 생각했습니다. 내 사랑이여, 만일 하나님의 섭리가 허락하신다면, 머지않아 나는 당신과 달콤한 교제를 다시금 나눌 것입니다.⁴⁷

　스펄전의 설교에 친숙했던 사람들은 그가 이러한 방식으로 의사소통한 것을 듣는다면 약간 놀랄 것이다. 사도 바울 이후로 이러한 설교자가 없었다는 수식어가 붙은 스펄전이 "나는 운전을 하면서도 하루 종일 당신을 꿈꾸었습니다"라고 표현을 한 것은 조금 지나쳐 보인다.⁴⁸

　수지는 계속 찰스의 마음속에 있었지만, 그는 수지와의 관계와 앞으로의 만남이 궁극적으로 하나님의 주권적 섭리에 달려 있음을 잘 알고 있었다. 수지에게 보낸 편지는 찰스가 얼마나 진지하게 수지를 자신의 진정한

---

45　Ibid., 2:23-24.
46　Ibid., 2:24.
47　Ibid. 1855년 6월 19일, 자기 아버지에게 보낸 편지에서, 스펄전은 수지에 대한 그리움을 표현했다. "저는 행복합니다. 그렇지만 다시 집에 있어야 합니다. 당신은 그 이유가 무엇인지 추측할 것입니다. 저는 여행을 만족스럽게 만들어 줄 그 사람을 원할 뿐입니다. 그러나 인내해야 합니다" (C. H. Spurgeon, *The Letters of Charles Haddon Spurgeon*, comp. Charles Spurgeon [London: Marshall Brothers, 1923; Bellingham, WA: Logos Bible Software, 2009]).
48　Steven J. Lawson, *The Gospel Focus of Charles Spurgeon* (Orlando, FL: Reformation Trust, 2012), xix.

동반자로 생각했는지를 보여준다.

> 저는 제가 당신을 아주 많이 사랑한다는 것을 알았지만, 이젠 제가 얼마나 당신을 필요로 하는지를 깨닫습니다.[49]

찰스는 수지를 의지했지만, 수지의 입장에서 볼 때 그녀 역시 그를 얼마나 그리워했는지를 생각해 보았다.

> 내 사랑이여, 과장하는 경향이 없는 이 사람의 가장 깊고 순수한 사랑을 받아 주오. 지금 이 순간 나는 과장할 여지가 전혀 없다고 느끼고 있습니다.[50]

그는 편지를 썼을 때 잠이 쏟아졌지만, 수지가 "나는 편지를 쓰느라 피곤한 상태입니다"라고 상상하게 만들고 싶지 않았다.[51] 그가 사랑의 편지를 쓰는 것이 부담으로 여기지 않았던 이유는 "당신을 기쁘게 해 드리는 것이 곧 내 즐거움입니다"라는 마음 때문이었다.[52]

그는 기도의 중요성에 대해서 강조함으로써 사랑의 편지를 마무리했다. 그는 피곤한 상태였고 그의 몸은 잠을 필요로 했지만, 기도를 통하여 하나님께 간구하는 것과 "그에게 너무나 사랑스러운" 수지를 위하여 기도하는 것 모두가 실패할 수 없고, 실패하지도 않을 것이다.

---

[49] C. H. Spurgeon, *Autobiography*, 2:24.
[50] Ibid.
[51] Ibid.
[52] Ibid.

> 내 눈은 잠이 쏟아져서 피로해졌지만, 내가 위로부터 임할 복을 간구할 때까지 계속 열려 있을 것입니다. 이 복은 내게 있어서 사랑스런 이름을 가진 사람과 자기 자신의 이름을 마찬가지로 사랑하는 사람의 머리 위에 임할 현재와 영원의 자비입니다.
>
> 찰스 해돈 스펄전[53]

스코틀랜드에서 수지에게 보낸 찰스의 편지는 자신의 설교 사역과 관광과 전체적인 경험에 대한 묵상에 관한 기록들이 포함되었다. 그러나 그가 보낸 편지 속에서 자신의 약혼녀를 향하여 점점 커져가는 사랑에 대한 표현이 빠질 리 없다. 그는 겸손, 정직, 그리고 자신이 느꼈던 영적인 궁핍함을 미래의 아내가 될 수지와 나누었다. 수지는 찰스가 필요로 했던 친구이자 동반자였다.

그는 그녀의 기도에 확신을 가졌고, 그녀가 기쁜 마음으로 그가 겪은 슬픔에 귀를 기울이고, 격려를 통하여 용기를 북돋아 주고, 자신이 마주했던 어려움들을 이겨나갈 수 있도록 담대한 마음을 심어 주기를 기대했다. 찰스는 예민한 사람이었으며, 그가 상상할 수 있는 가장 최악의 경우는 선하신 하나님을 향하여 냉랭한 마음을 가지는 것이었다.[54] 그는 다음과 같은 가슴 뭉클한 표현을 했다.

> 만일 당신이 저를 위해 진정한 마음으로 기도할 것이라면, 저는 당신에게 많은 빚을 진 것처럼 느낄 것입니다. 저는 항상 그래왔던 것처럼 하나님을 향한 사랑이 충만하지 못할까 봐 두렵습니다. 저는 제가 겪고 있는 영적인 침체에 대하여 애통함을 느낍니다. 당신과 다른 사람들은 그런 모습을 목

---

[53] Ibid. 스펄전은 수지에게 보낸 그의 편지를 포함해서 매주 대략 500통의 편지를 썼다: C. H. Spurgeon, *Autobiography: The Full Harvest*, rev. ed. (Edinburgh: The Banner of Truth, 1995), 2:192.

[54] C. H. Spurgeon, *Autobiography*, 2:26.

격하지는 않았겠지만, 저는 제 상태를 자각하고 있으며, 그러한 자각은 쓴 맛을 내 기쁨의 잔에 부어 버리는 것과 같습니다.

오! 만일 하나님을 멀리 떠나 나락에 빠지고 그분의 길에서 떠난다면, 인기를 얻게 되는 것과 성공하는 것과 풍요롭게 되는 것과, 심지어 당신의 사랑처럼 감미로운 사랑의 감정을 갖게 된다는 것이 과연 어떠한 의미가 있을까요? 저는 현기증이 날 정도로 높은 곳에 서서 두려움에 떨고 있으며, 제 자신이 아무에게도 알려지지 않기를 소망하는데, 사실 저는 모든 존귀와 영예를 받기에 합당하지 않기 때문입니다.

저는 이제 새롭게 시작해야 할 것이며, 마와 모의 교직물로 짜여진 옷을 더 이상 입지 말아야 한다고 믿습니다. 그러나 저는 우리 둘이 서로 같은 마음을 품은 채로 당신의 따뜻한 기도와 저의 기도를 합하기를 간청하는데, 이로서 당신이 사랑하는 분의 유익함, 거룩함, 행복을 향하여 나아갈 것입니다.[55]

기도는 수지와 찰스가 서로 떨어져 있을 때, 이 둘을 하나로 묶어주는 접착제와 같았다. 1855년 크리스마스 연휴 동안, 찰스는 콜체스터에 있는 부모님을 방문하기 위하여 런던을 떠났다. 그는 결혼 예식을 올리기 전에 2주 동안 그곳을 방문했다.

사랑하는 이여, 내가 당신을 얼마나 사랑하는지 당신은 모를 것입니다! 저는 당신이 너무나도 보고 싶습니다. 그런데 아직 당신을 떠난 지 30분밖에 되지 않았습니다. 제가 없는 동안 제 마음이 당신과 함께 있다는 생각으로 스스로 위안을 얻으시기 바랍니다. 은혜로우신 나의 하나님께서 마음, 감정, 삶, 죽음, 천국 등등 모든 영역에서 당신에게 복 내려 주시기를 원합니다.

---

[55] Ibid.

당신의 선행이 완전해지며, 당신의 기대가 실현되고, 당신의 열정이 지속되고, 그 분을 향한 당신의 사랑이 넘쳐나고, 그 분에 대한 당신의 지식이 깊어지고 높아지고 넓어지기를 바랍니다. 내 마음이 소원하고 내 소망이 기대하는 것 이상으로 이런 복이 영원토록 당신의 것이 되기를 기원합니다![56]

그는 콜체스터로 떠나기 전에 수지에게 또 다른 책을 주었다. 이번에는 번연, 터퍼, 브룩스의 책이 아닌, 찰스가 직접 저술한 책이었다. 몇 년 후, 찰스가 세상을 떠나고 나서, 수지는 그 선물에 대하여 다음과 같이 기록했다.

> 이렇게 기념할 만한 순간에 단 한 가지의 유품이 있습니다. 내가 이 장을 써 내려가는 동안 내 책상 위에는 『강단을 위한 도서관』(The Pulpit Library)이라는 제목의 책이 놓여 있습니다. 이 책은 내가 사랑하는 사람의 설교들을 모아 놓은 첫 출판물이며, 이 책의 공지(空紙)는 다음과 같은 내용이 적혀 있습니다.
> "몇 일 안에 내가 톰슨양에게 어떤 것이든 제시할 수 있는 권한이 사라질 것이다. 이 책이 우리의 행복했던 만남과 달콤했던 대화들을 상기시키는 물건이 되도록 하자."
>
> 1855년 12월 22일
> 찰스 해돈 스펄전[57]

찰스가 "톰슨 양"(Miss Thompson)에게 더 이상 선물을 줄 수 없는 이유는 1856년 1월 8일에 그녀가 스펄전 여사(Mrs. Spurgeon)가 될 것이기 때문이었다. 찰스 스펄전의 아내가 되는 것은 힘든 일이 될 것이다. 아마도 "모

---

[56] Ibid., 2:27.
[57] Ibid.

르는 게 약이다"라는 격언은 수지에게 적용될 수 있는데, 이는 많은 시험이 그녀를 기다리고 있었기 때문이다. 12년 후 그녀가 건강을 잃어버렸기 때문만이 아니라, 찰스 스펄전과 함께한 결혼 생활에서 찾아온 여러 가지 시련에 기인한 것이기도 했다.

그들이 결혼식을 올리기 전, 수지가 찰스에게 준 선물들 중 하나는 그 젊은 설교자의 초상화였다. 그녀는 그것을 "연인의 선물"로 불렀다. 그녀는 특별한 남편을 맞이하여서 꿈만 같았으며, 어떻게 자신이 "그 소년 같이 귀여운 얼굴을 바라보고, 어떤 천사도 그 모습이 너무도 사랑스러워서 그 절반만을 바라볼 수는 없을 것이라고" 생각하곤 했었다고 회상했다.[58]

궁극적으로, 그 그림은 액자에 담겨서 그들이 함께 살게 된 신혼집의 벽에 영예롭게 그 자리를 차지했다. 훗날 찰스의 명성이 더해져 가고 그가 집을 떠나 먼 곳에 있을 때, 그 초상화는 수지에게 위안을 주었으며, "그 초상화가 표현하는 고요하며 확신에 찬 믿음은 그녀의 마음을 강하게 했다." 그 그림 속에서 찰스의 "[스펄전의 학생들에게 잘 알려져 있는] 위로 쳐든 손가락은 내가 외로움 가운데서 위안을 얻어야만 하는 원천을 가리켰다"라고 수지는 말했다.[59]

스펄전의 할아버지와 아버지 모두가 목사였기 때문에, 그는 목회자의 역할에 수반되는 여러 가지 고충과 가족에게 미치는 영향에 대해서 잘 알고 있었다. 그러나 결혼 전날 찰스와 수지는 시련과 복이 그들을 기다리고 있었다는 사실을 생각지도 못했다.

---

[58] Ibid., 1:4.
[59] Ibid.

# 천국을 이루어 가는 결혼 생활

　1856년 1월 8일 런던의 공기는 차고 습했다. 그렇지만 이런 날씨조차도 군중들이 거리에서 줄을 서고, 길을 막고, 뉴파크스트리트채플로 몰려드는 것을 막지 못했다. 무수한 인파로 붐비는 건물 앞에서 2,000명이 넘는 사람들이 집으로 되돌아가야 했기 때문에, 그들은 예배당에 가능한 한 가까이 밀착한 채로, 길을 가득 메운 나머지 인파들과 함께 자리를 잡았다. 그 사람들은 런던에서 유명한 신혼부부를 잠시나마 보려고 모인 것이었다.

　수지는 아침 시간 대부분을 기도로 보냈다. R. B. 톰슨 씨는 하나밖에 없는 자기 딸의 손을 붙잡고 마차를 탈 수 있도록 도와주었고, 그들은 팰콘 스퀘어로부터 템스강을 가로질러, 뉴파크스트리트채플의 정문까지 힘차게 발걸음을 내딛었다. 그들이 예배당으로 가는 동안 수지는 자기 아버지 옆에 앉아 있다는 것을 기억했고, 그녀가 지나가는 것을 본 사람들은 속으로 "그녀가 만나게 될 사람이 얼마나 위대한 신랑인가"라고 생각하면서 궁금해 했다.[1]

---

1　C. H. Spurgeon, C.H. Spurgeon's Autobiography: Compiled from His Diary, Letters, and Records, by His Wife, and His Private Secretary (London: Passmore and Alabaster, 1897-99; repr., Pasadena, TX: Pilgrim Publications, 1992), 2:28.

이 특별한 행사를 위해 임무를 부여받은 경찰들은 무리를 가로지르는 통로를 만들어야만 했고, 그렇게 해서야 톰슨 씨와 수지가 최대 수용 인원이 기다리고 있었던 교회 건물 안으로 들어올 수 있었다. 만일 톰슨 씨가 찰스 스펄전에 대해서 한때 망설였다고 한다면, 그는 이제 자기 딸이 폭넓은 인기를 가지고 있는 젊은 설교자와의 결혼을 지지해 주었다. 그 추운 토요일에 구름이 낮게 깔려 있었지만, 그날은 찰스 스펄전과 수잔나 톰슨의 결혼식이 열렸기 때문에 큰 기쁨의 날이었다.[2]

몇 년이 지나고 나서, 수지는 그날의 결혼식을 되돌아보았으며, 그날 자신의 기분을 "깊고 부드러운 기쁨"으로 묘사했다. 수지와 찰스는 "서로의 손을 꽉 움켜쥐고, 주님의 손에 맡겼다." 그녀는 그들의 결혼을 "여행"의 시작으로 보았으며, 그녀는 "[하나님께서] 그들의 인도자가 되실 것이라고 확신했다."[3]

수지는 찰스를 "하나님께서 창조하신 이 지구상에 존재하는 남성들 가운데 최고"로 여겼다.[4] 그녀는 아침에 무릎을 꿇고 기도하면서 시작했던 그 경이로운 날에 열린 행사를 깊은 애정을 가지고 기억했다.

> 나는 아침 일찍 침대 옆에서 무릎 꿇은 젊은 소녀를 보았습니다. 그녀는 경이로움에 가득 차 있었고 그 날에 맡겨진 책임감에 감회가 깊었지만, 그래도 주님께서 그녀에게 은혜를 베풀고 계신다는 표현을 넘어 행복함을 느꼈습니다. 그리고 그녀는 홀로 주님과 함께 앞으로 펼쳐질 새로운 삶을 통한 힘과 복과 인도하심을 진지한 마음으로 간구합니다.[5]

---

[2] Lewis Drummond, Spurgeon: Prince of Preachers (Grand Rapids: Kregel, 1992), 229.
[3] C. H. Spurgeon, Autobiography, 2:28. 스펄전 부부의 결혼 예식 순서와 다른 상세한 부분들은 Autobiography, 2:28-31에서 찾을 수 있다.
[4] Ibid., 2:28.
[5] Ibid.

그녀와 찰스는 결혼 생활에서 필요했던 재정 때문에 하나님께 의지했던 사실은 수지가 경건하다는 사실을 증명했다. 이 경건은 그녀의 남은 생애 가운데 발견되는 중요한 특징이다. 찰스는 수지가 일반적인 여성이 아니라는 사실을 깨달았고, 그녀를 자신의 아내, 친구, 사역의 지원자로서 소중히 생각했다.

스펄전의 전기 작가 톰 네틀스(Tom Nettles)는 다음과 같이 짐작한다.

> 그녀가 그리스도인으로서 소유한 경험의 깊이는 스펄전으로 하여금 하나님께서 그녀의 은사를 사랑하시며 스펄전 역시 그것을 사랑한다는 사실을 인지하는 가운데 그녀에게 주어진 은사를 한 층 더 높이 평가하게 만든다. 수지에게 보낸 스펄전의 편지는 언제나 뜨거운 영성이라는 분리할 수 없는 해법, 그녀를 향한 강렬한 사랑, 보다 나은 유익을 향한 깊은 열망, 제한받지 않는 하나님의 사랑, 그리고 그리스도를 향한 사랑 안에 나타나는 순수함과 성실함에 대한 필요를 의식하는 복음을 보여주었다.[6]

그 결혼식은 찰스가 인정했을 일종의 복음으로 충만한 모임이었다. 핀스베리채플(Finsbury Chapel)의 알렉산더 플레처(Alexander Fletcher)가 인도한 예식은 "구원, 오! 기쁨의 소리"라는 회중 찬양으로 시작되었다.[7] 구원에 대한 찬송은 스펄전 부부의 결혼 생활을 안내하기에 딱 알맞은 방법이었으며, 수지와 찰스가 가지고 있던 복음 중심의 사고방식을 강조했다.

시편 100편을 읽은 후 플레처는 이 회중의 담당 목사가 설교할 때 그리스도의 미소라는 표현을 자주 이야기했다는 사실을 상기시켜 주었다.

---

[6] Tom Nettles, Living by Revealed Truth: The Life and Pastoral Theology of Charles Haddon Spurgeon (Fearn, Scotland: Christian Focus, 2013), 85-86.

[7] C. H. Spurgeon, Autobiography, 2:29.

그[그리스도]는 자신의 임재로 말미암아 은혜가 넘치는 혼인 잔치에서 신랑과 신부에게 의심할 여지없이 웃음을 지어 보이셨음에 틀림없습니다.

플레처는 이 부부를 향하여 하나님께서 "그들의 기쁨, 어울림, 유익을 위해서 더 많은 복을 준비하고 계십니다"라고 열정적으로 이야기했다.[8]
1903년 10월 수지가 세상을 떠난 직후, 토마스 스펄전은 자기 부모님의 즐거웠던 결혼식 당일과 결혼 생활에 대해서 이야기했다.

이렇게 하여 그들의 결혼 생활은 시작되었고 '죽음이 우리를[그들을] 갈라놓을 때까지' 36년간 지속되었으며, 자신의 아내가 참된 배우자였다는 사실은 나의 친애하는 아버지의 반복된 증언과 말씀을 전하는 입술과 반복해서 적어둔 글로 입증되었다.[9]

토마스는 테니슨(Tennyson)의 글을 인용하면서 다음과 같이 회상했다.

완벽한 음악을 고상한 단어에 어우러지게 하듯이, 그녀는 자신을 찰스에게 맞추었다.[10]

1854-1856년은 수지 톰슨에게 변화의 시기였다. 그녀는 처음에 찰스의 무례한 태도에 놀랐지만 그를 처음 만나고 넉 달이 지난 후 그에게서 선물을 받았다. 두 달이 지나서, "시골에서 온 그 소년 설교자"는 그녀를 향한 낭만적인 감정을 드러냈다. 그리고 여섯 주가 지나서 두 살 반 연하인 찰스 스펄전은 스물 두 살의 수잔나 톰슨에게 청혼했다.

---

8   Ibid., 2:30.
9   The Sword and the Trowel: A Record of Combat with Sin & Labour for the Lord (London: & Alabaster, 1865-1904), November 1903, 551.
10  Ibid.

결국, 1856년 1월 8일, 찰스는 뉴파크스트리트채플을 가득 채운 수많은 인파가 기뻐하는 가운데 자신이 매 주일 설교했던 강단 옆에서 결혼반지를 그녀의 손가락에 끼웠다. 스펄전은 행복감에 젖어 있었지만, 이 부부는 시작부터 어려움에 직면했다. 수지와 찰스는 사역의 어려움뿐만 아니라 훗날 장기적인 건강 문제를 안고 있었다.

1888년에 수지는 한 해 동안 그들이 겪었던 고통에 대해서 설명했으며 "우리에게 다양한 시련과 나의 사랑하는 남편과 나 자신을 괴롭혔던 엄청난 고통의 싸움"이 다가왔다고 기록했다.[11] 앞에서 언급한 일 년 동안의 기록은 드문 것이 아니었다. 그들이 개인적으로나 부부 생활에 있어서나 시련을 겪었지만, 수지는 "모든 마음과 혼과 힘을 다하여 우리에게 '환난 날에 만날 큰 도움'(시 46:1)이 되시는 주님을 찬양하기를" 원했다고 분명히 말했다.[12]

그들의 결혼 초기에 수지는 남편의 인기와 그의 소명으로 인한 부담과 관련되어 여러 가지 어려움을 겪었다. 그녀는 찰스가 수많은 철야 설교 집회 때문에 집을 떠나는 것이 너무나 싫었고 때로는 풀이 죽어 있었는데, 그 이유는 그녀가 찰스를 그리워했기 때문이다. 그러나 그녀는 찰스의 사역에 방해가 되지 않으리라고 마음먹었다.[13] 찰스는 그녀에게 다음과 같이 썼다.

저는 주님을 훨씬 더 많이 섬겨왔지만, 당신의 사랑스러운 동반자로서는 덜 섬겼습니다.[14]

---

[11] Mrs. C. H. Spurgeon, Ten Years After!: A Sequel to "Ten Years of My Life in the Service of the Book Fund" (London: Passmore and Alabaster, 1895), 63.
[12] Ibid.
[13] C. H. Spurgeon, Autobiography, 2:16.
[14] Ibid., 2:17.

찰스는 성인이 된 후 생활 전반에 걸쳐 우울증으로 극심한 고통에 시달렸기 때문에 정신 건강에 상당한 어려움을 겪었다. 루이스 드러먼드(Lewis Drummond)는 스펄전이 자기 정신을 온전하게 지킬 수 있었던 가장 큰 이유가 바로 수지였을 것이라고 짐작했다.[15] 그의 평가는 수지가 얼마나 찰스에게 필요한 존재였는지를 다시 한 번 분명하게 보여준다.

찰스와 수지는 기도로 마음이 불타오르고, 성경에 기반을 두며, 거룩한 결혼 생활을 통하여 유대감을 형성하면서, 결혼 생활을 시작했다. 그들은 평생 지속된 담대한 확신과 기쁨을 가지고 서로를 향하여 수고하기 시작했다. 훗날 수지가 남편을 떠나보낸 후, 자신의 결혼식과 찰스와 함께했던 36년간의 결혼 생활에 대해서 깊이 생각했다.

> 그러나 내 손에 끼워진 작은 금반지는 지금 비록 닳고 얇아졌지만, 죽음을 극복한 사랑에 관하여 말해주며, 영원토록 지속될 영적 연합의 서약입니다.[16]

수지는 인간의 결혼은 천국에서는 상관이 없는 것으로 이해했지만, 신자들이 지상에서 나누는 "영적 연합"은 시작일 뿐, 결코 끝나지 않을 것이라고 생각했다. 그녀는 하나님께 예배할 영원한 동반자가 바로 찰스임을 깨달았다.

스펄전 부부의 영적 연합의 특별함은 고려할 가치가 있다. 이는 수지와 찰스를 하나로 엮어준 영적 결심이었으며, 그들이 결혼식 날에 활용한 영적 수단이었고, 결혼 생활 내내 그들을 지속적으로 연합시켰던 영적 목표였다. 그들은 하나님을 바라보며, 그분의 도우심을 구하며, 그분을 예배하는 일에 힘을 합쳤다. 알렉산더 플레처는 그들의 결혼식 날에 하나님께서

---

[15] Drummond, Spurgeon, 245.
[16] C. H. Spurgeon, Autobiography, 2:28.

"날마다 유익하며, 행복하며, 당신과의 교제의 기쁨이 더해갈 수 있도록 그들에게 은혜 베푸시기를" 기도했다.[17]

찰스는 그녀가 자기 곁에 오게 된 과정 속에서 종종 하나님의 은혜에 대해서 이야기했다. 그는 수지를 "이상적인 아내"로 생각했고, "자신이 지구 상에서 누릴 수 있는 최고의 축복이 될 수 있도록" 하나님께서 예비하신 존재라고 이야기했다.[18]

전기 작가 러셀 콘웰(Russell Conwell)은 스펄전 부부의 결혼에 대해서 분석했는데, 수지와 찰스는 서로에게 안성맞춤이었다고 믿었다. 찰스는 수지에게 자신의 "무례한 괴짜스러움"을 없애고 "언어나 역사에 관한 실수를 교정해" 주기를 요청했다. 그녀는 그를 도울 수 있었고, 콘웰은 스펄전이 아내의 도움 없이는 "명성을 얻게 될 수 없었을" 것이라고 주장했다.

콘웰의 관점은 아마도 과장된 점이 있을지라도, 스펄전에게 수지의 가치는 더할 나위 없이 귀했다. 콘웰은 찰스가 "덜 경건하고 불성실한 배우자를 만났다"라고 한다면, 그의 명성과 사역에 손상을 입게 되었을 것이라고 주장했다. 그러나 수지는 "찰스와 함께 일했고, 기도했으며, 그를 신뢰했고, 그가 사역하는 여러 해 동안 그를 진심으로 사랑했다."[19]

수지는 찰스의 성실한 친구였고 도움을 베푸는 존재였다. 수많은 회중을 목양하는 찰스는 비방과 오해에 익숙해져 있었다. 대형 교회와 인기 많은 설교자는 런던에서 적지 않았지만, 찰스의 열정적인 복음 전도, 청교도 신학, 실천적 방법론은 런던의 고상한 목회자들과 대조되었다. 콘웰에 따르면 수지는 스펄전이 반대자들의 공격을 받았을 때 격려해 주는 위로자였다.

---

17 Ibid., 2:30.
18 Ibid., 2:17.
19 Russell H. Conwell, Life of Charles H. Spurgeon: The World's Great Preacher (Philadelphia: Edgewood, 1892), 233-34.

[그녀는] 악한 자들이 쏘는 불화살을 가정적인 사랑으로 쉽게 막아 내는 방패와도 같았다.[20]

학술위원(Academician)인 파트리샤 크루파(Patricia Kruppa)는 다음과 같이 생각한다.

스펄전의 결혼 생활은 초창기에 기복이 심했던 몇 가지 경험들을 통하여 그가 삶을 버텨낼 수 있는 힘을 공급했다.[21]

아마도 만약 찰스 해돈 스펄전이 수지 톰슨을 만나지 못하고 결혼하지 못했더라면, 그의 삶과 사역이 일평생뿐만 아니라 그 이후까지도 그가 서 있던 경지에 도달하지 못했을 것이라고 짐작하는 것은 지나친 일이 아니다. 독신은 찰스가 누릴 수 있는 은사가 아니었다. 그렇다 하더라도 찰스에게 단순히 아무나 필요했다는 것을 의미한 것이 아니고, 아주 구체적인 배우자, 즉 수지 톰슨이 필요했던 것이다.

결혼식이 끝나고 나서 찰스와 수지는 뉴파크스트리트채플에서 벗어나 도버항으로 가는 기차에 올라탔고, 거기에서 파리행 보트를 타고 9일간의 신혼여행을 떠났다. 그들은 낭만의 도시에 도착했고 세계적인 숙박 시설인 모리스 호텔(Hotel Le Meurice)에 머물렀다. 이 호텔은 수년 동안 부유하고 유명한 사람들이 와서 머물렀던 웅장한 곳이었다. 이곳은 "왕들과 여왕들의 호텔"로 알려졌다.

모리스 호텔은 1835년에 "역사적으로 중요한 튀를리 정원이 내려다 보이는, 이 도시에서 가장 유명한 장소들 가운데 한 곳으로" 옮겨졌다.[22]

---

20 Ibid., 235.
21 Patricia Stallings Kruppa, Charles Haddon Spurgeon: A Preacher's Progress (New York: Garland, 1982), 110.
22 Anne Vogt-Bordure, Pauline Thomann, Hotel Le Meurice, n.d. 4. 이 문서는 모리스 호텔

이 호텔은 풍성한 저녁과 사치스러운 오찬과 함께 "호화로운 접대"를 제공했다. 수지와 찰스가 모리스에 있는 이 멋진 장소를 알아보기 일년 전인 1855년에 빅토리아 여왕이 이 호텔에 머물렀다. 작곡가 차이코프스키(Tchaikovsky)도 그곳에 손님으로 머물렀으며, 19세기 말의 모리스 호텔은 "엘리트 귀족들"을 자주 접대했다.[23]

수지와 찰스가 그곳에 머물렀던 것도 이 호텔의 영국식 정취와 관련되어 있었다. 이 호텔은 영국 손님들로 바글거렸고, 호텔 직원은 영어로 대화가 가능했으며, 이 호화로운 호텔은 "런던시"라는 별칭을 가지고 있었다. 유명한 영국 작가 W. M. 테커리(W. M. Thackeray)는 모리스 호텔에 대해서 다음과 같이 설명했다.

> 만약 당신이 불어를 할 수 없고 영국식의 안락함, 깨끗한 방, 아침식사, 지배인을 선호한다면, 그리고 외국에서 당신 주변에서 동포와 갈색의 맥주와 친구와 코냑( 그리고 물)을 원한다면, 그 어느 심부름꾼의 말도 듣지 말고 당신이 할 수 있는 최고의 영국식 액센트로 온 맘을 다하여 "모리스"라고 외쳐라. 그러면 누군가 나서서 당신을 즉시 리볼리 거리(rue de Rivoli)로 데려다 줄 것이다.[24]

이 신혼부부는 화려한 곳에 숙소를 마련했다. 건축학적으로 매우 아름다우며, 세느강(Seine River)에서 멀리 떨어져 있지 않은 곳에 위치해 있고, 근처에 파리의 대성당들과 미술관들이 자리잡고 있던 이 호텔은 이 젊은 부부에게 있어서 더할 나위 없는 낭만의 오아시스로 다가왔다. 혹자는 어떻게 이제 막 결혼한 목회자가 그렇게 근사한 호텔에 머물 수 있는 경제적 여유가 있었을지에 대하여 의문을 가질 수도 있다.

---

(Hotel Le Meurice)에 의해 작성된 것이다.
[23] Ibid.
[24] Ibid., 6.

제4장 천국을 이루어 가는 결혼 생활 117

수지는 이렇게 기록했다.

> 우리는 (특별한 호의로) 모리스 호텔의 중이층(entresol)에 있는 아늑한 스위트룸에서 머물렀다.[25]

"특별한 호의로"라는 수지의 기록은 스펄전 부부가 호텔에 머무르게 된 것이 가족, 친구들, 또는 교회가 제공해 준 결혼 선물이었음을 암시한다. 또는, 아마도 찰스의 명성이 널리 퍼지면서, 그의 환심을 사고자 하는 마음으로 호텔에서 그에게 할인된 가격으로 그 스위트룸을 제공했을 수도 있다.

수지와 찰스는 이 화려한 호텔의 멋진 문을 통과해 나오자마자 왼쪽으로 몇 블록 떨어져 있는 곳에 루브르 박물관이 바로 보였고, 튀를리 정원은 도로 맞은 편에서 보였다. 수지는 찰스에게 이 도시의 광경과 소리를 보여줄 수 있어서 기뻤다. 찰스가 불어를 할 줄 몰랐고 파리를 방문해 본 적이 없었기 때문에 그녀는 특히나 재미있는 상황을 마주했다.

그러나 수지는 '빛의 도시'라고 불리우는 파리의 거리를 종종 산책했다. 그녀가 예전에 파리를 여행했던 경험은 이 도시의 상당히 교양 있는 문화를 경험할 수 있게 했을 뿐만 아니라, 오데베즈 목사의 딸들로부터 불어를 배울 수 있었다. 그녀는 확신에 찬 어조로 다음과 같이 이야기했다.

> 나는 그곳이 내 집처럼 느껴졌고, 남편에게 흥미와 감탄을 자아낼 가치가 있는 모든 장소와 광경을 소개할 수 있어서 강한 희열을 느꼈다.[26]

---

25 C. H. Spurgeon, Autobiography, 2:176.
26 Ibid.

그녀는 속도를 늦추어 거리를 걸으면서 미술관, 대성당, 기념물, 궁전을 구경했고, 더할 나위 없이 행복한 그녀의 신랑의 눈에 비친 그녀의 모습은 이 커다란 도시의 거주민처럼 보였을 것이다. 찰스의 호기심은 아름다운 아내의 달콤한 입술에서 나오는 모든 단어에 열중하면서 더욱 고조되었다.

수지는 열정을 아끼지 않고 자신이 가장 좋아하는 대성당, 상트 샤펠(Sainte Chapelle)로 찰스를 데려갔는데, 이 건축물은 화려한 장식과 다양한 빛이 나는 창문을 자랑한다. 찰스는 이 건축물을 "스테인드글라스로 이루어진 작은 천국"이라고 극찬했다.[27] 샤펠에서 조금 걸어 나오면 아주 오래되고, 견고하며, 파리의 하늘에 우뚝 솟은, 장엄한 노틀담(Notre Dame)대성당이 나온다.

수지는 3년 전에 이 대성당을 방문했는데, 1853년 1월 30일에 거행된 나폴레옹 3세와 유진 황후의 결혼식을 위하여 화려한 장식으로 꾸며진 위풍당당한 아름다움에 감탄했다.[28] 이전에 수지가 했던 여행은 찰스와 함께 하는 신혼여행을 기쁨으로 가득 채우기 위한 하나님의 섭리였다. 훗날 찰스는 파리를 자주 방문했다.

그는 예전에 수지에게 받은 영향 때문에 동료 여행자들을 위한 탁월한 관광 안내자로 섬길 수 있었다. 찰스는 나중에 여행하는 동안 비록 열악한 시설에서 그 도시의 동료 그리스도인들을 만났지만, 그럼에도 불구하고 그리스도를 신실하게 섬기고자 했다.[29] 찰스의 자서전에서 수지는 찰스가 그녀에게 보낸 편지에서 발췌한 것을 공유했는데, 서로를 향한 부드러운 사랑을 더 보여주었고, 그들의 신혼여행에 대한 기억을 나눈다.

---

[27] Ibid., 2:177.
[28] Ibid., 2:176-77.
[29] The Sword and the Trowel, February 1867, 73.

제가 이 도시를 첫 번째 방문했을 때 당신이 안내해주던 것을 기억하면서 제 마음은 당신께로 날아가고 있습니다. 저는 당신을 그때처럼 사랑하며, 오히려 몇 배로 더 넘쳐 납니다.[30]

수지가 자신의 신혼여행을 회고했을 때, 공산주의자들 때문에 파리에서 경험했었던 것들이 파괴되고 손실되어서 애통한 마음이 들었다.[31] 찰스가 1872년쯤에 쓴 기록을 보면 그 역시도 "파리에 사회주의 정권이 들어서게 된 것을 기념하는" 폐허의 슬픈 광경을 보고 비통해 했다. 그가 둘러보는 모든 곳마다 폭동으로 인한 황폐함을 목격했다. 그는 1856년 신혼여행을 하는 동안 수지와 함께 다녔지만 1872년에 완전히 파괴되어 버린 몇몇 장소에 대해 구체적으로 언급했다.

드 빌(de Ville) 호텔은 튀를리 정원, 팔레 루아얄(Palais Royal), 커다란 곡물 저장고, 그리고 한때 어마어마하며 아름다웠던 다른 공공건물들과 함께 전형적인 폐허가 되어 을씨년스럽게 서 있다.

게다가 그는 "교회, 집, 부두의 운명은 궁전 및 법원과 별 다를 바가 없었다"라고 기록했다. 찰스는 "어떤 사람이든 그 마음을 슬프게 만드는" "내전의 공포"로 비탄에 잠겨 있었다.[32] 그는 집과 소유물과 생계를 잃어버려서 고통당하는 사람들을 보고 슬픔에 잠겨 있었다. 찰스는 복음 중심적인 해결책이 정치, 도덕, 사회적 비극을 온전케 할 수 있을 것이라고 믿었다.

파리는 전쟁과 격변의 상처가 있었지만, 그럼에도 불구하고 이곳은 찰스와 수지의 낭만이 깊어져 가던 장소이며, 한 때 즐거웠던 그들의 신혼

---

30 C. H. Spurgeon, Autobiography, 2:180.
31 Ibid., 2:176.
32 The Sword and the Trowel, January 1872, 5.

생활을 보낸 도시이기도 했다. 파리의 지역 교회를 후원하면서, 이 도시는 항상 찰스와 수지의 마음속에 있었다. 수지에게 있어서 그들이 서로 멀리 떨어져 있을 때, 그리고 그녀가 건강 때문에 그와 함께 여행을 다닐 수 없게 되었을 때, 찰스와 함께 했던 결혼 초에 대한 기억은 훗날 그녀의 슬픔을 진정시켰을 것이다.

파리에서 즐거운 한때를 보낸 후, 수지는 뉴파크스트리트채플에서 가까운 뉴켄트 217번가에 있는 그들의 첫 번째 집에서 시작될 결혼 생활을 간절한 마음으로 기대했다. 그들의 첫 거주지는 수지가 1856년 9월에 쌍둥이 아들, 찰스와 토마스를 낳았던 곳이기도 했다. 그녀는 자신과 찰스가 이 집으로 이사하면서 생겨난 기대감에 대해서 다음과 같이 설명했다.

> 우리는 우리를 이 곳으로 인도하신 주님의 넘치는 선하심으로 인하여 얼마나 감사드렸고 찬양했는지 모릅니다.
> 나의 남편은 얼마나 열정적이며 부드러운 마음으로 언제나 하나님의 복이 우리에게 넘치기를 위해서 기도했는지요![33]

그래서 행복감으로 가득 차 있던 수지는 자신의 집을 "사랑의 땅"으로 표현했다.[34] 그녀는 결혼식 날 "신나고 감동적인 꿈의 나라"에 살고 있다고 말했다.[35] 수지는 "꿈의 나라"에서 "사랑의 땅"으로 옮기면서 기뻐서 어쩔 줄 몰랐다.

찰스와 수지는 신혼의 단꿈에 젖어 있었다. 그녀는 그 집에서 가장 좋은 방을 찰스의 집무실로 선택했던 결정에 "결코 후회가 없었다."[36] 수지가

---

[33] C. H. Spurgeon, Autobiography, 2:180.
[34] Ibid.
[35] Ibid., 2:28.
[36] Ibid., 2:182.

말한 "가장 좋은 방"은 "쌍둥이가 태어났던" 이층 방 바로 밑에 있었다.[37]

수지와 찰스는 신혼 생활을 시작하면서 "철저한 근검절약을 실천"했어야 했는데, 찰스가 교회에 부임하기 전, 그의 사례비는 재정적으로 어려움을 겪는 교회의 1년차 목회자의 사례비와 비슷했다(물론 이후로 재정 상황이 빠른 속도로 나아지는 중이었지만). 게다가, "복음을 전하고자 하는 젊은 청년들을 돕는 것"이 그의 소망이었고, 그렇게 하기 위해서는 재정이 필요했다.

패스터스칼리지(Pastors' College)는 T. W. 메드허스트(T. W. Medhurst)라는 한 학생으로부터 시작되었는데, 학교 운영 초반의 재정은 찰스와 수지 개인이 부담을 했다. 수지는 기쁜 마음으로 목회자들을 훈련시키고자 하는 찰스의 열정을 지지해 주었고, 이 일을 위하여 가족의 예산에서 후원금을 모금함으로써 그녀의 열정을 보여주었다.

그녀는 이러한 후원 때문에 이 "대학의 어머니"로 알려졌다.[38] 이 대학을 향한 수지의 "어머니 같은 마음"은 훗날 가난한 목회자들을 위한 사역이 시작되게 된 배경이다.[39] 찰스와 수지의 재정적인 헌신으로 얻은 긍정적인 결과는 어떻게 가난한 목회자들이 모든 필요를 채워주시는 하나님께 전적으로 의지하는 지를 배울 수 있도록 도와준 것이다.[40]

1885년에 수지는 패스터스칼리지의 역사에 대해서 다음과 같이 회고했다.

> 하나님께서 패스터스칼리지에 복 내려주시길 원합니다! 아주 인상적인 기억들이 그 이름과 사역 주위를 맴돕니다! 친애하는 학장님[찰스]이 처음에 이 사역을 위하여 사람들을 훈련시키고 그들의 평생 사역하는 동안 말

---

[37] Ibid.
[38] Ibid., 2:183.
[39] Ibid.
[40] Ibid., 2:184.

씀을 전하는 일에 있어서 잘 준비될 수 있도록 하나님께서 부르신 사람들을 도우려는 마음이 생겼을 때, 그는 젊은 형제 한 명으로 이 학교를 시작했습니다. 그때 우리는 신혼 부부였고, 첫 번째 학생이었던 메드허스트를 가르치기 위한 비용을 충당하느라 많은 어려움을 겪었습니다.

그러나 주님은 우리를 직접적이며 놀라운 방법으로 도우셨으며, 그리하여 우리의 믿음이 더 강해져서 더 위대한 일을 구하고 기대할 수 있었습니다. 그리고 우리는 패스터스칼리지 가족이 빠르게 성장하는 것을 보았을 뿐만 아니라, 이 학교를 유지하는 데 필요한 재정을 후원받기도 했습니다. 처음 시련을 당했을 때 우리는 근심 어린 마음과 텅 빈 지갑과 같은 여러 가지 이야기를 할 수 있습니다.

그러나 항상 그렇습니다. 우리 하나님은 두려움 가운데 싸울 담력을 주시고, 우리에게 필요한 재정을 공급하시고(때로는 전혀 기대치 않았던 상황 속에서 채워짐도 있었습니다). … 처음 개교했을 때[1856]부터 지금[1885]까지 700명 이상의 학생들이 복음을 전하기 위해 보냄을 받았습니다. … 하나님께서 우리 학교와 우리 목회자들과 우리 학생들, 그리고 우리 학장님에게 복 내려 주실 것입니다.[41]

수지가 결혼 생활에 헌신했던 사실은 찰스가 1870년 11월 20일에 했던 "구주와 함께 하는 성도"라는 제목의 설교에 암시되었다. 그는 "그녀가 남편을 기뻐했습니다" 그리고 "그의 사귐과 유대감과 다정함 속에서 최고의 만족과 위안을 찾습니다"라고 이야기했을 때 그는 마음속에 수지를 염두에 두었음을 어렵지 않게 생각해 볼 수 있다.

그는 더 나아가 "가정의 생활 범위가 그녀의 왕국인데, 그곳에서 행복을 주고 위로하는 것이 그녀가 할 필생의 사업이고, 남편의 미소 어린 감

---

[41] Mrs. C. H. Spurgeon, Ten Years of My Life In the Service of the Book Fund: A Grateful Record of My Experience of the Lord's Ways, and Work, and Wages (London: Passmore & Alabaster, 1887), 377-78.

사는 아내가 추구하는 모든 관심입니다"라고 권면했다. 찰스가 감탄한 남편은 "자신의 사랑을 아내에게 쏟아 내는" 사람이다. 그는 남편과 아내 모두 "아이들이 건강하며 용기를 가지고 자라나는 것을" 행복한 눈으로 바라본다고 말하면서 계속해서 말씀 선포를 이어 간다.[42]

찰스와 수지는 한 마음을 품었는데 종종 "같은 생각"을 품었으며 때로는 한 순간에 "같은 말"을 하기도 했다.[43] 찰스는 사랑하는 남편과 아내 관계를 "뒤섞인 광선이 둘보다는 하나처럼 보이도록 빛나는" "두 개의 별과 같습니다"라고 이야기했다.[44] 더 나아가, 그는 "부부는 하나의 이름, 한 마음, 한 집, 같은 관심, 하나의 사랑, 하나의 영혼을 소유해야 합니다"라고 언급했다.[45]

결혼과 가족에 대한 수지와 찰스의 관점은 구식으로 보이며, 어떤 사람들은 그들을 경멸어린 눈으로 "빅토리아 시대"의 사람으로 묘사하고 싶어 할지도 모른다. 그들은 모두 그 시대의 문화 속에서 자랐지만, 결혼과 가족에 대한 그들의 관점은 주로 그들을 둘러싼 세계로부터 온 것이 아니라, 성경적인 신념으로부터 온 것이었다.

수지는 자신의 기본적인 삶의 분야가 가정을 관리하는 아내이자 어머니라고 생각했기 때문에 그녀가 억압이나 제한을 느꼈다는 암시는 어디에서도 찾을 수 없다. 그녀는 찰스에게 사랑을 받으며 소중하게 여겨졌다. 그리고 그는 수지의 열망, 목표, 추구를 단념하게 만들지 않았다. 오히려 그 반대였다. 찰스는 수지가 다양한 영역에서 그리스도를 위하여 적극적이고 신실하게 섬길 수 있도록 권면했다.

---

[42] C. H. Spurgeon, The Metropolitan Tabernacle Pulpit: Sermons Preached and Revised by C. H. Spurgeon, vols. 1-63 (Pasadena, TX: Pilgrim Publications, 1970-2006), 16:642. 1-6권은 뉴파크스트리트 강단으로 언급되며, 7-63권은 메트로폴리탄타버내클과 관련되어 있다.
[43] C. H. Spurgeon, Autobiography, 2:185.
[44] C. H. Spurgeon, The Metropolitan Tabernacle Pulpit, 16:640.
[45] Ibid.

그는 수지가 무언가를 위해서 노력할 때 결코 그녀를 낙심시키지 않았고 오히려 그녀를 응원해 주었다. 수지는 의기소침한 가정주부가 아니었고, 찰스는 가정에서 자기 권세를 부리는 남편이 아니었다. 두 사람 모두 결혼 생활과 사역의 동역자 관계를 형성하면서 행복을 누렸다.

수지는 스탐본(Stambourne)에 위치한 찰스의 할아버지 댁을 방문하기 위해서 찰스와 동행했을 때, 1856년 늦봄에 임신 4개월째를 넘긴 상태였다. 찰스가 어린 시절부터 큰 영향을 받아 왔던 연륜이 넘치는 설교자, 제임스 스펄전(James Spurgeon)은 수지를 기쁜 마음으로 환영했다. 그녀는 찰스의 가족을 만난다는 생각과 찰스가 자주 이야기해 주던 시골 풍경을 볼 생각에 마음이 설레었다. 스탐본의 모습은 찰스의 유년기 때와 크게 다르지 않았다.

수지는 시골 사람들이 이 "젊은 목사와 아내"를 보고 "기뻐하며 관심을 가지고" 지켜본 모습을 떠올렸다. 그녀는 이렇게 이야기했다.

> 찰스가 고향 사람들 틈에 서 있는 모습에 매료되었습니다.[46]

찰스는 할아버지가 살던 곳에 대한 변치 않는 애정을 가지고 있었다. 그는 런던에서 살고 있었지만, 그의 마음은 여전히 스탐본을 향해 있었다. 찰스가 보낸 어린 시절의 기억 대부분은 목사관과 근처에 있는 교회와 연결되어 있었다. 수지는 남편이 유년 시절에 받은 영향의 근원지를 발견하는 것이 즐거웠다. 그녀는 찰스가 동네를 걸어다니며 동네 사람들과 대화를 나누는 모습을 보면서 그는 "다시 어린이"가 되었다고 회고했다.[47]

수지는 스탐본을 방문했을 때 그녀가 가장 특별히 싫어하는 것들 중에 하나가 바로 거미라는 사실이 드러나게 된 재미있는 일화를 들려주었다.

---

[46] C. H. Spurgeon, Autobiography, 2:189.
[47] Ibid.

제4장 천국을 이루어 가는 결혼 생활 125

그녀는 가족들과 함께 차 한 잔을 즐기고 있었는데, 그녀가 마시던 찻잔 바닥에서부터 무언가 떠오르는 것을 발견했는데, 그것은 다름 아닌 바로 거미였다. 그녀는 겁에 질렸다.

그녀는 "그 검은색 몸통은 커다랗게 부풀어 올랐고, 그 다리들은 남은 찻물에 바퀴 모양처럼 원을 그렸습니다"라고 회상했다. 설상가상으로 그녀는 초조해하면서 "저는 이 괴물을 삶은 육수를 마시고 있었어요!"라고 이야기했다.[48] 이러한 경험에도 불구하고, 함께 여행하며, 동역하며, 다른 중요한 사건, 즉 그들의 가정의 규모가 두 배로 늘어날 것을 준비하면서, 수지와 찰스의 삶은 행복으로 가득 채워져 가고 있었다.

---
[48] Ibid., 2:190.

## 부모가 되다

1856년 1월에서 9월까지 결혼식, 신혼여행, 신혼집에 정착하는 것을 포함해서 많은 일이 휘몰아치듯 지나가고, 수잔나 스펄전은 9월 20일에 두 쌍둥이 아들, 찰스와 토마스를 낳았다. 그 주 토요일에 수지 곁에 있던 사람은 그녀의 젊은 남편 찰스였다.

그는 자신의 아이들을 안았을 때 걱정이 없었을까?

그는 이제 막 아버지가 된 여느 사람처럼 편안했다고 상상하기 쉽다. 예상과 달리, 찰스는 존 스펄전과 엘리자 스펄전 사이에서 난 17남매 중 첫째였다. 그는 아기들의 한숨과 울음소리에 익숙했고, 부모님이 자녀들을 사랑하는 마음으로 소중히 다루는 모습을 보고 자랐다.

찰스가 태어난지 18개월에 어떤 이유에서인지 모르겠지만, 그는 스탐본에 있는 할아버지 댁에 보내졌고 그곳에서 약 6년 정도 살았다. 그 이후에 그는 부모님 품으로 다시 돌아가서 함께 살았다. 존과 엘리자 사이에서 태어난 17명의 아이들 가운데 9명이 어렸을 때 사망했다.

찰스의 부모님이 느꼈을 고통, 눈물, 비통함과 어린 아이들의 시신이 영국의 시골 땅에 묻히는 동안 무덤 자리 파는 사람이 삽을 들고 서 있는 것을 그들이 바라보고 있는 모습을 상상해 보면 그것은 억장이 무너질 만한 일이다. 9명의 형제자매를 먼저 떠나보낸 일은 찰스의 마음속에 영원히 각인되었음에 틀림없었다.

존은 이중직 목사로서 바쁜 삶을 살았다. 그는 겨우 먹고 살 만큼 버느라 치열한 삶을 살았을 것이다. 찰스가 걸음마를 배우기 시작한 아이였을 때 스탐본으로 이사한 이유는 그의 부모에게서 사랑을 받지 못했기 때문이 아니라 어떤 필요에 의한 것이었다. 그러나 그는 경건한 부모님의 집을 떠났을 때 그저 그리스도를 닮은 조부모의 집으로 들어갔다. 찰스의 형제 제임스 아처(James Archer)는 이 가정에서 자신과 찰스와 형제자매들이 즐거운 시간을 보냈다고 이야기했다.

> 나는 하나님께서 보내실 수 있는 가장 경건한 그리스도인 가정에서 지내면서, 나와 내 형제자매가 거룩한 영향을 받지 않았던 때를 기억할 수가 없습니다.

더 나아가, 그는 자신의 어머니가 "하나님의 은혜로 말미암아 우리가 누렸던 모든 위대함과 선함의 시작"이었다고 이야기했다.[1]

찰스는 자신이 유년 시절에 즐거운 시간을 보냈던 것처럼 자기 자녀들을 다정하게 대하려고 열심을 가지고 있었다. 그 남자 아이들은 수지가 낳은 유일한 자녀들이었다. 그럼에도 불구하고, 찰스의 사역으로 시작된 두 고아원을 통하여 두 사람은 수백 명의 아이들을 돌보는 데 보탬이 되었다.

찰스는 1854년에 런던으로 처음 이사 온 이후로 이 도시의 가난한 고아들에게 관심을 가졌다. 노숙자와 굶주린 아이들이 낡아서 올이 다 드러난 옷을 입고 쇠약한 몰골을 한 채로 마을 주변 도로와 골목에 늘어선 것을 보면서 그의 마음은 그들을 향해 있었다. 첫 번째 고아원은 1866년 여름에 기도 모임을 통하여 생겨났다. 찰스는 많은 회중에게 런던에서 주님을 위하여 더욱 열심히 섬기라고 권면했다.

---

[1] G. Holden Pike, *James Archer Spurgeon* (London: Alexander & Shepheard, 1894), 20.

기도 모임이 끝나고 하나님의 섭리로 말미암아 곧바로 영국 국교회 성직자의 미망인으로부터 20,000파운드의 기부금이 들어와서 그 고아원을 세울 수 있었다. 이 재정과 나중에 다른 곳에서 온 후원금을 합쳐서 메트로폴리탄타버내클에서 몇 마일 떨어진 곳에 위치한 부지를 매입하게 되었다. 모든 인종의 아이들과 다양한 종교적 배경을 가진 아이들 가운데 남자 아이들이 이곳으로 들어왔고, 10년 후에는 여자 아이들을 위한 고아원이 같은 건물에 세워졌다.[2]

런던시가 지금은 유명해진 시계와 종(빅벤)을 세우려고 탑을 준공할 계획을 하는 한편, 쌍둥이의 울음소리가 뉴켄트 로드에 있는 스펄전의 집을 가득 채웠다. 찰스와 수지에게, 두 아이의 탄생은 최근 그들의 삶 속에서 일어난 일들 중에서 가장 큰 일이었다. 찰스는 쌍둥이를 "최고의 아이들"로 생각했다.[3] 그는 두 아들 중에서 누가 더 나은지에 대한 질문을 받은 적이 있었다. 그는 다음과 같이 현명한 대답을 했다.

> 찰리는 톰과 함께 있지 않을 때 최고의 아이이며, 찰리가 멀리 있을 때는 톰이 최고입니다.[4]

찰스(찰리)는 먼저 세상 밖으로 나왔기 때문에 쌍둥이 중 맏아들이었다. 성인이 되었을 때, 그는 작가 A. 커닝햄 벌리(A. Cunningham Burley)와 친구였으며, 그들은 "C. H. S.(Charles Haddon Spurgeon)에 대한 상호 존경"의 마음을 나누었다.[5]

한때, 벌리는 찰리가 자신의 아버지에 대한 전기를 쓰도록 제안했지만,

---

2   Arnold Dallimore, *C. H. Spurgeon: The New Biography* (Chicago: Moody, 1984), 125-130.
3   A. Cunningham Burley, *Spurgeon and His Friendships* (London: Epworth, 1933), 29.
4   W. Y. Fullerton, *Thomas Spurgeon: A Biography* (London: Hodder and Stoughton, 1919), 34.
5   Burley, *Spurgeon and His Friendships*, 30.

그는 "찰리의 이 영웅에 대한 흠모가 너무 지나쳐서 자기 아버지에 대한 여러 면모를 정당화"하는 것처럼 느꼈다.[6] 벌리는 스펄전의 자녀들이 어린 시절에 자기 아버지와 그들의 기대만큼 많은 시간을 함께 하지 않았던 것으로 기억했다.

그는 이렇게 추측했다.

> (찰리와 본인 사이에) 사랑의 우정과 가장 행복한 관계를 유지했지만, 뭔지 모를 제한이 그들의 교제를 속박했다.[7]

의심할 여지없이 찰스는 자신의 아이들과 많은 시간을 함께 보내고 싶었지만 그렇게 하지 못해서 후회하는 마음이 들었을 것이다. 훗날 그는 사역과 건강 악화로 인하여 자신이 원했던 것만큼 수지를 돌아보지 못했던 것에 대해서도 비슷한 감정이 들었다.

스펄전의 자녀들이 느꼈을 "뭔지 모를 제한"은 찰스가 교회를 섬기고, 수많은 사역을 감당하고, 매주 수백통의 편지에 답장하고, 유럽 전역에 걸쳐 설교 요청을 받는 것과 같이, 그의 어깨 위에 사역의 중압감을 짊어진 채로 바쁜 삶을 살아갔기 때문에 생겨났을 것이다. 찰스는 다른 해야 할 일들이 집으로부터 그를 끌어냈다는 의미에서 자기 아버지와 같았다고 말할 수 있다. 존 스펄전은 다음과 같이 기록했다.

> 나는 그의[찰스의] 교육과 관련되어 있었지만, 자주 집 밖에 있었기 때문에 많은 책임감이 나의 사랑하는 아내에게 맡겨졌고, 그녀는 끊임없이 기도하는 마음으로 맡겨진 일을 해냈다.[8]

---

6  Ibid., 31.
7  Ibid., 32.
8  Manton Smith, *The Essex Lad Who Became England's Greatest Preacher: Life of C. H. Spurgeon for Young People* (London: Passmore and Alabaster, 1892), 7.

놀랍게도 자신의 아이들을 그리스도께로 인도했던 사람은 찰스가 아니었다. 벌리는 다음과 같이 말했다.

> 스펄전 여사와 스펄전 씨의 가장 간절한 소망 가운데 하나는 생명과 직결되는 기독교 가정의 DNA를 자녀들에게 심어 주는 것이었다. 그들은 이러한 목표를 가지고 지속적으로 기도했다.[9]

수지나 찰스는 자기 자녀들을 회심의 순간에 그리스도께로 인도되는 것에 관심을 갖지 않아서가 아니라, 벌리가 주목하는 것처럼 "[스펄전 가정에는] 하나님을 향한 회개와 주 예수를 믿는 믿음으로 나아가기에 충분했던 깊은 배려와 함께 지속적인 부드러움이 있었다."[10]

찰스의 어머니, 엘리자와 같이 수지는 자기 자녀들을 훈련시킬 막중한 책임감을 가지고 있었으며, 수지가 토마스와 찰스에게 영향을 끼친 사실은 과소평가 될 수 없다. 찰스 레이(Charles Ray)는 다음과 같이 생각한다.

> 스펄전 여사는 쌍둥이 아이들을 기독교 교리로 무장시킨 신실한 훈련가였다. 그녀는 자녀들이 어린 나이에 주님께 나아오는 것을 보고 기뻐했다. 토마스 스펄전 목사는 다음과 같이 기록했다.
> "나의 어린 시절에 경험한 회심은 어머니의 진심 어린 간구와 분명한 모범을 보여주신 모습으로 거슬러 올라간다. 그녀는 주일 저녁 예배 참석을 통하여 얻을 수 있는 기쁨을 모두 내려놓고 자녀들을 위하여 생명의 말씀을 가르쳤다. 나의 형은 이 사명 받은 분께서 가르쳐 주신 말씀을 통하여 그리스도께로 나아왔다. 그 역시 어머니께 영향을 받았고, 그녀의 가르침에 빚을 졌다는 사실을 인정한다."[11]

---

9  Burley, *Spurgeon and His Friendships*, 32.
10 Ibid., 33.
11 Charles Ray, *The Life of Susannah Spurgeon. In Free Grace and Dying Love* (1903; repr., Ed-

따라서, 비록 다른 사람들이 스펄전의 자녀를 그리스도께로 인도했지만, 두 아들은 수지가 자신들의 회심에 있어서 헤아릴 수 없을 정도로 중요한 역할을 했던 것으로 기억했다. 그러나 수지는 두 아들을 모두 사랑했을지라도, 토마스를 특별히 더 소중히 여겼다. W. Y. 풀러튼(W. Y. Fullerton)은 "어머니의 사랑을 그보다 더 많이 받은 아들은 없었다"라고 확신을 가지고 이야기했다.¹²

토마스는 자신의 기질과 태도를 아버지에게 물려 받았다고 이야기했을 때, 곧바로 어머니 역시 자신에게 영향을 주었다는 사실을 상기시켜 주었다.¹³ 풀러튼은 토마스의 편지에 대해 이렇게 말했다. 그들은 "'머지'(Mudge)를 향한 사랑으로 넘쳐 났으며, 서로 애정 어린 표현을 아끼지 않았다."¹⁴

아마도 이는 토마스가 훗날 호주와 뉴질랜드로 여행을 하고 사역을 하기 위해서 가정과 집과 어머니의 품을 떠나 수천 마일을 떨어져 있었기 때문일 것인데, 그때 아들을 향한 수지의 마음이 더욱 분명하게 표현되었다. 찰스와 토마스는 처음에 여성 가정교사에게 교육을 받았다. 그 다음에는 스톡웰(Stockwell) 지역에 있는 랜스돈가(Lansdowne Road)에 위치한 학교에서 교육을 받았다. 그리고 클랩햄파크(Clapham Park)에 있는 랭스스쿨(Lang's School)을 다녔다.

나중에 그들은 스펄전이 가르치던 패스터스칼리지에 재학 중이던 라일랜즈 브라운(Rylands Brown) 씨에게 가르침을 받았다. 그리고 나서 그들은 나이팅게일 레인(Nightingale Lane)에 있던 스펄전의 집이 재건축되는 동안 브라이튼(Brighton)에 있는 캠든하우스스쿨(Camden House School)에서 공부

---

inburgh: The Banner of Truth Trust, 2013), 191-92.
12  Fullerton, *Thomas Spurgeon*, 32.
13  Ibid.
14  Ibid.

했다.[15] 플러튼은 자녀들의 성실함과 온전함을 위한 수지의 헌신을 보여주며 그녀의 교육 방법에 대한 부분적인 통찰을 제공하는 토마스의 이야기를 전한다.

> 일요일 저녁이 되면 그들의 어머니는 소년들을 데리고 생활 방식에 관해서 이야기했고, 피아노에 앉아 아이들을 각자 곁에 두고 시온에 대한 노래를 부릅니다. 그녀의 아들[토마스]은 몇 년이 지난 후 이렇게 이야기합니다. "나는 그녀가 '보혈로 채워진 분수가 있다'라고 찬양하게 하려고 얼마나 애썼는지 이야기하기를 좋아합니다.
> 그녀는 후렴을 부르려고 할 때 이렇게 이야기하곤 했었습니다.
> "나의 사랑하는 아이들아, 너희들이 아직 그리스도를 신뢰하고 있지 않다고 생각할 이유는 없단다. 소망하기로는, 우리의 지속적인 기도 응답으로 그렇게 될 것이라고 믿는다. 그러나 그렇게 되기까지 '나는 예수님께서 나를 위하여 돌아가셨다는 사실을 믿습니다'라고 이야기하거나 노래할 필요는 없어. 거짓을 노래하는 것은 잘못된 것이란다."
> 그리고 그녀는 혼자 노래를 불렀습니다. 웬일인지 나는 그 어린 나이에도 후렴을 반드시 같이 한 목소리로 부를 필요는 없다고 생각했습니다. 그때 나의 어린 생각은 그 노래를 부를 수 있도록 간절한 마음을 갖는 데 도움을 주었고, 성령께서 내가 찬양할 수 있게끔 내 마음속에 간절한 열망을 불러 일으키셨습니다.
>
> 나는 믿고, 믿을 것입니다.
> 예수께서 나를 위해 죽으신 것을
> 십자가에서 보혈 흘리신 것을

---

15  Ibid., 39.

나를 죄에서 자유케 하기 위하여.[16]

토마스는 다음과 같이 기억했다.

> 오! 얼마나 나는 그것을 간절히 바랐는가! 나는 우리 가족이 아침 식사를 하기 위해 식탁에 모인 어느 밝은 날 아침을 선명하게 기억하고 있습니다. 나는 어머니의 식탁 의자에 올라가서 팔로 어머니의 목을 감싸 안았습니다. 그리고 나는 그녀에게 다음과 같이 말했습니다.
> "어머니, 저는 진짜로 예수님을 사랑한다고 생각해요."
> 그녀는 내 말을 경청하고 난 후 하나님께 감사를 드렸고, "그런 소리를 들어서 기쁘구나, 나는 네가 한 말을 믿는단다"라고 나에게 말해 주었습니다. 그리고 나는 그 후렴구를 가장 큰 소리로 찬양할 수 있도록 어서 속히 주일 저녁이 다가오기를 기다렸습니다.[17]

성인이 되어서도 토마스는 수지와 친밀한 유대 관계를 유지했고, 어머니가 세상을 떠난 후에도 그는 여전히 어린 아이처럼 팔로 그녀의 목을 감싸 안을 수 있기를 소원한다고 기록했다. 찰스는 집에 있을 때, 성실하게 가족 예배를 인도했지만, 수지 역시 쌍둥이의 신앙 훈련을 위해서 부지런히 헌신했다. 그녀는 그들에게 성경을 교육했고, 찬송가를 가르쳤으며, 그리스도인으로서 그들의 신앙 고백의 진정성을 요청했다.

찰스와 수지의 결혼 생활 가운데 수지는 신실한 경건의 매개자였지만, 가족의 삶을 말씀과 기도로 넘쳐나게 한 장본인은 바로 찰스였다. 그가 패스터스칼리지에서 학생들에게 강조한 것은 바로 가족의 중요성이다.[18] 그

---

16  Ibid., 36.
17  Ibid.
18  패스터스칼리지는 찰스와 수지가 결혼한 직후 한 명의 학생으로 시작했다. W. Y. Fullerton, C. H. Spurgeon: *A Biography* (London: Williams and Norgate, 1920), 227. 스펄전

는 다음과 같이 권면했다.

> 교구의 모든 남편은 안심할 수 있어야 합니다.
> 그렇지 않습니까?
> 우리는 최고의 아버지가 되어야 합니다. 안타깝게도 내가 알기로 어떤 목회자는 가족 생활을 하면서 이러한 모습과는 거리가 먼 삶을 살아갑니다. 그들은 다른 사람의 포도원을 잘 지키지만, 정작 자기 포도원은 지키지 못했습니다. 그들의 아이들은 소외되었고, 경건한 자녀로 성장하지 않습니다.
> 혹시 당신도 자녀를 대할 때 그렇게 행동하고 있습니까?[19]

찰스는 한 가정의 아버지가 자기 가족을 무시하지 않음으로 자기 포도밭을 지켜내는 것이 중요하다고 생각했다. 목회자들은 찰스가 준 숭고한 권면을 읽고 난 후 머지않아 가정에서의 과업을 감당할 때 그들 자신이 부족하다고 느끼도록 할 것이다. 아마도 수많은 남편은 자신이 "최고의 아버지"이거나 "교구의 모든 남편"이 닮아 가야 할 남편상이 아니라고 느낄 것이다.

그리고 아내들도 자녀를 기르고 영적인 영향력을 발휘하는 일에 실패한 것처럼 느끼는 일이 다반사였다. 다만 찰스는 그러한 정서를 기대하는 한편, 독자들이 그리스도를 향하여 나아가도록 의도했다. 에베소서 5장

---

은 이 대학이 "자신의 장자이며, 최고로 총애"한다고 언급했다(227). 이 대학은 토마스 메드허스트(Thomas Medhurst)의 회심과 지속적인 설교 사역에 그 뿌리를 두었다. 메드허스트는 1855년부터 매주 몇 시간씩 스펄전과 만남을 가졌다(229). 스펄전의 학생은 몇 년 동안 걸쳐서 점점 늘어났다.
풀러튼은 "이 대학이 목회자들을 양성하기 보다는, 그들을 훈련시키기 위해 존재하는 것으로 알려졌다"라고 기록했다(231). 처음에 이 대학은 메트로폴리탄타버내클에서 모였고, 1873년에는 조금 더 장기적으로 사용할 수 있는 장소로 옮겼다(232). 풀러튼은 "이 대학에서 한 주 동안 가장 큰 행사는 총장의 강좌가 열리는 금요일 오후였다"(233)라고 기록했다.

[19] C. H. Spurgeon, *Lectures to My Students* (1875-1894; repr., Edinburgh: The Banner of Truth, 2008), 237.

25-27절을 중심으로 〈영광스러운 교회〉라는 제목으로 다음과 같은 말씀을 선포했다.

> 그리스도인은 그리스도를 자신의 모델로 따라가야 합니다. 우리가 그리스도 예수 안에 있는 은혜를 반영하지 않는 한, 어떠한 상황에서도 우리는 만족하지 않아야 합니다. 그리스도인이 나머지 사람들과 공통으로 지속하는 관계를 가지고 있는 남편으로서, 그는 그리스도께서 자신 앞에 전시된 그림처럼 바라보아야 하며, 그 그림을 따라 그려가야 합니다. 그리스도 자신은 교회의 신랑이며, 참된 그리스도인은 그리스도께서 자기 신부에게 하셨던 것과 같이 그러한 남편이 되기를 추구해야 합니다.[20]

찰스는 주로 아버지들을 대상으로 이 말씀을 전했지만, 그의 강조점은 어머니들에게도 유효한 것이었다. 그는 모두에게 이렇게 요청했다.

> 그리스도 예수를 바라보라.

찰스는 이렇게 믿었다.

> 부모, 특별히 어머니는 가족과 자녀들에게 선한 영향력을 나타낸다.[21]

찰스의 친구이자 학생이었던 윌리엄 윌리엄즈(William Williams)는 찰스

---

[20] C. H. Spurgeon, *Metropolitan Tabernacle Pulpit: Sermons Preached and Revised by C. H. Spurgeon* (Pasadena, TX: Pilgrim, 1970-2006), 11:253. 스펄전의 설교 본문은 에베소서 5장 25-27절이었다. "남편들아 아내 사랑하기를 그리스도께서 교회를 사랑하시고 그 교회를 위하여 자신을 주심 같이 하라. 이는 곧 물로 씻어 말씀으로 깨끗하게 하사 거룩하게 하시고 자기 앞에 영광스러운 교회로 세우사 티나 주름 잡힌 것이나 이런 것들이 없이 거룩하고 흠이 없게 하려 하심이라."

[21] Ibid., 54:367.

와 수지를 만나기 위해 그들의 집에 자주 방문했다. 그는 다음과 같이 기억했다.

> 내가 웨스트우드(Westwood)를 방문할 때 가장 도움이 되었던 시간은 가족이 함께 기도할 때였다. 가족 전체가 예배하기 위해서 6시에 스펄전의 집 무실에 모였다. 일반적으로 스펄전 목사 자신이 이 예배를 인도한다. 아침에 읽은 말씀은 언제나 강해가 동반되었다. …
> 그때 그의 기도는 얼마나 부드러운 간구와 하나님을 향한 고요한 확신과 세계를 품는 마음으로 가득 차 있었는지!
> 그는 정중하지만 한편으로 친밀한 태도로 자신의 주인님과 대화를 나누었다. 그러나 그가 주님을 향하여 말씀드리는 태도는 경외의 마음이었다. 그가 드린 여러 공적인 기도는 성령의 감화와 축복을 위한 것이었지만, 가족과 함께 한 기도는 내 눈으로 보기에 더욱 놀라웠다. …
> 가족 기도를 드릴 때 하나님 앞에 고개를 숙인 스펄전 목사는 말씀 선포를 통하여 수천 명의 넋을 잃게 만드는 것보다 더욱 위엄있게 보였다. 신비한 손길이 그의 머리위에 살포시 얹어진 다니엘처럼 나는 기도의 자리에서 일어났을 때 종종 힘을 얻곤 했다. 나와 내 사람들은 웨스트우드의 가족 기도에 많은 빚을 지고 있다.[22]

찰스는 이렇게 말했다.

> 집은 벧엘(Bethel)과 같아야 합니다. 만약에 집이 없다면 세계는 나에게 거대한 감옥이 될 것입니다.[23]

---

[22] William Williams, *Charles Haddon Spurgeon: Personal Reminiscences*, rev. and ed. Marguerite Williams (London: The Religious Tract Society, n.d.), 36. 웨스트우드는 스펄전이 런던에서 마지막으로 살았던 집의 이름이었다.

[23] Ibid., 33.

가족이 함께 성경을 읽고 기도하는 것은 수지와 찰스에게 있어서 결혼 초기부터 우선순위에 놓여 있었다. 그리고 이것이 자녀 교육의 핵심이었다. 수지는 그들이 "산에 있는 누추한 여인숙에 머물던지 도시에 있는 대궐같은 호텔의 사치스러운 객실에 머물던지" 그들은 함께 성경을 읽고 기도하는 것을 도외시하지 않았다.[24] 찰스가 본보기를 보여준 가족 예배의 요소들은 성경 읽기, 해설, 기도, 찬송을 포함했다. 청교도 목사 매튜 헨리(Matthew Henry)는 다음과 같이 이야기를 했던 적이 있다.

> 가족 기도 모임을 갖는 사람들은 잘했다. 성경을 읽고 기도하는 사람들은 더 잘했다. 그러나 찬송하고 성경을 읽고 기도하는 사람들은 더할 나위 없이 잘했다.[25]

수지는 가족 예배에 대한 짧은 경험을 전해 주었다.

> 차를 마시는 테이블에서 나눈 대화는 생기와 재치가 있었고 언제나 즐거웠습니다. 식사가 끝난 후에 가족 예배를 위해서 찰스의 집무실로 옮겼고, 이 시간에 내 사랑하는 남편은 가족 구성원들의 어린 아이같은 순진함, 영적 파토스, 열정적인 헌신을 위하여 간구했습니다. 그는 하나님께 기도할 때, 마치 어린 아이가 사랑하는 아빠에게 다가가는 것처럼 보였습니다. 우리는 그가 주님과 얼굴을 마주하며 대화를 나눌 때 종종 감격하면서 눈물을 흘렸습니다.[26]

수지는 두 아들이 성인이 되어서도 성경적인 지혜를 계속 나누었다. 수지와 토마스는 서로 종종 연락을 했고, 둘 사이에 오간 편지 몇 통이 지금

---

[24] C. H. Spurgeon, *Autobiography*, 3:103.
[25] C. H. Spurgeon, *Metropolitan Tabernacle Pulpit*, 54:363.
[26] C. H. Spurgeon, *Autobiography*, 4:64.

까지도 남아 있다. 1872년에 수지는 이렇게 썼다.

> 나는 하나님께서 너를 나에게 오랫동안 맡겨 주신 것에 대해서 감사하며, 네가 용감하고, 성실하며, 헌신된 그리스도인으로 살아가는 모습을 보고 싶단다. 너를 향한 나의 가장 큰 소망은 거룩하게 되는 것이다.[27]

토마스는 학교에서 학업의 진전을 보였고, 수지는 그가 빠르게 향상되어가는 것을 인하여 감사드렸다. 그러나 수지는 토마스가 자신의 "특권과 책임"이 막중해짐에 따라, "은혜와 지혜" 그리고 "하나님을 향하여 의지하는 마음"도 넘쳐나기를 기도했다.[28]

수지는 토마스가 세상으로 나갔을 때 여전히 자기 아들을 염려했다.

> 내 아들아, 너는 이제 어쩔 수 없이 선배들이 있는 학교로 입학하게 될 것이다. 오! 나는 브라이튼에서 네가 떠나던 밤에 내 마음이 얼마나 무거웠는지 네가 기억하기를 기도한다.
> "주님, 제 아이들을 이 세상의 악으로부터 보호해 주세요."
> 너는 이전에 전혀 꿈꾸지 못했을 정도로 선배들에게서 듣고, 보고 배울 것이다. 오! 나의 사랑, 나의 귀한 아들, 악한 모양을 하고 있는 모든 것으로부터 돌아서고, 주님 앞에 너를 순결하게 지키거라. 때로는 유혹이 아주 강하게 다가오겠지만, 하나님께 부르짖어라. 힘차게 부르짖어라. 그가 너를 구원하실 것이다.
> 오늘 무엇인지 모르겠지만 나의 마음이 너에게 이런 말을 하게 한다. 만일 지금 이 말이 와닿지 않는다면, 앞으로 곧 알게 될 것이다. 그렇기 때문에 내 사랑하는 아들아, 내가 너에게 하는 말을 잘 기억하거라. 무엇보다 예

---

[27] Fullerton, *Thomas Spurgeon*, 40.
[28] Ibid.

수님을 신뢰하고, 자기 자신을 믿지 말거라.[29]

토마스가 수지에게 보낸 편지를 보면, 아버지처럼 그림을 잘 그리던 그가 어머니에게 최근에 그린 예술 작품을 종종 보내주었다는 사실을 알 수 있다. 수지는 그를 격려했고, 그가 가진 모든 재능이 "그분을 위하여 사용될 수 있도록" 기도했다.[30] 수지는 토마스에게 보낸 편지에서 자기 아들에게 그리스도에 대해서, 그리고 그분을 섬기는 것의 중요성에 대해서 알려 주었다.

토마스의 작품들 가운데 어떤 작품을 본 "전문 분야에 몸담고 있던 한 신사"는 수지가 이러한 견해를 가질 수 있도록 영향을 주었다. 그녀는 토마스에게 최고의 교사는 자연이라는 사실을 깨달았으며, 그가 기술을 연마하면 할수록 실력이 더욱 나아진다고 느꼈다.[31]

토마스와 찰리는 하나님과 동행하는 가운데 신실한 삶을 살았다. 그들은 형제이자 가까운 친구였고 두 사람 모두 헌신된 그리스도인들이었다. 그들은 상급 학년이 되었을 때 아버지의 설교집을 지역 행사때 나누어 주었고 브라이튼에 있는 학교에서 기도회를 인도했다.[32] 그들이 학교를 졸업했을 때, 찰스와 수지는 자녀들이 상급 과정에 진학하거나 직업을 가지지 않도록 조언해 주었다.

수지와 찰스가 자녀들의 "대학 생활"을 만류했던 이유에 관하여 풀러튼 (W. Y. Fullerton)은 그들이 하나님께서 궁극적으로 그 자녀들을 목회 사역으로 부르실 것이라는 소망을 가지고 있었기 때문이었을 것이라고 추측했

---

[29] Ibid., 40-41.
[30] Ibid., 41. 찰스 해돈 스펄전 역시 예술가적 재능을 지녔다. 크리스천 조지(Christian George)를 보라. https://www.spurgeon.org/resource-library/blog-entries/spurgeons-enduring-ministry-an-interview-with-christian-george.
[31] Ibid., 42.
[32] Ibid., 43.

다.³³ 찰리는 상업에, 그리고 토마스는 목판 기술자로 종사했으며, 그들은 처음 일을 시작했지만 성공을 이루어냈다.³⁴ 궁극적으로 이 두 사람은 모두 목회 사역으로 섬겼다.

1874년 9월 21일 아침, 그들의 아버지는 이 18살짜리 쌍둥이에게 침례를 주었고,³⁵ 10월 4일에 그들은 공식적으로 메트로폴리탄타버내클의 새 식구로 환영을 받았다.

토마스와 찰리는 그리스도를 신실하게 섬길 때 시간을 낭비하지 않았다. 1874년에 그들이 살고 있던 집에서 약 30분 걸리는 2마일 정도 떨어진 곳에 살고 있던 정원사 라이즈 씨(Mr. Rides)는 자기 집에서 "비공식적인 예배"를 드려 왔는데, 토마스와 찰리는 그가 예배를 드릴 수 있도록 도움을 주었다.

이 두 젊은 청년은 서로 돌아가면서 설교를 맡았다. 1877년에 이 작은 회중은 볼링브록채플(Bolingbroke Chapel)이 되었고, 이 교회는 새로운 구성원과 참석자들이 계속 늘어났다. 이곳은 오늘날 노스코트로드 침례교회(Northcote Road Baptist Church)로 불리운다.³⁶ 두 아들이 볼링브록에서 사역하고 있을 때, 그들의 아버지는 멍똥을 방문하는 동안 토마스에게 수지가 가족 중에서 중요한 존재임을 강조하는 편지를 썼다. 그는 토마스에게 이렇게 격려했다.

> 너의 사랑하는 어머니께 입맞추고 그녀가 우리 세 사람에게 얼마나 소중한지를 말씀 드리거라.
> 그녀는 우리의 천사이자 기쁨 아니겠니?³⁷

---

33 Ibid., 44.
34 Ibid.
35 Ibid., 45.
36 Ibid., 46.
37 Ibid., 48.

제5장 부모가 되다   141

찰스와 쌍둥이 아이들은 수지를 이토록 소중히 생각했다.

토마스는 1898년 1월 자기 아버지의 장례식에서 설교하면서, "그가 자기 입술로 전했던 진리를 동일하게 설교함으로써 내 아버지의 하나님을 송축"한다고 선포했다.[38] 자신의 형제 찰스처럼 토마스는 자신의 아버지를 칭송했고 그를 지혜로운 상담자로 여겼다.

1877년 11월 23일에 찰스는 런던에서 토마스에게 다음과 같은 편지를 썼다.

> 나의 사랑하는 아들 톰에게,
> 나는 네가 보낸 편지들로 인하여 마음이 심히 기쁘며 그 편지들 때문에 여러모로 큰 기쁨을 누리고 있다. 특별히 너의 사랑하는 어머니는 힘을 얻고 위로를 얻었다. 우리는 모든 기쁨을 나누고 있지만, 네가 그녀를 위하여 표현할 수 있는 모든 것을 글로 써서 보내 드리거라. 하나님께서는 너를 향하여 마음과 귀를 여시는 가운데 너를 아주 은혜롭게 대해 주셨다.
> 그분의 은혜가 네 안에 거하여 이 소중한 기회 모두가 최선의 결과를 낳을 수 있도록 사용되기를 바란다. 나는 사람들이 내 사역에 동의한다는 징표로 받아들이면서 너의 환영 인사에 압도되었다. 나는 너와 찰스(원문에서는 Char로 기록됨)가 위대한 진리를 동일하게 전할 수 있도록 나와 같은 편에 서 있도록 했을 때, 우리는 하나님의 은혜로 말미암아 영국 사람들이 복음의 능력을 더욱 잘 알 수 있도록 할 것이다.
> 찰스(원문에서는 Char로 기록됨)는 대학[패스터스칼리지]에서 학업을 잘 감당하고 있고, 철저히 준비될 것이라는 사실을 믿어 의심치 않는다. 내가 소망하기로는 네가 집으로 돌아올 때에는 호주에서의 실습이 도움이 되어 신학 훈련받을 필요를 1년이면 충분할 정도로 줄이기를 소망한다.

---

**38** Burley, *Spurgeon and His Friendships*, 35.

> 모든 사람은 본격적으로 일선에 들어서기 전에 더 잘 준비되지 못했을 때 여전히 후회한다. 우리는 지켜볼 것이란다.[39]

찰스는 토마스에게서 온 편지들을 수지에게 힘과 위로를 주는 수단으로 보았다. 토마스는 호주에서 말씀을 선포하면서 거주했고, 훗날 자신의 허약한 건강 상태에 해가 덜 되는 따뜻한 기후를 가진 뉴질랜드에서 목회를 한다. 찰스는 자기 아들과 함께 복음 사역으로 수고하게 될 그날을 꿈꾸면서 복음 사역을 감당하는 가운데 하나님의 은혜를 의지하라고 권면했다.

자신의 아버지가 세상을 떠난 후, 토마스는 런던으로 돌아와서 메트로폴리탄타버내클의 목회자로 섬겼다(1893-1908). 그러나 세 사람이 함께 같은 시간, 같은 장소에서 사역을 할 것이라는 찰스의 희망은 결코 이루어지지 않았다. 찰리 역시 목회 사역에 뛰어들었으며, 그린위치(Greenwich)에서 목회자로 섬겼다.

수지가 세상을 떠난 후, 토마스는 수지에 대해 다음과 같은 사실을 기억했다.

> 아내이자, 어머니이자 각자가 본받아야 할 본보기였고, 그녀는 자기 아이들이 하나님을 경외하며 은혜의 복음을 강론하는 모습으로 성장하는 것을 보는 기쁨을 누렸다. 그리고 그녀는 자신의 인내의 훈련이 자녀 양육과 상관이 있다는 사실을 너무나도 잘 알았다.[40]

---

[39] C. H. Spurgeon, *The Letters of Charles Haddon Spurgeon* (Collected and Collated by His Son Charles Spurgeon), (London; Edinburgh; New York: Marshall Brothers, Limited, 1923), 93-94, Logos Software.

[40] *The Sword and the Trowel: A Record of Combat with Sin & Labour for the Lord* (London: Passmore and Alabaster, November 1903), 552.

찰스와 수지의 아이들이 어린 시절을 보내는 동안 그들은 성경을 중요하게 생각하고 말씀이 울려퍼지던 집에서 하나님의 복을 누리며 살아갔다. 그곳에서 그들은 기도하는 가운데 하나님을 구했고, 찬송이 울려 퍼졌으며, 경건한 조언이 이루어졌다. 그리하여 그리스도께서 높임을 받으셨다. 그리고 그들의 아버지는 가족을 자주 떠나 있어야 했음에도 불구하고, 아이들을 돌보며 지도하도록 사랑하는 아내 수지에게 그들을 맡겨두고 떠났다.

수지는 성경이 말하는 경건의 도를 그들에게 가르치고, 그들과 함께 그리고 그들을 위하여 기도하는 가운데, 엄청난 시련을 인내로 견뎌내는 본을 그리스도와 복음으로 안내함으로써 보여주었다. 스펄전의 자녀들이 어린 시절부터 배운 교훈들은 힘든 역경 속에서도 부모가 가진 믿음의 영향력을 증거할 만큼 그들을 더욱 단단하게 만들었다.

# 제6장

## 슬픈 그림자와 믿음

첫 번째 결혼기념일이 다가오기 전에 수지와 찰스는 그들에게 위기 상황을 초래하는 어려움에 직면했다. 수지의 경건한 성품은 찰스의 삶과 사역을 위협하던 비극적 상황을 견뎌낼 수 있었던 중요한 이유였다. 수많은 군중이 찰스의 복음 설교를 듣기 위해 몰려들면서, 런던에서 그의 명성은 치솟았다. 그리스도를 위한 이 위대한 도시를 흔들어 놓았던 그의 설교는 언론사로부터 비평을 자주 받기도 했다.

「옵저버」(The Observer)는 그를 "워터비치(Waterbeach)에서 온 열광적이며 유치한 설교자"로 언급했다.[1] 찰스가 세운 최고의 목표는 그리스도께 영광 돌리며 찬송하는 것이었지만, 그가 가진 독특한 방식 때문에 신문 지상에서 찰스를 비방하는 자들은 그를 다음과 같이 조롱했다.

> 심각하며, 따분하며, 터무니없고, 점잔을 빼고, 비현실적이며, 거칠기까지 하며, 때로는 방송에서 웃음을 유발하지만, 깊이 있는 파토스(pathos)로 사람들에게 접촉하며 두려운 감정에 극단적으로 호소한다.[2]

---

1 *The Observer*, October 26, 1856, 2.
2 *The Manchester Guardian*, October 21, 1856, 3.

그는 「옵저버」(*The Observer*)를 "터무니없는 사기꾼"이라고 지칭하면서 자신에 대한 비판을 일축했다.[3] 찰스의 설교를 듣기 원하는 사람들이 점점 많아지면서 뉴파크스트리트채플의 수용 인원이 초과될 정도로 가득 넘쳤다. 이러한 성장은 교회 지도자들로 하여금 찰스의 설교를 들으려고 아우성치던 군중들을 더 많이 수용할 수 있는 장소에 대해서 생각하도록 만들었다.[4]

교회는 예배당을 확장하기로 결정했고, 스펄전의 설교를 듣기 위해 모인 몇천 명을 수용할 수 있는 보다 넓은 장소를 확보하기 위하여 시설들을 임대했다. 뉴파크스트리트채플 확장 공사가 완료되었을 때, 예배에 참석하기를 원했던 수많은 사람을 수용하기에는 여전히 부족했다. 결국, 교회 지도자들은 '메트로폴리탄타버내클'이라는 새로운 건물을 건축하기 위하여 땅을 구매했다.

'메트로폴리탄타버내클'은 1861년에 문을 열었는데, 오천 명이 앉을 수 있는 좌석이 구비되었고, 매 주일마다 육천명의 인파로 넘쳐났다. 더욱 커다란 시설을 마련했어도, 건물 내부에 수용 인원이 과잉되어 여전히 많은 사람이 안에 들어갈 수가 없었다. 이 예배당이 건축되는 동안 예배드리던 장소들 가운데 한 곳은 '서레이 가든의 음악당'(Surrey Gardens Music Hall)이었다. 그곳에서 스펄전이 감당했던 사역의 본질적인 의미를 규정하는 사건들 가운데 한 사건이 일어났다.

---

[3] *The Observer*, November 9, 1856, 6.
[4] 인기가 많았던 목회자가 담당하던 대형교회의 존재는 런던에서 일반적이었다. 이안 랜달(Ian Randall)은 스펄전을 "빅토리아 시대의 가장 걸출한 설교자"로 언급했다. 그는 스펄전의 시대를 "많은 회중을 끌어 모았던 위대한 설교자들로 특징"지워지는 것으로 설명했다(Ian M. Randall, *A School of the Prophets: 150 Years of Spurgeon's College* [London: Spurgeon's College, 2005], 1).
런던의 유명한 설교자들 중 한 명은 조셉 파커(Joseph Parker)였다. 스펄전은 메트로폴리탄타버내클에서 매주 오천 명이 넘는 사람들에게 말씀을 전한 반면, 조셉 파커는 삼천에서 사천 명에게 설교했다(A. Cunningham Burley, *Spurgeon and His Friendships* [London: Epworth, 1933], 47. 또한 G. Holden Pike, *Dr. Parker and His Friends* [London: T. Fisher, 1904]를 보라).

교회가 이 강당에서 처음으로 모인 때는 1845년 10월 19일, 주일 저녁이었다. 수지는 쌍둥이 아이들을 출산한 지 한 달밖에 되지 않았기 때문에 회복하면서 자기 집에 머물러 있었는데 예배가 시작되기 전 그곳에서 찰스와 수지는 함께 기도를 드렸다.[5] 수지는 찰스가 그 음악당으로 떠났을 때 그에게 복을 빌어주었다.[6] 찰스는 멀리 떨어져 있었지만, 수지는 사랑하는 남편과 예배를 위하여 계속 기도하고 있었다.[7]

찰스는 도착 장소를 향하고 있었는데, 길에서 점점 늘어나는 사람들이 줄 서는 모습을 보았다. 스펄전은 자기 자신조차 그 건물로 들어가기 어려운 상황에 직면했다. 12,000명이 그 강당을 가득 채우고, 10,000명이 정원과 거리 밖으로 넘쳐나왔다. 예배 초반에 장난을 치는 사람들이 건물 안으로 들어와서 "불이야!", "관람석들이 불타고 있어", "건물이 무너지고 있다!"라고 외쳤다.[8]

건물에 불도 나지 않았고 어떤 구조물도 무너지지 않았는데도 사람들이 감정적으로 피해를 입는 일이 발생했다. 혼돈의 상황이 뒤따랐고 7명이 군중에게 밟혀서 사망했고 28명이 심각한 부상으로 병원에 입원했다. 어떤 기자는 그날 저녁에 대하여 다음과 같이 기록했다.

> 그러나 복음 설교를 듣기 위해 모인 여러 회중이 기쁨과 희망으로 고취된 것만큼, 이 첫 예배는 이 끔찍한 재앙으로 인한 슬픔과 실망과 함께 갑자기 끝나버렸다. 이 사건이 일어난 침통한 순간에 악인은 득세하고 죄는 회오리바람처럼 들어왔으며 공포, 탈출, 혼돈, 그리고 죽음이 뒤따랐다.[9]

---

5  스펄전의 자녀들은 1856년 9월 20일에 태어났다..
6  Charles Ray, *The Life of Susannah Spurgeon. In Free Grace and Dying Love* (1903; repr., Edinburgh: The Banner of Truth Trust, 2013), 164.
7  Ibid.
8  W. Y. Fullerton, *C. H. Spurgeon: A Biography* (London: Williams and Norgate, 1920), 91.
9  C. H. Spurgeon, *C.H. Spurgeon's Autobiography: Compiled from His Diary, Letters, and Records, by His Wife, and His Private Secretary* (London: Passmore and Alabaster, 1897-99;

제6장  슬픈 그림자와 믿음　147

다음날 아침 런던의 언론사들은 이 엄청난 비극적인 사건을 대서특필했다. 어떤 이들은 여러 사람이 복도, 계단, 출입구로 돌진하지만 않았다면, 죽음과 부상을 피할 수 있었다고 믿었다. 한 목격자는 어떤 여성이 자기도 모르게 자매를 질식시켜 사망에 이르게 했던 사건에 대하여 이야기했다.

> 목숨을 잃은 희생자들 가운데 어떤 여성의 자매는 경찰을 기다리고 있었고, 어떻게 먼저 세상을 떠난 자매의 몸 위로 넘어졌으며 그녀의 마지막 호흡을 느꼈고 뒤에서 밀착한 채로 압박을 받았기 때문에 몸을 떨어뜨릴 수 없었다는 사실, 혹은 비록 온 힘을 다해 도와달라고 외쳤을지라도 도울 수 있는 것이 거의 없었다는 사실에 대한 뼈아픈 이야기를 했다.[10]

「옵저버」(The Observer)는 만삭이었던 한 여성이 사망했다고 보도했다. 그 여성은 뱃속의 아이를 살리기 위해 제왕절개해야 했기 때문에 다른 지역 병원으로 이송되었지만, 그 아기는 이미 숨이 멎은 상태였다.[11]

「맨체스터 위클리 타임즈」(The Manchester Weekly Times)는 다음과 같이 보도했다.

> 강단과 건물 1층에서 터져 나오는 아우성 속에서 여성과 아이들의 절규가 들렸다.

여성과 아이들은 특별히 "공포에 사로잡힌" 채로 그곳에 있었다.[12]

'서레이 가든 음악당'(Surrey Gardens Music Hall) 참사에 대한 목격담은 생생하며 억장이 무너지는 것 같았으며 비극적이었다. 「옵저버」(The Observer)

---

　　repr., Pasadena, TX: Pilgrim Publications, 1992), 2:202.
10　The Observer, October 26, 1856, 3.
11　Ibid.
12　The Manchester Weekly Times and Examiner, October 25, 1856, 11.

는 찰스가 이 건물에서 "교회 부속실로 사용하던 아파트"로 자리를 옮겼고, "인사불성 상태로 바닥에 대자로 엎드려 있었다" 그리고 그는 깨어나서 "그 정원을 떠나라고 재촉했다"라고 보도했다.¹³

찰스는 슬픔을 가눌 수 없었고, 이 비극은 그가 감당하던 사역을 원상태로 돌려놓는 것처럼 보였다. 그가 그날 밤에 사망했다는 소문도 돌았다. 찰스는 다음과 같이 반응했다.

> 나는 죽지 않았고 이로 인하여 하나님께 감사드리지만, 구경꾼들은 그 날의 끔찍한 충격 때문에 내가 죽었다고 생각했을 수 있다.¹⁴

찰스는 그날 저녁 죽지는 않았지만 그 충격의 여파는 평생 그를 따라다니면서 괴롭혔다. 수지는 그날의 사건을 다음과 같이 언급했다.

> 주님께서 보신 슬픔이라는 검은 그림자가 젊고 행복한 우리 삶에 엄습해 오는 것 같았습니다.¹⁵

교회 역사가 마크 홉킨스(Mark Hopkins)는 그 음악당의 비극은 "스펄전의 영적 경험 가운데서 회심 다음으로 중요한 사건"이었다고 기록한다.¹⁶ 홉킨스의 평가는 과장되었지만 그 끔찍했던 밤은 찰스가 사는 모든 날 동안 그의 기억 속에 선명하게 남아 있었다. 한 집사는 스펄전의 집으로 달려가서 이 슬픈 소식을 수지에게 전했다. 그녀는 이렇게 회상한다.

---

13  *The London Guardian*, October 27, 1856, 4.
14  C. H. Spurgeon, *Autobiography*, 2:207.
15  Ibid., 2:191.
16  Mark Hopkins, *Nonconformity's Romantic Generation* (Eugene, OR: Wipf and Stock, 2006), 128.

그는 소파 옆에 무릎을 꿇고 갑자기 일어난 끔찍한 비극을 견딜 수 있는 은혜와 힘을 달라고 기도했다.[17]

그 집사가 떠나자마자 수지는 하나님을 향하여 울부짖었다. 그날 밤은 "눈물과 대성통곡"과 함께 깊은 슬픔으로 가득 찼다.[18] 수지는 출산한 지 얼마되지 않았기 때문에 여전히 몸이 약했지만, 그 사건의 후유증으로 고생하던 사랑하는 남편을 위로하면서도 자녀들을 신실하게 돌보았다.[19] 찰스는 심한 통증으로 고생했으며, 과연 무슨 일이 발생했던 것인지에 대해서 이해하려고 애썼다. 찰스 레이(Charles Ray)는 다음과 같이 이야기한다.

친구들이 [찰스 스펄전을] 교회 집사들 가운데 한 사람인, 윈저(Winsor) 씨의 자택이 있던 크로이던(Croydon)으로 데려갔으며, 스펄전 여사 역시 아이들을 데리고 그 곳으로 합류했다.[20]

찰스가 크로이던에 머무는 동안 고통으로 잠시 쓰라린 마음이었지만 희망을 가지고 어머니에게 편지를 썼다.

> 사랑하는 어머님께,
>
> 제 머리는 슬픔으로 복잡했기 때문에 지금까지 편지를 쓰지 못했습니다. 지금은 조금 괜찮아졌습니다. 저는 몇 일 쉬고 난 후에 다시 시작할 것입니다. 하나님이 제 편에 계신데 제가 왜 두려워하겠습니까. 하나님께서 저를 도우실 것이기 때문에 저는 결코 실망하지 않습니다. 사랑하는

---

[17] Ray, *The Life of Susannah Spurgeon*, 165.
[18] C. H. Spurgeon, *Autobiography*, 2:192.
[19] Ray, *The Life of Susannah Spurgeon*, 166.
[20] Ibid.

수지는 지금 너무 아파서 편지를 쓰지 못합니다. 의사는 오늘 그녀가 아주 많이 아프다고 말했는데, 심각한 상황은 아니라고 합니다.

지금 저에게 그 곳에서 일어난 사건에 대해서 말씀하지 마시고, 다만 저를 위해서 기도해 주세요. 저는 이제 거의 회복되었지만, 이 불타는 용광로를 결코 잊지 못할 것입니다. 그래도 저는 악마를 패배시킬 것입니다. 저는 하나님을 위하여 조금 더 깨어있기를 간구할 것입니다. 그날 저녁 주님은 저를 격려하셨습니다. 이 세상에서 그 어떤 사람도 하나님께서 은혜로 도우시지 않고서는 용감해질 수도 잠잠할 수도 담대할 수도 없습니다.

어머니! 그리스도를 위하여 비방받는 것은 보통 명예로운 일이 아닙니다. 저는 두려워 떨지 않습니다. 제가 소심한 친구들과 활개치는 악한 세력들에게 하나님의 이름으로 이야기해 줄 것은 그리스도와 그분의 진리를 위하여 여전히 깨어서 계속 전진해야 한다는 것입니다. 나의 가장 열정적인 사랑을 당신과 존경하는 아버지께 보내 드립니다.

당신에게 큰 사랑을 받고 있는 아들, 찰스.[21]

---

[21] 이 편지는 런던의 메트로폴리탄버내클에 보관되어 있다. 필자는 2015년 5월에 메트로폴리탄타버내클을 방문하는 동안 스펄전이 쓴 몇 편의 편지들을 볼 기회를 얻었다. 스펄전의 서법은 일반적으로 우수하지만, 자신의 어머니에게 보낸 이 편지는 내가 보았던 다른 편지와는 다르게 서툰 글씨체로 기록되어 있었다. 스펄전의 아들 찰스는 "초기에 [스펄전의 서법은] 동판 인쇄 글씨 같은 초서체와 비슷했고, 그의 삶의 마지막을 향해 가면서 고통으로 인하여 글씨체가 변형되지 않는 한, 그의 서법은 항상 조판을 죄는 틀과 같았고 알아보기 쉬웠다"라고 이야기했다. Spurgeon, *The Letters*, 7.
이 편지에서 볼 수 있는 서툰 글씨체는 육체적인 고통 때문이었을 가능성이 있지만, 통풍은 그의 삶의 후반기에 찾아온 문제였다. 그러므로, 그의 서툰 글씨체는 그 음악당에서 겪었던 재난에 기인했을 가능성이 더 많다. 이 편지는 아주 몇 안 되는 기간들을 포함한다.
대신에, 스펄전은 대쉬(dash)를 사용하여 각 문장을 분리시킨다. 필자는 적어도 한 단어 정도를 알아볼 수 없어서, 한 줄을 삽입했다. 필자가 그 단어에 대한 합리적인 추측을 할 수 있을 경우에는 그 단어를 채워 넣었다. 스펄전이 자신의 어머니에게 편지를 쓰는 동안 눈물을 흘렸다는 증거가 될 수 있는 물얼룩도 거기에 있었다. 사용이 허가됨.

음악당에서 재난이 일어난 직후 어떤 사람들은 찰스를 비난했다. 그는 수많은 사람을 모을 수 있는 시설을 빌렸다는 이유로 비난받았다. 그날 저녁에 일어난 사건으로 인하여 혼란스러움을 겪은 후에도 예배를 계속 진행한다는 이유로 맹공격당했다. 사실, 찰스는 장소 선정을 독립적으로 진행하지 않았고 그 어느 누구도 잘못을 범하도록 원인 제공을 하지 않았다.

혼란이 발생하는 동안에도 예배를 지속한 이유가 그가 무슨 일이 일어났는지에 대하여 완전히 이해하지 못해서도 아니었고, 기도와 찬양과 설교를 통하여 혼란 가운데 있던 사람들을 진정시키기 위함도 아니었다. 수지는 앞으로 자신의 안녕과 남편의 정신적 건강이 어떻게 될지를 생각하면서 혼란스러웠다.

자기 어머니에게 보냈던 찰스의 편지에 따르면 수지는 자주 아팠다. 그녀의 병이 무엇이었는지는 구체적으로 알 수 없지만, 생명에 지장이 없었을지라도 그녀는 여러 가지 병을 안고 있었다. 아마도 음악당 사건의 스트레스가 그녀의 마음을 짓누르면서, 불과 한 달 전 출산을 하고 몸을 회복하지 못했을 것이다.

또는 그녀가 훗날 겪게 될 신체적 고통의 초기 통증을 느꼈을지도 모른다. 수지는 이 비극이 남편에게 어떤 영향을 미칠지 그의 사역은 앞으로 어떻게 될지, 그래서 가족에게 어떠한 영향을 줄지에 대하여 궁금했을 것이다. 윈저의 집에 머무르는 동안 찰스는 몸과 정신을 회복하고 영적 부흥을 경험했다.[22]

어느 날 찰스는 수지와 함께 산책을 하면서 빌립보서를 묵상했다. 그는 갑자기 멈춰 서서 수지에게 말했다.

---

[22] 필자는 이 부흥이 일어났던 정확한 시기를 정할 수는 없지만, 스펄전이 강단으로 돌아오던 1856년 11월 2일 직전이었던 것으로 보인다.

여보, 내가 얼마나 어리석었는지 이제야 알겠어. 주님께서 영광 받으신다면 내가 무엇이 되든지 무슨 상관이지?

그리고 그는 빌립보서 2장 9-11절을 인용했다.

이러므로 하나님이 그를 지극히 높여 모든 이름 위에 뛰어난 이름을 주사 하늘에 있는 자들과 땅에 있는 자들과 땅 아래에 있는 자들로 모든 무릎을 예수의 이름에 꿇게 하시고 모든 입으로 예수 그리스도를 주라 시인하여 하나님 아버지께 영광을 돌리게 하셨느니라(빌 2:9-11).

그는 말했다.

여보!
나는 이제 모든 것을 알 것 같습니다!
나와 함께 주님을 찬양합시다.[23]

찰스가 성경에서 발견한 것은 그가 너무나도 사랑했던 높임 받으시고 세상을 통치하시는 그리스도였다. 그리스도께서 십자가의 죽으심과 부활하심으로 말미암아 그리스도께서 높임 받으셨다는 진리를 생각할 때 그의 마음속에 소망이 급속도로 생겨났다. 그는 교회 사역을 거의 사임하려고 했지만 목회를 감당할 수 있는 새 힘과 열정과 비전을 갖게 되었다.[24]

그러나 찰스는 자신의 몸이 회복되는 정도를 과신했는데 특별히 감정적인 면에서 그러했다. 찰스가 정신적으로 신체적으로 어느 정도 손상을 입었는지에 대해서는 짐작할 수 없다. 남편을 향한 수지의 사랑은 그를 섬길

---

[23] Ray, *The Life of Susannah Spurgeon*, 167.
[24] See Christian George, "Spurgeon Almost Quit," B&H Academic Blog, May 6, 2015, https://www.bhacademicblog.com/spurgeon-almost-quit/.

수 있는 마음으로 이어졌지만, 그녀의 마음속에 존재했던 의심과 육체적인 고통과 아픔은 대부분 숨겼다.

찰스가 윈저에 있는 집에 머무는 동안 찰스와 수지는 쌍둥이 아이들을 주님께 드렸다.[25] 수지는 어린 아이들이 방 주변을 지나다닐 때, 그들을 위해 기도를 드렸고, 여러 감탄사를 내뱉고 입 맞추는 순간들로 채워나갔다. 그녀는 그날 저녁 "우리 아이들은 주 예수께로 나아왔습니다"라고 이야기했다.[26]

수지는 그들이 물로 의식을 치르는 성례전을 통하여 나아온 것이 아니라, 단지 하나님께서 복 주시기를 간구했다고 조심스럽게 언급했다. 수지는 소망이 회복되면서 틀림없이 안도감을 느꼈을 것이다. 수지는 그 어느 때보다 찰스를 필요로 했다. 그들은 쌍둥이의 부모였고, 수지는 아이들을 출산하고 나서 기대만큼 빠르게 회복하지 못했다.

찰스가 확실히 회복했다는 사실은 수지의 마음을 기쁘게 했다. 그는 2주후인 1856년 11월 2일에 예배드리기 위해서 뉴파크스트리트채플로 돌아왔다.[27] 그는 기도했고 회중이 느꼈던 "기쁨과 슬픔"의 감정에 대해 언급했다. 그는 기도중에 이렇게 외쳤다.

> 당신의 이름을 인하여 감사드립니다. 당신의 종은 이 회중을 다시 만나지 못할 것이라는 생각에 두려웠습니다. 그러나 당신은 저를 불타는 용광로에서 건지셔서 이 곳으로 인도하셨습니다.[28]

오랜만에 강단에 서서 처음으로 한 말은 다음과 같다.

---

25 Ray, *The Life of Susannah Spurgeon*, 167.
26 C. H. Spurgeon, *Autobiography*, 2:193.
27 Ibid., 2:213.
28 Ibid.

저는 오늘 아침 이 강단에 서려고 마음먹은 것을 후회할 뻔 했습니다. 왜냐하면, 저는 말씀을 전하면서 여러분에게 유익을 가져다 주는 것이 불가능하다고 느꼈기 때문입니다.[29]

그는 예배 전에 "소름끼치는 비극의 영향"이 그의 앞길을 막는다고 생각했다.[30] 그러나 그는 다음과 같이 이야기하면서 애통한 마음을 가졌다.

전에 거의 몸을 가눌 수 없게 했던 것과 같은 고통의 감정을 어느 정도 느낍니다.

그런 다음 그는 만약 "그 엄숙한 사건을 암시하지 않았다"면 용서해 주기를 회중들에게 부탁했다.[31] 이는 계속 나타나는 주제인데 찰스는 자신의 어머니가 그 비극이 일어났던 밤에 관하여 질문하는 것을 원치 않았다. 그는 설교 중에 그 사건을 암시할 수 없을 것이라고 생각했다. 그는 하나님이 도우실 것이라고 확신하면서 서레이 가든의 음악당에 모인 회중을 격려했다.[32]

그러고서 찰스는 자기에게 가장 익숙한 일을 했다. 바로 그리스도를 전하는 것이었다. 찰스가 했던 설교 제목은 "높임 받으신 그리스도"였다.[33] 그날 본문은 빌립보서 2장이었는데, 수지와 함께 산책하는 동안 하나님께서 그를 위로해 주셨던 본문이었다. 찰스는 이렇게 언급했다.

---

[29] C. H. Spurgeon, *The New Park Street Pulpit: Containing Sermons Preached and Revised by the Rev. C. H. Spurgeon, Minister of the Chapel*, 6 vols. (Pasadena, TX: Pilgrim Publications, 1970-2006), 2:377.
[30] Ibid.
[31] Ibid.
[32] Ibid.
[33] Ibid., 377-84.

내가 고른 이 본문은 나를 위로해 주었고 이곳으로 나아올 수 있도록 했다. 한 번의 묵상은 우울했던 내 영혼에 위로의 능력을 공급해 주었다.[34]

뉴 파크 스트리트의 강단에 돌아와서 전했던 첫 번째 설교에서 그는 긴장한 모습을 보여주었다. 그는 그리스도를 바라보았지만, 강단으로 다시 돌아올 수 있을지에 대해서는 여전히 의구심을 가졌다.

수지는 의심할 여지없이 남편의 영적 회복을 기뻐했지만, 남편이 설교를 하는 동안 힘들어 하는 모습을 보았을 때 그녀의 마음은 다시 한 번 가슴이 철렁 내려 앉았을까?

오늘날 어떤 사람은 찰스가 너무 일찍 강단으로 돌아왔다고 생각할지도 모른다. 아마도 그는 회복을 위한 시간이 조금 더 많이 필요했을지도 모른다. 그러나 찰스는 설교자였고 설교를 해야만 한다고 느꼈을 것이다. 그 비극이 일어난 지 2주 만에 채플에 돌아오는 것을 상상하는 것이 어려운 만큼, 그 엄청난 일이 일어났던 음악당에 세워진 강대상으로 2주가 조금 지나서 돌아오는 것 역시 깜짝 놀랄 만한 일이었다. 의심할 여지없이 수지는 자기 남편을 염려했고 마땅히 그럴만했다.

서레이 가든에서 드려진 예배는 1856년 11월 23일 아침부터 계속되었고, 교회는 1859년 12월 11일 주일 아침까지 계속 모임을 가졌다. 찰스가 그 음악당으로 돌아오던 날, 로마서 5장 8절 말씀을 "사랑의 칭찬"이라는 제목으로 설교했다. 스펄전은 그 본문을 가지고 다음과 같은 사실을 선언했다.

그리스도께서 우리를 위해 돌아가셨다.[35]

---

[34] Ibid. 377.
[35] Ibid., 401.

단순하면서도 심오한 주제는 찰스를 진리 위에 서 있도록 했고, 그날의 슬픔이 완전히 사라지지 않았음에도 그의 마음을 소망으로 가득 채웠다. 하나님은 찰스가 사역을 감당할 수 있도록 다시금 힘을 공급하셨지만, 그 비극적인 사건에 대한 기억은 그를 괴롭혔다. 수지와 찰스의 친구들은 그가 곤란한 상황에 처해 있을 때 긴장하는 모습을 목격했다. 그 누구도 그의 사랑하는 아내 수지보다 찰스가 겪은 고난의 깊이를 더 잘 느낄 수는 없었다.

그녀는 이렇게 한탄했다.

> 찰스가 죽는 날까지 그 상처를 지닌 채로 살았으며, 극심한 시련을 관통하기 전, 그가 이전에 가졌던 활기와 힘을 결코 찾아볼 수 없었다.[36]

찰스는 그날의 사건 이후로 신체적으로 감정적으로 다른 사람이 되었다. 그리고 그는 22세 밖에 되지 않았음에도 갑자기 늙어 보였다. 음악당 사건 전부터 그는 우울증으로 힘들어했었는데 우울증이 더 악화가 되었다. 몇 달 후 찰스는 회중으로 붐비던 현관 복도에서 "자신의 머리를 손에 갖다 대었다." 그의 가장 친한 동료들이 보기에는 그 비극의 여파가 그의 신경 체계에 영향을 주었던 것이 분명했다.[37]

찰스의 친구 윌리엄 윌리엄즈는 이렇게 확신했다.

> [그의] 상대적으로 이른 죽음은 두려움에 떨었던 그날 밤 이후로 계속 견뎌왔던 정신적 고통에서 어느 정도 그 원인을 찾을 수 있다.[38]

---

36 C. H. Spurgeon, *Autobiography*, 2:193.
37 Ibid., 2:219-20.
38 Ibid., 2:220. 스펄전은 1892년 1월 31일 향년 57세로 이 세상을 떠났다.

찰스는 마음에 부담을 느꼈고 수지는 그를 위로해 주기 위하여 최선을 다했다. 이러한 시련의 계절은 훗날 그들이 겪었던 고난 가운데 분명하게 나타난, 그들의 결혼에 관한 중요한 사실을 보여준다. 기도와 성경은 수지와 찰스가 받았던 위로의 원천이었다. 수지는 기도와 성경을 통하여 남편을 절망의 수렁에서 건져 내고 마음에 기쁨을 회복할 수 있도록 도와주었다.

찰스는 서서히 회복되어 갔지만, 그럼에도 그의 슬픔은 지속되었고 그 재앙과 관련된 우울한 감정과 계속 싸워 나갔다. 언론사는 그날에 있었던 많은 사람의 고통과 죽음 때문에 찰스를 비난하면서 그를 공격하는 잔인한 모습을 보였다. 그러나 수지는 사랑하는 남편을 위로했다. 그녀는 마태복음 5장 11-12절을 큰 고대 영어체로 인쇄해서 "예쁜 옥스포드 액자에 넣었다."

수지는 이렇게 기록했다.

> 이 말씀은 우리 방에 걸려 있었고, 매일 아침 사랑하는 설교자는 이 말씀을 꼼꼼히 읽었습니다. 다행히도 이 말씀이 그의 마음을 강하게 했기 때문에 목적이 이루어져 갔습니다.[39]

찰스는 어떻게 자신이 정신 쇠약 직전의 상태까지 갔는지를 인지했다.

> 아마도 극렬하게 불타는 용광로로 다가간 영혼이 없었을 테지만, 그럼에도 해를 입지 않은 채로 돌아왔습니다.[40]

---

[39] Ray, *The Life of Susannah Spurgeon*, 168-69.
[40] Darrell W. Amundsen, "The Anguish and Agonies of Charles Spurgeon," Christian History and Biography, January 1, 1991, 23, https://www.christianitytoday.com/history/issues/issue-29/anguish-and-agonies-of-charles-spurgeon.html.

수지는 결혼 초기에 두 아이를 돌보면서도 다음과 같은 믿음이 있었다.

> 우리는 그 당시에는 아니었겠지만 그분께서 우리에게 보내신 고난을 통하여 그분의 선한 목적을 바라봅니다. 영원한 빛이 우리가 함께 했던 길 위에 비춰질 때 그 목적은 분명히 드러나게 될 것입니다.[41]

고난의 상황 속에서 수지는 비범한 용기와 하나님을 향한 흔들리지 않는 믿음과 자기 남편을 향한 신실한 헌신을 보여주었다.

결혼 초기에 겪은 시련은 아직 다가오지 않은 고난의 폭풍에 대비할 수 있도록 수지로 하여금 흔들리지 않는 기반을 마련하도록 했다. 수지가 훗날 저술했던 다섯 권의 책 속에서는 고난 가운데 나타난 하나님의 은혜라는 주제가 강조된다. 수지는 여러 가지 어려움을 극복할 수 있도록 찰스를 돕고 자신의 육체적인 통증을 극복하면서 하나님을 더욱 의지했다.

그녀는 이렇게 기록했다.

> 어두움, 거리감, 어떤 종류의 분열시키는 괴로움도 당신을 하나님의 지속적인 돌보심으로부터 떼어 놓을 수가 없습니다.[42]

그녀는 이어서 다음과 같은 격려의 말을 했다.

> 친구여, 당신이 사랑하는 하나님, 당신이 섬기는 주인님은 결코 당신의 슬픔에 무관심해하거나 당신의 울음소리를 듣는 것을 꺼려하시지 않는다는

---

[41] C. H. Spurgeon, *Autobiography*, 2:193.
[42] Mrs. C. H. Spurgeon, *A Cluster of Camphire: Words of Cheer & Comfort to Sick and Sorrowful Souls* (London: Passmore and Alabaster, 1898; repr., Springfield, MO: Particular Baptist Press, 2009), 40.

사실을 기억하십시오.[43]

수지는 자신의 남편이 여러 시련으로 고통당할 때 그저 옆에 편안하게 앉아 있는 것으로 만족하지 않았다. 주일 저녁에 찰스는 사역으로 지쳐있을 때, 종종 "수지가 『선한 주인 조지 허버트』(Good Master George Herbert)를 한 두 페이지 정도 읽어주는 동안, 불을 쬐면서 편안한 의자에 앉아 있었다."[44]

> 나의 하나님, 오늘, 저는 사람의 손으로 세워진 낙원이
> 그렇게 굳건하지 않다는 사실을 읽었습니다.
> 당신의 둥둥 떠다니는 방주는 어제도 있었고 지금도 있으며, 당신은 그곳에 거하십니다
> 그리고 당신은 확실한 닻입니다.
> 그리고 파도가 솟아오르고, 폭풍이 몰아칠 때에도
> 모든 시대 가운데 그것을 견고케 하십니다.[45]

하루를 마무리할 무렵 찰스가 우울해질 때면, "목회자들의 목회자(리차드 벡스터)[의 사역은] 축복이었다."[46] 수지가 찰스에게 책을 읽어주는 시간은 그의 마음을 차분하게 가라앉혀주고, 그를 쉴 수 있게 해준다고 확신했다. 그녀도 이 시간을 통하여 유익을 얻었다.

---

[43] Ibid., 41.
[44] J. C. Carlile, *C. H. Spurgeon: An Interpretative Biography* (London: The Religious Tract Society, 1933), 189.
[45] George Herbert, *Herbert Poems,* "Affliction 5" (New York: Alfred A. Knopf, 2004), 109.
[46] Carlile, *C. H. Spurgeon: An Interpretative Biography*, 189. The "pastor's pastor" in the quote to Richard Baxter.

아마도 이 책을 읽는 기쁨은 찰스가 허버트의 진귀한 구절로 덮힌 소중한 진리를 나에게 설명해주는 것입니다. 어쨌든 기쁨으로 시간을 보냈습니다.[47]

수지가 찰스에게 종종 책을 읽어줄 때 그들의 마음에는 큰 확신이 생겼고 때로는 함께 울기도 했다. 그녀는 그들의 눈물에 대하여 이렇게 이야기한다.

그는 하나님을 향하여 아주 약간의 양심의 가책에서 벗어났기 때문에 울었고, 나는 단순히 오직 그를 사랑하며 그의 슬픔을 나누고 싶었기 때문에 울었습니다.[48]

수지는 얼마나 부드러운 아내였던가. 그녀의 뺨에 흐르는 눈물은 단순히 그녀가 남편을 사랑했기 때문이었다. 서로를 향한 섬김은 고난도 무너뜨릴 수 없는 유대감으로 그들의 사랑의 관계를 견고하게 만들었다. 찰스와 수잔나 스펄전이 보여준 것처럼 너무나도 부드럽고, 달콤하며, 유익한 사랑 이야기는 그렇게 많지는 않다. 전기 작가 어니스트 베이컨(Ernest Bacon)은 그들의 결혼 생활을 다음과 같이 설명했다.

하나님께서는 서로를 위해 그들을 창조하신 것임에 틀림없다. 그들은 서로 사랑했기에 결혼했던 한 쌍의 부부였지만, 모든 참된 기독교 결혼 생활이 본받아야 할 영적인 동반자이기도 했다.[49]

---

[47] C. H. Spurgeon, *Autobiography*, 2:186.
[48] Ibid.
[49] Ernest Bacon, *Spurgeon: Heir of the Puritans* (Arlington Heights, IL: Christian Liberty Press, 1967), 39.

찰스는 외부로 설교를 하러 다녔기 때문에 수지와 오랜 시간 동안 헤어져 있어야 했는데, 수지에게 있어서 이러한 경험은 결혼 초기에 큰 어려움으로 다가왔다. 그의 부재는 "빈번했다." 그녀는 "결코 그의 사역에 방해가 되지 않도록" 전적으로 도와주었지만, 한번은 떨어져 있는 아픔을 유난히 강렬하게 느낀 적이 있었다.

그녀는 찰스가 안전하게 집으로 돌아오기를 기도하고 바라면서, 그들의 첫 보금자리의 복도를 이리저리 왔다갔다 했다. 그가 마침내 걸어 들어와서 문을 열었을 때, 그녀의 마음은 기쁨으로 가득 찼다.[50] 수지는 찰스가 떠날 채비를 하고 있을 때 그저 목 놓아 울어버렸던 어느 날 아침을 회상했다.

찰스는 말씀을 전하기 위해 여행을 떠나는 자신을 격려해 주는 것이 하나님께 드리는 헌신이라고 수지에게 상기시키면서 눈물을 흘리고 있는 그녀를 진정시켰다. 찰스의 말은 동정심이 없는 것처럼 느껴질 수도 있겠지만, 오히려 그녀는 자신의 헌신과 예배가 하나님께 드려진다는 말로 위로를 받으면서 수긍했다. 그녀는 결혼 생활 초기에 사랑이 넘치는 삶을 살았던 것으로 기억했다. "사랑이 서툴렀던" 시절에 대한 수지의 기억은 훗날 그녀에게 힘이 되었다.[51]

그들의 결혼 생활 가운데 큰 시험이었던 그 음악당 사건 자체가 서로를 향한 사랑의 유대감을 형성하거나 영적 헌신을 하도록 만들지는 않았지만, 서로를 향한 사랑과 영적 헌신의 깊이와 가치를 드러냈다. 찰스와 수지는 성경 말씀을 신뢰했기 때문에, 시련의 폭풍우가 그들에게 닥쳐왔을 때에도 흔들리지 않았으며, 고난 가운데서도 한 가지 목표만을 응시할 수 있었다. 찰스는 경건한 아내의 귀와 마음과 기도가 없었다면 아마도 희망을 잃었을지도 모른다.

---

50　C. H. Spurgeon, *Autobiography*, 2:187.
51　Ibid.

찰스는 고난에 대해서 다음과 같이 기록했다.

> 우리는 고난 당해왔고 고통과 아픔이 행복의 통로가 되는 시점이 존재한다는 것을 증명할 수 있습니다. 고통과 아픔은 사람들을 예수님께로 인도할 때 변장한 것이 아닌 모든 베일이 벗어진 천사들입니다.[52]

찰스의 관점으로 볼 때, 고난의 목적은 사람들을 "그리스도께로 가까이" 나아오게 하는 것이며 "하나님을 의지하는 마음"으로 인도하는 것이었다.[53] 수지는 자기 남편과 동일한 마음이었다. 시편 31편 15절을 보면서, "나의 앞날이 주의 손에 있사오니"라고 선언했다.

> 내 삶의 역사 속에서 한두 가지 중요한 사건만 있었던 것이 아니라, 모든 것이 나를 걱정스럽게 만드는 것이었습니다. 내가 예상치 못한 기쁨, 만일 예상했었더라면 나를 반드시 으스러뜨렸을 슬픔, 내가 보았다면 그 잔인함으로 인해 나를 두려움으로 몰아넣었을 고난, 그 무한한 사랑이 나를 위해 예비하신 놀라움, 내가 미처 드릴 수 있을 것이라고 생각지 못했던 예배, 하나님의 강하신 손에 놓여진 이 모든 일은 나를 향한 그 분의 영원한 의지가 목표한 바입니다.[54]

성경을 확실히 믿으면서, 두 사람은 고난 가운데서도 하나님을 향한 확신이 넘쳐 났으며 서로를 더욱 의지했다. 다음의 찰스의 언급을 통해서 결혼 생활에 대한 두 사람의 관점을 엿볼 수 있다.

---

[52] Spurgeon, Hopkins, *Nonconformity's Romantic Generation*, 130에서 인용됨.
[53] Ibid.
[54] Mrs. C. H. Spurgeon, *A Cluster of Camphire*, 32.

결혼 생활은 낙원으로부터 왔으며 그곳으로 이어집니다. 나는 결혼하기 전까지 결코 지금처럼 행복하지 않았습니다. 당신이 결혼했을 때, 행복은 당신의 삶 속에서 시작됩니다. 남편이 아내를 자기 몸과 같이 사랑하도록 하십시오. 그리고 더 많이 사랑하십시오. 왜냐하면, 그녀는 훨씬 더 나은 베필이기 때문입니다. 그는 "만약 이 세상에서 오직 단 한 명의 좋은 아내가 존재한다면, 나는 그녀를 선택했다"라고 생각해야 합니다.

존 플로우맨(John Ploughman[찰스의 필명])은 오랫동안 자기 아내와 같은 생각을 해 왔으며, 35년이 지난 지금, 그는 어느 때보다 아내에 대한 확신을 가지고 있습니다. 이 지구상에서 사랑하는 아내보다 더 나은 여성은 존재하지 않습니다.[55]

찰스는 좋은 아내를 얻었고, 그녀를 향한 신뢰는 해가 지날수록 더해져만 갔다. 수지는 찰스를 사랑했고 신뢰했다. "의논하고, 위로를 얻고 현명한 조언을 듣기 위하여" 그를 찾았으며, 그녀는 항상 필요한 것을 얻곤 했다.[56] 스펄전의 전기 작가 웨이랜드(H. I. Wayland)는 이렇게 주장했다.

스펄전 씨가 자기 가정과 용감하고, 고귀하고, 사랑스러운 여인과의 교제 속에서 안식과 힘을 얻지 못했다면, 어디에도 비길 수 없는 자신의 수고를 결코 감당해 낼 수 없었을 것이다.[57]

아이러니하게도 서레이 가든 음악당에서의 비극적인 저녁이 다가오기 전에, 찰스는 뉴파크스트리트채플에서 주일 아침 예배를 드리는 동안 회

---

[55] C. H. Spurgeon, *Autobiography*, 2:175.
[56] Mrs. C. H. Spurgeon, T*en Years of My Life in the Service of the Book Fund: A Grateful Record of My Experience of the Lord's Ways, and Work, and Wages* (London: Passmore & Alabaster, 1887), 26.
[57] H. L. Wayland, *Charles H. Spurgeon: His Faith and Works* (Philadelphia: American Baptist Publication Society, 1892), 226.

중을 바라보며 이렇게 말했다.

> 아마도 저는 휴식을 취하며 내 귀로 약속이라는 귀여운 새가 지저귀는 소리를 들으면서 편안함의 계곡에서 살아갈 사람들 가운데 한 사람일 수 있습니다. 공기는 차분하며 아늑하며 양은 제 주변에서 풀을 뜯고 있으며, 모든 것이 고요하고 한가롭습니다. 자, 그러면, 저는 아름다운 교제를 나누면서 하나님의 사랑을 입증할 것입니다. 아니면 아마도 저는 뇌운(雷雲)이 일어나는 곳에, 번개가 치는 곳에, 그리고 산꼭대기에서 폭풍을 동반한 바람이 부는 곳에 서 있으라고 부름 받았을지도 모릅니다.
> 자, 그러면, 저는 우리 하나님의 권능과 장엄함을 입증하도록 부르심을 받은 것입니다. 위험 속에서도 그분은 저에게 용기를 불어넣어 주십니다. 힘든 일을 하는 가운데서도 그분은 저를 강하게 만드실 것입니다.[58]

찰스는 "편안함의 계곡에 거하도록" 부름받지 않고, 오히려 일평생 극심한 시련 속에 살아갈 사람이었다. 친구, 동반자, 수지의 위대한 사랑 이면에 존재하던 하나님의 은혜가 아니었다면, 찰스는 돌이킬 수 없을 만큼 침륜에 빠졌을 것이다. 그 대신, 하나님께서 찰스의 삶과 사역 가운데 수지를 보내주셨다.

---

[58] C. H. Spurgeon, *The Metropolitan Tabernacle Pulpit: Sermons Preached and Revised by C. H. Spurgeon* (Pasadena, TX: Pilgrim Publications, 1970-2006), 53:196.

# 가정과 해외에서 서로 손을 잡고

찰스와 수지는 결혼 생활을 하는 동안 런던에서 주소를 세 번 옮겨 다녔지만,[1] 사실 네 곳의 다른 집에서 거주했던 것이나 마찬가지였다. 수지는 거주했던 곳마다, 그 '집의 천사'였다.[2] 그들이 살던 첫 번째 집은 이전에 언급했던 적이 있는, 뉴켄트 로드에 위치한 집이었는데, 그들은 1856년 1월부터 1857년 가을까지 그곳에서 거주했다. 수지와 찰스는 이곳에서 쌍둥이 소년들을 낳아 길렀다.

1857년에 그들은 클랩햄(Clapham)의 나이팅게일 레인 99번지에 위치한 두 번째 집으로 이사했다. 1869년에 이 집은 허물어지고 옛터 위에 새 건물을 지었기 때문에, 사실 이 집은 그들의 세 번째 집이자 두 번째 주소였다. 1880년에 그들은 마지막으로 뷸라힐(Bulah Hill)에 있는 웨스트우드로 옮겼는데, 이곳은 남런던의 시든햄(Sydenham) 근처에 위치했다.

찰스와 수지는 36년 결혼 생활 가운데 23년 동안, 나이팅게일 레인에

---

[1] 나이팅게일 레인에 있던 집이 1860년대에 재건축되었을 때 스펄전 가족은 임시로 브라이튼으로 옮겼다. 그러나 스펄전은 대부분 런던에서 거주했던 것으로 보인다

[2] 집의 천사(Angel of the House)는 빅토리아 시대에 아내 그리고/또는 어머니를 지칭하는 표현이었다. 이 표현은 주부인 아내/어머니에 대한 이상적인 관점을 반영하는데, 19세기에 두드러진 표현이었다. 수지의 경우, 천사 같은 아내이자 어머니였다. 스펄전은 그녀가 자신에게 있어서 "하나님의 천사"라고 언급했다.

있는 헬렌스버러(Helensburgh) 집에서 일하고, 기도하며, 읽고, 울고, 웃고, 예배하며 그들의 가정을 세워나갔다. 찰스는 이 집을 스코틀랜드의 예쁜 정원과 자신의 친구 존 앤더슨(John Anderson) 목사가 살던 장소의 이름을 따라 헬렌스버러라고 지었다. 1856년 말 또는 1857년 초에 찰스는 헬렌스버러에서 많은 회중에게 말씀을 전했다.[3]

스펄전의 전기 작가 홀든 파이크(G. Holden Pike)는 찰스와 앤더슨 목사 사이에 공통점이 많다고 기록했다.

> 그리고 클랩햄의 나이팅게일 레인에 있는 '헬렌스버러 집'은 저 멀리 아름다운 북부 지역에 살았던 찰스의 친구 존 앤더슨이 언급했던 이름이었다.[4]

찰스와 수지가 새로운 집으로 이사왔을 때, 쌍둥이 아이들은 이제 막 한 살이 넘었다. 그 새 주소는 스펄전가의 구성원으로서 그 아이들의 마지막 주소가 될 것이었다. 왜냐하면, 찰스와 수지는 거의 25년이 지난 후에 다시 그리고 마지막으로 그곳으로 이사갔기 때문이었다. 그 당시 나이팅게일 레인은 조용하고 야생 동물과 다소 전원적인 정원으로 둘러싸인 런던의 변두리 지역이었다.

헬렌스버러 집을 둘러싼 땅과 나이팅게일 레인이 있는 조용한 지역은 스펄전에게 피난처를, 수지에게는 가정을 관리하고 돌볼 수 있는 목가적인 환경을, 그리고 쌍둥이 아이들에게는 뛰어 놀 수 있는 멋진 공터를 제공했다. 찰스와 수지의 집에는 젖소와 정원이 있었다. 그 집의 매력과 규모는 수지와 찰스의 재정 상황이 나아지고 있음을 보여준다. 그들은 이 집에서 처음으로 가정부를 고용했다.

빅토리아 시대의 런던에서 중산층 가정이 적어도 한 명의 하인을 고용

---

[3] G. Holden Pike, *The Life and Work of C.H. Spurgeon*, 6 vols. (London: Cassell and Company, 1892), 2:221-23.
[4] Ibid., 226.

하는 것은 일반적이었다. 그들은 지위, 땅 소유권, 그리고 수입에 근거하여 여러 가지 혜택을 누렸을 것이다. 찰스와 수지가 언제 처음으로 가정부의 도움을 받았는지에 관하여 정확히 알려진 바는 없지만, 그들이 결혼한 이후 처음으로 시행된 1861년 인구 조사는 당시 그들이 세 명의 가정부를 고용했다는 사실을 알려준다.

해가 갈수록 그 숫자는 늘어났고, 찰스가 1892년 세상을 떠날 때에는 적어도 6명의 가정부를 고용했을 것이며, 아마도 더 많이 있었던 것으로 추정된다. 이것은 찰스와 수지가 그들의 결혼 생활 대부분을 상위 중산층으로 보냈다는 사실을 알려 주는 확실한 증거이다. 결혼 초기에 찰스와 수지는 재정적으로 여유가 없었지만, 그들은 돈에 대해 관대했는데, 그들의 재정부족은 부분적으로 교회와 패스터스칼리지와 같은 다양한 사역에 투자했기 때문이었다.

그들이 훗날 보여준 모범은 이러한 점을 잘 보여준다. 1870년 중반에 패스터스칼리지를 위한 새 건축물을 짓는 데 15,000 파운드가 지출되었다. 스펄전은 이 프로젝트에 개인적으로 후원했다.[5] 현대의 환율로 당시 15,000 파운드의 가치를 산출하는 것은 어렵다. 그러나 오늘날 새로운 건축물을 짓는 데 보통 1,500,000불의 재정이 들어간다.[6]

---

[5] Arnold Dallimore, *C. H. Spurgeon: The New Biography* (Chicago: Moody, 1984), 142.

[6] 스펄전의 수입과 경비에 대한 분석에 관하여 Christian George를 보라, "4 Reasons Spurgeon Died Poor" October 10, 2016: https://www.spurgeon.org/resource-library/ blog-entries/4-reasons-spurgeon-died-poor. 이 글은 수지가 스펄전이 2,000파운드를 그녀에게 남기고 갔다고 신문사들에게 연락했다는 사실을 보여준다. 스펄전의 유언은 10,000 파운드 이상일 때 효력을 발휘하기 때문에 아마도 2,000파운드는 유동 자산을 의미했을 것이다.

만일 그 신문이 정확하게 수지가 했던 말을 인용한 것이라면, 그 2,000파운드는 오늘날의 가치로 바꾸어 본다면 미화로 25만불 정도 된다. 스펄전이 소유한 부동산의 가치는 100만불을 훨씬 넘었으며, 수지는 꽤 높은 생활 방식을 유지할 수 있었다. 그녀는 스펄전이 사망한 이후에 하인을 고용했고, 여행을 다녔으며, 경제적으로 궁핍했던 적이 없었다. 그녀는 필요 이상으로 북펀드 사역과 다양한 보조 사역들과 그녀가 후원했던 교회 개척 사역을 포함한 다른 가치 있는 일에 돈을 기부했다.

찰스는 수지와 결혼하기 전부터 다른 사람을 도와야 하는 일이 생길 때 자신이 가지고 있던 물질을 기쁜 마음으로 나눠 주었다. 그가 훗날 세울 패스터스칼리지의 씨앗은 1854년에 찰스가 토마스 메드허스트의 살 곳을 구하고 개인 교습을 도왔을 때 뿌려졌다. 그와 같이 설교자로 부름 받았다고 생각했던 다른 사람들도 같은 방식으로 도움을 받았다.

새로운 모험을 하는 데 재정을 투자하는 것은 도전이었다.

> 이제 나는 돈을 구하는 것이 쉽지 않은 임무임을 발견했고, 나에게 좋은 책들을 기부할 친구들을 찾아야 합니다. 나는 이 책들을 당신(메드허스트)에게 주지 않을 것이지만, 나중에 올 사람들을 위하여 보관할 것입니다. 그래서 나는 몇 해 동안 이 곳으로 올 젊은 학생들을 위하여 서서히 좋은 신학 도서관을 구비할 것입니다.

더 나아가 찰스는 다음과 같이 언급한다.

> 내가 만약 부유했다면 나는 당신에게 모든 것을 줄 것입니다. 그러나 나는 전투의 모든 날카로운 공격을 참아 내야만 하며 홀로 책임지면서 미래에 항상 사용될 책들을 구해야 한다고 생각합니다.[7]

수지는 그들의 첫 번째 집에 대해서 기록한다.

> 우리는 일반적인 규모로 살림을 시작했고, 그렇다고 하더라도 나의 사랑하는 남편은 복음을 전할 젊은 청년들을 돕고 싶어하는 마음이 간절했기 때문에 모든 면에서 엄격한 절약을 실천해야만 했다. 그리고 우리가 가진

---

7  C. H. Spurgeon, C.H. *Spurgeon's Autobiography: Compiled from His Diary, Letters, and Records, by His Wife, and His Private Secretary* (London: Passmore and Alabaster, 1897-99; repr., Pasadena, TX: Pilgrim Publications, 1992), 2:146.

얼마 되지 않는 자금으로 그 일을 위하여 처음으로 훈련을 받는 메드허스트를 지원하고 교육시키는 데 다소 많은 재정을 기부해야만 했다.[8]

이렇게 패스터스칼리지가 시작되었고 수지는 그 일을 위하여 기부했다. 그녀는 이 대학의 미래를 계획하고 기여하면서 찰스와 함께 일했던 좋은 기억을 떠올렸다. 그녀는 이렇게 말했다.

우리는 그의(찰스의) 사랑 넘치는 마음이 목표한 바를 이루기 위하여 함께 계획했고, 많은 비용을 지출했다. 이 일은 나로 하여금 이 대학과 '우리 사람들'을 향하여 어머니의 마음을 품도록 만들었다.

그녀는 "몇 년 동안 이곳에 와서 공부할 가난한 목사들을 돕고 지원해 주기 위해서 우리를 준비시키는 하나님의 방법"으로 그들의 재정 상태가 좋아지는 것을 보았다.[9] 1861년 인구 조사는 찰스 스펄전을 가장으로, 수잔나 스펄전을 그의 아내로, 찰스와 토마스를 그들의 자녀로 기록한다. 그 인구 조사에서 가족 목록 다음을 보면, 두 명 또는 세 명의 가정부 이름을 포함했는데, 그들은 메리 아놀드(Mary Arnold[감찰관]), 엘리자 필립스(Eliza Phillips[하녀]), 엘렌 본드(Ellen Bond[요리사])이다.

스펄전은 허드렛일꾼을 고용했을 가능성이 있지만, 그는 인구 조사 당시 스펄전의 집을 떠나 있었거나 가사 고용인이 아닌 계약직 노동자였다. 그들의 존재는 찰스가 어떻게 그 많은 일을 성취할 수 있었는지, 복음을 전하기 위하여 여러 곳을 여행할 수 있었는지, 수지를 돌볼 수 있었는지, 그의 자산을 유지할 수 있었는지에 대한 단서를 제공한다. 찰스는 부지런한 일꾼이었다.

---

8　Ibid., 2:183.
9　Ibid.

그러나 만약 그가 마당과 집을 관리했었다면, 자신의 사역을 감당할 수 없었고, 메트로폴리탄타버내클에서 목회 사역을 감당할 수도 없었고, 그렇게 많은 다작을 남길 수도 없었을 것이다. 그는 도움이 필요했다. 하나님의 공급하심과 더불어 자신을 도와줄 사람들을 고용할 수 있었다. 그뿐만 아니라 그는 자신이 목회하던 교회를 섬기면서 자신의 조력자들이 베풀어 준 여러 혜택을 누렸기 때문에 말씀 사역과 글쓰기와 지도하는 일에 더욱 집중할 수 있었다.

나이팅게일 레인은 매력적인 장소였고, 수지와 찰스는 건물 주변과 길 아래를 함께 산책했다.[10] 수지는 이 집이 오래되었고 건물 구조가 특이했다고 묘사했다. 그녀는 이 건물의 독특함에도 불구하고 감사하게 생각했으며 모든 것이 그녀가 그동안 바래왔던 것으로 생각했다. 수지와 찰스는 그곳을 "마음에 드는 장소"로 여겼으며, 비록 마당과 정원은 그들이 이사 올 당시 황폐한 상태였지만, 그곳을 예전의 모습으로 되돌려놓는 것을 즐거워했다. 수지는 애정 어린 마음으로 다음과 같이 기억했다.

> 두 마리의 새는 나뭇가지의 사이로 보금자리를 지으면서 더욱 절묘한 기쁨을 느끼지 않을 수 없었고, 이 기쁨은 우리의 예쁜 시골집을 계획하고, 물건들을 배치하고, 고치고, 다시 정리 정돈했던 것보다 더욱 크게 다가왔습니다.[11]

1858년에 찰스는 거의 한 달 동안 강단에서 내려올 정도로 어떤 병에 시달린 적이 있었다. 아무리 그렇다고 해도 나이팅게일 레인에서 보낸 결혼 초기는 찰스와 수지가 가장 건강했던 시기였다. 수지는 상대적으로 양호한 건강과 서로를 향한 깊은 사랑과 행복한 자녀들과 함께 즐거운 시간

---

10  Ibid., 2:284.
11  Ibid., 2:286.

을 누리면서, 대부분 시간을 찰스의 사역을 돕는 데 사용했다. 그녀는 다음과 같이 말했다.

> 나는 그의 수많은 순회 설교에 동행하며, 아플 때 간호하며, 그를 향한 나의 이루 말할 수 없는 사랑으로 고취된 열정과 동정심으로 그를 보살피면서 그의 곁에서 즐거운 동반자가 되는 것을 기쁨이자 특권으로 여겼습니다.[12]

1857년부터 1868년까지 수지는 자신이 가진 거의 모든 에너지를 남편에게 쏟아 부었다.

> 한 아내가 베풀 수 있는 힘을 통하여 나는 모든 위로와 사랑으로 그를 감싸주었습니다.[13]

나이팅게일 레인에서 보낸 결혼 초기와 찰스와의 유럽 여행은 갑자기 멈췄다. 수지의 건강은 악화되어 갔고 기대하던 바와 달리 찰스의 사역을 더 이상 도울 수가 없었다. 그녀가 처한 고난의 깊이와 결과를 잘 이해하기 위해서는 결혼 초기의 안정적인 삶을 보내는 동안에는 상대적으로 건강 상태가 양호했음을 우선 염두에 두는 것이 중요하다.

---

[12] Ibid., 2:291-92.
[13] Ibid., 2:292.

## 1. 양호한 건강과 여행의 나날들

유럽의 위대한 미술관 안에 감탄할 만한 아름다운 예술 작품으로 장식된 벽들, 알프스를 따른 산길, 꿈만 같았던 베니스 여행, 그리고 파리에서의 낭만적인 산책을 생각할 때마다, 수지로 하여금 거의 대부분의 시간을 집에 갇혀 지내게 할 고난의 먹구름은 고통을 두 배나 더 느끼게 했을 것이다.

고난의 시기를 보내는 동안, "남편은 소파에서 시간을 조금 보낼 수 있었다. 그리고 대화는 요즘의 맑은 날씨로 전환되었다. 그리고 우리는 가장 즐거웠던 모험을 함께 떠올렸고, 우리가 실수한 것을 보고서 한참을 웃었을 때" 그녀는 더 좋은 기억으로 간직하고 있다고 기록하면서 찰스와 함께 여행했던 시간들을 종종 떠올렸다.[14]

수지는 런던에서 사역을 시작할 때부터 스케줄이 상상할 수 없을 정도로 꽉 차있는 바쁜 남편과 함께 보낸 매 순간을 소중히 여겼다. 그들은 유럽을 횡단하던 영락없는 젊은 부부였다. 그들은 유럽을 돌아다니면서 여러 풍경과 푸른 초원의 소리, 웅장한 산, 굽이굽이 흐르는 강들을 감상했다. 수지는 다음과 같이 기록한다.

> 우리는 베니스를 두 번 방문했습니다. 그리고 우리가 그곳에서 체류하는 동안 얻은 기쁨은 의지를 가지고 노력하거나, 러스킨 씨(Mr. Ruskin)의 『베니스의 돌들』(*Stones of Venice*)의 책장을 넘기면서 생긴 멋진 매력과 함께 돌아왔습니다.

수지는 그곳에서 보낸 시간에 대해서 다음과 같이 회상했다.

---

14 Ibid., 3:100-101.

넘치는 사랑, 멋진 석양의 밝고 선명한 색채, 금빛 안개와 같은 베일에 싸여진 모습으로 내 기억 속에 소중히 간직되었습니다.[15]

수지는 찰스를 주요 도시들에 있는 미술관으로 데려가는 것을 좋아했다. 그녀는 고전 작가인 라파엘(Raphael)과 루벤스(Rubens)의 작품을 가치 있게 생각했지만, 테니르스(Teniers)와 반 오스타데(van Ostade)의 작품과 같은 네덜란드 가정의 실내 정경을 그린 풍속화에 더욱 심취해 있었다.[16] 그들의 작품은 열심히 일하는 사람들과 가난한 가정들의 일상을 그렸다.

수지의 미술 감상은 그녀가 자라온 문화를 고려할 때 이해할 만하다. 그러나 단순한 것들, 힘든 일, 가족의 사랑에 대한 수지의 사랑은 그녀가 가진 예술적 취향에서 분명히 드러난다. 찰스와 여행하는 동안 수지는 알프스에 있는 여러 주요 등산로를 하이킹하면서 엄청난 에너지와 체력을 보여주었다.

대부분의 사람들은 수잔나 스펄전을 생각할 때 "등산객"이라는 단어를 떠올리지 않는다. '성 고타드 등산로'(St. Gothard Pass)에 방문하는 동안, 남편과 출판사 직원인 조셉 패스모어(Joseph Passmore)를 태운 마차보다 더 앞서 걸어갔다. 수지는 그때 당시 찰스와 패스모어가 마차를 타면서 여러 신학적인 논의와 출판과 관련된 일에 대해서 대화를 나누고 있었다고 회상했다.

수지는 발로 걸어갔음에도 시야에서 사라졌고 처음으로 악마의 다리(Devil's Bridge)로 가는 길목으로 들어섰다. 이곳은 "화강암의 거대 덩어리들" 사이에 상처가 입혀진 모양새를 이루었고, "로이스강(Reuss)이 형성하

---

[15] C. H. Spurgeon, *Autobiography*, 3:98-100.
[16] Mrs. C. H. Spurgeon, *Ten Years of My Life in the Service of the Book Fund: A Grateful Record of My Experience of the Lord's Ways, and Work, and Wages* (London: Passmore & Alabaster, 1887), 22.

고 들끓는 멋진 협곡"을 가로질렀다.[17] 그녀는 그 광경을 "등산로 중에서 가장 장엄한 곳"으로 묘사했지만 그 장엄한 산중에서 외로움과 경외심을 동시에 느꼈다.[18]

수지는 수많은 알파인 등산로를 다니면서 마차에 앉아서 가는 것보다 걷거나 노새를 타고 가는 것을 더 선호했다. 그녀는 걸어가면서 하나님께서 창조하신 피조물의 아름다운 광경을 보고 깊은 생각을 했다. 이 하나님의 창조는 높은 산과 깊은 계곡에서 여실히 드러났다. 그녀는 감탄하면서 이렇게 이야기했다.

> 나는 가능한 한 잘 닦여진 길을 힘들게 올라가는 것과 웅장한 높이와 깊이 가운데 고요하게 서 있는 것을 좋아했다.[19]

언덕을 올라가고, 협곡으로 내려가고, 산 한 가운데 깊숙이 놓인 울퉁불퉁한 다리를 걸어가겠다는 수지의 생각은 그녀가 용기 있고 회복력이 뛰어난 사람이라는 사실을 증명한다. 약혼 기간 동안 찰스를 만나기 위해 수정궁으로 오랜 시간 걸어갔던 습관은 아마도 그녀가 이러한 모험을 할 수 있도록 체력적으로 준비시켰을 것이다.

수지가 쌍둥이를 낳은 후 예전처럼 다시 등산을 할 수 있도록 충분히 회복한 사실은 분명하다. 찰스는 사랑하는 아내와 함께 거대한 산의 아름다움을 즐겼다. 그러나 더 없이 행복한 경험조차도 그가 위험을 마주할 때면 그에게 영향을 미칠 수도 있었다.

그 당시 음악당에서 일어난 재앙에 대한 기억들이 갑작스럽게 떠올랐으며 일시적으로 그를 정신적으로나 신체적으로 무기력하게 만들 수 있었다. 수지는 그들의 짐을 싣고 가던 노새들 중 한 마리가 실족하여 산비탈

---

[17] C. H. Spurgeon, *Autobiography*, 3:98.
[18] Ibid.
[19] Ibid., 3:97.

로 미끄러져 내려갔다고 이야기했다. 그 노새는 살았지만 찰스는 거의 의식을 잃고 쓰러지면서 고통을 느꼈고, 눈 덮인 땅에 앉아서 회복했다.

찰스와 수지와 일행은 해발 8,000피트의 뾰족한 산등성이에 있었고, 날이 어두워지기 전까지 아래에 있는 목적지까지 도달할 시간이 거의 없었다. 숨을 돌리고 안정을 취한 다음 찰스는 일어나서 계속 가던 길을 가도록 권유받았다. 이 날의 경험은 음악당에서 일어난 비극적인 사건 가운데 발생했던 죽음과 파괴에 대한 두려운 기억을 떠올리게 했고 찰스의 정신 불안을 야기시켰으며, 수지는 남편의 이런 모습을 보고는 당황하고 좌절했다.

> 노새가 산비탈로 갑작스럽게 미끄러져 내려갔을 때 그는 깜짝 놀라서 그 훌륭한 두뇌 속에 있는 정교한 기관에 있는 어느 부분이 압박을 받았고, 이로 말미암아 그는 잠시 균형을 잃었을 것입니다.[20]

스펄전의 상태에 대한 현대 심리학적 분석은 그가 '외상 후 스트레스 장애'를 겪었다고 결론 내렸을 것이다. 어떤 상황에 상관없이 음악당 사건은 종종 찰스의 마음에 다시 작용하여 문제를 일으켰다. 찰스는 삶의 마지막을 향해 가면서 『믿음 은행의 수표책』(*The Cheque Book of the Bank of Faith*)이라는 묵상집을 발간했다. 11월 10일자 읽기 분량에 다음과 같이 써놓았다.

> 삶은 알프스를 여행하는 것과 같습니다. 산길을 따라가다 보면 등산하는 사람은 항상 실족할 위험에 노출되어 있습니다. 길이 높고, 머리가 빙빙 돌기 쉽고, 그래서 곧 실족할 수 있는 곳에는 유리처럼 매끄러운 지점과 마음대로 돌아다니는 돌이 있는 거친 지점이 있는데, 이 모든 경우 실족하여 넘어지는 상황을 면하기 어렵습니다.
> 일평생 바른 삶을 살아가고, 실족하지 않은 채 살아가는 사람은 감사해야

---
[20] Ibid., 3:101.

할 최고의 이유들을 가지고 있습니다. 함정과 덫, 연약한 무릎과 지친 발걸음, 감지하기 어려운 적들, 하나님의 자녀가 아닌 자들을 잠시 버티는 것은 그의 발이 흔들리게 되는 고난을 당하지 않게 할, 신실한 사랑 없이는 불가능합니다.

스펄전은 아이작 와트(Isaac Watt)의 찬송에서 한 부분을 인용했다.

수많은 덫의 위기 속에 나는 서 있네.
당신의 손으로 붙잡히고 보호받게 하소서.
그 보이지 않는 손길은 나를 여전히 붙잡으시고,
나를 당신의 거룩한 산으로 인도하소서[21]

비록 찰스는 그 음악당 사건에 대한 기억으로부터 벗어날 수 없었지만, 그럼에도 하나님께서 최악의 상황으로 치닫게 하지는 않으실 것이라고 믿었다. 찰스의 건강은 악화되었고, 그의 우울증은 여전히 계속 남아 있었다. 수지 역시 고난 가운데 살아갈 것인데 그녀는 찰스가 느꼈던 고통을 체휼했고 한편으로는 질병으로 고생했다.

그러나 찰스와 수지 그 어느 누구도 슬픔에 빠져 눈물 흘리며 살아가는 불행한 삶을 용납하지 않았다. 그들은 어려우면서도 유익한 사역을 감당하면서 그리스도를 믿는 믿음과 그분 안에서 넘치는 기쁨으로 담대히 나아갔다. 그들이 함께 한 여행들은 수지에게 기분 좋은 기억들을 남겨주었다. 이 기억들은 그녀가 곧 템스강을 넘어 그녀의 집으로 들이 닥칠 고난이라는 강한 폭풍을 맞닥뜨릴 힘을 얻을 수 있도록 도움을 주었다.

그녀의 육체적, 감정적 어려움에 대한 이야기는 나중에 살펴보도록 하

---

21 C. H. Spurgeon, *The Cheque Book of the Bank of Faith* (New York: A. C. Armstrong & 1892), 315.

겠지만, 그녀가 가치 있는 것으로 여겼던 것들, 그녀가 누렸던 아름다움, 그리고 결혼 생활의 첫 해에 느꼈던 행복은 그녀의 인격과 이후 기록된 그녀의 글에서 명백하게 드러난 단순하지만 아름다운 관점을 하나로 엮어내기 위해서, 그녀가 겪은 여러 시련과 함께 잘 어우러졌다.

유럽 대륙을 여행하고 집으로 돌아온 어느 날, 스펄전 부부는 두 아이를 반겼고 함께 정원으로 산책을 나갔다. 그리고 그들은 서로 떨어져 있는 동안 자라나고 있는 이 보물들을 만나보고 싶어했다. 수지는 다음과 같이 회상했다.

> 우리집은 아주 고요하며, 평화롭고, 사랑스럽게 보였습니다. 그리고 하나님께서 어여쁘고 아름다운 집으로 안전하게 인도해 주시는 것을 경험하면서 그분께서 우리를 향하여 보여주신 자비하심을 느낄 수 있었다.[22]

스펄전 가족의 정원사는 그들이 이 집에 돌아온 기념으로 "배려의 마음을 가지고" 깜짝 놀래켜 주기로 했다. 그는 선물로 정원 중앙에 놓여있던 꽃병들과 샘을 밝은 파란색과 노란색으로 색칠했다. 수지와 찰스는 잠깐 할 말을 잃었다. 수지는 다음과 같이 기록했다.

> 예술과 예술가들의 땅, 그리고 놀라운 솜씨와 고상한 취향이 결합된 모든 것을 바라보는 것으로부터 온 신선함은 디자인의 아름다움과 모든 섬세한 장식으로 채색된 매력을 갖추도록 했고, 이런 맥락 속에서, 외형이 망가진 물건들을 바라보았을 때 움찔거렸던 우리의 반응은 쉽게 상상해 볼 수 있습니다.[23]

---

[22] C. H. Spurgeon, *Autobiography*, 2:295-96.
[23] Ibid., 2:296.

찰스는 정원사와 함께 이 문제를 조심스럽게 해결했는데, 그 꽃병들과 샘은 곧바로 본래의 흰색으로 복구되었다. 그리고 찰스는 다정하게 이 문제를 처리하면서 정원사의 감정을 상하지 않게 했다.[24] 가족이 다시 모이고 일상생활로 돌아오면서 행복한 분위기가 스펄전의 집에 감돌았다. 수지의 결혼 초기와 건강이 주는 자유에 관한 이야기는 그녀가 찰스 스펄전의 경건한 아내였음에도, 고난의 삶을 살았다고만 생각하던 사람들에게 놀라움을 자아내게 한다.

그녀는 두 경우 모두에 해당되었다. 그러나 고통에 관하여 상대적으로 염려가 적었던 수지의 모습을 살펴보는 일은 그녀가 36세 여성으로서 건강한 모습으로서 영위했던 삶을 상실했을 때 처한 곤경을 더욱 잘 이해할 수 있도록 돕는다. 수지와 찰스는 함께 여행했던 나날들로 인하여 감사하게 생각했다.

찰스는 야외 활동을 좋아했지만, 언제나 운동에 관한 책을 좋아하면서도 결코 운동선수 타입은 아니었다. 그의 서재는 『로빈스 가족의 역사』(*The History of the Robins*), 『자연사 도감』(*The Illustrated Natural History*), 그리고 『나의 깃털 달린 친구들』(*My Feathered Friends*)과 같이 자연과, 특별히 새에 관한 책들을 여러 권 보유하고 있었다.[25]

수지는 마차, 기차, 노새를 타고 이동하는 것을 좋아했다. 훗날 그녀가 더 이상 등산을 할 수 없는 상황을 마주했을 때, 마음 구석에 저장된 책과 기억을 찾아서 프랑스, 이탈리아, 영국으로 되돌아갔다. 과거에 대한 기억들과 책들은 어둠과 죽음의 골짜기를 지나가던 그녀에게 도움을 주었다.

---

24  Ibid., 2:296-7.
25  이 책들과 다른 유사한 출판물들은 미주리주의 캔자스시티에 위치한 미드웨스턴 침례신학교(Midwestern Baptist Theological Seminary) 스펄전도서관에 보관되어 있다.

# 고난이 다가오다

여행에 대한 수지의 애정은 사그라지지 않았다. 그러나 찰스와 함께 바다와 육지를 다니던 시절은 사실상 마지막 단계로 접어들었다. 아들 토마스는 다음과 같이 이야기했다.

> 이러한 상황 때문에 먼저 사랑하는 어머니가 심각하게 앓았습니다.[1]

수지는 애통한 마음이었다.

> 1868년, 여행에 대한 나의 꿈은 사라졌습니다. 그날 이후로 나는 여러 해 동안 줄곧 병실에 갇혀 있었습니다 …[2]

수지의 고백에는 절망이 암시되었으며 그녀의 상황이 암울했음을 보여준다. 수지는 자신의 고통과 고난을 등에 짊어졌을 뿐만 아니라, 사랑하는 남편 찰스 역시 할 일이 많아지는 가운데 건강이 악화되어 갔다. 찰스

---

1 *The Sword and the Trowel: A Record of Combat with Sin & Labour for the Lord* (London: Passmore and Alabaster, 1865-1904), November 1903, 553.
2 Ibid.

는 목회와 다른 부차적인 사역들을 감당하면서도 베스트셀러 작가로서 글을 썼다.

게다가 많은 사람은 그에게 설교, 글쓰기, 도서 추천, 기부, 심지어 미국 방문을 종용하면서(그는 미국을 방문한 적은 없다) 그에게 많은 짐을 짊어지웠다. 몸이 쇠약해지고 잠시 쉬라는 신호가 왔음에도 그에게 주어진 일은 극한에 달했다. 그는 종종 여러 곳에서 설교 초청을 받은 것 외에 두 가지 필요에 의해 런던을 종종 떠나곤 했다.

첫째로, 그는 글쓰기를 위해서 마음을 재정비하고, 목회할 수 있는 힘을 얻기 위해 신선한 공기와 아름다운 환경이 필요했다. 그리고 그는 지친 몸과 마음을 회복하기 위해 남부 프랑스의 밝은 태양과 따뜻한 환경이 필요했다. 찰스는 통풍과 신장병으로 고생했다. 그는 과체중이었으며, 종종 우울증에 빠졌다. 어떤 스펄전 전문 학자는 이렇게 진술했다.

> 한 정신과 의사는 만약 스펄전이 요즘 시대에 살았다면, 조울증 진단을 받았을 것이고 약물 치료를 받아야 했을 것이라고 언급했다.[3]

그는 런던을 사랑했지만, 구름으로 뒤덮인 런던의 하늘은 때때로 그의 마음을 어둡게 만들었다. 한 작가는 태양이 "영국에서 가끔씩 목격할 수 있는 공중에서 일어나는 현상"이라고 비꼬아 말하기도 했다.[4] 수지는 두 배로 고통 받았다. 그녀의 몸은 통증을 안고 살아갔으며, 찰스는 종종 집에서 1,000마일을 떨어져 있었다. 수지는 견뎌내야 할 것들이 너무 많았는데, "많은 일과 책임감 때문에 집에서 떠나 먼 곳으로 휴식을 취하러 가고자 했을 때, 나의 사랑하는 남편은 나를 떠나야만 했습니다"라고 이야기했다.

---

3   Christian George, https://www.spurgeon.org/resource-library/blog-entries/spurgeons-enduring-ministry-an-interview-with-christian-george.

4   H. I. Wayland, *Charles H. Spurgeon: His Faith and Works* (Philadelphia: American Baptist Publications, 1892), 228.

그녀는 다음과 같이 기억한다.

> 헤어짐은 너무나도 부드럽게 연합된 우리의 마음에 아픔을 주었지만, 우리는 가능한 한 계속해서 편지를 나눔으로써 씩씩하게 슬픔을 나누면서 견뎌냈고 그것을 누그러뜨렸습니다.[5]

그녀의 전기 작가 찰스 레이가 그녀를 "엄청나게 고난받는 자"로 설명했던 대목에서 볼 수 있듯이 수지의 건강은 상당히 악화되었다.[6] 결국, 그녀는 자포자기 상태였고 수술을 해야만 했다. 수지는 앞날이 불확실했지만 하나님께 도움을 구했다. 그녀와 찰스가 매일 아침 깨어날 때, 그들의 시선은 벽에 있려 있던 말씀 액자를 향해 있었다. 그 말씀은 바로 이사야 48장 10절이었다.

**너를 고난의 풀무불에서 택했노라**(사 48:10).

찰스는 이 말씀이 벽에만 있려 있던 것이 아니라, "우리의 마음판에 기록"되었다는 사실을 알려 주었다.[7] 1869년에 교회 지도자들은 스펄전에게 나이팅게일 레인에 있는 오래된 집을 헐어서 바로 같은 장소에 조금 더 어울리는 집을 건축할 것에 대하여 제안했다. 수지와 아이들은 그 집이 건축되는 동안 인기가 많은 해변 도시 브라이튼에서 남쪽으로 65마일 떨어진 곳으로 이사했다.

찰스는 다른 곳에 설교하기 위해 자주 자리를 비웠지만, 대부분 런던에

---

[5] *The Sword and the Trowel*, November 1903, 553.
[6] Charles Ray, *The Life of Susannah Spurgeon. In Free Grace and Dying Love* (1903; repr., The Banner of Truth Trust, 2013), 185.
[7] C. H. Spurgeon, *The Cheque Book of the Bank of Faith* (New York: A. C. Armstrong & Son, 1892), 240.

서 자신의 책임을 다했다. 여성들이 영국 브라이튼의 남부 해안을 따라 산책하며 자신들이 가져온 파라솔에서 휴식을 취할 때, 수지는 자신의 생식 기관에 영향을 미친 것으로 생각되던 질병과 싸웠다. 그녀의 질병은 극심한 통증을 유발했고 그녀의 활동 범위를 임시 처소로 제한시켰지만, 수지의 상태와 병명에 대한 구체적인 기록은 찾아볼 수 없다.

수지가 오랫동안 집에서만 갇혀 지냈다는 사실은 알프스를 더 이상 볼 수 없고, 파리의 거리를 걸을 수도 없고, 베니스에서 곤돌라를 탈 수도 없고, 유럽을 횡단하면서 유명한 미술관들을 다시 방문할 수 없다는 것을 의미했다. 그녀의 병은 심각했기 때문에 1891년 후반까지는 위험을 무릅쓰고 외출하지 않았다. 그러나 다른 사람들이 여행 다녀온 이야기를 들었을 때, 수지는 옛 기억을 떠올리면서 "아! 나도 거기에 가봤어"라고 외쳤다.[8]

수지는 수술 받았을 때 자신이 살아있는지를 물었다.

> 나는 브라이튼으로 옮기고 그곳에서 고비를 넘겼습니다. 더 나은 건강 아니면 죽음, 이 두 갈래길에 서 있었습니다. 힘든 시간을 보낸 경험을 설명할 필요는 없지만, 제임스 심슨 경(Sir James Y. Simpson)의 친절함에 대해서 언급하지 않을 수가 없습니다. 그는 치료를 하기 위해서 에딘버러에서 브라이튼으로 두 번이나 왕진했고, 수준 높은 수술 솜씨를 보여주었습니다. 수술이 끝났을 때 스펄전은 제임스경에게 수술비가 얼마나 들었는지 물었고, 그는 다음과 같이 대답했습니다.
> 
> "글쎄요, 1,000기니 정도 나올 것 같은데, 당신이 캔터베리의 대주교가 된다면, 수술비를 지불해 주기를 기대하겠습니다. 그때까지 사랑으로 합의를 봅시다."[9]

---

[8] Mrs. C. H. Spurgeon, *Ten Years of My Life in the Service of the Book Fund: A Grateful Record of My Experience of the Lord's Ways, and Work, and Wages* (London: Passmore & Alabaster, 1887), 275.

[9] C. H. Spurgeon, *C. H. Spurgeon's Autobiography: Compiled from His Diary, Letters, and*

수지가 받은 수술은 어려운 것이었다고 언급되었다.[10] 그녀는 수술의 결과가 "더 나은 건강이나 죽음" 중 하나일 것으로 예상했다. 어려웠던 그 수술은 수지에게 약간의 안심을 가져다 주었지만 전체적으로 성공적이지는 않았다.

**첫째**, 찰스와 수지는 쌍둥이를 낳은 후에 더 이상 자녀를 가질 수가 없었다.[11] 두 아이를 낳은 이후로 스펄전 부부가 자녀를 더 많이 낳았을 것이라고 추측해 보는 것은 결코 이상한 일이 아니다.

**둘째**, 집도의였던 제임스 심슨 경(1811-1879)은 중요한 단서를 제공한다. 그는 산부인과 전문의로 알려졌다. 피터 마스터스(Peter Masters)는 이렇게 언급했다.

> 그는 산부인과 의학의 상급 연구에 대한 기초를 마련했고, 그가 쓴 연구서의 일부는 한 세기 동안 그 주제에 관한 가장 정교한 해설서로 사용되기에 마땅하다.[12]

심슨은 빅토리아 여왕이 총애하던 의사이자, 찰스의 친구, 헌신된 그리스도인, 다작가, 그리고 많은 사람이 원하던 전문의였다. 그의 비범한 삶을 언뜻 보면 왜 찰스가 그를 수지의 집도의로 선택했는지를 이해할 수 있다. 심슨은 스코틀랜드에 있는 베스게이트(Bathgate)의 가난한 집에서 자랐다. 1825년 그는 14살이 되던 해에 에딘버러대학에 입학했고, 곧 의학을 공부하기로 결심했다. 그는 학교에서 임상 기간 동안 마취 없이 수술하는 장면을 목격했다.

---

*Records, by His Wife, and His Private Secretary* (London: Passmore and Alabaster, 1897-99; repr., Pasadena, TX: Pilgrim Publications, 1992), 3:184.
10  Ray, *Susannah Spurgeon*, 185.
11  그녀가 유산했다고 언급하는 문서를 입수할 수 없다.
12  Peter Masters, *Men of Destiny* (London: The Wakeman Trust, 2008), 46.

무서운 비명이 허공을 가득 채웠고, 심슨은 수술할 때 그 환자의 자각과 고통이 끝나기를 간절히 원했다.[13]

이러한 경험은 그를 겁에 질리게 했다. 24세에 그는 에딘버러 왕립 의학 협회(Royal Medical Society of Edinburg)의 부회장으로 임명되었다.[14] 그는 자기 분야에서 급속한 발전을 이루었다. 피터 마스터스는 다음과 같이 기록한다.

> 그는 27세 밖에 되지 않았을 때 대학에서 산과학(産科學) 강사가 되었다. 내용과 의사소통 기술에 관한 그의 강의들은 누구에게서나 훌륭하다고 인정받았다.[15]

그의 명성이 널리 알려지면서, 그가 가르치는 학생, 돌보던 환자, 그리고 그의 수입이 늘어갔다. 1839년에 그는 대학에서 산과학 교수로 선출되었다. 심슨은 에딘버러에 있는 세인트스데반처치(St. Stephen's Church)의 회원이었지만, 그리스도인은 아니었다. 하지만 자기 딸의 죽음은 그로 하여금 삶의 의미에 관하여 생각하게 했다.[16]

그는 여러 생각을 제쳐둔 채로 학문에 정진했고 자신의 의학 기술을 더욱 발전시켰다. 마취를 하지 않고 수술한 장면을 보았던 그의 초기 경험은 수술 환자에게 검증된 마취제가 없다는 현실에 대한 고민으로 계속 이어졌다. 한 약사의 추천으로 심슨은 클로로포름(chloroform)으로 실험했고, 자신의 동료 두 명과 함께 그 약품에서 나오는 가스를 마셨다. 자신의 친구들 가운데 한 사람은 통제할 수 없을 정도로 웃었고, 다른 친구는 춤추

---

[13] Ibid., 35–36.
[14] Ibid., 36.
[15] Ibid., 37.
[16] Ibid., 39.

기 시작했으며 심슨은 술에 취한듯한 느낌을 받았다고 한다.

결국, 그들 모두는 깊은 잠에 빠졌다. 심슨은 깨어났을 때 수술 환자와 출산하는 여성들의 고통을 경감시켜 줄 마취제를 발견했다는 사실을 깨달았다. 곧 이 마취제는 병원에 알려졌고 성공적으로 사용되었다.[17] 클로로폼이 투여된 심슨의 첫 환자는 출산하는 여성이었고 긍정적인 결과가 나왔다. 심슨은 출산의 고통을 경감시키는 마취제 사용의 정당성에 관하여 동료 의사들과 기독교 신학자들로부터 반발을 샀다.

어떤 작가는 심슨의 입장은 마취제 사용 그 자체 때문이 아니라, 오히려 "수술과 출산의 고통을 경감시키는 것이 과학적으로 올바르고 적절하다고 주장했고, 마취제 사용을 권장하고 변호하고 그 원리를 설명하려는 그의 노력과 에너지 때문"이었다.[18] 수잔나 스펄전은 심슨이 보여준 "수많은 친절"과 수술 실력에 깊은 감사를 표했다.

심슨은 탁월했으며 점점 유명해져 갔고 직업적인 면에서 성공의 탄탄대로를 달리고 있었지만 자신의 영혼의 상태로 인하여 또 다시 어려움을 겪었다. 그에 대해 증언했던 병약한 그리스도인 여성의 침대 곁으로 소환되고 여러 가지 상황을 통하여, 심슨은 회심했다. 그는 자신의 죄와 용서에 대한 갈망이라는 중압감을 느끼는 가운데 그리스도께로 돌아왔다.[19]

한 기자는 심슨에게 그의 위대한 발견에 대해서 질문했다. 그 기자는 심슨이 자신이 이룬 의학적인 성취들 가운데 한 가지를 가리킬 것으로 기대했다. 그러나 심슨은 자신의 위대한 발견이란 "내가 죄인이며 예수님께서 위대한 구원자가 되신다"는 사실이라고 대답했다. 그는 다음과 같이 증언했다.

---

[17] Ibid., 41.
[18] "Spurgeon and Simpson," *The Baptist Quarterly*, https://biblicalstudies.org.uk/pdf/bq/20 -8_365.pdf.
[19] Masters, *Men of Destiny*, 45.

그러나 나는 나를 대신하여 매 맞으시고 나를 위하여 십자가에 돌아가신 예수님을 또 다시 바라보았습니다. 나는 그분을 바라보았으며, 울부짖었고, 용서받았습니다. 당신이 그분을 바라보고 살아가지 않을 것인지를 알아차리는 것과 그 구원자에 관하여 이야기해 주는 것이 나의 임무인 것처럼 느껴집니다. 성령께서 눈을 열어주실 때 모든 것이 단순해집니다![20]

심슨은 이전에도 자신의 종교를 기독교로 생각하고 있었지만, 그의 실제적인 회심은 1861년에 이루어졌으며 그리스도께서 자신의 죄를 용서해 주셨기 때문에 그 해는 자신에게 "첫 번째로 행복한 크리스마스"였다고 고백했다.[21] 어떻게 심슨과 스펄전이 서로 알게 되었는지에 관하여 제임스(C. D. T. James)는 「침례 계간지」(The Baptist Quarterly)에서 다음과 같이 기록한다.

> 스펄전 목사와 제임스 심슨 경은 신체적으로나 정신적으로 서로 닮은 부분이 거의 없었다. 주어진 기회로 보았을 때 두 사람이 서로 사랑하는 친구 관계로 성장한 사실은 놀랄 만한 일이 아니다. 그들은 1864년에 서로 알고 있던 친구인 스코틀랜드 출신 윌리엄 딕슨(William Dickson) 씨의 집에서 만났으며 그들은 스펄전이 에딘버러를 방문할 때마다 거기에서 만났다. 그 이후로 스펄전은 제임스 경의 의학적 수준과 숙련된 수술 솜씨를 곧 알게 되었고, 따뜻한 우정을 나누었고 서로 호감을 갖게 되었다.[22] 찰스는 경건한 사람이었고 솜씨가 좋은 의사였던 심슨에게 가서 수지의 집도의가 되어줄 수 있는지 물어보았다. 1867년 9월 즈음 수지의 상태는 악화되어 갔으며 찰스는 심슨과 연락을 취하려고 했다.

---

20 "Sir James Young Simpson (1811-1870), https://christianheritageedinburgh.org.uk/2016/08/23/sir-james-young-simpson-1811-1870/.
21 "Spurgeon and Simpson," 366.
22 Ibid.

찰스는 걱정을 하는 가운데, 한 친구에게 그 의사와 이야기해 볼 수 있도록 도와달라고 호소했다. 그는 "나는 당신에게 적지 않은 폐를 끼치는데, 제가 무엇을 할 수 있을까요? 제 사랑하는 아내의 병이 악화되어 가고 있습니다"라고 기록했다.[23] 결국, 심슨은 수지를 방문하게 되었고 결과적으로 그녀의 수술을 맡았다.

찰스의 편지는 수지의 수술 결과에 대한 기쁨을 표현한다.

> 나의 사랑하는 친구여, 나는 어떻게 나의 사랑하는 아내가 빠르게 회복되고 있는지를 친구들에게 전해주기 위하여 밤늦도록 이 편지를 쓰고 있습니다. 자비의 천사, 제임스 심슨 경은 언제나 그래왔던 것처럼 성공적으로 수술을 마쳤습니다. 아주 심각한 상황에 있던 이 환자는 영혼이 회복되고 있습니다! 만약 당신이 스코틀랜드에서 말이 유창한 10,000명을 알고 있다면 나는 그들에게 다음 100년 동안 솜씨가 좋고 고귀한 의사를 우리에게 보내주셨다는 사실에 대하여 주님을 찬양하라고 요청할 것입니다.[24]

심슨은 1868년 에딘버러의 학생들에게 졸업 연설을 했다. 그는 환자들의 얼굴 속에서 죽음의 깊은 골짜기를 종종 보아왔던 한 사람으로 연설했다. 아마도 그는 자신에게도 죽음이 다가왔음을 직감했다. 그는 다음과 같이 이야기한다.

> 우리가 죽음의 강을 건너는 엄숙한 시간에 "모든 것을 창조하신" 그 분은 당신을 그의 강한 손으로 이끄시고 보호하시며 공급하십니다. 그분의 강한 손은 창공에 태양을 놓으셨고, 행성과 별이 그 궤도를 돌 수 있도록 만

---

[23] Ibid.
[24] Ibid.

드셨습니다. 그 손은 밝고 아름다운 이 지상 세계를 창조하셨습니다. 그리고 그 손은 성육신하셔서 어둡고 황폐한 세계를 구속하시고 사람들의 죄악을 대속하기 위하여 갈보리 십자가에서 못 박히셨습니다. 구주의 무한한 사랑이 언제나 여러분을 보호하시고 주장하시기를 바랍니다.[25]

1870년 즈음에 심슨의 건강은 악화되었다. 그의 침대 곁에서 〈내 모습 이대로〉와 〈임마누엘의 땅〉 같은 찬송가가 울려 퍼지고, 성경 말씀이 낭독되면서 그는 침착한 태도를 보였다. 심슨은 언젠가부터 스펄전 설교집의 '열정적인 독자'가 되었다. 그의 친구 던스 박사는 마가복음 9장 8절에 근거하여 〈오직 예수〉라는 찰스의 설교를 그에게 읽어주었다. 심슨은 다음과 같이 반응을 보였다.

아주 좋습니다. 다시 읽어주세요.

심슨은 1870년 5월 6일 52세가 되던 해 에딘버러에 있는 자신의 집(52 Queen Street, Edinburgh)에서 세상을 떠났다.[26] 1856년 수지 여사가 찰스와 토마스를 출산했을 때 생식기 또는 다른 기관들이 손상되었는지 또는 낭종이나 종양으로 고생했는지에 대해서 우리는 정확히 알지 못한다. 임신과 출산은 오늘날보다 빅토리아 시대에 더 위험했다.

그 시대에는 200명의 여성 중에 한 명이 수술 도중에 사망했고,[27] 산부인과에서 의사들이 종종 이 환자에게서 저 환자에게 감염시키기도 했기 때문에 사망 사고가 조금 더 빈번하게 발생했다.[28] 수지에게서 발견되는

---

[25] Ibid, 366-67.
[26] Ibid, 367.
[27] J. Drife, "The History of Obstetrics," *BMJ Journals*, http://pmj.bmj.com/content/78/919/311.
[28] Ibid.

문제들에 대한 설명은 부분적으로 자궁에 염증이 나타나는 자궁 내막증과 유사한 것으로 추정한다.[29] 이 질병의 주요 증상들 가운데 하나인 극심한 통증은 복부에 국한된 것이 아니라, 몸 전체에 영향을 주었다.

자궁 내막증의 원인은 불확실했지만, 이 질병의 역사는 고대 시대로 거슬러 올라간다. 약 2,500년전 지금의 자궁 내막증으로 분류되는 질병은 가끔씩 "자궁 협착"으로 언급되었다.[30] 역사적으로 이 질병은 종종 정신적 질환이나 히스테리로 잘못 진단되기도 했다.

스펄전의 도서관은 『자궁 염증, 자궁 경관과 부속기관, 그리고 다른 자궁 질환과의 연관성에 대한 실제적인 보고서』(*A Practical Treatise of Inflammtion of the Uterus, Its Cervix and Appendages, and Its Connection with Other Uterine Diseases*) 라는 제목의 책을 소장했다.[31] 파트리샤 크루파는 스펄전의 친구 제임스 헨리 베넷이 저술한 이 책이 "눈에 띄게도 성경 주석서들 가운데 잘못 꽂혀 있었고" 이는 "그녀가 겪고 있는 문제의 본질이 무엇인지를 암시한다" 라고 기록한다.[32] 크루파는 더 나아가 이렇게 언급한다.

---

[29] Susan Valerie Barker (2017) "Susannah and the Lemon Tree": *Mrs C.H. Spurgeon's Book Fund, Baptist Quarterly*, 48:4, 159-67, DOI: 10.1080/0005576X.2017.1376536, 160, n5.

[30] "History of Endometriosis," http://nezhat.org/endometriosis-treatment/history-of-

[31] James Henry Bennet, *A Practical Treatise of Inflammation of the Uterus, Its Cervix and Appendages, and Its Connection with Other Uterine Diseases* (London: Churchill, 1861). 스펄전이 이 세상을 떠났을 때 스펄전도서관에 있던 약 6,000권의 책들은 지금 미드웨스턴 침례 신학교에 보관되어 있고 필자는 이 책을 그곳에서 읽을 수 있었다. 스펄전은 신학에서 새에 이르기까지 다양한 토픽의 책들을 수집했다.
그의 도서관은 유머, 시, 그리고 의학에 관한 책들도 포함되어 있었다. 실제로 자궁에 관한 베넷의 책은 다른 건강과 의학 관련 도서들 가운데 제 자리에 놓여 있지 않았다. 그러므로 크루파의 주장은 유효하다. 또한, William Brian Albert, "As the Wind Blows Cold: The Spirituality of Suffering and Depression in the Life and Ministry of Charles Spurgeon" (Ph.D. diss., The Southern Baptist Theological Seminary, 2015), 147 n4를 보라.

[32] Patricia Stallings Kruppa, *Charles Haddon Spurgeon: A Preacher's Progress* (New York: Garland, 1982), 108 n67.

스펄전 여사의 질병에 대한 정확한 진단은 빅토리아 시대의 역사가들이 애용하던 '사려 깊은 금지'(delicacy forbids)와 '이야기를 꺼내기에 너무나도 어려운 것들이 있다' 라는 두 구절 속에 가려져 있다.[33]

심슨은 의사, 저술가, 교수이자 시인이었다. 1870년 6월에 「검과 모종삽」(*The Sword and the Trowel*)의 증보판에서, 찰스는 자기가 쓴 시들 가운데 한 편을 수록했다.

### 안식

이따금씩 이 세상의 멈추지 않는 문제 속에
육체와 영혼이 약해질 때,
질병이 나를 결코 괴롭게 할 수 없는 곳에서,
나는 잠시 멈추고 다른 인생들에 대해 생각합니다.
나의 지친 팔이 싸움을 멈출 곳에서,
나의 마음은 더 이상 그 슬픔을 맛보지 않고,
이 어두운 밤은 영원한 내일의 빛으로 바뀝니다.
이 땅 위에 그리고 저 아래에는 비통함만 있을 뿐,
웃음조차 슬픔으로 옷 입혀져 있습니다.
그러나 위에 있는 하늘은 모든 환희의 기쁨과 함께
사랑만이 존재합니다.
내가 그곳에 갈 때까지 한 집을 기다리며,
모든 인간의 꿈은 위대하며,
그 가운데 마지막 순간이 다가와 삶이 과거가 되었을 때,
비로소 나는 훌륭하고 멋진 집을 찾을 것입니다.

---

[33] Ibid.

> 비록 나는 아직 흙과 섞인 상태이지만,
> 하나님의 은혜로 그 집은 내 것이 될 것이며,
> 내 영혼의 눈은 끝을 알 수 없는 안식을
> 기꺼이 보게 될 것입니다.
> 사랑하는 구주여 나는 이 곳에서 기다리고 있지만,
> 아버지의 사랑이 나를 찾으시는 곳에서,
> 비통함과 상처 자국을 통하여
> 당신의 안위하시는 팔이
> 나를 두르고 계심을 느끼게 하소서.[34]

확실히 심슨의 시는 수지의 확신을 반영했다. 지상에서의 삶이 깊은 슬픔으로 채워져 있지만, 그녀의 시련은 하나님만 바라보게 할 뿐만 아니라 언젠가 고통 없이 그분과 함께 할 날을 기대하게 했다. 수지는 육체적인 고통을 받고 있었지만 그녀는 하나님께서 "그것을 명령하셨다"라고 믿었다.[35] 그녀는 고난받는 그리스도인과 강풍으로 배가 앞뒤로 흔들릴 때 당황한 나머지 예수님께 부르짖던 제자들을 자신과 비교했다.

수지는 그리스도인의 믿음이 때때로 실패를 경험할 수 있다고 이야기했다. 그러나 하나님은 당신의 백성을 절대로 버리시지 않는다. 하나님은 자기 백성이 고난 당하는 동안 주무시는 것처럼 보인다면, "하나님의 머리 밑 베개가 그분의 전지전능함이며, 그분은 갈릴리 호수의 바람과 파도를 다스리시고 말씀으로 강풍을 잠잠케 하시는 분이기 때문에 자기 자녀가 겪고 있는 모든 일을 주관하시고 그들과 관련된 모든 것을 지명하시고 허용하신다"는 사실을 기억해야만 한다.[36]

---

[34] *The Sword and the Trowel*, June 1870, 270.
[35] C. H. Spurgeon, *Autobiography*, 2:292.
[36] Mrs. C. H. Spurgeon, *A Cluster of Camphire: Words of Cheer & Comfort to Sick and Sorrowful Souls* (London: Passmore and Alabaster, 1898; repr., Springfield, MO: Particular Baptist

찰스가 영향을 미치는 사역의 영역이 점차적으로 확장되고, 그의 건강이 악화되어가고 아내가 극심한 고통으로 인하여 찰스의 사역에 공식적으로 참여할 수 없게 된 결과로 인하여 그들의 결혼 생활에 엄청난 압박감이 주어졌는지는 알기가 쉽지 않다. 그러나 육체적인 고통의 압박에서도, 서로를 향한 그들의 사랑이 흔들렸다는 암시는 어디에서도 찾아볼 수 없다. 크루파는 이렇게 기록한다.

> 스펄전 부부가 보여준 서로를 향한 사랑의 지속성은 계속된 위기 속에서도 식지 않았다.[37]

찰스와 수지는 슬픔을 인내하면서 맞서는 법을 배웠을 뿐만 아니라, 서로를 향한 사랑이 깊어져 갔다. 크루파는 다음과 같이 이야기한다.

> 그들은 삶이 끝날 때까지 서로 사랑했다. 이 두 병약한 노인의 모습보다 더 감동적인 것은 그녀가 통통해지고 소녀같은 곱슬머리를 한 채로 약간 우스꽝스러운 모습이었으며 조금 일찍 피곤해지고 나이가 지긋한 모습이었지만, 마치 그들이 아직 이십 대에 수정궁의 돔 아래서 서로의 마음을 얻으려고 했던 것처럼 서로를 향해 사랑의 편지를 쓰고 있었다는 사실이다.[38]

찰스는 사랑하는 아내 수지가 고난을 겪고 있다는 사실에 대해 애통한 마음을 가졌다. 몇 년 후, 그는 아들 토마스에게 다음과 같이 편지를 썼다.

---

Press, 2009), 116.
[37] Kruppa, *Charles Haddon Spurgeon*, 108.
[38] Ibid., 110.

네가 어머니의 옛 모습과 같은 또래 여성을 볼 때 단번에 구혼하도록 명심하거라. 만일 네가 그녀와 결혼하고, 그녀가 너의 사랑하는 어머니의 현재 상태로 산다면, 너는 그녀의 약함을 애통해 할 것이지만 그녀가 그 어떤 강한 여성보다 더 낫다고 생각하거라.[39]

찰스는 아들에게 이러한 이야기를 했음에도 불구하고 자신의 아버지 존에게는 이렇게 밝혔다.

내 가엾은 아내는 삶의 그늘진 곳에서 시간을 낭비하고 있습니다.[40]

그들이 고난의 시기를 보내는 동안 찰스는 수지와 자주 떨어져 있었지만, 그럼에도 불구하고 그녀가 처한 상황에 대해 민감해 했다. 그는 아내에게 거의 매일 사랑의 편지를 썼다.[41] 그녀는 그들이 자주 주고받은 편지들을 시련을 당하고 있는 자신을 돕기 위해서 사용하신 수단이었던 것으로 기억했다. 찰스가 자신이 복음을 선포했던 곳에 대해서 설명하고, 그녀를 향한 사랑을 강조한 다정한 편지를 받아보는 것이 얼마나 수지를 행복하게 했을까?

찰스의 『믿음 은행의 수표책』(*The Cheque Book of the Bank of Faith*)은 '내리막길 논쟁'(Down-Grade Controversy) 이후에 저술되었다. 여기에서 '내리막길 논쟁'이란 성경의 본질에 대한 논쟁으로서, 스펄전이 속해 있던 교단의 일부를 비롯하여 많은 사람이 성경의 권위를 경시했다.

찰스는 성경에 오류가 있다는 사람들의 서명을 무시했다. 찰스는 당시 겪고 있었던 암울한 문제였던 '내리막길 논쟁'을 이 작품에 반영했고, 그의

---

[39] W. Y. Fullerton, *Thomas Spurgeon: A Biography* (London: Hodder and Stoughton, 1919), 129.
[40] Lewis Drummond, *Spurgeon: Prince of Preachers* (Grand Rapids: Kregel, 1992), 462.
[41] Ibid., 461.

통증은 "사별과 자기 생명과도 같았던 사랑하는 사람의 고통을 동반했습니다"라고 덧붙인다.[42]

찰스는 자신의 건강이 악화되어가면서 수지를 충분히 살펴주지 못했던 것을 후회했다. 그는 아내와 함께 여행을 하기를 원했다. 그러나 그녀는 긴 여정을 더 이상 그와 함께 동행할 수 없었다. 적어도 수지가 쓴 글 어디에도 자신의 인생을 비통하게 여기거나 화냈다고 언급하지 않았다. 오히려 그녀는 자신이 이렇게 이야기했다.

> 하나님의 친절함을 누리기에 합당치 않습니다.[43]

마찬가지로, 찰스가 이 세상을 떠난 다음 해에 그녀는 다음과 같이 기록했다.

> 사랑하는 동료 그리스도인들이여, 복된 농부가 당신을 베고, 접붙이고, 상처 입힐 때 겁먹거나 두려워하지 마십시오.

그녀는 독자들에게 접붙일 때 느껴지는 고통을 지나치게 신경 쓰지 말고, 고난을 통하여 열매가 맺어지는 것에 집중하라고 격려했다. 그녀는 하나님께서는 자신의 백성을 잊지 않으시지만, "사랑으로 자세히 관찰하면서 열매가 자라나는 매순간을 지켜보시며" "당신은 삶 가운데 풍성한 열매를 맺음으로써 하나님께 온 힘을 다하며 아름다운 것으로 영광 돌릴 때 그분은 크게 기뻐하실 것입니다.라고 확신했다"[44]

---

[42] C. H. Spurgeon, *The Cheque Book of the Bank of Faith* (New York: A. C. Armstrong & Son, 1892), vi.

[43] Susannah Spurgeon, *Free Grace and Dying Love: Morning Devotions* (1896; repr., Edinburgh: The Banner of Truth Trust, 2013), 18.

[44] Mrs. C. H. Spurgeon, *Ten Years After!: A Sequel to "Ten Years of My Life in the Service of the Book Fund"* (London: Passmore & Alabaster, 1895), 238.

수지는 이렇게 고백했다.

> 그래도 하나님은 얼마나 나에게 선한 분이셨는지요! 하나님과 나 자신 외에 아무도 알지 못하는 어둠의 시간과 슬픔의 계절 가운데서 나를 붙들어 주셨습니다.[45]

수지는 종종 집에 갇혀서 지냈지만, 주님은 그분의 말씀과 기도와 신실한 남편의 뒷받침으로 그녀에게 힘을 공급하셨다. 그녀는 찰스와 결혼한 후 첫해 동안 예배에 성실하게 참석했고, 침례 받을 여성들을 섬겼다. 수지는 고난을 겪은 후에 메트로폴리탄타버내클로 다시 돌아오는 경우가 드물었다. 그녀는 예배에 참석하는 것이 그리스도인의 삶에 있어서 큰 기쁨 중 하나로 여겼다.[46]

교회의 공식적인 기록은 수지가 1855년 2월부터 1867년 9월까지 교회(뉴파크스트리트채플과 메트로폴리탄타버내클)에서 활동했다는 사실을 보여준다. 1868년의 기록은 연필로 쓰여져서 거의 알아볼 수 없게 기록되었다. 또한, 그 기록은 그녀가 1868년 11월과 1869년 3월에 예배에 참석했다는 사실을 보여주며, 1874년 12월까지 그녀가 예배에 참석했다는 언급이 없다(1875-1894년의 기록은 나와 있지 않다).

그녀는 1895년과 이 세상을 떠나던 해인 1903년 사이에 예배에 출석하지 않았다.[47] 교회 기록부는 수지의 이름 옆에 다음과 같은 메모를 해 두었다.

> 1903년 10월 22일에 본향으로 부르심을 받다.

---

[45] Ibid., 270.
[46] Mrs. C. H. Spurgeon, *Ten Years of my Life*, 218.
[47] 이 기록들은 런던의 메트로폴리탄타버내클에 보관되어 있다.

그러나 나중에 생각해 볼 것이지만, 1880년대 후반에 수지는 집 근처에 위치한 교회의 회원이 되었다. 그녀는 회중 예배를 드리지 못했지만, 찰스는 주일 저녁에 그녀를 위한 사역을 진행했다. 그녀는 "나의 안락한 집에서, 내 남편 곁에서 그의 손으로" 이루어지는 훈련을 기억했다. 수지는 찰스를 통하여 하나님께서 자신을 "쉴 만한 물가와 푸른 초장으로" 인도하셨다고 이야기했다.[48]

찰스는 주일 예배 시간에 나누었던 본문을 선택하고 수지를 자신의 서재로 불렀으며, 주어진 본문에 대한 다양한 주석서를 읽혔다. 그녀는 다음과 같이 이야기했다.

> 이보다 더 기쁘고, 교훈적이며, 영적으로 도움이 되는 직업은 결코 존재하지 않습니다. 하나님의 말씀이 무엇을 의미하는지를 깨닫고 지혜와 지식의 숨겨진 창고가 드러났을 때, 또는 산해진미가 펼쳐진 연회처럼 귀한 약속하심이나 교리의 골수와 지방이 내 눈 앞에 펼쳐져 있을 때, 내 마음은 종종 불타올랐습니다.[49]

스펄전의 훈련에 대한 그녀의 간증은 더 깊은 통찰을 제공한다. 찰스 역시 성경을 크게 낭독하고, 성경 구절로 장식하고, 기도로 어려움을 뚫고 극복해 나가는 수지의 영적인 격려로 인하여 유익을 얻었다. 찰스는 바쁜 삶을 살아갔지만, 수지가 자신의 서재를 사용하는 것을 기쁜 마음으로 환영했다.

게다가 그의 도서관은 청교도 서적들로 가득 차 있었고, 수지는 그들의 작품들 가운데 한 권을 읽을 때, 찰스가 어린 시절부터 영양분을 공급받은 것과 동일한 영적 음식의 향연을 즐기고 있었다. 그녀는 남편의 서재에서

---

[48] Mrs. C. H. Spurgeon, *Ten Years of My Life*, 219.
[49] Ibid.

보낸 시간을 자기 영혼에 유익하고 "말로 형용할 수 없는 소중한" "은혜로운 시간들"로 생각했다.

그녀는 찰스가 "그의 손으로 받아 먹기를 기대하기를 갈망하는 회중들을 위하여 하나님 나라의 열매를 수확"하는 동안, 곡식 단 사이에 있는 것들을 모아서 탐스럽게 떨어져 있는 "목표 한 움큼"을 긁어모을 수 있었다.[50] 그녀는 다음과 같이 이야기했다.

> 나는 내가 이해할 수 없는 것을 설명해 주고 어려움을 느끼는 본문의 의미를 풀어주는 사랑하는 남편, 찰스의 목소리를 들었습니다. 그는 자신이 기뻐하던 고대의 신성한 담화가 담긴 페이지들을 종종 명료하고 선별적인 문장으로 농축시켰고, 모아진 생각들로부터 비밀스럽고 감미로운 향이 풍성하게 나는 과즙을 압착해 냈습니다.[51]

찰스는 다음과 같이 자신의 의견을 밝혔다.

> 아내는 자기 치장과 보석과 복장으로 사람들의 관심을 흐트러뜨리지 말아야 할 것입니다. 아내가 자기 남편의 마음에 소명을 일으킬 수 없다면, 이 모든 것은 그녀에 아무것도 아닐 것입니다.[52]

수지는 찰스가 참된 격려자이자 지원군임을 생각하면서, 가정에서 신실한 마음으로 하나님을 예배하며 그분을 섬겼다. 그녀는 찰스가 곤경에 처해 있는 자신에게 "달콤한 연민"을 베풀어주었다고 이야기했다. 그는 "사랑이라는 위대한 마음과 내게 주어진 짐과 두려움을 위한 충분한 공간을"

---

[50] Ibid.
[51] Ibid., 219-20.
[52] C. H. Spurgeon, *Till He Come* (London: Marshall Brothers, n.d.), 135-36.

소유하고 있었다.⁵³ 그리고 그는 아내가 성경을 배우는 모습을 지켜보았다. 그래도 찰스는 자신이 원했던 만큼 아내를 섬길 수가 없다는 것을 깨달았다.

> 내가 일하던 분야에서 쉴 새 없이 업무에 대한 요청이 들어왔지만 신경 쓸 겨를이 거의 없었는데, 이는 아픈 아내로 인하여 발생할 수 있는 자연스러운 일이었습니다. 그러나 그녀는 이러한 일 때문에 불평했던 것이 아니라 참된 영웅을 바라보는 심정으로 나에게 자신을 맡겼습니다 …⁵⁴

어떤 사람은 수지를 향한 찰스의 사랑이 실천으로 옮겨졌는지에 관하여 궁금해 할지도 모른다. 집에 갇혀 지내던 수지는 찰스를 필요로 했기 때문에 그는 자신의 활동을 더 줄여야 했을 것이다. 그러나 그는 종종 집을 떠나 있었지만, 수지를 여전히 돌봐주었다. 스펄전 가족을 위해서 일했으며 수지의 가장 친한 친구들 중 한 사람인 엘리자베스 톤을 포함해서 집안 하인들은 찰스와 수지의 결혼 초부터 그들의 일을 도왔다.

찰스 역시 조력자들로부터 도움을 받았다. 그는 일반적으로 집에서 자신과 함께 일하는 두 명의 비서를 두었고 메트로폴리탄타버내클에서 두 명, 대학과 자신이 관련된 다른 사역을 도와주는 사람들이 더 있었다.⁵⁵ 비록 찰스를 대체할 사람이 없었지만 수지는 자신이 필요한 만큼 큰 관심을 받았다. 그러나 찰스는 수지와 자주 연락을 취했고, 그녀에게 선물을 보냈으며, 그녀를 위하여 부지런히 기도했고, 그녀의 건강에 필요한 것들과 그녀가 바라던 많은 위로를 전해주었다.

수지를 돌보는 가운데 생긴 재미있는 일화는 나이팅게일 레인에 지어진

---

53 Mrs. C. H. Spurgeon, *Ten Years After*, 280.
54 Mrs. C. H. Spurgeon, *Ten Years of My Life*, 34.
55 H. L. Wayland, *Charles H. Spurgeon: His Faith and Works* (Philadelphia: American Baptist Publication Society, 1892), 229.

그들의 새로운 보금자리를 준비하는 과정 속에서 발견된다. 수지는 브라이튼에서 몸을 회복하고 있었고, 찰스는 그 집을 꾸며서 자기 아내를 기쁘게 해 줄 힘이 하나도 남아 있지 않은 상태였다.

만약 "라운드"가 오래갈 수 있다고 한다면, 나는 오늘 긴 라운드를 보냈습니다. 먼저 핀스베리(Finsbury)에 아름다운 옷장을 사러 왔습니다. 저는 당신이 옷들을 그 안에다가 오랫동안 보관할 수 있을 정도로 충분히 오래 살았으면 좋겠습니다. 당신의 모든 옷은 저에게 소중합니다. 그 다음 응접실의 샹들리에를 사기 위해서 휴렛(Hewlett's)으로 왔습니다. 저와 당신의 취향에 딱 맞는 것을 발견했습니다.
그리고 네그레티와 잠브라(Negretti & Zambra's)에 가서 제가 사고 싶었던 기압계를 구입했습니다. 오는 길에 저는 프레스버그 비스킷(Presburg bisquits)을 사고 그 박스 안에 이 메모를 함께 보냈는데, 어서 속히 이 선물이 당신에게 도착하기를 희망하고 있습니다. 그 비스킷은 나의 사랑과 기도가 들어있어 아주 달콤합니다.
방 안에 옷장이 놓여진 모습이 보기 좋았으면 좋겠습니다. 그 옷장은 잘 만들어졌습니다. 제가 알 수 있는 한 정확하게, 이 모든 것은 당신이 원했던 것들임을 믿습니다. … 저는 당신이 침대에 누워있을 때 필요한 탁자도 구입했습니다. 그것은 나사를 돌려서 올라갔다 내려갈 수도 있고, 옆쪽을 돌려서 침대로 갈 수 있게끔 만들어졌습니다.
그리고 책과 신문을 놓을 수 있도록 경첩이 있어서 나의 사랑이 누워있는 동안 읽고 쓰면서 위로를 받을 수 있을 것입니다. 나는 이 물건이 자주 사용되지 않더라도 필요한 순간에 도움이 되기를 소망하면서, 고통 가운데 살아가는 가엾은 나의 아내에게 선물할 때 솟아오르는 기쁨을 거스를 수가 없습니다. 내가 구입한 모든 것을 기억해주세요.
저는 아직도 펜을 통해서 얻은 소득으로 모든 것을 구입했고, 감사하게도 그것들을 필요한 순간에 받았습니다. 어떤 염려할 꺼리도 당신에게 남겨

두지 않고 싶습니다. 저는 커튼을 비롯해서 다른 물품을 사기 위해 돈을 찾을 것이고, 당신의 취향을 따라 물건들을 주문함으로써 당신은 즐거움을 얻게 될 것입니다.⁵⁶

찰스는 남편이 모든 일의 중심이 되어야 한다는 생각을 매우 싫어했다. 찰스는 "자기를 위해 아내가 존재하며, 아이들이 태어나는 것이며, 모든 것은 하나님의 창조 세계 속에 정해진 대로 배치된다고 믿으며, '어떻게 그것이 나에게 혜택을 줄 것인가'라는 한 가지 법칙에 따라 모든 것을 판단"하는 사람들을 비난했다.⁵⁷

그럼에도 찰스는 그 시대 속에서 살아가던 인물이었고, 사역을 우선순위에 두는 것과 그리스도를 향한 사랑을 동등하게 여겼던 고대 저자들의 글을 읽으면서 기독교 사역에 대한 이해를 형성했다. 찰스는 자신이 할 수 있는 최선을 다하여 수지를 돌보았으며, 그렇기 때문에 그녀는 혼자서 외롭게 고난 당하지 않았다.

수지는 육체적 고통을 견뎌냈기 때문만이 아니라 여전히 시련을 견디고 하나님을 신실하게 섬기는 길을 발견했기 때문에 진정한 의미에서 "큰 고난을 받은 자"였다.

---

56　Iain Murray, *Letters of Charles Haddon Spurgeon* (Edinburgh: The Banner of Truth Trust, 1992), 163-64.
57　C. H. Spurgeon, *Lectures to My Students* (1875-1894; repr., Edinburgh: The Banner of Truth, 2008), 605.

## 스펄전 여사의 북펀드 사역

수지는 시련 속에서도 자신에게 주어진 "평생의 사역"을 감당하면서 위로와 기쁨과 목표를 발견했다. 가끔 그녀는 자신의 건강 문제로 이 사역을 감당하기에 적합하지 않다는 것을 느꼈다. 토마스 스펄전은 이렇게 이야기했다.

> 그러나 선하신 주님은 그녀의 괴로움과 고통을 경감시켜 주셨고, 때가 되자 그 일을 그녀의 손에 쥐어 주셨습니다.¹

주님께서 수지를 "스펄전 여사의 북펀드"(Mrs. Spurgeon's Book Fund)의 관리자로 세워주신 사실은 계속 수지를 돌보시고 계시다는 것을 보여주는 대목이다.² 이 사역은 그녀가 영국의 여러 섬에서 퍼져 있는 가난한 목회

---

1  *The Sword and the Trowel: A Record of Combat with Sin & Labour for the Lord* (London: Passmore and Alabaster, 1865-1904), November 1903, 553.

2  Mrs. C. H. Spurgeon, *Ten Years of My Life in the Service of the Book Fund* (London: Passmore & Alabaster, 1887), 7. 찰스 스펄전은 다음과 같이 기록했다. "우리는 이 사역을 '스펄전 여사의 북펀드'로 명명했고, 우리는 이 사역이 금방 중단되지 않을 것임을 믿으며, 우리는 위대한 일을 할 것입니다." 이 사역은 수지가 이 세상을 떠난 후에도 몇 년간 더 지속되었다.

자들을 섬기며, 그들을 위해 책(전문서적은 아니었지만 주로 스펄전이 쓴 책들)을 후원하는 통로였다.

이 북펀드 사역은 1875년, 수지가 백 권의 책을 기부용으로 구매하는 데 몇 실링을 투자하면서 시작되었다. 그녀는 자신의 사역을 "내 삶의 기쁨"과 하나님께서 주신 "멋진 사역"으로 여겼다.[3] 하나님은 이 북펀드 사역을 통하여 그녀를 "푸른 초장과 쉴 만한 물가"로 인도하셨다.[4] 이 사역은 오랫동안 고난받는 동안 수지를 지탱해 주던 은혜였다.

그렇다면 어떻게 이 사역이 시작되었는가?

1875년, 스펄전이 『목회자 후보생들에게』(Lectures to My Students)의 첫 번째 책을 탈고했을 때, 수지는 이 책을 "영국의 모든 목회자"에게 나누어주기를 소망했다.[5] 찰스는 수지에게 이 사역을 위한 첫 번째 기부자가 될 것을 권했다. 그녀는 남편의 제안을 받아들였지만, 사실 이러한 노력은 자신의 믿음을 실천할 수 있는 기회를 제공해 준다는 것을 기억했다. 그녀는 다음과 같이 이야기했다.

> 나는 이 귀한 책 나눔을 간절히 원할 준비가 충분히 되어 있었다. 그러나 이 사역을 돕고 재정을 후원하는 것은 나에게 일어나지 않았다.[6]

남편의 제안에 힘이 난 수지는 이 사역을 감당하기로 결심했다. 그녀는 이 사역을 28년 동안 이어갔으며 서재를 갖출 여력이 거의 없는 목회자들에게 책 200,000권을 무료로 나눠주었다. 책을 받을 수 있는 요건은 다음과 같았다.

---

3 Ibid., 28.
4 Ibid.
5 Charles Ray, *The Life of Susannah Spurgeon. In Free Grace and Dying Love* (1903; repr., The Banner of Truth Trust, 2013), 196-97.
6 Mrs. C. H. Spurgeon, *Ten Years*, 5.

- 가난 : 총 수입이 일 년에 150파운드를 넘어서는 안된다. 이는 오늘날 약 17,000달러에 준하는 금액이다.
- 복음주의 교파 : 이 요건은 다소 폭넓게 적용된다.
- 지도자 : '실제적인 전임 사역의 책무를' 맡고 있어야 한다.[7]

다음 편지는 수지가 책 꾸러미를 받을 자격이 없는 사람에게 답장한 내용을 보여준다.

> 1878년 7월 25일
> 존경하는 선생님께,
>
> 당신이 안정적으로 정착한 목회자가 되는 순간, 여호와께서 나의 목숨을 살려주실 것이며, 당신의 요청에 응하는 것이 가장 큰 기쁨임을 알게 될 것입니다. 그때까지 저는 당신을 위해 이 편지와 함께 두 권의 책을 보내는 것, 그 이상의 일을 할 수 없습니다.
> 제가 섬기고 있는 북펀드 사역은 오직 가난한 목회자들을 돕고 그들을 위로하려는 목적으로 설립되었습니다. 저는 하나님을 섬기는 다른 사역자들의 필요에 대해서 안타까운 마음을 가지고 있지만, 저는 이 사역의 효율성과 완성도를 높이기 위해서 배포되는 책의 권수를 제한해야만 합니다.
>
> 수잔나 스펄전 올림[8]

수지는 신청서를 받으면 "일곱 또는 여덟 권의 책과 설교 몇 편과 가끔씩 너그러운 마음을 가진 후원자가 그녀에게 기증한 문구류들"로 구성된

---

[7] Ibid., 69.
[8] 이 편지는 런던에 위치한 메트로폴리탄타버내클에 소장되어 있다.

선물 꾸러미를 보냈다. 가난한 목사들은 또한 스펄전이 저술한 책, 「검과 모종삽」(*The Sword and the Trowel*)을 받아보기도 했다.[9]

경제적 상황이 좋지 않았던 어느 목회자는 자신이 가지고 있는 "책을 손으로" 셀 수 있을 정도였다. 수지는 그러한 목회자에 대해서 묘사하는데, 그는 자기 서재에서 "고개를 숙인 채 피곤해 보이는 몸"을 이끌고 와서 앉아 있었고, "영양이 부족"해 보였다. 그는 "깊은 책임감"과 "그의 마음에 맡겨진 영혼들의 무게"를 느꼈고, 자신의 설교를 감당하기 위하여 하나님께 간구했다.

그는 "피곤하고 지쳤으며" "이루 말할 수 없이 가난"했고, "자신이 가야 할 길이 고되다는 사실에 의해 거의 압도"되었다.[10] 찰스와 수지의 관계의 상당 부분은 그녀가 토요일 저녁 남편에게 주석서를 읽어줌으로써 설교 준비하는 것을 도와주던 서재에서 이루어졌다. 그들이 함께 보낸 토요일은 그녀가 섬기던 북펀드 사역에 영감을 주었다.

그녀는 "행복한 토요일 저녁"이 자신에게 "설교 준비를 할 때 필요한 좋은 서적들의 가치와 유익함"을 드러내 주던 시간이었다고 알려준다. 수지에게 있어서 그 시간들은 "가난 때문에 친절한 도움을 받지 못하는 사람들에게 궁핍함이 얼마나 큰 문제인지"에 대하여 더 많이 이해를 할 수 있는 유익한 시간이었다.[11]

찰스와 함께 보낸 토요일의 경험을 회상하면서, 수지는 마음속에 "책장이 갖추어지지 않은 상황 속에서 생각하는 동안 한숨을 쉬며 앉아있을, 책이 없는 가난한 사역자들"에 대하여 깊은 연민이 생겨났다. 그녀는 "그들의 문 앞에 서서 자극이 되며 필요한 책들을 놓아두어서, 목회자들에게 중

---

[9] Susan Valerie Barker (2017) "Susannah and the Lemon Tree": *Mrs C. H. Spurgeon's Book Fund, Baptist Quarterly*, 48:4, 159-67, DOI: 10.1080/0005576X.2017.1376536.
[10] Mrs. C. H. Spurgeon, *Ten Years*, 327.
[11] Ibid., 220.

요한 원천이 되며, 그리하여 사람들을 새롭게 해 주기를" 간절히 원했다.[12]

수지는 북펀드 사역을 통하여 책 꾸러미를 받는 가난한 목회자들에 대한 장면을 수천 번 정도 반복해서 설명했다. 다음 구절을 통하여 수지의 동정하는 마음, 글을 쓸 때의 작문 능력, 하나님의 선하심과 섭리에 대한 이해, 목회 사역의 가치, 교회를 향한 사랑, 그리고 북펀드 사역에 대한 비전을 엿볼 수 있다.

> 벨이 울리고, "목사님에게"라고 적힌 큰 소포가 놓여 있었고, 그의 방으로 단숨에 가져왔습니다. 곧 그는 안도감이 밀려오는 것을 느낍니다. 그는 위에 쓰여진 글자를 알아보았고, 그 안에 든 내용물이 무엇인지 금방 알아차렸습니다. 그는 기쁨으로 그 소포를 어루만집니다. 떨리는 손으로, 그는 매듭을 끊고, 주님 앞에서 그 보물들을 꺼내어 펼쳤습니다. 그렇습니다. 말 그대로 "주님 앞에" 서 있었습니다.
> 당신은 그가 펼쳐놓은 소포 옆에서 무릎을 꿇고서 때를 따라 도우시는 자비를 베푸시고 사막에 시내를 흐르게 하시고 광야에 꽃을 만개하게 하신 하나님께 감사와 찬송을 올려드립니다. 기도와 찬양이 그의 입술에서 섞여 나오는 동안 그의 손은 지오 뮐러 씨(Mr. Geo Müller)의 작은 책 위에 얹혀져 있습니다. 그는 책을 받아서 개봉했고, 굵은 글씨체로 쓰여진 하늘의 빛처럼 빛나는 첫 단어가 선명하게 보였습니다.
> "네 입을 크게 열라 내가 채우리라"(시 81:10).
> 우리가 필요한 것은 바로 이 말씀입니다. 이것은 하나님의 메시지입니다. 이것은 "권능의 말씀"입니다. 그리고 이 명령에 순종해야 하며 그 약속은 깨달음의 황홀한 순간에 성취됩니다. 그는 지금 완전히 무너졌고 눈물은 그의 두 뺨에 흘러내리지만, 슬픔이 아닌 기쁨의 원천에서 흘러나오는 것이며 그의 영혼을 새롭게 하고 고칠 것입니다.

---

12  Ibid.

주님은 친히 그에게 말씀하셨고, 주의 천사는 그에게 힘을 주었고, 흠모하는 친교의 시간이 지난 후에 은혜로우신 주인님께서 바라시는 것처럼, 그는 자리에서 일어날 때 더욱 강해져서 고된 노동과 고난을 잘 견딜 수 있게 됩니다. 그는 그 토요일 밤을 결코 잊을 수 없을 것입니다. 그 자비는 때마침 그가 겪고 있던 비참함에서 벗어나게 합니다. 그래서 그가 처한 어둠의 상태에 비친 빛은 소중했습니다.

만일 우리가 주일 아침 하나님의 집에 그와 함께 갈 수 있다면, 우리는 그 은혜로우신 뜻을 따라 주어진 축복이 그에게 임하는 것을 보았더라면 좋았을 것입니다. 아니, 그 이상으로, 생명을 공급하는 능력의 풍성함, 그의 마음으로부터 사람들의 영혼으로 흘러가는 모습을 보았더라면 좋았을 것입니다. 성도와 신자들은 똑같이 눈물을 흘립니다.

어떤 사람은 자신의 죄로, 어떤 사람은 회복된 기쁨으로, 둘 다 예수 그리스도의 얼굴에 나타난 하나님의 선하심과 은혜로 인하여 울었습니다. 한 사람의 마음에 던져진 하나님의 메시지는 많은 사람에게 반복되었고, 그 날에 하늘과 땅에 기쁨이 넘쳤습니다!¹³

하나님에 대한 수지의 확신은 이 글에서 분명히 드러난다. 하나님은 자신에게 요청하는 자녀들의 입을 열어서 채워주기를 원하시는 분이다. 하나님은 그들의 필요를 공급해 주시는 분이다. 하나님은 깨어진 마음을 가지고 힘들어하는 목회자들에게 은혜를 공급하시는 분이다. 이 글의 모든 행은 목회자들과 목회 사역에 주어지는 상급으로 가득 채워져 있다. 북펀드 사역에 대한 수지의 비전은 명확하다. 스펄전 여사의 북펀드 사역은 회중을 축복해 주는 목회자들에게도 축복이었다.

그녀의 결혼 생활 이전에 책이 그녀의 삶 속에서 어떤 역할을 하는지에 대해서 잘 몰랐지만, 그녀가 찰스를 만난 후로, 책과 글쓰기는 스펄전 집

---

13　Ibid., 327-28.

안의 우선순위이자 핵심이었다. 수지는 매주 6권의 책을 읽고, 출판을 위해서 자신의 설교문을 계속해서 수정하고 새로운 글을 쓰며, 마음이 성경으로 흠뻑 적셔졌고, 설교 준비를 위해 기도하는 마음으로 공부하는 한 남성과 결혼을 했다.

그녀는 진리로 채워져 있고, 학업을 게을리 하지 않고, 복음에 경도된 목사와 결혼함으로써 누릴 수 있는 혜택을 경험했다. 그리고 때로는 글쓰는 것이 지루했지만, 그는 자신의 교회와 가정과 수많은 사람이 받게 될 유익을 위하여 글 쓰는 목회자가 되는 가치를 붙잡았다.

수지는 찰스가 책을 중요시 여기는 태도를 반영하며, 그의 사역을 통하여 나타난 주님의 일로부터 유익을 얻었다. 그러므로 그녀는 목회자들에게 투자를 하면 그들이 그 배당금에 이자를 붙여서 갚을 것임을 알았다. 그녀는 집과 교회에서 그리고 찰스의 사역을 통하여 돌아오는 결과를 직접 목격했다. 이러한 경험들은 북펀드 사역에 대한 그녀의 비전에 힘을 공급했다.

## 1. 비전

북펀드 사역에 대한 수지의 비전은 그들이 도움을 받는 것이며 교회가 견고해져 가는 것이며 복음이 뜨거운 열정으로 앞으로 전진해 나가는 것이었다. 그렇지 않다면 목회자들이 자신들이 소유한 얼마 되지 않은 책에서 단순히 부스러기 조각들을 긁어 모으는 인상만 계속 남았을 것이다. 그녀는 그들이 가지고 있는 적은 자료만으로도 최선을 다하는 목회자들을 결코 폄하하지 않았다.

그래도 그녀는 때때로 미묘하게(그렇게 미묘하지는 않게) 교회들을 책망했는데, 그녀는 교회들이 자기 목회자들을 재정적으로 더 많이 지원할 수 있을 것이라고 생각했다. 수지는 경건한 목회자의 손에 들린 성경의 능력을 축소시키지 않았다. 그러나 그녀의 마음은 가난한 목회자들과 교육받지 못한 목회자들에게 쏟아 부어졌다.

그녀는 이들이 종종 자기 아내와 자녀들을 위한 양식을 제공하느라 고군분투할 뿐만 아니라, 맡겨진 회중들을 위한 영적 양식을 만들기 위하여 시간과 자료들을 관리하기도 어렵다는 사실을 발견했다. 이들은 경건한 사람들이었고 가르칠 수 있는 능력을 소유했지만, 자신들의 말씀 사역에 힘을 실어줄 수 있도록 도와줄 보조 자료가 없었다.

수지는 많은 목회자가 짊어지고 가야 할 경제적인 부담에 대하여 애통한 마음을 가졌다. 영수증이 쌓여가고, 아내와 자녀들이 입을 옷과 의료 혜택이 필요할 때, 수지는 그들이 사역에 집중하기 어렵다는 사실을 알았다.

## 2. 책임감

찰스는 편지쓰기, 책 선별, 우편발송을 위한 포장, 자세한 회계 기록 기입과 관련된 수지의 북펀드 사역을 기뻐했다. 수지는 종종 자기 남편을 존 플로우맨(John Ploughman)으로 불렀는데, 그는 찰스의 저작 『존 플로우맨의 그림들』(*John Ploughman's Pictures*)에 등장하는 시골의 현자이자 화자이다. 이 작품은 스펄전 자신의 삶을 보여주기 때문에 다소 자전적이지만, 스탬본(Stambourne)에 살던 자신의 사랑하는 할아버지를 떠올리기도 했다.

수지의 소망은 이러했다.

> 그의 책들을 널리 퍼뜨린다는 생각에, 사랑하는 존의 얼굴에서 광채가 나오는 것을 보는 것.[14]

---

[14] Ibid., 5-6.

만일 찰스가 그녀의 사역에 웃음을 지어 보였다면, 수지는 그 일이 "노력할 가치가 있는 것이며, 사랑은 순종보다 더욱, 갑자기 생겨난 계획을 완수하게 만드는 원동력입니다"라고 말했다.[15] 찰스는 하나님께서 "나의 사랑하는 아내를 말로 표현 할 수 없는 행복 속에 열매가 맺어지는 사역으로 인도하셨습니다"라고 강조한다.[16]

그는 북펀드 사역이 "고통받고 있는 나의 사랑하는 동료에게 위로의 통로를 열어주는 행복한 사역을 제공했고, 병약한 사람의 단조로운 삶에 큰 흥미를 가져다 주었습니다"라고 믿었다.[17] 찰스의 말은 교훈적이다.

> 이 사역을 통하여 그분[하나님]은 그녀를 슬픔에서 벗어나게 하시고 그녀의 삶에 화색이 돌게 하시며 자기 자신에게 집중하도록 하고 지속적으로 그분을 섬기도록 부르셨습니다. 그리고 세상의 기쁨이나 슬픔과는 다른 것이 최고가 되는 지역의 중심으로 그녀를 이끌어 주셨습니다.[18]

## 3. 도전

가난한 목회자들을 도우려는 수지의 노력은 실제로 자기 자신이 당하고 있는 고난에 집중하는 것을 방지할 수 있도록 도왔다. 그러므로 그녀는 그리스도와의 교제로 나아올 수 있도록 하며 "무한한 기쁨을 가져다 준", 자기 "삶에 대한 분위기와 농도"를 발견했다.[19] 찰스가 주목했던 것처럼, 힘들지만 기쁨이 넘쳤던 사역은 수지에게 행복감을 주었지만, 한편으로는

---

15 Ibid., 6.
16 Ibid., iii.
17 Ibid., 33-34.
18 Ibid., iii.
19 Ibid.

고통스러우면서 도전이 되기도 했다.[20]

그의 관점은 중요하다. 그들의 관계 초기에 찰스가 수지의 영적 성장에 관심을 가졌던 것처럼, 그는 결혼 생활 동안 그녀의 육체적, 영적 건강을 위하여 계속 헌신했다. 찰스는 북펀드를 "필수적이며" "유용하며" "긴급하게 필요한" 사역으로 여겼다.[21] 그러나 그 사역은 가끔씩 그녀에게 감당하기 힘든 짐을 짊어지게 하기도 했다. 찰스는 이러한 고통의 시간동안 그녀를 도왔다.

> 나는 이 일이 지금 현재 속도로 진행되고 있다는 사실에 대해 긴급 거부권을 행사해야만 합니다.[22]

그러나 그는 자신의 "거부권"을 행사할 때 신실한 마음으로 자기 아내를 격려하면서 그 균형을 맞추었다.

> 나는 당신을 퍼져가는 아픔을 치료하기 위한 약초를 모아 엑기스를 뽑아내는 사람이라고 생각합니다. 당신이 환자들을 치료하는 의사가 될 수 없다면, 그들을 치유하기 위한 약초를 재배하고 공급하는 사람이라도 될 것입니다. 유행하는 영적 인플루엔자는 주님께서 구원하심과 그로 인한 온전함으로 채우시는, 목소리와 펜을 통한 거룩한 영향으로만 완쾌될 수 있습니다. 당신은 책의 형태로 거룩한 약을 나눠줌으로써 당신의 역할을 감당합니다.[23]

수지는 고통의 짐을 진 채로 책 사역의 부담을 느꼈다. 그녀는 모금에 대

---

20  Ibid., iv.
21  Ibid., iii.
22  Ibid., iv.
23  Mrs. C. H. Spurgeon, *Ten Years After!: A Sequel to "Ten Years of My Life in the Service of the Book Fund"* (London: Passmore & Alabaster, 1895), 98.

한 엄청난 책임감을 느끼면서, 가끔씩 "압도되는" 것을 느꼈다. 그녀는 보고서를 쓰면서 가끔씩 "머리와 손"에 "지속적인 통증"을 느꼈다.[24] 1880년 9월, 수지는 새로운 보금자리인 웨스트우드로 이사한 직후, 다음과 같이 슬퍼했다.

이번 달에 쉬는 동안 안타깝게도 북펀드 사역 또는 편지에 대한 기록 없이 시간을 보냈는데, 개인적으로, 가족적으로 겪는 괴로움 때문에 평소처럼 사역을 진행할 수 없었기 때문이다.

그러나 그녀는 또한 "사랑받는 일이 우리[찰스 역시 그 당시에 문제를 안고 있었다]의 고난 때문에 중단되거나 그 사랑의 선물들이 나의 약함 때문에 파산되지 않았다"는 점이 감사하다고 이야기했다. 그녀는 아픔 속에서도, "필요한 편지를 썼고 모든 것이 원활하게 운영되었다."[25] 찰스는 수지가 북펀드 사역을 잠시 내려놓고 휴식이 필요한 상황임을 알아차렸다.

편지 더미가 쌓여있는 것이 두려워서 매일 아침에 일어나는 것, 글 쓰고 장부를 정리하면서 쉬지도 않고 온 종일 앉아 있는 것, 눈을 감기 전까지도 마지막 업무가 끝나지 않아서 크게 한숨을 쉬고 잠자리에 드는 것을 지속하는 것은 불가능합니다.[26]

이 북펀드 사역에 필요한 영웅적인 노력임을 보여주는 사례는 1883년 2월의 기록에서 찾아볼 수 있다.

수지는 이렇게 선언했다.

---

[24] Mrs. C. H. Spurgeon, *Ten Years*, 27.
[25] Ibid., 126-27.
[26] Ibid., iv.

나는 2월 한 달 동안 657통의 편지를 받았습니다. 숫자는 보기 쉽게 기록되었지만 이는 감당해야 할 노동량에 대한 암시를 보여줍니다.[27]

수지는 꼼꼼하게 기록하는 성향을 가진 사람이었다. 그녀는 자기 책상에 오가는 모든 파운드와 쉴링, 그녀의 책장에 보관하는 모든 책, 목회자들에게 보낸 모든 책에 대한 정보를 자기 일기장에 기록했다. 또한, 그녀는 답장을 했고, 목회자들에게 보내는 모든 책상자에 편지를 동봉했다. 수지의 가장 친한 친구이자 동역자인 엘리자베스 톤이 그녀를 도와주었다. 북펀드 사역은 목회자들에게 매우 도움이 되었지만, 수지에게 큰 부담으로 다가왔다.

그녀는 이렇게 기록했다.

사랑하는 친구들이여, 북펀드 사역은 모든 상황이 기분이 좋아지는 열매와 꽃들로 치장되지 않습니다. 여기저기에 숨겨진 가시들이 조금씩 발견되는데 부주의하게 그것을 만졌다가는 손에 상처를 입습니다.

때때로 그 상처는 건방진 목회자들이 책을 요구할 때 생기기도 했다. 수지는 자신의 사역을 레몬 나무에 비유했다. 나무의 가시들은 어려움을 묘사했다. 그녀는 다음과 같이 애통해 했다.

낙원의 꽃들은 의심할 여지없이 가시가 없겠지만, 이 지상에서는 손이 찔리지 않고 많은 장미꽃을 모을 수 없고, 날카로운 가시를 보고 비통해 하지 않고서는 윤기나는 레몬을 얻을 수 없으며, 하나님의 사랑이 아니고서는 다른 품종과 섞이지 않은 순수한 열매를 얻지 못합니다.[28]

---

[27] Ibid., 260.
[28] Ibid., 131-32.

찰스는 휴식과 휴가가 좋은 것이라고 믿었다. 그는 이렇게 주장했다.

> 우리가 매달 그리고 매년 휴식을 취하지 않으면 우리의 마음이 싫증나고, 우리의 영혼은 우울해지고, 우리의 심장 고동이 약해지며, 우리의 눈은 총명함을 잃어버립니다.[29]

그는 수지가 필요로 했던 도움과 휴식을 얻었음을 확신했다. 특별히, 그녀는 일이 많아지고 고난이 극심해져서 부담을 견디지 못하여 어깨가 축 처지고 부드러운 마음을 유지할 수가 없었다. 그러나 주님은 수지가 "고난의 학교"를 다니는 동안, 고난 가운데 "휴가"를 주셨고 생산성은 더욱 높아졌다.[30]

## 4. 보조 사역

북펀드 사역을 통하여 수지가 보낸 책 꾸러미는 가난한 목회자들의 집으로 보내졌다. 그녀는 비어진 책장, 텅 빈 찬장, 부족한 옷장을 머리 속에 떠올렸고, 열악한 환경 속에서 생활하며 사역했던 목회자들과 그들의 가족들을 향하여 온정을 보여주었다. 수지는 목회자 가정에 절대적으로 필요한 것들이 무엇인지를 너무 잘 알았기 때문에, 북펀드 사역으로부터 다른 보조 사역이 파생될 수 있게끔 했는데, 그것은 바로 '목회자 구제 기금'(Pastor's Aid Fund)이다.

'목회자 구제 기금' 사역을 통하여 수지는 돈과 옷을 가난한 목회자 가정들에게 나눠주었다. 때때로 예상치 못했던 구호품이 문 앞에 도착해 있

---

[29] 톰 네틀의 *Living by Revealed Truth: The Life and Pastoral Theology of Charles Haddon Spurgeon* (Fearn, Scotland: Christian Focus, 2013), 14에서 인용했다.
[30] Mrs. C. H. Spurgeon, *Ten Years*, 27.

었고, 그녀는 "신사복들을 담은 큰 상자"를 하나님께서 선하시다는 확실한 증거로 받아들였다. 수지에게서 옷과 후원금을 받은 목회자들은 옷이 닳아서 올이 드러난 채로 다니던 사람들이었다.

위에 언급된 상자들을 배달하고 나서, 수지는 입을 옷이 없었던 6명의 목회자로부터 편지를 받았다. 수지는 하나님의 공급하심에 감사했고, 그 옷들을 재빠르게 나눠주었다.[31]

어느 목회자는 수지에게 다음과 같이 편지를 보냈다.

> 내 아내와 두 여자 아이들은 평일과 주일에 입을 드레스가 한 벌씩 밖에 없습니다. 우리들 가운데 그 어느 누구도 부츠 한 켤레 이상 가지고 있는 사람이 없으며 심지어 그마저도 수선 상태가 엉망입니다.

수지는 이 목회자가 담당하고 있는 회중이 그들을 후원할 방법을 찾지 못했다는 사실에 화가 났다. 그러나 그녀는 그 목회자가 필요했던 것이 자신의 분노가 아니라 돈과 입을 옷이라는 사실을 알아차렸다. 그래서 그녀는 그 목회자에게 5파운드와 옷이 가득 들어있는 상자를 보냈다.[32]

이 북펀드 사역으로부터 다른 사역들이 파생되어 나왔다. 목회자컨퍼런스(Pastor's Conference)가 열릴 때, 책을 나눠주는 사역이 그러한 경우였는데, 수지가 선별한 학생들은 매년 열리는 이 컨퍼런스에서 책을 받았다. 북펀드 사역의 보조 사역으로 평신도 설교자에게 책을 보냈고, 설교문들을 소책자처럼 만들어서 런던과 전 세계로 보냈다. 뉴기니의 한 선교사로부터 온 편지는 이 사역의 의미가 어떠한지를 보여준다.

---

[31] Ibid., 153-54.
[32] Ibid., 422.

친애하는 스펄전 여사께 … 여러 해 동안 당신의 사랑하는 남편의 "설교들"을 우리에게 보내주셨는데, 그것들은 은혜의 방편이 궁핍하고 절실한 시절을 보내던 우리들에게 잔치와도 같았습니다. 그 설교들을 통하여 우리는 복을 누렸고, 힘을 얻었고, 그 말씀들을 새로운 사역에 적용했습니다. 이토록 복된 자료들을 정기적으로 공급받지 못한 것이 오히려 유익이었는데, 오직 영광스러운 앞날이 펼쳐질 미래가 우리를 기다리고 있기 때문입니다.[33]

## 5. 스펄전의 저작들

목회자들이 갖고 싶었던 책들은 스펄전이 저술한 것들이었는데, 『목회자 후보생들에게』(Lectures to My Students), 『데이빗의 금고』(The Treasury of David), 『설교 모음집』(Sermons), 그리고 수많은 책이 있다. 찰스에 대한 열렬한 사랑을 가지고 수지는 다음과 같이 이야기했다.

나의 사역에서 발견되는 대부분의 매력은 내가 사랑하는 남편이 쓴 귀한 책들을 매일 널리 전달하는 유쾌함에 있습니다.

수지는 이 책들이 "하나님께서 죄인들을 회심케 하시고 성도들을 위로하시는 저작이었고, 또한 이 책들 없이는 목회자의 서재가 완성되지 않을 정도로 거룩한 가르침과 영적 암시로 가득 찬 저작이었"다는 사실을 잘 알고 있었다.[34] 찰스의 작품 외에도, 수지는 또한 토마스 왓슨(Thomas Watson)의 『신학의 체계』(Body of Divinity), 피쉬(Fish) 박사의 『부흥 핸드북』(Handbook of Revivals), 그리고 목회자들에게 유익하다고 생각되는 수많은 양

---
[33] Ibid., 417.
[34] Ibid., 244.

서를 선별하여 선물했다.

그녀는 책을 선별했으며, 목회자들이 설교를 준비할 때 도움이 되지 않은 가치 없는 책들을 보내는, 분별력과 동정심을 보여주지 않았던 사람들에 관하여 조심스럽게 몇 마디 했다. 사람들은 때때로 피상성, 잘못된 신학 또는 다른 문제들에 기인하는, 본질적으로 쓸모없는 책들을 그녀에게 우편으로 발송했는데 그러한 책들은 버려졌다. 수지와 편지를 주고받은 한 수신자는 얼마나 찰스의 글이 귀중한지를 보여준다.

> 다윗의 시편은 노력하는 신자들에게 주어지는 최고의 위로입니다. 제 생각에는 당신의 존경받는 남편의 저작은 내가 본 책들 가운데 최고입니다.[35]

수지는 스펄전의 보물과 그의 설교들이 "그들[스펄전의 책을 받은 목회자들]이 느끼는 행복의 summum bonum(수뭄 보눔[최고선])으로 여겨졌다"는 사실을 받아들였다.[36] 그녀의 비전은 이러했다.

> [언젠가] 모든 교회들이 긴급한 필요를 느낄 수 있도록 깨어 있는 것이며, 가난한 목회자들의 서재가 『데이빗의 금고』(*The Treasury of David*)와 함께 고대와 현대의 고귀한 서적들로 가득 차 있는 것이다.[37]

## 6. 영국 국교회

놀랍게도 찰스의 책은 몇몇 영국 국교회 성직자가 찾기도 했다. 국교회의 수많은 성직자는 스펄전이 저술한 책들을 요청했고, 그들은 특별히 『설

---

[35] Ibid., 29.
[36] Ibid., 30.
[37] Ibid.

교 모음집』(Sermons), 『데이빗의 금고』(The Treasury of David), 그리고 스펄전이 쓴 다른 책들을 원했다. 수지는 그러한 요청을 기뻐했고 그 성직자들의 마음속에 있는 바른 교리에 대한 진정한 열망을 확인할 수 있었다.

그녀는 "한때 무시당하던 침례교 목사의 저작을 그 아내가 자원하여 도와주는 손길을 통하여 선물" 받고 싶어 했던 "젊은 성직자들"의 요청에 대해서 곰곰이 생각했다. 수지는 기쁜 마음으로 다음과 같이 이야기했다.

> 『데이빗의 금고』(The Treasury of David), 『목회자 후보생들에게』(Lectures to My Students), 『설교 모음집』(Sermons)을 그들의 손과 마음에 닿을 수 있는 범위 안에 둔다는 사실이 나를 즐겁게 만들었습니다.[38]

그녀는 영국 국교회 성직자들로부터 그 선물에 대한 긍정적인 이야기를 들었다. 때때로 그들은 강단에서 찰스의 설교를 요약해서 전하기도 했다. 아이러니하게도, 스펄전이 사역 초기에 "침례의 중생"(Baptismal Regeneration)을 설교한 후에 반감을 키워가던 영국 국교회의 여러 보좌 신부도 나중에는 자신들의 서재와 강단에서 찰스가 쓴 책들을 사용함으로써 그를 반겨주었다.[39]

편지와 선물을 통하여 전달된 수지의 따뜻한 손길은 의심할 여지없이 많은 성직자가 교회 예배 때 스펄전의 설교를 사용할 수 있도록 도움을 주었다. 수지는 "『데이빗의 금고』(The Treasury of David)를 나에게 요청했던" "젊은 보좌 신부"에 대해서 기록한다. "개인의 경건뿐만 아니라 설교를 준비할 때에도" 이 책을 사용하는 것이 그의 바램이었다.[40]

---

38 Mrs. C. H. Spurgeon, Ten Years, 150.
39 스펄전은 1864년에 "침례의 중생"(Baptismal Regeneration)이라는 제목으로 설교를 했었다. 이 설교에서 스펄전은 영국 국교회의 유아 침례에 대한 성례/중생적 관점을 강하게 반대했다. 이 설교는 그가 했던 설교들 중에서 가장 극렬한 논쟁을 불러일으켰다. 그러나 스펄전은 말년에 영국 국교회의 많은 성직자에게 환영을 받았다.
40 Mrs. C. H. Spurgeon, Ten Years, 151.

그는 수지에게 감사 인사를 전했다.

> 당신이 보내준 소포를 개봉하고 나서 나는 모든 선한 것과 완벽한 선물의 증여자가 되시는 그분께 무릎을 꿇고 감사하지 않을 수가 없었습니다. 그리고 그분께 이 책이 나의 영혼과 미래의 사역에 도움이 될 수 있도록 복 주시기를 기도했습니다.[41]

수지는 찰스의 책을 나눠줌으로써 목회자들을 위한 중요한 자료를 제공한다고 믿었다. 이러한 좋은 평가는 별개로 이루어지거나 그녀가 단순히 찰스를 사랑했기 때문이 아니라, 여러 목회자의 증언이 그녀에 대한 평가를 확증했다.

수지는 "그녀에게서 책을 추가로" 구입하기를 원했던 어떤 목회자에 대한 재미난 이야기를 들려준다. 이 목사는 가난했지만, 파이프 담배 피우기를 즐기던 사람이었다. 그러나 그의 책장에는 책이 별로 없었고, 돈을 담배 사는 데 사용하지 않고, 자기 책장에 귀중한 책들을 채우는 데 쓰기로 결단했다. 그는 자신이 즐겨하던 담배를 멀리하고, 그 대신 그 돈을 수지에게 보냈다. 수지는 그 목사의 편지를 좋아했고, 이렇게 이야기했다.

> 나를 즐겁게 해 주던 그 편지를 언제 받아보았는지 모릅니다. 나는 담배 피우는 것을 즐기던 그 착한 목사를 슬프게 해서는 안됩니다. 누군가는 지저분한 습관이라고 생각했을 수도 있겠지만, 어려운 싸움을 이겨낸 후에 자기를 부인하고 결단을 내린 그 목사님을 존경합니다.[42]

---

[41] Ibid.
[42] Ibid., 152.

수지는 담배 피우는 것을 반대하지 않았다. 그녀의 사랑하는 남편은 엽궐련(cigar)을 "하나님의 영광을 위해서" 즐겼다. 찰스는 말했다.

> 엽궐련으로 인하여 나의 극심한 고통이 가라앉고, 피곤한 뇌가 진정되며, 고요하고 상쾌한 수면을 할 때면, 나는 하나님께 감사드렸고, 그분의 이름을 찬양했다.[43]

담배 피우는 것이 비난받을 만한 도덕적인 사안은 아니었지만, 수지는 그 가난한 목사가 담배와 좋은 책의 가치를 비교했다는 사실에 대해서 감사를 표했다. 그리고 그녀는 그 목회자가 올바른 선택을 한 것이라고 생각했다. 그녀는 그의 모범을 하나님의 친절하심을 바라보게 하는 수단으로 사용했다.

> 그리고 비록 우아한 푸른 고리는 견고한 불길 옆에서 천천히 동그랗게 말리거나 오랫동안 길들여진 입술은 더 이상 가늘고 매혹적인 파이프대에 밀착하지 않지만, 훨씬 더 나은 기도와 찬양의 향은 약해지지 않을 것입니다. 왜냐하면, 주님은 자기 종의 입술이 "제단으로부터 가져온 불타는 숯에 닿으라"라고 명령하실 것이기 때문입니다. 그러한 영감(inspiration)은 그 모든 것을 보완하는 것 이상이 될 것입니다.[44]

수지는 교회들이 목회자의 사역에 대해서 너무 가볍게 여기는 것을 염려했다. 수지는 다음과 같이 촉구했다.

---

[43] *Tobacco Talk and Smokers' Gossip* (London: George Redway, n.d.), 31. 스펄전은 자기 책장에 이 책을 보관하고 있었다.
[44] Mrs. C. H. Spurgeon, *Ten Years*, 153.

하나님의 사람들이여, 여러분을 지도하는 목회자를 향한 사랑을 다시 한 번 넘치게 하십시오. 축 늘어진 그들의 손을 붙잡아주시기 바랍니다. 그리고 그들의 연약한 무릎에 힘을 실어 주십시오. 공감, 기도, 축복으로 그들을 도와주세요.[45]

그녀는 자신의 영향력이 닿을 수 있는 범위에 있는 모든 사람들을 격려했다.

사랑하는 친구들이여, 당신을 지도하는 가난한 목회자들을 도와주세요. 당신들이 주님을 위하여 그들에게 베푼 축복은 결국 풍성하게 짐을 실은 배처럼 되돌아 올 것입니다. 그 축복은 당신에게 영적인 보상을 실은 천상의 화물선을 가져다 줄 것입니다.[46]

수지는 스펄전이 세상을 떠나고 나서도 11년 동안 북펀드 사역을 섬겼고, 자신의 필요를 돌아볼 필요가 있었지만 이 사역에 시간과 노력을 집중적으로 쏟아 부었다. 찰스의 친구이자 출판사 직원이었던 패스모어(Passmore)와 알라바스터(Alabaster) 역시 수지의 저작물을 출판했다.

그들은 수지가 북펀드 사역에 관하여 쓴 두 권의 책을 판매함으로 수익을 창출하지 않았다. 대신에 그들은 그 수익을 그녀에게 주었다. 그리고 그녀는 자신의 작가 로열티를 북펀드 사역에 기쁜 마음으로 기부했다. 북펀드 사역은 수지에게 수많은 웃음을 가져다 주었고, 하나님의 나라를 위하여 많은 것을 성취할 수 있었던 무대를 제공했다.

---

[45] Ibid., 224.
[46] Ibid., 155.

이 펜을 잡고 있는 손은 많이 지쳐있습니다. 그리고 펜대를 움직이게 하도록 명령하는 두뇌는 지칠대로 지친 나머지 과로 상태입니다. 곧 자정을 알리는 종소리가 울릴 것이고, "땅에서 불어오는 산들바람은 천국의 노래로 넘칩니다."

여러 해 동안 나와 함께 이 멋진 섬김을 기쁜 마음으로 참여한 사람들에게 부드러운 어조로 안녕이라고 말하는 것, 그리고 주님 앞에 홀로 나아가 축복의 해를 다 보내고 마지막에 복을 주시는 측량할 수 없는 사랑하심과 선하심으로 인하여 그분을 찬양하는 것은 합당하고 현명한 일입니다.

# 웨스트우드로 이사하다
### 계속되는 북펀드 사역

나이팅게일 레인에서 23년을 거주하고 그 집 안에 가득한 기억들을 마음속에 담아둔 다음에는, 새로운 앞날이 찰스와 수지를 기다렸다. 그들의 모험은 이웃에게 영향을 끼쳤던 도시로부터 런던에서 가장 높고 매력적인 곳들 가운데 한 곳으로 멀리 이사를 하면서 시작되었다. 이곳은 맑은 공기와 넓은 공간을 제공해 주었다.

수정궁 근처 뷸라 힐(Beulah Hill)에 위치한 웨스트우드는 찰스가 원했던 조금 더 전원적인 환경을 제공했고, 넓은 집은 수지가 북펀드 사역을 관리하며 손님을 접대하기에 이상적인 장소였다. 물론 수지가 맡은 첫 번째 임무는 찰스가 자신의 새 서재를 위하여 집의 인테리어를 선택할 수 있도록 도와주는 일이었다.

찰스와 수지는 웨스트우드로 이사하면서 수많은 혜택을 누릴 수 있을 것으로 생각했다. 만약 새로운 장소가 그들에게 더욱 건강해질 수 있도록 도움을 준다면, 가구와 개인적인 물품들, 스펄전의 도서관, 북펀드에 사용되는 책들을 포장하는 수고를 견뎌낼 가치가 있을 것이다. 수정궁이 집 근처에 위치해 있다는 것은 보너스였는데, 26년 전 6월의 어느 저녁에 수지와 찰스의 낭만이 태어난 곳이었기 때문이다. 1880년 수지는 다음과 같이 일기를 썼다.

8월 1일부터 18일까지 … 새로운 거주지로 신속하게 이사를 해서 생긴 혼란과 불편함 속에서, 북펀드 사역은 어쩔 수 없이 잠정적으로 중단을 해야 합니다. 편지를 통한 의사소통은 계속되고, 미래의 풍성함에 대한 약속은 책을 받아보기를 열망하는 목회자들의 마음을 기쁘게 만들 것입니다. 그러나 몇 주 동안 평소처럼 준비를 하지도 소포를 발송하지도 못할 수 있습니다.

지난 4년간 이 사역을 위하여 매주 목요일마다 이 기쁜 일에 헌신해 왔고, 이 사역을 섬기고자 했던 수많은 사람의 손길과 수고는 감동 그 자체였고, 매주 금요일 아침 정한 시간에 글로브익스프레스(Globe Express) 밴은 이 사랑이 담겨 있는 선물을 실어 날랐습니다.

하지만, 아! 이러한 시간에 모든 주문과 규칙은 어쩌란 말입니까!

방은 어지럽혀져 있고, 책장은 비어 있고, 책은 어마어마하게 큰 상자들 속에 있고, 불편함은 최고조에 이르렀습니다.

"이 이사로 인해 우리의 보금자리가 이렇게 엉망이 되었단 말입니까!"

23년 동안 사랑스럽고 정든, 행복과 교제가 있던 그 곳을 향한 그리움이 물밀듯 밀려옵니다. 황량한 방벽에 걸려 있는 색감이 넘치는 테피스트리(색실로 짠 주단)처럼 집과 정원의 모든 구석마다 좋은 기억과 슬픈 기억, 그리고 여러 가지 고마웠던 일에 대한 기억이 넘쳐납니다. 이곳에서 거의 한 세기의 4분의 1 정도 되는 시간동안 더 없이 행복한 결혼 생활을 보냈고, 남편과 아내 모두가 극심한 신체적인 통증과 연약함의 시간을 보냈지만, 우리 집은 '보훔'(Bochum)보다는 훨씬 자주 '벧엘'(Bethel)이 되었습니다.

우리의 멈추지 않는 감사로 항상 떠들썩했기 때문에 방에 있는 벽들은 우리에게 불평했을 것입니다. 이는 주님께서 우리에게 좋은 것들로 채워주셨고 그분의 위대한 사랑과 자비하심으로 모든 공간을 거룩하게 하셨기 때문입니다.[1]

---

1   Mrs. C. H. Spurgeon, *Ten Years of My Life in the Service of the Book Fund: A Grateful Record*

수지는 '벤엘'을 뒤로하고 다른 사람이 오랫동안 머물렀던 집으로 이사 했지만, 하나님은 자신과 찰스를 '앞으로 전진'할 수 있도록 인도하고 있음을 확신했다. 그들이 헬렌스버러 집을 떠나기 전에, 찰스는 새 거주자들을 위해서 시 한 편을 남겨 두었다.

> 꽤 괜찮았던 방에게 작별인사를 고하며,
> 나는 너를 친구에게 남겨 두고 떠난다
> 그와 모든 가족에게 평화가 있기를
> 천사들이 이 집을 보호해 주기를
> 그들의 주님이 그 안에 계시기를²

수지는 웨스트우드에 대한 첫 인상을 설명하면서, "번연의 '아주 맛있어 보이는 산들'(Delectable Mountains, 『천로역정』에서)을 떠올렸습니다"라고 이야기했다. 수지는 웨스트우드에서 "정원, 들판, 과수원"에서 "아름다움이 가진 경이로움"을 발견했다.³ 그것들은 "바라보는 사람들에게 예쁜 광경"을 선사했다.⁴

불라 힐에 위치한 그들의 집은 번연이 사용했던, "크리스천"(Christian)과 "믿음"(Faith)이 "공기에서 달콤한 향이 나고 기분이 좋아지게 만드는" 불라 지역으로 들어가는 이미지를 떠오르게 했다.⁵ 웨스트우드는 찰스와 수지가 원했던 집이었다. 그들은 건강 악화로 고난의 시간을 보냈지만 아직

---

*of My Experience of the Lord's Ways, and Work, and Wages* (London: Passmore & Alabaster, 1887), 123-24.
2 H. L. Wayland, *Charles H. Spurgeon: His Faith and Works* (Philadelphia: American Baptist Publications: 1892), 227.
3 Ibid.
4 Mrs. C. H. Spurgeon, *Ten Years*, 227.
5 John Bunyan, *The Pilgrim's Progress* (repr., John C. Nimmo, Ltd, 1895; Edinburgh: The Banner of Truth Trust, 1977), 178.

은 비교적 젊었다. 그때 당시 찰스는 46세였고 수지는 48세였다. 그들은 함께 그리스도를 섬길 더 많은 날을 기대했다.

웨스트우드에서는 9에이커의 땅과 작은 호수가 내려다 보였다. 집 자체는 화려한 장식과 여러 개의 방이 있는 거의 대궐 같은 곳으로 묘사된다. 사실, 찰스는 과도한 세금으로 가계에 좋지 않은 영향을 미치는 것과 그가 경박하게 생활한다고 생각하는 사람들로부터 비난받을 것에 대한 염려 때문에 처음에는 이 집을 사지 않으려고 했다. 그러나 그 집과 부지는 싼값에 매물로 나왔던 상황이었다.

나이팅게일 레인에서 조용한 동네에 대한 선호도가 증가함에 따라서, 헬렌스버러 집에 대한 부동산 가치가 상승하게 되었다. 그러므로 찰스는 그들이 살던 집을 팔고 웨스트우드로 이사 올 수 있었고, 빚을 지지 않고 거의 본전으로 그 집을 구입했다.

웨스트우드에서 처음으로 기념했던 중요한 이벤트는 1881년 1월 8일, 찰스와 수지의 결혼 25주년이었다. 그들의 계획은 즐거운 한때를 기념하기 위해서 시작되었지만, 질병이라는 어두운 그림자가 찰스에게 드리워졌기 때문에 차질이 생겼다. 그럼에도 불구하고 수지는 "밝은 희망"을 보았다.

> 나는 병실 창밖으로 불라 힐의 기쁨과 영광이었던 넓은 광경을 내려다 보았고 소용돌이치는 안개 너머, 저 멀리 보이는 평야나 언덕 쪽을 바라보았습니다. 또한, 내가 좋아하던 장소는 태양이 "그 등불을 빛내고 있는", 따뜻하며 밝고 아름다운, 땅에서부터 하늘로 그 광선의 사다리가 야곱의 꿈에 등장하는 천사들처럼 오르락내리락 하던 곳이었습니다.[6]

수지는 찰스에게 다가가서 격려를 해 주었다.

---

[6] Mrs. C. H. Spurgeon, *Ten Years*, 148.

내 사랑, 용기를 가지세요. 태양은 빛나기를 멈추지 않으며, 우리 하나님은 여전히 은혜로우십니다.[7]

찰스는 요양하고 있었고, 그들이 웨스트우드에 정착하는 동안, 수지는 북펀드 사역에 박차를 가했는데, 영국 전역에 살고 있는 많은 목회자가 여전히 가난했으며, 그녀는 그들의 짐을 조금이라도 덜어 주고 싶어 했기 때문이었다. 북펀드 사역은 목회자들의 집에서 볼 수 있는 모든 심각한 문제에 대한 해결책은 아니었지만 어느 정도는 문제를 완화해 주었다. 찰스는 이렇게 물었다.

어떻게 우리 사역자들 중에서 많은 사람이 책을 살 수 있단 말입니까? 도대체 어떻게 마을에 사는 사람들이 그 책들을 접할 수 있겠습니까? 만약 그들이 마음이 굶주린다면 그들의 사역은 무슨 소용입니까? 이 임무는 여러 목사관에서 걷잡을 수 없이 일어나는 기근을 완화하는 것이 아닙니까?[8]

수지는 이렇게 이야기했다.

그래서 나의 주님의 종들을 섬기는 것이 기쁨입니다.[9]

그녀는 자신의 섬김을 중단하기보다 자신이 당한 고난이 오히려 더욱 큰 기회를 제공하고 있음을 느꼈다.

---

7   Ibid.
8   Ibid., iii.
9   Ibid., 70.

은퇴 이후의 제 삶은 사회적 교류의 기쁨을 느끼지 못하게 했지만, 즐거움의 세계로 나아갈 수 있도록 새로운 문을 열어 주었습니다.[10]

사회적 기쁨을 누리지 못하는 수지는 아름다운 자신의 집 벽 뒤에서부터 섬기면서 행복을 발견했다. 1886년부터 기록된 스펄전 여사의 북펀드 사역의 장부는 한 해 9,941권의 책을 나눠주었다고 기록했다. 찰스는 다른 병으로 한바탕 고생한 이후로 회복을 하면서 프랑스의 멍똥(Mentone)에 머무르고 있었다.

> 나는 이전과 거의 비슷한 환경 속에서 올해에 대한 마지막 기록을 적고 있습니다. 어둑어둑하면서도 조용한 서재, 빈 의자, 사용하지 않은 책들이 길게 늘어선 엄숙함, 펜이 쓸쓸해 보이고 풀이 죽어있는 자세를 한 채로 닫혀있는 잉크스탠드, 흩어진 종이와 바쁜 삶과 일의 흔적들의 부재, 이 모든 것은 나의 사랑하는 남편이 현재 집을 떠나 있다는 사실과 나의 쓸쓸함을 보여줍니다.
> 사랑하는 남편에 대한 염려는 또다시 나를 괴롭혔습니다. 오! 이것은 참으로 우리 모두에게 견디기 힘든 일이었지만, 아버지의 사랑의 손길로 맡겨진 은혜와 "그가 모든 것을 잘했도다"(막 7:37)라고 믿는 믿음 때문에 견딜 수 있습니다.[11]

찰스는 기력을 회복했고 수지는 자신의 기도를 들어주신 하나님을 찬양했다.

---

10　Ibid.
11　Mrs. C. H. Spurgeon, *Ten Years After!: A Sequel to "Ten Years of My Life in the Service of the Book Fund"* (London: Passmore & Alabaster, 1895), 26.

> 그리고 하나님께서 진정으로 기도를 응답하셨습니다. 우리는 이전에 그분 앞에서 불평을 쏟아 내는 시간을 가졌기 때문에, 그는 자신의 사랑하는 종이 갇혀 지내던 상황을 바꾸시고 당신의 말씀을 보내주셨고 그를 고쳐 주셨습니다. 확실히 그분의 자비는 영원합니다.[12]

수지와 찰스가 겪었던 긴 이별의 시간은 짊어지기 무거운 짐과 같았다. 심지어 찰스의 서재의 물건들은 의인화가 되는 듯하며, 찰스가 떠난 후 자신이 홀로 남았다는 사실을 매일 상기시켜 주었다. 외롭고 병든 아내는 남편과 함께 있기를 간절히 원했지만, 하나님의 섭리는 그것을 금했고 심지어 그 기간이 길어질 때도 있었다.

그러나 그 깊은 외로움 속에서 그들은 하나님의 자비가 풍성하고 자신들의 삶을 지탱해 주었음을 발견했다. 수지는 찰스의 서재에서 저술 활동을 하기도 했으며 찰스의 서재에 대해서 글을 쓰기도 했다. 1887년 그녀는 또 다른 일화를 들려준다.

> 나는 남편의 잉크스탠드에 있는, 그가 최근까지도 사용했던 펜을 가지러 서재로 갔습니다.[13]

그의 펜에 대해서 그녀는 이렇게 말했다.

> 그것은 최근 저술의 흔적을 간직했습니다. 그것은 사람의 마음에 영적 불을 지폈던 기록된 언어들을 가지고 있었습니다. 그것은 죄악에 빠진 영혼들이 구주를 간절히 기다리게 만들었을 중요한 문장들을 써 내려갔습니다.[14]

---

12 Ibid.
13 Ibid., 27.
14 Ibid.

물론 그녀는 그 펜에 어떤 마술적인 힘이 있는 것이 아니라, 단지 그것은 "움직이지 않고 망가질 수 있는 날카로운 철 조각에 불과합니다"라고 생각했다.[15] 그래도, 사람들이 주님을 볼 수 있도록 찰스가 어떻게 이 펜을 사용했는지를 상기시켜 주었다. 수지는 자신의 필요를 채워주시는 하나님을 바라보았다.

> 나는 그 펜을 내려놓고, 무기력함 속에서도 두뇌를 가동시키고, 마음과 손을 움직이게 하실 수 있는 그분을 간절한 마음으로 바라보았습니다. 무언의 기도에 대한 응답이 다음 페이지[북펀드 사역에 대한 보고서]에서 이루어질 것입니다.[16]

어떤 면에서 이 서재는 수지와 찰스의 결혼 생활과 사역을 나타내는 적절한 그림이다.

편지에 답장하고, 책과 논문과 보고서를 쓰던 그들의 펜대는 얼마나 재빠르게 움직였을까!

서재에서 그들은 함께 성경 주석서를 읽고, 함께 기도하며, 함께 영적으로 성장해 나갔다. 찰스가 부재중일 때, 수지는 찰스의 책상에 앉아서 그가 사용하던 펜을 집어 들어 잉크통에 찍고서는 멋진 글을 써 내려갔다.

이러한 사실에 대한 사려깊은 기록은 그녀가 성경과 바른 신학을 중요하게 생각한다는 모습을 보여준다. 1889년에 그녀는 건강한 믿음을 전제로 한 책들을 목회자들에게 후원해 주기로 한 그녀의 결단에 대하여 설명한다.

> 그들이 '새로운 신학'을 찾을 수 있도록 돕는 것이 아니라, 전통적인 '하

---

15 Ibid.
16 Ibid.

나님의 은혜의 복음'을 격찬하게 하는 것이 내 후원의 중요한 목표입니다. 하나님의 거룩한 진리를 훼손시키거나, 더 많은 것을 안다고 하거나, 모든 선지자들과 사도들보다 더 깊고 명확하게 이해한다고 공언하는 책은 단 한 권도 후원하지 않습니다!<sup>17</sup>

수지는 '내리막길 논쟁'(Down-Grade Controversy) 이후에 이 글을 썼다. 찰스는 1887년에 처음으로 자신이 발행하는 잡지 「검과 모종삽」(*The Sword and the Trowel*)에서 신학적인 "내리막"에 대하여 기고했다. 신학적인 퇴보는 성경의 영감에 관한 의심이 그 중심에 자리 잡고 있었다. 찰스가 자신이 속해 있던 교단에 '성경 영감설'에 오류가 있다는 주장을 재고하고 수정하도록 권면했을 때, 믿음의 고백을 수용하게 하려는 그의 해결책은 거절되었다.

찰스는 1887년 10월 28일 침례교 연합(Baptist Union)에서 탈퇴했다.[18] 결과적으로 그는 자신이 세운 대학에서 가르치던 학생들을 포함해서 오랜 친구들을 잃어버렸다. 이 사건은 찰스와 수지에게 있어서 마음이 무너지는 경험이었다. 웨스트우드는 사역이 이루어지며, 가족 예배를 드리며, 환대가 넘쳐나며, 패스터스칼리지 학생들이 찰스와 수지와 함께 "질문의 오크나무"(Question Oak) 아래서 모였던 곳이었다.

그리고 사랑이 넘쳐나고, 수많은 책이 가난한 목회자들의 빈 책장을 채움으로써 희망과 기쁨을 가져다 준 장소이기도 했다. 그곳은 또한 찰스와 수지가 손자 손녀를 보기도 했던 곳이었다. 찰리와 그의 아내 사라는 스펄전 가족이 웨스트우드에서 살아가는 동안 그레이스 수지(Grace Susie), 도로시아(도라[Dorothea/Dora]), 콘스탄스(Constance) 이렇게 세 명의 자녀들을 낳았다. 아이들 모두 할머니가 일하던 단체를 좋아했다.

---

17 Ibid., 77-78.
18 Iain H. Murray, *The Forgotten Spurgeon* (1966; repr., Edinburgh: The Banner of Truth Trust, 2012), 152. 이 논쟁에 대한 상세한 설명을 위해서 6-8장을 보라.

1885년에 (콘스탄스가 태어나기 전), 수지는 그레이스 수지와 도라에게서 선물 꾸러미를 받았다. 그 안에는 동전과 함께 "수지와 도라가 사랑하는 할머니의 북펀드 사역을 위해서 드리는 새해 선물"이라는 메모가 들어 있었다. 수지는 평생 자기를 도와준 찰스의 손주들을 품에 안는 것이 "새롭고 아주 놀라운 경험"임을 발견했다.

그녀는 이 사역이 자신의 손자 손녀에게 좋은 훈련이라고 생각했으며, 훗날 자신이 이 세상을 떠나면 그들이 이 사역을 이어서 감당하는 모습을 상상해 보기도 했다. 그녀는 향수어린 추억들을 가슴에 안은 채, 다음과 같이 기록했다.

"할머니!"
아! 바로 나지요!
어떻게 하루하루가 지나가는지요!
이 두 꼬마 아가씨들의 아빠도 역시 울고 웃던 어여쁜 아기였고, 그때가 바로 어제 같습니다. 아이를 키우면서 나는 가장 놀랍고 뛰어난 방법을 생각해 냈습니다. 그러나 여러 해가 지나갔습니다. 그는 지금까지 삶을 여행해 왔으며, 자기 아이들은 그가 어렸을 때처럼 우는데, 그 집에 감미로운 어린아이의 노래가 울려 퍼지고 있습니다.
어디선가 "할머니"하고 부르는 소리가 들립니다![19]

그 선물을 받았을 때 수지는 "자기 어머니를 향한 사랑을 삶 가운데 누릴 수 있는 기쁨으로 안겨 준 사랑하는 아들"에게 답장했다.[20] 찰스 역시 손주들을 기뻐했다. 그는 그들을 "세 명의 사랑스런 아이들"이라고 불렀다. 1889년 5월 31일에 웨스트우드에서 자신의 며느리 사라에게 보낸 편

---

19 Mrs. C. H. Spurgeon, *Ten Years*, 355-56.
20 Ibid., 357.

지에서 그는 선물로 추정되는 것을 자기 손녀들에게 전해 주려고 했던 사실을 기록했다.

> 사랑하는 딸아, 그날이 괜찮은 날이고 내 몸 상태가 충분히 괜찮다면, 나는 토요일 3시 30분쯤 방문해서 인형들을 전달해 주고 싶단다. 그리고 나는 너의 편지를 가지러 갈 것이다. 너의 사랑하는 아버지, C. H. S[21]

1889년 9월에 찰스와 수지는 손자 찰리와 사라의 첫 아들인 찰스 필립 스펄전(Charles Philip Spurgeon)을 맞이했다. 이 부부는 헌아식을 하기 위해서 그 아이를 웨스트우드로 데려왔다. 찰스는 예배를 인도하면서, "그 아이를 하나님께 드렸다."[22] 한 해가 지난 1891년에 하나님은 이 아이를 데려가셨다. 수지는 이렇게 기록했다.

> 지금까지 본 아이들 중에서 가장 밝고 어여뻤던 그는 우리 마음의 기쁨이자 기대였다. 그러나 선물과 같았던 아이는 갑자기 세상을 떠나버렸다. 그리고 우리 생각에, 우리와 함께 있던 그 아이는 지상에서 많은 예배를 드리는 것처럼 천사들과 함께 하나님을 찬양하러 간 것이다.[23] (찰리와 사라는 1891년 10월에 또 아들을 가졌고, 그의 이름은 찰스 올리브 스펄전[Charles Oliver Spurgeon]이었다).

어린 찰스 필립 스펄전은 수지와 찰스의 손자들 중에서 이 세상을 떠났던 유일한 아이가 아니었다. 토마스와 그의 아내 릴라(Lila)는 결혼한 지

---

21  C. H. Spurgeon, *The Letters of Charles Haddon Spurgeon* (Collected and Collated by His Son Charles Spurgeon), (London; Edinburgh; New York: Marshall Brothers, Limited, 1923), 90, Logos Software.
22  C. H. Spurgeon, *Autobiography*, 2:193.
23  Ibid.

일 년이 채 안되었을 때 토마스가 목회 사역을 하던 뉴질랜드의 오클랜드에서 1888년 크리스마스에 마거릿 메이(Marguerite May[Daisy])가 태어났다. 크리스마스에 태어난 이 아이는 스펄전가 사람들에게 큰 기쁨을 가져다주었지만 데이지가 3월에 이 세상을 떠나면서 기쁨은 슬픔으로 변했다.

토마스의 전기 작가 풀러튼은 다음과 같이 기록한다.

> 이 슬퍼하고 있는 부모는 세상을 떠난 이 아이의 사진을 단 한 장도 가지고 있지 못했고, 그들 마음속에 남아 있는 이미지로 밖에 기억할 방법이 없었다. 그들은 아이가 조금 더 자랄 때까지 사진 찍는 것을 뒤로 미뤘기 때문이었다.[24]

토마스는 데이지의 죽음으로 마음이 무너졌고, 아이 사진 찍는 것을 뒤로 미루었지만, 아이를 잃어버린 부모들과의 관계를 평생 동안 형성했다.[25] 이후에 토마스와 릴라는 두 명의 다른 아이, 토마스 헤롤드(Thomas Harold[1891])와 베라(Vera[1893])를 맞이했다. 수지는 모든 손자들과의 관계 속에서, "주님이 원하시는 것처럼 현명하고 상냥한 할머니"가 될 수 있기를 소망했다.[26]

찰스와 수지가 웨스트우드로 이사하기 바로 직전에, 토마스는 호주로 떠났다. 그는 그곳의 따뜻한 기후가 자신의 건강 상태를 회복시킬 수 있기를 소망했다. 그곳에서 토마스는 사역할 수 있는 여러 기회를 얻었고, 결국 뉴질랜드에서 목회자로 살아갔다. 자신의 부모와 5년을 떨어져 지낸 후, 토마스는 런던으로 돌아와 웨스트우드를 방문했을 때 수지는 다음과 같이 기록했다.

---

[24] W. Y. Fullerton, *Thomas Spurgeon: A Biography* (London: Hodder and Stoughton, 1920), 131-32.
[25] Ibid., 132.
[26] Mrs. C. H. Spurgeon, *Ten Years*, 357.

오늘 아침 10시쯤, 사랑하는 아들이 내 품으로 돌아왔습니다. 5년 동안 그가 멀리 떨어져 있음으로 생긴 아픔은 거의 사라졌습니다. 그는 아버지와 어머니를 보기 위해서 16,000 마일을 달려왔습니다. 서로가 살아가던 세계 속에서 각자 드린 기도는 하늘에 상달되었고, 그로 말미암아 이 사랑하는 여행자가 안전하고 순조로운 여행을 할 수 있었을 것입니다.[27]

토마스는 "최고의 부모님" 집으로 올 수 있어서 너무나도 기뻤다.

토마스가 어머니 품으로 돌아왔을 때 웨스트우드가 그를 받아주었던 것처럼 이곳은 모든 계층의 사람을 받아주었다. 수지는 사람들을 환대하기 위해서 너그러운 마음으로 자신의 집을 개방했고, 찰스는 많은 방문자를 따뜻하게 맞아주었다. 뷸라힐의 위치는 찰스로 하여금 많은 호기심 넘치는 방문자로부터 보호해 주기에 충분할 정도로 개인적인 공간이었지만, 대도시 근처에 위치해 있어서 환영받은 손님들이 모닥불 옆에 앉거나, 찰스와 수지와 함께 가족 예배에 참석했다.

학생, 작가, 가난한 목회자, 고위 관리, 무디(D. L. Moody)와 같은 종교 지도자는 웨스트우드에서 따뜻한 환대를 받았다. 무디는 미국의 위대한 복음주의자로서 찰스가 사랑하던 친구들 가운데 한 사람이었다. 찰스가 이 세상을 떠난 후에, 수지는 무디에게 자기 남편이 가장 아끼던 성경을 보내주었다. 찰스의 한 친구는 다음과 같이 기억했다.

> 그는 저녁 식사 후에 자기 주위에 형제 자매된 무리들이 함께 모여 "자비의 이야기들"을 나누기를 얼마나 기뻐했는지 모릅니다!
> 그는 흥미로운 눈빛으로 차례차례로 각자 이야기하는 것에 귀 기울였고, 흐르기 시작하는 눈물은 얼마나 그의 부드러운 신뢰의 마음이 감동되었는

---

27 H. L. Wayland, *Charles H. Spurgeon: His Faith and Works* (Philadelphia: American Baptist Publication Society, 1892), 230.

지를 말해줍니다.

어떤 "자비의 이야기들"을 그가 이야기할 수 있었을까요!

우리는 그들을 잊을 수 있을까요?

어떻게 그들은 그 기억을 떠올렸을까요.[28]

찰스는 보통 초대 손님과 함께 백조를 보기 위해 연못과 마굿간을 산책했다. '브라우니'와 '뷰티'라는 찰스가 돌보던 두 마리의 조랑말 이름은 마굿간에 선명히 새겨져 있었다.[29] 웨스트우드에는 양치식물 재배지, 정원, 10마리의 소가 있는 농장이 있었다. 수지는 소농장을 관리했다. 우유를 팔아서 그 수익으로 지역의 기독교 서적을 파는 행상인을 후원했다.[30]

스펄전의 집에 초대된 손님은 "배, 복숭아, 자두, 꿀, 찰스의 정원에서 나오는 모든 것"으로 대접받았다.

차를 마시고, 찰스의 가족과 하인들은 함께 기도회를 가졌다.

그 손님은 수지에 대해서 이렇게 말했다.

친절하게도 그녀는 북펀드 사역이 이루어지던 문서작업 장소와, 그 책들이 보관되어 있고 소포를 포장해 둔 작은 방을 저에게 구경시켜 주었습니다.[31]

그는 수지를 "태어나면서부터 천사"라고 불렀다.[32]

---

28  Ibid., 233.
29  Ibid., 234.
30  Ibid.
31  Ibid., 237.
32  Ibid., 239.

스펄전의 친구 제시 페이지(Jesse Page)는 웨스트우드에서 보냈던 날들 가운데 하루를 기억했다.

> 그의 집에서 위원회 모임을 가진 다음이었습니다. 일은 끝났습니다. 우리는 차를 마시던 자리에서 일어나서 아름다운 장소를 산책했고, 다시 집으로 돌아왔습니다. 그는 성경을 펴서 읽었는데, 성경의 중심부를 열어 자신이 할 수 있는 대로만 읽고 풀어주었습니다. 친애하는 스펄전 여사는 자신을 오랜 시간동안 지치게 만드는 병으로부터 천천히 회복되고 있었고, 소파에 앉아서 우리와 즐거운 교제를 나누고 있었습니다.
> 성경 읽기를 마치고 그는 "우리는 하나님의 가족의 일부입니다. 그분께 가까이 나아가 대화할까요?"
> 우리가 무릎을 꿇었을 때 그는 한 팔로 수지를 감싸 안은 채 강청하는 기도의 열정으로 자신의 영혼을 쏟아부었습니다. 우리는 그 시간을 결코 잊지 못합니다. 마치 하늘의 문이 활짝 열리는 것 같았고, 하나님 아버지의 미소와 함께 빛나는 광선이 그 방으로 들어왔습니다.[33]

이렇게 사랑을 나누며 환대하는 분위기가 찰스와 수지의 집을 둘러쌌으며 모든 손님들이 그렇게 느꼈다.

웨스트우드는 꽃이 피던 장소였는데, 찰스와 수지는 꽃을 좋아하긴 했어도 그것은 단순히 즐거움 거리만은 아니었다. 그 꽃은 메트로폴리탄타버내클 근처에 살던 영세민들을 위한 것이기도 했다. 이 교회는 "꽃 사역"을 포함하여 많은 사역을 했었다. 이 알려지지 않은 사역에 헌신했던 섬김이들은 웨스트우드로 70마일을 달려와서 바구니에 꽃을 담아서 가난하고 격려가 필요한 가난한 사람들에게 작은 기쁨이 될 수 있도록 나눠주었다.[34]

---

[33] Jesse Page, C.H. *Spurgeon: His Life and Ministry* (London: S.W. Partridge & Co., n.d.), 96-97.
[34] Wayland, *Charles H. Spurgeon*, 228.

## 제10장 웨스트우드로 이사하다

찰스와 수지의 삶의 여러 측면을 본 것처럼, 웨스트우드는 동물들, 정원들, 열매가 열리는 나무들, 양치식물들, 꽃들 등등 다양함이 펼쳐진 장소였다. 그곳은 사역 장소이기도 했다. 그곳은 스펄전 여사의 남은 생애를 포함하여, 그녀가 이 세상을 떠나고 몇 년이 지난 후에도 북펀드 사역 본부였다. 그리고 웨스트우드는 뼈아픈 이별이 있은 후 위로의 장소이기도 했다.

# 멍똥(Mentone)에서의 행복 그리고 슬픈 안녕

찰스 스펄전은 1871년 프랑스 리비에라(Riviera)에 위치한 멍똥(Mentone)을 처음 방문하여 도시와 시내와 마을을 둘러보았다.[1] 1872년부터 스펄전은 런던의 추운 겨울을 피해서 저술 활동을 하고, 휴식을 취하고, 자신의 건강을 회복하기 위해 멍똥으로 요양차 떠났는데 보통 한 번 오면 최소 석 달 정도 체류했다.[2] 멍똥은 지리적으로 온건한 기후를 가지고 있어서 방문하는 사람들의 건강을 회복하는 데 유익한 휴양지로 유명해졌다.

유명한 런던의 의사 제임스 헨리 베넷(James Henry Bennet)은 멍똥을 인기

---

[1] Nigel Faithfull, "Spurgeon at Menton," *Evangelical Times*, August 2003, https://www.evangelical-times.org/27818/spurgeon-at-menton/.

[2] Ian M. Randall, "C. H. Spurgeon (1834-1892): A Lover of France," *European Journal of Theology* 24, no.1 (2015): 57-65. 이 논문은 1856년에 수지가 스펄전에게 파리를 처음 소개했을 때부터 그의 순회 설교, 수지와의 여행에 이르기까지, 그리고 1872년부터 그가 사망하던 1892년까지 보여준, 찰스의 프랑스 사랑에 대해서 고찰한다. 스펄전은 Alfred Schofield, *Health At Home Tracts* (London: The Religious Tract Society, 1890)를 포함하여, 자신의 서재에 건강과 약에 대한 수많은 책을 가지고 있었다.
이 책의 1페이지에서 저자는 "어느 누구도 자신의 때가 올 때까지 죽지 않는다"라고 말하면서도, 그러한 정서가 "범죄를 저지르지 않는 방식으로 자신의 부주의함에 대한 눈가림으로 너무나도 자주 사용된다"라고 주장한다. 자기 몸을 관리하지 않는 것은 자기 생명을 "간접적으로" 끝내는 것이다. 스펄전이 57세에 세상을 떠난 사실은 우울증, 신장염, 통풍, 과로, 과체중, 수많은 논쟁을 통한 스트레스, 또는 아마도 이 모든 요소들이 결합되었기 때문일 것이다.

있는 치료 장소로 만드는 데 일조했다. 런던의 추운 겨울의 영향 아래 시작된 고통은 그를 프랑스의 바로 그 해안으로 이끌었다. 베넷은 1859년에 자신이 죽음에 이를 수도 있겠다는 생각이 들 정도로 건강의 위기를 마주했다. 그는 자신의 책 『지중해 해안가의 겨울과 봄』(*Winter and Spring on the Shores of the Mediterranean*)에서 자신의 건강에 위기가 찾아왔었던, 이목을 끄는 이야기를 전한다.

> 25년 동안 힘든 일에 헌신했고, 열심히 일하는 한 런던의 의사를 괴롭히던 불안함은 급기야 생명력을 무너뜨리고 말았습니다. 1859년에 나는 폐결핵 환자가 되었고, 이 질병이 진전되지 않도록 하기 위해서 노력했지만 헛되이 고군분투하고 있었습니다. 나는 모든 직책을 내려놓았고, 나는 내 친구들과 같이 스스로를 숲속에서 상처 입은 상태인, 살 가망이 없는 사람처럼 생각하면서 어느 조용한 구석에서 죽음을 각오한 채로, 1859년 가을에 남쪽으로 떠났습니다.
> 
> 그러나 생각했던 그런 일은 일어나지 않았습니다. 예전 여행에 대한 기억은 나를 제노바의 리비에라에 있는 멍뚱으로 안내했습니다. 온화한 하늘 아래, 삶을 찌들게 했던 예전 일과 걱정에서 벗어나 있으면서 놀랍게도 내 몸은 곧바로 회복하기 시작했습니다.[3]

베넷은 멍뚱에서 결핵을 치료했고 "전문적인 연구와 일"로 되돌아갈 것을 고려했다.[4] 그러나 그는 그가 런던에서 하던 일을 다시 시작하는 것이 현명하지 않다고 결론지었다. 그래서 그는 단순히 여름동안에 런던에서

---

[3] James Henry Bennet, *Winter and Spring on the Shores of the Mediterranean* (London: J. A. Churchill, 1875), vii. 이 책은 다섯번째 개정판이다. 베넷의 건강은 1859년에 쇠약해졌고, 스펄전은 이 책의 이전 판본에 익숙했다.

[4] Ibid.

진찰 전문의로 일하면서 "겨울마다 멍똥에서 거주하기로" 결정했다.[5] 찰스는 베넷의 책을 읽으면서 프랑스의 리비에라가 건강의 혜택을 누릴 수 있을 것을 발견했고 베넷과 친구가 되었다. 찰스가 베넷에게 보냈던 편지는 그들의 우정에 대한 이해를 제공한다.

> 친애하는 베넷 박사님께 …
> 제 아내는 여위어 가고 있습니다. 그녀는 너무 약하고, 말랐고, 너무 고통스러워해서 그것을 생각하는 것 자체가 큰 고통입니다. 오늘 그녀는 커다란 모닥불 옆에 앉아있었지만 몸이 전혀 따뜻해지지 않습니다. 그녀는 저에게 당신에게 편지를 쓰지 말라고 당부했지만, 제가 멍똥에서 돌아온 이후로 그녀는 당신을 보고 싶어합니다.
> 그리고 저는 당신이 이 사실을 알게 하기로 마음을 먹었고, 이 근처에서 언제든지 우리를 불러주실 수 있는지 여쭤봅니다. 만약 그녀가 외출할 수 있다면, 나는 그녀를 당신께로 데려가겠지만 그것은 사실상 불가능합니다.
> 혹시 당신과 베넷부인이 우리를 방문하기에는 거리가 너무 먼가요?
> 아니면 제가 너무 무례한 것은 아닌지요?
> 저는 다시 아프기 시작했고 회복되지 않았는데, 당신의 처방전이 저를 안내해 주었습니다. 저는 베넷 부인께서 잘 지내시기를 희망합니다….
> C. H. 스펄전[6]

편지에 날짜가 적혀 있지는 않았지만, 수지가 수술을 받고 찰스가 정기적으로 멍똥을 방문하던 때였던 1870년대 중반에 기록되었을 것이 거의

---

5　Ibid., vii-viii.
6　Don Theobald, *Susannah Spurgeon* (Springfield, MO: Particular Baptist Press, 2016), 167-73. 수지에 대한 전기적인 묘사는 Particular Baptist Press에서 출간된 그녀의 책 *A Cluster of Camphire*의 재 발행본의 일부이다.

확실하다. 그때는 베넷이 여름 몇 달 동안 런던으로 돌아온 때와 일치하는 6월 3일이었다. 이와 상관없이 이 편지는 찰스와 수지가 베넷과 교제를 나누었던 모습을 보여주며, 왜 찰스가 멍똥을 쉼과 치료의 장소로 선택했는지에 대한 이유를 보여준다.

스펄전의 비서, 조셉 헤럴드(Joseph Harrald)는 멍똥을 "매력적인 지역"으로 기록했다.[7] 헤럴드에게 있어서 이 장소의 진정한 아름다움은 말이나 사진으로 적절하게 묘사될 수 없었다. 멍똥의 "매력에 대한 완전한 이해"를 위해서는 직접 눈으로 봐야한다.[8] 오늘날에도 멍똥은 레몬과 올리브 나무와 풍성한 꽃들로 가득 찬, 놀랍고 아름다운 장소로 남아 있다. 우뚝 솟은 마리팀 알프스(Maritime Alps)가 보이고 푸른 지중해 바다는 해변에 철썩이며, 멍똥은 예나 지금이나 사람들이 찾아오는 휴양지다.

1870년대가 지나가면서, 스펄전은 기나긴 겨울동안 체류하기 위해서 요양차 리비에라를 방문하는 일이 점점 잦아졌다. 니겔 페이스풀(Nigel T. Faithfull)은 스펄전은 멍똥의 "매력"을 발견했고, 베넷의 글을 읽으면서 그곳이 "요양지"로 적합하다는 사실을 발견했다.[9] 멍똥의 따뜻한 기후는 찰스에게 조금 더 밝은 경관을 보여주었다.

런던의 차갑고 습한 겨울이 찰스와 같이 신체적으로나 감정적으로 고통당하는 사람의 몸 상태를 악화시킬 수 있었다. 멍똥의 밝은 햇살, 웅장한 산들, 다양한 과일 나무들, 사랑스러운 꽃들, 깊고 푸른 바다는 스펄전이 회복할 수 있는 장소로 안성맞춤이었다. 1871년 찰스는 멍똥을 첫 번째로 방문하는 동안 자신의 친구 조지 뮐러(George Müller) 그리고 베넷과 우정을 나누는 기쁨을 누렸다.

스펄전은 해변에 누워있고, 정원과 올리브 나무 사이를 걸으며, 높은 곳

---

7 *The Sword and the Trowel: A Record of Combat with Sin & Labour for the Lord* (London: Passmore and Alabaster, 1865-1904), January 1892, 17.
8 Ibid.
9 Faithfull, "Spurgeon at Menton."

에서 그 도시를 조망함으로써 휴식을 취했다. 그는 그곳에 머무는 동안 수지와 매일 편지를 주고받았다. 수지는 찰스의 책 더미를 바라보며 책상 뒤에 앉아있을 때, 멍똥에서 날아온 편지 한 장 한 장을 읽고 또 읽었다. 찰스는 수지가 옆에 있어주기를 간절히 원했으며, 그녀도 그를 간절하게 보고 싶어했다.

그러나 그녀의 건강 문제는 너무도 심각했고, 그녀는 너무 연약한 상태였기 때문에 여행가는 것은 현명하지 않은 생각이었다. 이별의 고통은 찰스의 어깨에 놓인 무거운 짐이었다. 집으로 보낸 편지에서 엿볼 수 있는 찰스의 외로움은 우리의 이목을 끈다.

> 멍똥은 매력적이지만, 아주 따뜻한 곳은 아닙니다. 나는 이 도시를 좋아하기 때문에 아픈 사람이 건강해져서 기뻐 뛸 것으로 생각됩니다. 당신이 여기에 있었으면 좋겠다는 나의 바램은 얼마나 간절한지요![10]

스펄전은 강단에서 담대하고 생기가 넘쳤지만, 집에서 고생하고 있을 아내를 생각할 때는 감상적이며 애정 어린 사람이 되었다. 베넷과 스펄전은 치료를 위해서 멍똥으로 여행했던 유일한 런던 사람들이 아니었다. 영국의 대도시에서 온 많은 사람이 그들의 발자취를 따라갔고, 남부 프랑스의 해안가를 찾았다.

찰스와 베넷은 돈독한 우정 관계를 유지했고, 베넷이 자신의 건물(이탈리아 국경의 바로 맞은편, 멍똥 근처에 위치해 있었다)에 있을 때에는 그를 그곳으로 초청했다. 베넷의 사유지는 숲이 우거진 광경, 복원된 정원 타워, 높은 곳에서 내려다보이는 멋진 전망을 지닌 그림 같은 곳이었다. 찰스가 멍똥에서 시간을 보내는 동안 썼던 가장 멋진 글은 그가 정원 타워에서 자신

---

[10] Ibid.

의 비서 조셉 헤럴드가 곁을 지키고 있었을 때 나온 것으로 추정된다.[11]

내리막 논쟁의 후유증으로 스펄전은 감정적으로 상처를 입었고 체력적으로도 많이 쇠약해졌다. 그의 삶 속에서 마주했던 이 대논쟁이 바로 그가 57세의 나이로 비교적 이른 죽음에 이르게 했던 원인이었을 것이다. 어떤 사람은 멍똥이란 도시가 없었다면 찰스는 훨씬 더 빨리 세상을 떠났을 것이라고 생각했다.

여행은 그의 사역에 힘이 되었지만, 수지는 집에서 고통 가운데 있었다. 그는 멍똥에서 쉬고 있었지만 신학적 논쟁은 수지에게 보낸 편지가 보여주는 것처럼, 찰스의 머릿속에서 결코 떠나지 않았다. 몇 년 동안 너그러운 후원자가 찰스의 사역을 재정적으로 도왔다. 그러나 이 논쟁에서 찰스의 인정 많은 친구는 이 논쟁의 다른 편에 서 있었다.

그 후원자는 "우정과 연민의 결핍"으로 인하여 후원을 철회했으며, 그는 찰스가 알 수 있게끔 편지를 보냈다.[12] 그 편지는 웨스트우드에 도착했고, 수지는 그 편지를 열어보았다.

> 즉시로 나는 히스기야가 그랬듯이 거기에 쓰인 글자들을 "듣고 볼" 수 있도록 간청하면서 주님 앞에서 그 편지를 펼쳤습니다. 그리고 하나님의 임재 안에 무릎을 꿇었을 때, 그분은 나에게 당신의 압도하시며 구원하는 능력에 대한 강한 확신을 주셨는데, 내 남편을 대신하여 그분을 얼마나 완전히 신뢰하고 있는지를 고백했습니다.
>
> 내 입에서 나오는 간청의 말들은 순간 멈췄으며, 나는 엄청나게 큰 소리로 웃었습니다. 나는 사람들이 할 수 있는 것에 대하여 두려움이 전혀 없었으며 하나님은 나로 하여금 당신의 사랑과 전지전능하심을 의지할 수 있도록 인도하셨습니다.[13]

---

[11] Ibid.
[12] C. H. Spurgeon, *Autobiography*, 4:258.
[13] Ibid.

재정 지원을 철회한다는 소식은 영적으로 준비가 덜 된 사람을 절망의 바다로 빠뜨렸을 것이지만, 수지는 기도로 반응하며 하나님을 의지했다. 그녀는 곤경에 빠진 상황 속에서 심지어 웃었다. 그녀는 재빠르게 멍똥에 있는 찰스에게 편지를 보냈고, 그에게 재정 지원이 철회되었고, 골치 아픈 상황 속에서 자신이 한바탕 웃었다고 말해주었다. 그는 다음과 같이 답장했다.

> 저도 당신과 함께 한바탕 크게 웃습니다. 주님께서는 우리를 좌절케 하지 않으실 것이고, 우리를 버리시지도 않을 것입니다. 당신은 하나님께서 저에게 보내주신 천사이며 … 가장 강인한 여성이며, 믿음 안에서 강한 사람입니다. 당신은 실행과 진리로 저를 섬깁니다. 하나님께서는 당신에게 더할 나위 없는 복을 내려주십니다![14]

수지는 이 사건을 하나님께서 "찰스의 믿음이 약해지지 않았다는 사실을 확인하셨던" 사건으로 보았다. 하나님은 그들의 재정적인 필요를 채워주셨는데, 그들의 상황을 잘 모르는 한 여성은 찰스에게 재정을 전달하지 않으면 안 되겠다는 마음이 들었다.[15] 그는 수지에게 다음과 같이 편지를 보냈다.

> 당신의 영혼은 얼마나 사랑스러운지요!
> 내가 얼마나 당신을 사랑하는지요!
> 우리는 이 시련을 겪으면서 내적으로 그리고 영적으로 연합했고, 문제를 해결했습니다. 우리는 이 모든 것을 우리 주 하나님의 영광을 위해 기록해 둘 것입니다.[16]

---

14 Ibid.
15 Ibid., 4:259.
16 Ibid., 4:260.

30년이 넘도록 자신의 아내에게 보낸 찰스의 편지는 그들이 당한 시련이 어떻게 영적 수단으로 사용되었는지를 보여주면서, 영적인 연합으로 형성된 관계가 얼마나 깊은지를 전해 준다. 찰스는 '내리막길 논쟁'이 야기했던 고통을 외면하지 않았지만, 그 시련 속에서 신실하신 하나님의 손길을 보았다. 그는 수지에게 다음과 같이 이야기했다.

> 수표를 은행에 보내세요. 영광의 찬송을 노래하세요. 내 모든 사랑을 간직해 주세요. 그리고 우리 주님께서 복을 내려 주시는 가운데 휴식을 취하세요.[17]

찰스는 경건한 아내가 자신 곁에 있었다는 사실을 잘 알고 있었으며, 그녀로부터 격려의 손길을 느꼈다. 스펄전은 '내리막길 논쟁'이 진행되는 가운데 『믿음 은행의 수표책』(The Cheque Book of the Bank of Faith)을 저술했다. 이 책에는 치열한 논쟁이 오가는 순간 속에서도 그가 어떻게 수지의 신체적인 고통을 진심으로 공감했는지를 보여주는 흥미로운 단락이 포함되어 있다.

> 나는 논쟁의 큰 파도 속을 헤쳐 나가고 있을 때 매일 주어진 몫을 맡으면서 하루를 시작했습니다. 내가 "수영하기 위한 물"에 내팽개쳐진 이후로, 하나님께서 당신의 손으로 붙잡아 주시지 않았더라면 그것은 압도당하기에 충분한 물이었을 것입니다. 나는 수많은 요동침 속에 찾아온 환난을 견뎌냈습니다. 날카로운 통증은 정신적인 우울증으로 이어졌고, 이것은 사별과 사랑하는 사람이 당하던 고통과 함께 찾아왔습니다.
> 이 물은 계속 넘실거리며 파도는 계속 밀려들어 옵니다. 나는 동정을 받기 위해 이 말을 하는 것이 아니라, 단순히 독자들에게 내가 마른땅을 향해하

---

17  Ibid., 4:261.

는 선원이 아니라는 것을 보여주고자 합니다. 나는 태평양이 아닌, 거친 바다를 여러 번 가로질러 왔습니다. 나는 넘실거리는 큰 물결과 거친 바람을 알고 있습니다.

이 때처럼 여호와의 약속이 그렇게 소중했던 적이 없었습니다. 어떤 것은 여전히 이해가 되지 않습니다. 나는 아직 그 약속이 완전히 이루어지는 날에 이르지 않았는데, 이는 제가 그 의미를 이해하기에 충분할 정도로 성숙하지 않았기 때문입니다. 성경은 몇 달 전보다, 지금 저에게 얼마나 더 귀하고 귀한지요.[18]

'내리막길 논쟁'은 스펄전의 고통을 가중시켰다. 찰스가 다양한 육체적인 질병과 심적 부담을 안고 있었음에도 수지는 이 논쟁이 그가 이 세상을 빨리 떠나게 했다고 믿었다. 그가 마주했던 환난은 버거운 것이어서 스스로 짊어질 수가 없었으며, 그렇기 때문에 자신에게 고난의 파도가 밀려와서 위협을 가했을지라도, 하나님께서 자신을 붙잡아 주신다는 사실을 신뢰했다.

찰스는 통증을 달고 살았지만, 수지 역시 고통 중에 하루하루를 보내고 있었다는 사실을 인지하고 있었기 때문에 그의 마음은 더욱 힘들었을 것이다. 수지가 그 유명한 산부인과 전문의, 제임스 심슨에게 수술을 받은 지 20년이 흘렀다. 찰스의 신체적, 감정적, 관계적 싸움은 이 논쟁이 정점을 찍은 상황 속에서 더욱 악화되었다. 왜냐하면, 사랑하는 아내 수지는 자기 남편이 겪고 있던 슬픔 때문에 마음이 아팠으며, 육체적인 고통이라는 깊은 골짜기 가운데 있었기 때문이었다.

찰스는 이렇게 이야기했다.

---

[18] C. H. Spurgeon, *The Cheque Book of the Bank of Faith* (New York: A. C. Armstrong & Son, 1892), vi-vii.

내 삶에서 한해 한해가 그야말로 겨울이었습니다.[19]

그는 감정의 문제를 겪으면서 이렇게 말했다.

저는 때때로 천국으로 들려 올라갔다가, 깊은 나락으로 빠지기도 했습니다. 어느 때는 기쁨과 확신으로 밝아졌다가도 또 어떤 때는 의심과 두려움의 마음을 안고 한밤중처럼 어두워졌습니다.[20]

찰스는 멍똥을 떠나 런던으로 돌아왔다. 웨스트우드의 대문을 등지고 떠났던 사랑하는 이에게로 돌아온 것이다.

## 1. 슬픈 안녕

고통과 논쟁에 대한 부담 때문에 괴로워하던 찰스는 1890년 11월 11일 남부 프랑스로 또 다시 떠났으며, 1891년 2월 5일까지 그곳에 머물렀다. 찰스는 다시 한 번 아름다운 광경과 집에서 멀리 떨어져 있는 또 다른 집 근처의 편안한 해안가가 필요했고 그곳에서 쉼을 누렸다. 그는 이 '매력적인 지역'에서 수지에게 사랑의 편지를 보냈다.

당신은 내게 있어서 모두 다 셀 수 없는 복이었고, 지금도 여전히 그러합니다!
고난 속에서 당신이 보여준 근면성실한 인내와 섬김은 당신 안에 계신 성령님의 역사입니다. 나는 이러한 사실로 인하여 그분의 이름을 경배합니

---

[19] C. H. Spurgeon, *Till He Come* (London: Marshall Brothers, n.d.), 57.
[20] Ibid., 160.

다. 나를 향한 당신의 사랑은 자연스런 결과일 뿐만 아니라, 나에게 영적인 복이 되신 그분의 은혜로 말미암아 성화되어 왔습니다. … 당신을 향한 나의 사랑은 점점 자라나지만, 그래도 언제쯤 더욱 위대해질 수 있을지에 대해서 나는 전혀 알지 못합니다.[21]

늘 그랬듯이 수지는 웨스트우드에 남아 있었다. 찰스가 그녀를 그리워했던 모습은 그가 매일 보낸 편지 속에 분명하게 드러난다. 그는 수지에게 "최고로 감미로운 나의 …", "나의 사랑", 그리고 "내가 가장 사랑하는"이라는 수식어를 붙인다. 그는 "내가 집에 있었으면 좋겠습니다"라고 편지에 썼다. 그는 운전을 마치고 수지에게 "오! 당신은 항상 내 편이었어요"라고 편지로 이야기했다.

그리고 찰스는 수지가 자신에게 보낸 편지를 소중히 여겼다. 그는 다음과 같이 답장했다.

당신의 글은 너무나도 사랑스럽습니다. 마치 당신의 손으로 직접 음악을 틀어주는 것과도 같습니다.[22]

많은 사람은 찰스의 회복을 위해서 기도했지만, 그는 가끔씩 쉬지도 않고 온 힘을 다하여 사역을 지속했다. 그가 집으로 돌아올 수 있을 정도로 충분한 힘을 되찾았을지라도 결과적으로는 그의 건강에 무리가 갔다. 그리 길지 않은 시간이 지나고 나서 그는 몸 상태가 다시 악화되어가는 것을 느꼈다. 1891년 6월 7일 주일은 그가 메트로폴리탄타버내클에서 설교한 마지막 날이었다.

마지막 설교 이후로 찰스는 할아버지가 살던 땅을 향한 향수를 느끼고,

---

[21] C. H. Spurgeon, *Autobiography*, 4:348.
[22] Ibid., 4:342.

6월 8일 스탐본으로 내려갔다. 그는 다음에 출간될 책인 『스탐본의 기억들』(Memories of Stambourne)에 사용될 사진을 찍기 위해서 사진작가와 함께 여행을 떠났다. 아마도 그는 오래된 예배당과 목사관을 보고 푸른 풀밭과 농장을 바라보면 다시 힘이 솟아날 것이라고 생각했던 것 같다.

그러나 오히려 통풍이 재발해서 극심한 통증을 유발했고, 집으로 속히 돌아와서 거의 세달 동안 침대에 누워있었다.[23] 종교 신문과 세상 신문 모두 찰스의 질병에 대해서 보도했고, 타버내클에서는 하루에 세 번씩 기도 회가 열렸다. 다른 나라에 있는 교회들도 함께 기도하기 위해서 모였다. 기도회는 성바울성당(St. Paul's Cathedral)과 웨스트민스터사원(Westminster Abbey)에서도 열렸다.

웨일즈의 왕자와 글래드스톤(G. E. Gladstone)을 포함해서 그의 지인들로부터 편지를 받았다. 1891년 가을까지 그는 건강이 더 확실하게 회복되기를 소망하면서, 멍뚱으로 한 번 더 여행을 가야겠다고 마음먹었다.[24] 그는 여행을 갈 때마다 수지와 동행하기를 간절히 소원했지만, 그녀의 건강이 심각했기 때문에 책 더미 속에서 옛 기억을 간직한 채로 집에 남아 있을 수밖에 없었다.

그럼에도, 그는 런던의 쓸쓸한 날씨를 "곡(Gog)과 마곡(Magog)과 안개(Fog)"라고 부르면서, 수지를 남겨 두고 떠날 수밖에 없었다.[25] 찰스는 "우리가 수영하고 놀던 런던의 안개 자욱한 바다에서 우울감을 종종 느꼈습니다"라고 이야기한다. 그가 언급했던, 그녀의 눈앞을 가렸던 모든 "안개" 속에서도 "나는 그녀를 여전히 사랑합니다"라고 고백했다.[26]

안개 자욱한 런던을 떠나 "영원한 봄이 머무는" 그 땅을 향해 나아가는 것은 찰스에게 있어서 회복에 대한 희망찬 꿈이었다. 그를 힘들게 만들었

---

23 Ibid., 4:356-57.
24 Ibid., 4:365.
25 *The Sword and the Trowel*, January 1890, 13.
26 Ibid., February 1890, 61.

던 것은 사랑하는 수지를 집에 홀로 남겨 두고 떠나는 일이었다. 그는 예전에 여행을 떠날 때마다 애통한 마음을 가지고 있었다.

> 우리가 그 소중한 거처에 남겨 둔 사람은 누구인가요!
> 하나님의 보호아래 있던, 우리 삶의 선한 천사인 그녀가 우리와 함께 떠날 수 있을까요?
> 그러면 전체 휴가 일정은 저 애석한 빈자리를 없앨 수 있을 것입니다. 그렇다면 하나님의 손길에 대한 이해가 우리보다 훨씬 열정적인 저 간절한 영혼이 기쁨을 표출하면서, 자연의 아름다움으로 인한 우리의 즐거움이 두 배가 될 것입니다. 우리는 아버지의 뜻에 굴복하는 법을 배웠습니다.
> 그리고 집에 함께 있든지 천 마일을 서로 떨어져 있든지, 우리는 한 소망을 품은 채 하나님의 명령에 완전하고 철저하게 굴복합니다. 이것은 하나님의 영광을 위한 최고의 선택입니다. 연약함 속에서도 수년간 하나님께서 맡겨 주신 양들을 먹이는 목회자들의 마음의 양식을 끊임없이 채우는 그녀의 집에 하늘에서 이슬이 떨어지기를 소원합니다.[27]

찰스는 프랑스로 장거리 여행을 하기 전에 체력을 확인하기 위해서 런던 남부의 해안 마을인 이스트본(Eastbourne)으로 짧은 여행을 하고 나서, 10월 26일에 멍똥으로 떠났다. 놀랍게도 수지에게 건강의 변화가 일어났는데 아마도 이것은 기적이라고 설명하는 편이 나을 듯하다. 그녀는 자신의 고통이 치료되지는 않았지만, 그럼에도 찰스와 이스트본을 여행할 수 있을 정도로 충분한 체력을 얻게 되었다.

찰스는 놀라움을 자아내는 하얀 절벽이 있는 이스트본이 자신의 체력을 회복하고 다시 설교할 수 있다는 생각을 가지기에 충분한 환경이라고 생각했다. 1891년 10월 26일에 확실히 찰스가 57세 인생 속에서 하나님의

---

[27] Ibid., January 1890, 13.

섭리가 가장 놀랍게 드러나는 일들 가운데 한 사건이 일어났을 때, 찰스가 오랜 시간 꿈꿔왔던 순간이 실현되었다.

바로 10월의 그날, 찰스는 수지와 비서 조셉 헤럴드, 그리고 자신의 형제인 J. A. 스펄전과 함께 런던을 떠나 멍똥으로 향했다. 그들은 1891년 10월 29일에 도착했다. 수지는 멍똥을 사랑하는 남편과 함께 처음이자 마지막으로 방문했다. 그들은 "슬픈 이별"이 다가오기 전에 "완벽한 행복"으로 가득한 석 달을 기쁜 마음으로 보냈다.[28]

수지는 도착하자마자 다음과 같이 행했다.

> 영국의 견디기 힘든 여름과 가을을 보내고 나서 따뜻한 남쪽으로 안전하게 그들을 인도하신 선하신 주님께 감사드리고 그분을 기념하기 위해서, 사랑하는 남편과 자신이 선택한 일련의 본문들을 구멍 뚫린 카드 위에 작업하여 거실 천장 주변에 매다는 일을 시작했다.[29]

수지는 이러한 장식에 익숙했다. 왜냐하면, 웨스트우드에서 그녀는 벽에 성경 구절을 액자에 담아서 걸어놓곤 했기 때문이다. 멍똥에 체류하는 동안, 찰스는 할 수 있는 대로 펜을 들었지만, 가장 행복했던 순간은 수지를 자신이 가장 좋아하는 장소로 데려가서 여행 가이드로 섬기는 일이었다. 36년 전에 그 젊은 신부는 남편의 손을 움켜쥐고 파리의 명소들로 안내했다.

파리는 수지가 찰스와 함께 기쁨의 시간을 보내기 원했던, 수지에게 특별했던 장소였던 것처럼, 멍똥이 찰스에게 있어서 그런 장소였다. 그는 해마다 아내와 함께 올리브 나무숲, 숲이 우거진 정원과 해변가를 거니는 꿈을 꾸었다. 수지는 찰스와 함께 했던 때를 "영광스러운 나날들"로 기억했

---

[28] C. H. Spurgeon, *Autobiography*, 4:365.
[29] *The Sword and the Trowel*, March 1892, 114.

다. 그녀는 진심으로 다음과 같이 약속했다.

> 나의 사랑하는 남편과 함께 거하고 그가 행복할 수 있도록 섬기고 세 달이라는 복된 시간동안 위로할 수 있도록 허락하신 하나님의 자비하심으로 인하여 그분을 향한 찬양을 멈추지 않을 것입니다![30]

그녀는 자신을 놀라게 하고 웃게 만들 방법을 찾던 찰스를 "재미가 넘치고, 아이와 같은 기쁨"의 존재로 묘사한다. 그녀는 식사 시간에 "그는 격려하는 웃음과 친절한 말로 파티의 생명이자 영혼이" 되었으며, 모두가 찰스의 다정한 성격의 진가를 알아보았다고 이야기했다.[31] 수지는 다음과 같이 기억했다.

> 나는 찰스가 자신이 자주 가는 곳을 소개해 줄 때 보여준 자부심과 기쁨, 그리고 멋진 산, 바다, 풍경을 나에게 보여주고자 하는 열망에 대해서 결코 설명할 수가 없습니다. 그는 나의 애정 어린 감탄에 굶주려 있었고, 저는 완전히 만족했습니다. … 우리는 하루 동안 드라이브를 했고, 우리가 방문했던 모든 장소는 그에게 개선문과도 같았습니다. 그의 기쁨은 강렬했고 활기가 넘쳤습니다.
>
> 그는 완전히 건강한 모습이었고, 밝은 모습을 보이며 기뻐했습니다. 어떤 걱정도 그의 마음을 무겁게 만들지 않았으며, 슬픔이 그의 마음을 짓누르지도 않았습니다. 희망은 완성되지 않은 상태로 남아 있지 않았으며, 그의 바램은 불만족스럽지도 않았습니다. 그는 위에 있는 낙원으로 옮겨가기 전에 지상의 에덴을 맛볼 수 있도록 허락받았던 것입니다.[32]

---

[30] Mrs. C. H. Spurgeon, *Ten Years After!: A Sequel to "Ten Years of My Life in the Service of the Book Fund"* (London: Passmore & Alabaster, 1895), 163.
[31] Ibid., 164.
[32] *The Sword and the Trowel*, March 1892, 110-11.

제11장 멍똥(Mentone)에서의 행복 그리고 슬픈 안녕 253

찰스는 그들이 산책하는 동안 수지에게 돌아서서 멋진 광경을 가리키면서 물었다.

여보, 저기를 보세요. 온힘을 다해 이곳에 와서 저 광경을 볼 만한 가치가 있지 않나요?[33]

찰스가 이 세상을 떠난 후에, 그녀는 그가 했던 말들을 기억했고 자신의 생각을 적었다.

정말 그렇습니다. 그와 함께 있고 싶어 했던 나의 바램이 이루어지고서는 기뻐서 어찌 할 바를 몰라할 정도로 행복해 하던 그의 모습을 바라보았을 때, 내가 그동안 노력했던 사랑의 수고가 온전히 보상받았습니다.[34]

멍똥에서 그들은 함께 있었고, 운동장에서 뛰노는 학생들처럼 행복해 하고 즐거워했다. 수지는 보리바지(Beau Rivage)호텔에 머물고 있던 찰스 일행을 위해서 피아노를 쳤고, "자신이 좋아하던 찬송가들을 불렀다."[35] 1891년 10월부터 1892년 1월 중순까지 찰스는 자신의 마지막 작품이자, 마태복음 강해집인 『하나님 나라의 복음』(The Gospel of the Kingdom)을 거의 완성할 수 있었다.

수지는 이 책이 그의 "귀중한 마지막 유산"이며 "입술에서 울려나는 왕께 드리는 감미로운 마지막 찬양"이라고 소개글에 기록했다. 이 책의 마지막 부분에서 그녀는 이 책이 "하늘과 바로 경계를 이루는 땅과, 금으로 만들어진 문의 광경이 거의 보이는 곳에서 저술되었다"라고 이야기했다.[36]

---

[33] Mrs. C. H. Spurgeon, *Ten Years After*, 168.
[34] Ibid., 168-69.
[35] *The Sword and the Trowel*, March 1892, 124.
[36] C. H. Spurgeon, *Commentary on Matthew: The Gospel of the Kingdom* (1893; repr., Edin-

찰스는 그 원고를 완전하게 교정할 때까지 살아 있지는 못했지만, 헤럴드가 "사랑의 돌봄과 거의 스펄전 자신이 말하고 썼던 것들을 참조하여" 1893년 1월에 이 작품을 마무리했다.³⁷ 수지의 "소개글"은 풍성한 통찰을 제공한다.

> 많은 친구가 환영할 것이며 간절히 기대하고 있는 이 책에 대한 소개는 많은 말보다는 간결해야 합니다. 이 사랑받는 작가는 영원한 상급을 받으러 이 세상을 떠났고, 그는 "영원히 주님의 복"입니다. 그렇지만 그는 우리의 마음이 그를 좇아 천국을 향하도록 이끌어 주는 마지막 귀중한 유산을 남겨 두고 떠났습니다.
> 이 책은 성스러우면서도 슬픈 의미를 지닌 채 덩그러니 놓여 있습니다. 그것은 지쳐 있던 저자가 주님을 위해 바치는 마지막 사랑의 수고입니다. 이 책은 그의 입술에서 울려 퍼지는 왕을 향한 찬양의 노래입니다. 전투가 벌어지고 있는 덤불숲을 지나 자기 대장의 깃발을 움츠러들지 않고 꽉 붙잡고 있던 이 지도자가 이 세상을 떠나는 순간에 터져 나오는 승리의 함성입니다.³⁸

1892년 3월호 「검과 모종삽」(*The Sword and the Trowel*)에 실린 한 편지에서 수지는 그들이 함께 한 마지막 세 달에 대해서 기록했다. 그녀는 찰스가 얼마나 자기 아내와 함께 여행하고 싶어 했는지를 밝혔다.

> 15년 동안 사랑하는 남편은 나를 이곳으로 데려오기를 간절히 원했지만 그러한 일이 일어날 가능성은 결코 없었습니다. 지금 우리는 둘 다 장거리

---

burgh: The Banner of Truth Trust, 2010), ix-x.
37  Ibid., x n2은 조셉 헤럴드가 『하나님 나라의 복음』(*The Gospel of the Kingdom*)을 마무리했던 친구였다고 진술한다.
38  Ibid., ix.

여행을 하기 위해서 체력을 키우고 있으며 이 여행을 향한 마음의 소원이 전적으로 그에게 생겨났습니다.[39]

1891년의 새해 전날과 1892년 새해에 찰스는 친구들과 가진 작은 모임에서 두 편의 연설을 했고, 1월 10일과 17일에는 자기 방에서 짧은 시간 동안 예배를 드렸다. 수지는 다음과 같이 회상했다.

1892년 1월 17일 둘째주 주일 저녁, 그가 이 땅에서 드리는 마지막 예배의 폐회 기도를 하기 전에, 함께 모인 예배자들의 모임에 마지막 찬송을 알려 주었다. 만일 그가 2주 후에 일어날 일을 예견할 수 있었다면, 사무엘 러더포드(Samuel Rutherford)의 시보다 더 적절한 작별 인사를 선택할 수 없었을 것이다.

시간의 모래가 가라앉고,
천국의 동이 트고,
내가 갈망하던 여름 아침,
온화하고 상쾌한 아침이 깨어납니다.
어둠, 어둠은 짙은 자정이었지만,
여명이 가까워 오고,
영광, 영광이
임마누엘의 땅에 거합니다.[40]

1892년 1월동안 찰스와 수지는 그들의 36주년 결혼기념일(1월 8일)과 수지의 60번째 생일(1월 15일)을 축하했다. 1월 20일 수요일에 스펄전은

---

[39] *The Sword and the Trowel*, March 1892, 110.
[40] C. H. Spurgeon, *Autobiography*, 4:370.

악화되는 건강 때문에 침대에 계속 누워있었다. 침대에 누워있던 첫 번째 주가 끝날 무렵, 그는 최대한 힘을 내어서 오랫동안 옆에서 비서로 섬긴 조셉 헤럴드에게 "내가 할 일이 다 끝났습니다"라고 말했다.[41]

1월 26일 화요일을 기점으로 그는 의식 불명 상태가 되었다. 그가 기력을 조금 되찾았을 때 메트로폴리탄타버내클에 봉헌을 하면서 "모든 친구들에게 사랑을 전합니다"라는 메시지를 남겼다. 1892년 1월 31일 주일 밤, 찰스는 이 세상을 떠났다. 수지는 그의 곁을 지키고 있었다. 『자서전』 (*Autobiography*)은 다음과 같이 기록한다.

> 그리고 모든 것이 끝났다. 헤럴드 씨가 기도를 드렸고, 스펄전 여사는 자기 곁에 오랜 시간동안 보내주신 소중한 보물로 인하여 주님께 감사드렸다. 그리고 그녀는 은혜의 보좌 앞에서 앞으로의 시간들을 잘 견뎌낼 수 있도록 힘과 인도하심을 간구했다.[42]

수지는 무너진 마음을 안고서 기도로 하나님을 바라보았다.

> 오! 여보, 여보, 나는 내 황폐한 삶의 모든 순간마다 당신 없이 어떻게 살아갈 수 있을지 하나도 모르겠어요!
> 오랜 세월 동안 당신의 사랑으로 인하여 충만해지고 만족함을 느꼈던 내 마음은 당신이 가시고 나서 텅 빈 채로 고통 받을 것이 틀림없습니다![43]

찰스가 이 세상을 떠나고 수지는 깊은 상실감을 경험했지만, 한편으로 "슬픈 내 영혼을 치료하시는 하나님의 능력"에 대해 간증하기도 했다. 그녀는 성경말씀을 묵상하면서, "그가 '그리스도와 함께' 있는 것이 '훨씬

---

41 Ibid., 4:371.
42 Ibid.
43 Mrs. C. H. Spurgeon, *Ten Years After*, 164.

낫다'"라고 생각했다. 그녀는 스스로 "외로운 삶"을 살아간다고 생각했는데, 성경 말씀은 그녀로 하여금 "인내하며 힘을 내어 견딜 수" 있도록 도움이 되었다.**44**

고통스럽게도, 수지는 스펄전의 사역 가운데 비극적인 사건으로 손꼽을 수 있는 '내리막길 논쟁'에 대해서 다시 한 번 회고했다. 그녀는 다음과 같이 이야기했다.

> 나는 그가 의식을 가지고 있던 마지막 순간에 믿음으로부터 멀어져간 사람들에 대한 슬픔으로 마음이 몹시 상했다는 사실에 대해서 증언할 수 있습니다. 침례교연합(Baptist Union)과 그들이 진리로 여기던 것에서 벗어난 "우리쪽 사람들"이 특별히 언급되었으며, 우리가 사랑하는 이 고통 받는 사람은 상황이 더 나아질 수 있게 하기 위해 할 수 있는 모든 것을 시도했다는 사실로 위로를 받았을 뿐입니다.**45**

수지의 감정은 기쁨과 슬픔 사이에서 오락가락했다.

> 나는 때때로 '그리스도와 함께'하는 영원한 영광에 대한 생각으로 기뻐했지만, 지금 겪고 있는 말로 표현할 수 없는 큰 상실감에 대해 슬퍼하는 것을 망각하기도 했습니다.**46**

그녀는 찰스에 대한 감동적인 말로 다음과 같이 기록했다.

---

**44** Ibid., 167.
**45** *The Sword and the Trowel*, March 1892, 127.
**46** Mrs. C. H. Spurgeon, *Ten Years After*, 167.

당신은 완전한 사랑과 온화함으로 이끌어 주던, 부드럽고, 자애롭고, 너그러운 최고의 남편이었습니다.[47]

수지는 감사를 표하면서 눈시울을 붉혔다. 그녀는 소리내어 울며 이렇게 같이 말했다.

하나님이 나의 보배를 앗아갔습니다.[48]

그녀는 극심한 고통을 당했지만, 전 세계에 퍼져 있는 스펄전의 친구들과 그를 존경하는 사람들로부터 온 편지와 전보를 통하여 하나님의 위로를 받는 가운데 기뻐했다. 「검과 모종삽」(The Sword and the Trowel)의 독자들에게 감사의 메시지를 전하면서, 수지는 다음과 같이 말했다.

여러분은 나에게 큰 힘이 되어 주었고, 놀라운 방식으로 나를 도와주었습니다. 내가 느꼈던 상실감이 곧 여러분의 상실감이며, 그렇기 때문에 우리는 함께 울 수 있습니다. 여러분은 내 사랑하는 남편을 사랑해 주었고, 우리는 서로 그를 향하여 찬사를 보낼 수 있습니다. 여러분은 그의 사랑스러운 얼굴, 감미로운 목소리, 그의 자애롭고 상냥한 외모를 그리워할 것입니다. 나만큼은 아니겠지만 진실로 우리는 함께 애통한 마음을 가집니다.[49]

수지는 찰스와 함께 보낸 마지막 몇 달에 대해서 설명한다.

깊은 슬픔 속에 빠져 있던 나에게 큰 위로가 된 한 가지 사실에 대해서 말씀드리고자 합니다. 그것은 나에게 소중한 기억이며 하나님께 찬양 드릴

---

[47] C. H. Spurgeon, *Autobiography*, 2:187-88.
[48] *The Sword and the Trowel*, March 1892, 109.
[49] Ibid., 110.

제목이 될 것입니다. 내가 펜으로 글을 적으면서 그러한 확신을 갖는 것도 당신의 마음을 즐겁게 할 것입니다. 주님이 찰스를 "더 나은" 그분의 영광과 임재로 데려가시기 전, 우리 두 사람에게 멍똥에서 완벽한 기쁨으로 세 달을 보낼 수 있도록 친절을 베풀어주신 것입니다.

그는 나의 다정한 감사에 굶주렸으며 나는 그를 완전히 충족시켰습니다. 그의 기쁨은 강렬했고, 활기가 넘쳤습니다. 그의 건강은 온전해 보였고, 밝은 마음으로 가득 차서 기뻐했습니다. 그는 고요하고 깊은 행복 속에서 날마다 햇살이 드는 아늑한 구석에 앉아 『마태복음 주석』(The Commentary on Matthew's Gospel)을 사랑의 수고로 저술하고 있었습니다!

걱정이 그의 마음을 무겁게 하거나, 슬픔이 그의 마음을 어둡게 하거나, 충족되지 않은 희망이 남아 있거나, 소원이 불만족스러운 상태가 아니라, 그는 위에 있는 낙원으로 옮겨지기 전, 지상 낙원에서 기쁨을 누릴 수 있도록 허락받았습니다. 그러한 달콤한 기억들, 이 땅에서는 결코 치유될 수 없는 상처의 완화로 인하여 주님을 찬양합니다!

그가 멋진 시간을 보냈던 지난 10일까지 건강은 비록 느린 속도였지만 회복되는 듯해 보였습니다. 그가 완전히 회복될 것이라는 우리의 소망은 확신에 찼습니다. 그리고 그 자신도 사랑하는 성도들과 가련한 죄인들에게 "그리스도의 헤아릴 수 없는 풍성함"을 선포하기 위해서 살아야 한다고 믿었습니다.

그렇지만 사랑하는 친구들이여, 그러한 일을 일어나지 않았습니다. 그 부르심은 끔찍할 정도로 갑작스럽게 우리에게 다가왔지만, 찰스에게는 무한한 자비였습니다. "아버지여 내게 주신 자도 나 있는 곳에 나와 함께 있어 아버지께서 창세 전부터 나를 사랑하시므로 내게 주신 나의 영광을 그들로 보게 하시기를 원하옵나이다"(요 17:24)라는 기도가 응답되었습니다.

구원자 되신 그분은 그를 간절히 원했고, 이 땅에 살아가는 우리를 위해서 그를 더 이상 아껴두지 않으셨습니다. 그는 영원한 상급을 받으러 갔고, 하늘에서 울려 퍼지는 할렐루야 찬양은 이 땅에서 흐느끼는 사람들과 한

숨 짓는 사람들을 침묵시키고 책망할 것임에 틀림없습니다.

우리는 눈물로 시야가 가려진 채로 우리 주 예수 그리스도의 아버지 하나님을 바라보면서 "그가 영원토록 지극한 복을 받게 하시며 주 앞에서 기쁘고 즐겁게 하시나이다"(시 21:6)라고 이야기할 수 있습니다.

"슬픔 속에 젖어 있지만, 그럼에도 기뻐하는" 당신의 수잔나 스펄전.[50]

---

[50] Ibid., 110-11.

## 그리스도와 함께 더 나은 본향으로

찰스 스펄전이 1892년 1월 1일, 멍뚱에 있는 호텔에 모인 그리스도인들의 작은 모임에서 설교했을 때만 해도 시계가 이 달의 마지막 날 자정을 가리키기 전에 자신이 천국에 가 있을 것이라고 생각지도 못했다.

찰스는 이런 확신이 있었다.

> 위대한 자비하심이 우리와 미래 사이에 있는 장막에 걸려 있습니다. 그 자비가 그곳에 매달리게 합시다.[1]

찰스는 어른이 된 이후에 육체적, 감정적 고통을 겪었지만, 멍뚱에서 여행하는 동안 사역으로 복귀할 수 있을 정도로 건강이 회복되었다. 그는 자신이 세상을 떠나기 전 마지막 세 달 동안 다시 회복될 것을 기대했다. 조셉 헤럴드는 멍뚱에서 찰스와 수지가 경험했던 것에 관하여 다음과 같이 기록했다.

---

1 Robert Shindler, *From the Pulpit to the Palm-Branch* (New York: Gospel Publishing House, n.d.), 27. 이 판본은 쉰들러가 저술한 두 권의 책이 수록된, 두꺼운 책에서 발견할 수 있다.

지난 석 달 동안 그들은 지상에서 누릴 수 있는 완전한 행복을 경험했습니다. 남편과 아내는 다시 신혼여행을 온 것이라고 종종 말했습니다. 그들은 서른여섯 번째 결혼기념일과 스펄전의 생일을 멍똥에서 함께 축하했습니다. 그리고 그것은 가족의 입장에서 볼 때 소망할 수 있는 모든 것이었습니다.[2]

찰스는 사랑하는 수지가 멍똥에서 함께 있어 주었다는 사실에 감격했고, 1892년 2월에 런던으로 복귀해서 사역을 지속할 수 있을 것이라고 확신하면서 자신의 친구들에게 "나는 2월에는 집에 있을 것입니다"라고 말했다.[3] 그러나 "얼굴을 가리는 얇은 천"은 그가 이 세상을 떠날 시기가 언제인지 숨기고 있었다.

그의 친구이자 전기 작가인 로버트 쉰들러(Robert Shindler)는 실제로 "우리가 그 말을 들었을 때 생각했던 것보다 더욱 실제적인 의미에서" 스펄전이 2월에 집에 있었다고 결론지었다. 찰스는 1892년 1월 31일 자정이 되기 전에 자기 본향인 천국으로 갔다. 그리고 사랑하는 아내 수지는 1903년에 그를 따라 천국으로 갔다.

그의 죽음에 관한 소식이 빨리 퍼져나갔고, 수지는 웨일즈의 왕자와 공주를 포함해서, 친구들과 고위 관리들로부터 감당할 수 없을 정도로 많은 양의 메시지를 받았다.[4] 찰스가 안치된 관에 "나는 선한 싸움을 싸우고 나의 달려갈 길을 마치고 믿음을 지켰으니"(딤후 4:7)라고 새겨진 패가 붙었는데, 이는 찰스가 아닌 헤럴드가 선택한 본문이었다.[5] 헤럴드는 이 문구를 수지에게 제안했는데 그녀는 이렇게 대답했다.

---

2  Ibid., 111.
3  Ibid., 40.
4  C. H. Spurgeon, *C.H. Spurgeon's Autobiography: Compiled from His Diary, Letters, and Records, by His Wife, and His Private Secretary* (London: Passmore and Alabaster, 1897-99; repr., Pasadena, TX: Pilgrim Publications, 1992), 4:371.
5  Shindler, *From the Pulpit to the Palm-Branch*, 112-13.

어떻게 당신은 항상 제가 생각한 것과 같을까요?
그를 위한 말씀은 이 본문 밖에 없습니다.[6]

찰스는 실제로 선한 싸움을 싸웠지만, 고난 중에 겪었던 마지막 전쟁을 포함해서 혼자 외로운 싸움을 한 것이 아니었다. 그의 곁에는 진정으로 그를 도와주고, 함께 고난받고, 위로해 준 아내이자 친구였던 수지가 있었다. 수지는 몇 년이 지나고 자신이 결혼식 전날 찰스에게 준, 액자에 담긴 스펄전의 초상화 앞에서 "눈물이 가득 찬 눈"으로 종종 그를 바라보았다. 그녀는 이렇게 고백했다.

이 그림은 저에게 '내 사랑, 두려워하지 말아요. 하나님께서 우리 둘을 돌봐주고 계십니다. 우리는 잠시 떨어져 있을지라도 장래에 본향에서 만날 것입니다'라고 말을 합니다.[7]

수지는 천국에서 찰스와 교제를 나눌 것으로 믿었다. 그녀는 다음과 같이 말했다

나는 하나님께서 천국의 기쁨들 가운데 지상에서 함께 했던, 우리 삶의 가장 밝고 귀한 축복을 제외시킬 것이라고 상상할 수 없습니다. 나는 내 사랑을 영광 중에 다시 만나고 알게 될 것이며, 이 땅에서 나눈 순결하고 거룩한 사랑이 그곳에서도 계속될 것이고, 아마도 우리 왕이시며 구원자되신 분께서 임재하시는 가운데 비취는 영원한 빛 가운데 더욱 커질 것이라는 확신을 가지고 있습니다.[8]

---

[6] Ibid., 113.
[7] C. H. Spurgeon, *Autobiography*, 1:4.
[8] *The Sword and the Trowel: A Record of Combat with Sin & Labour for the Lord* (London: Passmore and Alabaster, 1865-1904), January 1897, 9.

그녀는 자신의 독자들에게 "나의 사랑이 현재 누리고 있는 복에 참여"할 수 있도록 자기를 위해 기도해 달라고 부탁했다.⁹ 찰스가 이 세상을 떠나자마자, 그의 시신이 런던으로 옮겨오기 전에, 추모예배가 멍똥에 있는 스카치 장로교회(Scotch Presbyterian Church)에서 드려졌는데, 이곳은 일 년 전 그가 이 교회의 헌당 예배때 설교했던 곳이었다.¹⁰

이 예배를 드릴 때 감사하게도 많은 화환이 도착했는데, 수지는 남편이 이제 "보좌와 어린양 앞에" 있다는 확신의 상징인 종려나무 가지를 드렸다. 그는 그곳에서 "수많은 사람"과 예배를 드렸으며, 그녀는 남편이 "구원하심이 보좌에 앉으신 우리 하나님과 어린양에게 있도다"라고 선언하고 있을 거라고 확신했다.¹¹

수지는 요한계시록 7장 10절 말씀을 새 하늘에 있는 자기 남편의 상황에 맞추어 적용하고 있었다. 무슨 일이든 마주치면 성경을 인용하는 것이 그녀에게는 숨 쉬는 것만큼이나 자연스러웠다. 그녀는 여러 차례 드려지던 찰스의 장례 예배에 참여하기 위해서 런던으로 돌아가지 않았지만, 그의 시신이 안치되어 있는 관에 부착될 문구를 보냈다.¹²

---

9 Ibid., 10.
10 Shindler, *From the Pulpit to the Palm-Branch*, 50.
11 Ibid., 51.
12 Ibid., 96. 수지는 몇 달 동안 멍똥과 그 주변 지역에 남아 있었다. 그녀는 피어슨(A. T. Pierson)에게 1892년 메트로폴리탄타버내클 성도들을 위하여 예배가 드려지던 1892년 2월 10일, 편지 한 통을 보냈다. 피어슨은 메트로폴리탄타버내클에서 사역하는 정식 목회자는 아니었지만, 찰스의 긴 투병 기간과 그의 죽음 이후 잠시 강단에 섰다. 피어슨은 다음과 같이 진술했다.
"나는 스펄전 여사께서 전하는 마지막 메시지에 대한 부담을 스스로 덜어야만 합니다. 그녀는 오늘 이곳에 없고, 아마도 그녀는 별다른 계획이 없는데, 나는 오늘 아침 여러분에게 전할 아름답고 다정한 자매의 편지를 이제 막 받았습니다."(102).
그는 교회에 전달된 편지의 일부를 읽었다. 수지는 스펄전이 사망한 지 한 주가 지나고 나서 편지를 썼다.
"'그는 여기에 없고 들려 올라갔습니다'라는 말이 주님뿐만 아니라 나의 사랑하는 남편에게도 실제로 일어났습니다. 오늘은 그가 하늘로 올라간 지 일주일째 되는 날입니다. 오! 들려 올라가서 주님의 얼굴을 뵈옵는 것이 얼마나 더할 나위 없는 행복일까요! 오! 그는 이 슬픈 지구를 떠나고 본향은 그에게 환영 인사를 전합니다! 그는 나에게 더할 나

거기에 이렇게 적혀 있었다.

> 그리스도와 함께 있는 것이 더 좋은 일입니다. 나는 남편인 당신을 따라갈 것입니다. '젊은 시절 당신의 아내'였을 때부터 영원토록 변치 않는 사랑을 보내 드립니다.[13]

수지가 왜 런던으로 돌아오지 않았는지에 대한 이유는 알려지지 않았지만, 그녀는 멍똥 근처에 남아 있기로 결정했다. 가장 가능성이 있는 이유는 찰스가 살아 있던 2주 동안 체력적으로 약해졌을 것이다. 그녀는 찰스의 죽음으로 큰 타격을 입었고, 이미 다소 허약한 사람이 기차, 배, 마차로 1,000 마일을 다시 여행하는 것은 감정적으로나 체력적으로나 견딜 수 없는 일이었다.

그리고 그녀가 런던에서 평화롭게 쉴 만한 시간을 마련하는 것은 어려웠을 것이다. 수많은 인파가 찰스의 장례 예배가 열리던 주간에 몰려들었고, 발인할 때는 적어도 100,000명이 거리에 줄지었다. 런던에서는 수지가 휴식을 취하고 치료받을 장소는 없었을 것이다. 수지는 프랑스와 이탈리아에 남아 있었고, 멍똥에서 몇 마일 떨어진 어마어마한 토마스 핸베리(Thomas Hanbury)의 자택에서 대접을 받았다.

핸베리가든(Hanbury Gardens)은 라 모르토라(La Mortola)에 있는 토마스 경의 거주지였다. 숲이 우거진 정원이 가지고 있는 태고적 아름다움과 8에이커의 호수는 수지의 몸과 마음을 치료하는 연고와도 같았다. 수지는 그곳에서 "그리스도와 함께 있는 것이 더 좋은 일이라"(빌 1:23)라는 사도

---

위 없이 사랑스럽지만, 단 한 순간도 그가 다시 돌아오기를 원했던 적은 없습니다.
저는 슬픔의 주간 동안 여러분을 위해 기도할 것입니다. 나는 스스로 해변가에 도달하기 힘든 조난당한 뱃사람과 같다고 느끼며, 두려운 슬픔의 파도와 여전히 싸우면서도 다른 사람들을 멈추지 않는 눈물과 의기소침한 마음으로 바라봅니다. 그리스도인의 사랑과 깊은 공감으로 … 감사의 마음을 전하는 여러분의 친구, 수잔나 스펄전"(103).

[13] Ibid., 96.

바울의 말씀을 종종 묵상했고, 슬픔 속에 있던 그녀는 이 말씀으로 위로를 받았다.

그녀는 "비록 나의 소중한 남편은 이 세상이 줄 수 있는 최고였던 사람에게 작별을 고했지만, 그리스도와 함께 거하는 것이 더 좋은 일이라는 확신이 주는, 위로의 능력"을 기억했다.[14] 핸베리는 전 세계에서 엄청나게 많은 이국적인 식물과 나무를 수집했고, 그것들은 지중해에 닿아 있는 저택에 불규칙하게 뻗어있는 구석진 곳과 틈을 가득 매웠다. 수지는 그 정원에 대해서 다음과 같이 묘사했다.

> 사랑하는 독자들이여, 할 수 있다면, 8에이커, 아니면 그보다 더 넓은, 바다를 향하여 치닫는 내리막 길에 있는 땅, 그리고 거의 모든 기후, 특별히 열대와 아열대 지방에서 자라나는 식물과 나무들로 채워져 있는 장소를 상상해 보십시오.
> 꽃피는 알로에, 아가베, 등대풀속, 선인장, 은매화와 같은 수많은 종과 함께 야자나무, 올리브나무, 오렌지나무, 레몬나무, 시트론나무, 무화과나무, 유럽콩나무, 서양모과나무, 유칼립투스나무, 아카시아나무, 녹나무, 후추나무, 소나무, 상록수, 오크나무, 사이프러스나무가 즐비해 있는 모습을 상상해 보십시오.
> 그리고 모든 종류의 꽃들이 끝없이 전시되어 있고, 매년 씨앗들을 보존하기 위해서 수천 개의 병이 필요합니다. 당신은 우리가 방문하려고 하는 장소에 대한 그림이 그려질 것입니다. 이 장소는 식물학자들, 원예학자들, 위대한 창조주의 아름답고 기이한 손길을 사랑하는 사람들에게 최적의 휴양지입니다.[15]

---

14  Mrs. C. H. Spurgeon, *Ten Years After*, 167.
15  *The Sword and the Trowel*, May 1892, 247.

수지에게 특별히 중요한 장소는 불과 한 달 전에 찰스와 함께 걸었던, 저택으로 가는 격자무늬로 덮여진 산책로였다. 그들이 걷기 위해 라 모르토라(La Mortola)의 큰 파티오에서 걸어올 때, 찰스는 멀리 있는 자연의 멋진 경관을 가리키면서 수지에게 알려 주었을 것인데, 아마도 지중해에서 물고기가 뛰어오르는 광경을 보았을 것이다. 「검과 모종삽」(*The Sword and the Trowel*)은 이렇게 알려준다.

> 스펄전 목사가 팔라쪼 오렌고(Palazzo Orengo)에서 하루를 보낸 날 마지막 시간에, 그는 꽃들로 울타리를 쳐놓은 산책로를 휠체어를 타고 지나갔다.[16] 그는 산책로의 동쪽 끝에서 햇살을 즐기면서, 사랑하는 아내에게 벤티미글리아(Ventimiglia)와 함께 라테벨리(valley of Latte) 지역 전체에서 가장 매력적인 파노라마 중 한 장소를 보여주었을 것이다.[17]

이 때 수지는 그 격자 모양으로 된 동일한 산책로를 통하여 걸어 내려갔다. 아마도 젊은 날에 찰스와 함께 알프스를 등반했던 기억은 그녀의 슬퍼하는 마음속에 차고 넘쳤을 것이다. 오늘날까지도 핸베리 가든은 레몬나무, 올리브나무, 자몽나무, 꽃과 식물들, 산과 바다의 풍경들로 매우 아름다운 모습을 보여주고 있다.

수지는 멍똥 근처, 프랑스와 이탈리아 국경에 위치한 그 정원에 대해서 언급하는데, "모든 정원들 중에서 가장 예쁘고" "심지어 에덴 그 자체도 가까스로 괜찮다고 평가받을 정도라고" 여겨진다고 평가했다.[18]

---

[16] 이것은 노약자를 위해서 조종 장치가 있는, 바퀴가 세 개 달린 의자이다. 이 의자는 앞에서 끌어당길 수도 있고 뒤에서 밀수도 있다. 그렇기 때문에 누군가 스펄전 부부가 산책하는 동안 동행했을 것이다.
[17] *The Sword and the Trowel*, May 1892, 247.
[18] Mrs. C. H. Spurgeon, *Ten Years After*, 167-68.

수지는 3월에 웨스트우드로 돌아왔다.[19] 그녀는 자신의 집을 "아름답지만 황량한", 그리고 "나의 사랑하는 남편이 매우 아꼈던" 장소라고 설명했다. 찰스와 사별을 한 그녀는 하나님께서 자기를 향하여 어떠한 계획을 가지고 계신지에 관하여 궁금한 마음이 생겼다. 그녀는 앞으로 다가올 나날들을 대비하여 마음을 단단히 먹었다.

> 나는 '다음 일을 실행하는' 것이 진정한 마음으로 북펀드 사역을 착수하는 것이라는 사실을 발견했다.

자금은 여전히 북펀드 사역으로 들어오고 있었으며 그녀는 확신에 찬 목소리로 다음과 같이 선언했다.

> 지나치게 외로움과 슬픔에 거하지 않도록 마음을 지키기 위하여 하나님께서는 나로 하여금 이 사역을 그만두지 않게 하셨고 이 일로 인하여 나를 더욱 강하게 만드셨다는 사실을 믿습니다.[20]

그녀는 하나님께서 자신의 유익을 위해서 북펀드 사역을 사용하신다고 믿었다. 그녀는 다음과 같이 말한다.

---

[19] 스펄전이 이 세상을 떠나던 날에 대한 다양한 설명들을 비교해 볼 때, 수지는 찰스의 시신이 런던으로 옮겨지기 전 멘톤에서 열린 장례 예배에 참석했지만, 런던에서 열린 장례 예배에는 참석하지 않았다는 사실이 분명하다. Ray, *The Life of Susannah Spurgeon*, 240를 보라.

[20] Mrs. C. H. Spurgeon, *Ten Years After*, 171.

이 멋진 사역을 들어서 사용하심으로 인하여 많은 시련들이 오히려 빛났습니다 그리고 나의 수고를 격려해 주심으로 인하여 수많은 어두운 나날들은 밤중에 더욱 밝아졌습니다.

그녀는 북펀드 사역이 "아무도 모르는 삶의 깊은 슬픔" 속에 처해 있던 자신에게 도움을 주었다고 설명했다. 수지는 이 활동적인 사역이 "주님과 그분의 가난한 종들을 위로하는 능력"이었다고 꼭 집어 이야기했다.[21] 런던으로 돌아온 이후로, 수지는 핸베리의 그 아름다웠던 집에서 경험했던 일들에 관하여 기록했는데, 여기에서 수지의 매력적인 글솜씨를 엿볼 수 있다.

나는 손에 손을 잡고 마음이 연결된 채로 삶의 길 위를 밟고 서 있는 두 명의 순례자의 모습을 볼 수 있습니다. 그들은 건널 강과 가로지를 산과 싸울 적들과 극복할 여러 위험이 있었지만, 그들의 인도자가 되신 분은 그들을 항상 돌보고 계셨으며, 그 구원자는 실패가 없으십니다.
"그들의 모든 고난 가운데, 그분께서 고난당하셨으며, 그의 임재 가운데 대동하던 천사는 그들을 구해주었습니다. 지난날 동안 그분은 그들을 품에 안은 채로 선한 길로 인도하셨습니다"라고 이야기할 수 있을 것입니다. 대부분 그들은 주어진 길을 노래하며 걸어갔습니다. 그들 중에 적어도 한 사람은 그 어떤 것도, 약속의 땅으로 서두르며 이끄시는 복되신 왕의 은혜와 영광을 다른 사람들에게 전하는 것보다 더 큰 기쁨으로 삼지 않았습니다.
그리고 그들이 주님의 능력에 관하여 말했을 때, 천사들은 죄인들이 회개하는 것을 보고 기뻐했습니다. 그러나 마지막에 그들은 비로소 두 갈래가 만나게 되는 길에 도착했습니다. 여기에서 그들은 전에 만나보지 못했던

---

21  Ibid.

폭풍의 두려움 속에서도 그 영원한 나라를 다른 사람에게 전했습니다. 그들은 동역하다가 서로 헤어졌습니다. 한 사람은 보이지 않는 영광에 사로잡혔고, 다른 한 사람은 홀로 그 길을 힘들게 걸어가면서 끔찍한 폭풍우에 두들겨 맞기도 하고 타박상을 입기도 했습니다.

그러나 여러 해 동안 그분의 "선하심과 자비"는 이 두 여행자를 따라다녔고, 그들을 홀로 내버려 두지 않았습니다. 오히려 주님의 다정하심이 그들을 "부드럽게 이끌어 주셨습니다." 그리고 피곤한 다리를 풀어주기 위해 푸른 초장을 마련하시고, 두려움에 떨고 있는 자기 자녀를 위로하고 회복시키기 위해서 물을 공급하셨습니다.

그뿐만 아니라, 그분은 그녀에게 함께 길을 가는 동료 순례자들을 도와주는 막중한 임무를 맡겨 주셨습니다. 하나님은 다른 사람들을 구제하고 위로할 수 있는 힘을 그녀에게 공급하심으로, 오히려 그녀의 삶을 복된 유익으로 채우시고 그녀의 깊은 슬픔을 치료하셨습니다.[22]

---

[22] Ibid., vi-vii.

# 수지의 편지 사역

매년 1월이 되면 수지에게는 "마음의 통증"이 생겼고, "슬픈 기억들"이 떠올랐다. 왜냐하면, 찰스가 이 세상을 떠난 달이었기 때문이다.

1899년에 그녀는 이렇게 기록했다.

> 세월은 빠르게 흐르고 7년 동안 하나님의 손길로 상처의 애통한 고통이 경감되었을지도 모르지만, 그 상처들은 치유될 수가 없었습니다. 오직 은혜로우신 그 손길만이 나의 마음을 위로하실 수 있습니다. 그분의 목적이 이루어지는 동안, 그분은 나에게 삶을 견딜 수 있을 정도로 쓰라린 마음을 붕대로 싸매주셨습니다.

수지는 자신에게 주어진 삶이 "견딜만"했지만, 자기 "남편의 사랑하는 아내"로 살아가는 동안 "다른 사람들보다 더 복받은 아내"였다는 사실을 종종 인정했다. 수지는 찰스가 없는 외로운 삶이 스스로를 공허하다고 생각하게 만들었다는 사실을 발견했다.[1] 수지는 찰스가 이 세상을 떠나고 나

---

1   *The Sword and the Trowel: A Record of Combat with Sin & Labour for the Lord* (London: Passmore and Alabaster, 1865-1904), January 1899, 9.

서 눈물을 많이 흘렸지만, 그녀는 슬픔 때문에 무기력해지지 않았다. 대신 그녀는 북펀드 사역과 거기에서 파생된 사역들에 몰두했다.

수지가 슬픔과 고난의 상황 속에서 마음의 평정을 유지하는 데 도움이 되었던 수단은 글쓰기였다. 토마스는 자신의 어머니가 "보기 드문 문학적 은사들"을 가지고 있었다고 기억했다. 그는 그녀가 여러 해 동안 작가로 살았다는 사실을 회고했다.

> 그녀는 결혼 전에 찰스의 권유로 그가 좋아하던 청교도 작가의 글을 발췌하여 『고대의 브룩스에게서 가져온 부드러운 돌들』(Smooth Stones Taken from Ancient Brooks)이라는 소책자를 만들었을 때, 이미 이 분야에서 작가로서 경력을 시작했습니다. 그녀는 수년 동안 「검과 모종삽」(The Sword and the Trowel)의 꾸준하며 중요한 기고자였으며, '성경 본문에 대한 개인적인 메모들'이라는 제목의 글은 특별히 상을 받기도 했습니다.
> 그리고 그녀는 최근까지도 이 잡지의 책임자였습니다. 가장 최근에 문학적인 수고를 한 일은 헤럴드(때때로 목회자로 섬기던 스펄전의 비서)와 『찰스 스펄전의 전기』(C. H. Spurgeon's Autobiography)를 출판하기 위해 함께 자료를 수집하는 것이었습니다. 이 일이 얼마나 그녀의 심금을 울렸는지 그 누구도 알 수 없습니다.[2]

토마스가 언급했듯이, 수지는 찰스와 약혼했던 1855년에 처음으로 함께 책을 출간하는 기쁨과 어려움을 동시에 발견했다. 자료들을 수집하는 힘든 작업 이후에도 출간을 위한 그녀의 첫 번째 수고였던 『고대의 브룩스에게서 가져온 부드러운 돌들』(Smooth Stones Taken from Ancient Brooks)에 그녀의 이름이 올라가 있지 않다. 청교도 설교자, 토마스 브룩스의 글을 인용해서 모아 놓은 이 책은 이 자료들을 수집한 사람을 찰스로만 명시했다.

---

2  Ibid., November 1903, 555.

저작과 관련해서 스펄전이라는 이름을 들었을 때, 어떤 사람은 그 유명한 런던의 설교자의 아내를 곧바로 떠올리지 않는다. 그녀의 유명한 남편과 같지는 않았지만, 수잔나 스펄전은 창의적인 다작가였다. 그녀는 자신을 작가로 생각하지 않았지만,[3] 다섯 권의 책과 수많은 논문들을 저술했고, 네 권의 두꺼운 전집으로 구성된 스펄전 전기의 기고자, 자료 수집가이자 공동 편집자였다.

그녀가 저술한 보물들은 자신의 유명한 남편이 직접 쓰거나 그에 관한 수많은 작품의 후광에 대부분 가려져 있다. 수지가 저술한 책의 초기 판본은 이제 구하기 어렵다. 그녀의 저술이 공헌한 바는 산문에서 그 아름다움을 드러내며, 오늘날 독자들에게도 의의가 있다. 그녀의 다작 능력은 성경을 진지한 마음으로 읽고, 경건 서적을 다독하며, 38년간 찰스의 모범을 옆에서 지켜보면서 구축되었다.

수지의 글은 하나님 중심의 신학과 수지 자신의 사역 가운데 이루어진 실천적인 업무 수행에 관한 내용으로 가득 차 있다. 그녀는 자신의 작문 실력에 대해서 마음속에 의구심을 가지고 있었을 뿐만 아니라, 그녀의 엄청난 저술을 통한 공헌은 대부분 고통으로 떨고 있던 자신의 손으로부터 나온 것이다.[4] 가끔씩 그녀는 지속적인 두통과 글쓰기를 방해했던 손의 통증에 대해서 기록했다.

그러나 그녀는 사랑하는 주님께 자신의 고통을 온전히 맡겼고, 그녀의 고통은 사랑스러운 독자들과 자신을 연결시켜 주는 매개체였다. 1884년 수지는 자신의 이름이 실린 첫 번째 책, 『북펀드 사역의 10년』(*Ten Years of My Life in the Service of the Book Fund*)에서, 다음과 같이 기록했다.

---

[3] Mrs. C. H. Spurgeon, *Ten Years of My Life in the Service of the Book Fund: A Grateful Record of My Experience of the Lord's Ways, and Work, and Wages* (London: Passmore & Alabaster, 1887), 27.

[4] Ibid.

우리는 이제 꽤 오래된 친구가 되었습니다. 우리는 친밀한 교제를 오랫동안 기쁨으로 누려왔으며, 수년간 북펀드 사역을 기쁨으로 섬겨왔습니다. 그래서 우리는 서로에게 형식적인 인사를 할 필요가 없습니다.[5]

수지의 글은 독자들을 자신의 마음속으로 이끄는 호소력이 있다. 마치 그녀가 손님들을 위해 차 한 잔을 준비하는 것처럼, 그들을 모닥불로 초대해서 대화를 나눈다. 그녀는 독자들을 존중하며, 그들을 친구로 생각한다. 그녀는 열정적인 사랑으로 "책 기금을 마련하는 일이 나의 힘이 닿는 한, 감독하고 관리하는 것만큼이나 즐겁고 아름다운 읽을거리"를 제공하는 일이 될 수 있기를 소망했다.[6]

수지는 이와 같이 언급하면서 자신의 글에 대한 중요한 사실을 보여준다. 그녀의 목적은 단순히 일어났던 일에 관하여 종이에 적고 엮어서 책으로 파는 것이 아니었다. 그녀는 아름다운 필체로 글을 쓰기 원했다. 그녀의 북펀드 사역 보고서는 회계원이 사용하는 실제적 차원의 장부가 아니라, 그녀와 독자를 연결시키고 고통 받는 목회자와 그 가족들의 마음과 집으로 전달하는 친밀한 이야기였다.

그녀는 때때로 이 책들 속에서 사적인 내용을 기록하는 것에 대해서 양해를 구했는데, 그럼에도 그녀는 독자들에게 자기가 살던 집을 살짝 보여주기를 기뻐했던 것으로 보인다. 그녀의 독자들은 빅토리아 시대에 다소 보기 드문 개방성과 투명성에 감사를 표했다. 그녀의 첫 번째 작품 『북펀드 사역의 10년』(Ten Years of My Life in the Service of the Book Fund)은 1876년부터 1885년까지 일어났던 일들을 기록한다. 「검과 모종삽」(The Sword and the Trowel)은 이 책을 수지의 자서전으로 간주했다.[7]

북펀드 사역에 관한 그녀의 두 번째 책은 단순히 『북펀드 사역의 10년,

---

5 Ibid., 305.
6 Ibid.
7 *The Sword and the Trowel*, December 1895, 624.

속편』(*A Sequel to Ten Years of My Life in the Service of the Book Fund*)으로 제목을 정했다. 이 책은 북펀드 사역에 대한 수지의 이야기와 여러 목회자가 보내온 다정한 편지들을 모아 놓았을 뿐만 아니라, 찰스의 마지막 6년 동안의 삶과 수지가 홀로 남겨진 이후 4년 동안의 이야기가 담겨 있기 때문에 중요하다. 이 책에 대하여 수지는 이렇게 증언한다.

> 다른 것보다 거룩하고 근엄한 관심을 보이는 항목이 그 안에 있으며, 그 안에는 무덤이 있습니다. 그리고 엄청난 슬픔의 그림자가 이 책의 절반 정도를 차지합니다.

수사적으로 그녀는 묻는다.

> 그렇기 때문에 내가 그 복된 이야기를 하지 말아야 합니까?
> 아닙니다. 오히려 모든 것이 어떻게 하나님께서 고난 중에 나를 위로하시고 그분의 놀라운 긍휼하심과 온정이 나의 영혼을 소생케 했으며, 상실로 인한 나의 슬픔을 죽음이 없는 그 나라에서 영원히 재회하게 될 것이라는 기쁨의 소망으로 바꾸어 놓으셨습니다.[8]

이것은 수지의 작품 속에 반복적으로 드러나는 주제이다. 그녀는 다른 독자들의 동정심을 사기 위한 것이 아니라, 하나님의 위로와 그분의 긍휼과 온정을 보여주기 위하여 자신의 고난에 대해서 기록한 것이다. 그녀의 목적은 하나님을 영화롭게 하기 위한 것이지 자신의 외로움과 육체적 고통, 감정적인 혼란스러움을 드러내기 위함이 아니었다. 토마스가 묘사했던 "두 권의 기쁨의 책"으로 불리던 북펀드 사역 이야기에서 수지는 말했다.

---

[8] Mrs. C. H. Spurgeon, *Ten Years After!: A Sequel to "Ten Years of My Life in the Service of the Book Fund"* (London: Passmore & Alabaster, 1895), v.

자신의 매력적인 글쓰기 스타일로 자기 작품에 담긴 매혹적인 이야기를 했지만, 그것은 자기 남편의 스타일과 적절치 않게 비교되어 왔다.[9]

토마스는 수지와 찰스의 글쓰기를 나란히 두었을 때, 인상적이면서도 정확한 비교를 했다. 아마도 수지는 결혼 전부터 자기만의 스타일을 가지고 있었고, 남편에게 영향을 받으면서 점차적으로 발전되었을 것이다. 토마스는 자기 어머니의 책들 속에 발견되는 스타일이 찰스의 그것과 유사하다는 사실을 알려준다.

첫째, 그녀는 어떤 실체에 대한 묘사를 생생하게 표현하는데, 특히 자연을 묘사할 때 그러하다. 그녀는 새, 꽃, 물, 벌, 레몬트리, 소리를 내며 타들어가는 화롯불의 통나무에 대해서 글을 썼다. 찰스는 자기 학생들을 이렇게 격려하였다.

> 눈을 활짝 뜨지 않는다면, 개가 자기 주인을 따르는 것과 쥐가 쥐구멍에서 엿보는 것을 보지 못할 것이고, 만약에 오감이 깨어있지 않다면 벽판 뒤를 살며시 긁는 소리조차 듣지 못할 것이며, 어떤 것도 설교에 엮어내지 못할 것입니다.[10]

수지는 나이팅게일 레인의 광경과 소리에 대한 찰스의 사랑이 어떠한지를 묘사했다.

> 새소리는 그에게 감미로운 음악과도 같았으며, 가장 흔하디 흔한 꽃들도

---

[9] *The Sword and the Trowel*, November 1903, 553.
[10] C. H. Spurgeon, *C.H. Spurgeon's Autobiography: Compiled from His Diary, Letters, and Records, by His Wife, and His Private Secretary* (London: Passmore and Alabaster, 1897-99; repr., Pasadena, TX: Pilgrim Publications, 1992), 2:293.

그에게 기쁨을 주었는데, 그것들은 찰스에게 하나님 아버지의 사랑을 드러내 주었기 때문이었습니다.[11]

둘째, 그녀는 성경을 참조하면서 글을 쓴다. 그녀의 경건 서적 『고벨화송이』(*A Cluster of Camphire*)의 한 장에서 그녀는 시편 94편 19절을 시작으로, 아가서와 고린도후서의 첫 번째 장을 참조한다. 성경에 정통한 수지는 신구약의 구절들을 능수능란하게 사용할 수 있는 능력을 가지고 있었다. 그녀는 시편 94편을 염두에 두고 다음과 같이 기도한다.

"복되신 주님, 이 말씀이 내 입술에 얼마나 달콤한지요." 그녀는 계속해서 다음과 같이 이야기한다. "사랑하는 주님, 당신의 사랑받는 자녀가 그러하듯이, 오늘 아침 당신의 식탁에 앉아서 풍족히 먹고 마실 수 있도록 저에게 은혜를 베풀어 주십시오. 당신은 섬세한 사랑을 이곳에 베푸셨습니다." 그녀는 도처에서 하나님께 위로를 구한다. "인간의 위로자가 있으며 우리는 그들의 친절에 대해 축복하지만, 그 어느 누구도 당신과 같은 위로를 전해 줄 수 없습니다. 왜냐하면, 당신은 '자비의 아버지이시며 모든 위로의 하나님'이시기 때문입니다".[12]

셋째, 그녀는 존 번연(John Bunyan), 프란시스 하버갈(Frances Havergal), 토마스 굿윈(Thomas Goodwin), 존 밀튼(John Milton), 앤드류 머레이(Andrew Murray)와 같은 수많은 저자들의 작품들을 참조하면서, 그녀가 전달하고자 하는 요점을 설명하기 위하여 그들의 시와 산문으로부터 인용구들을 사용한다. 그녀는 청교도, 토마스 굿윈의 글을 인용한다.

---

11 Ibid.
12 Mrs. C. H. Spurgeon, *A Cluster of Camphire: Words of Cheer & Comfort to Sick & Sorrowful Souls* (London: Passmore and Alabaster, 1898; repr., Springfield, MO: Particular Baptist Press, 2016), 1-2.

선포된 설교는 보통 순간적으로 수분을 공급해 주는 소낙비와 같습니다. … 그러나 인쇄된 설교는 지표면에 오랫동안 덮여 있는 눈과 같습니다. 그 것들은 오래 지속되고, 저자가 더 이상의 것을 할 수 없고, 그가 존재하지 않을 때에도 여전히 설교합니다.[13]

수지는 인간의 상태에 대해 이해하기 위해서 자신이 좋아하던 저자들의 글을 읽었다. 그녀는 수많은 그리스도인들이 광야의 이스라엘 백성들처럼 불행하고, 열매 맺지도 못한 채 방황하는 것처럼 보인다고 생각했다. 수지는 그리스도를 믿는 믿음과 그분의 가르침에 대한 순종이 하나님께서 예비하신 안식을 누림에 있어서 본질적인 것이라고 생각했다.

그녀는 그들의 저작들 속에서 자신의 글을 뒷받침할 인용구들만 찾은 것이 아니었고, 독자들을 격려할 수 있는 시와 찬송을 제공하기도 했다. 테오도레 몽드(Theodore Monde)의 찬송 "변화된 좌우명"이 그러한 예이다.

> 그분의 다정한 자비는 조금씩 서서히
> 치유하고, 도우시며, 완전하게 하시며, 자유케 하시며,
> 감미롭고, 강하고, 오! 오랫동안 인내하시며,
> 내가 "나는 작아지고 당신은 더 많이 드러나십니다"라고 속삭이는 동안
> 나를 낮은 곳으로 이끄십니다.[14]

수지는 찬송가를 피아노로 치며 노래하는 사람으로서 자신의 남편이 편집했던 『우리들의 찬송집』(Our Own Hymn Book)을 포함하여 이러한 종류의 시와 찬송을 잘 알았다. 1866년에 수집된 이 찬송집은 200편 이상의 시와 900편의 찬송을 수록했는데 상당수는 찰스가 쓴 것이었다.[15]

---

[13] Mrs. C. H. Spurgeon, *Ten Years*, 206.
[14] Mrs. C. H. Spurgeon, *Ten Years After*, 84.
[15] "C. H. Spurgeon," Hymnary.org, https://hymnary.org/person/Spurgeon_CH.

넷째, 그녀는 전문적인 방식이 아닌 자연스럽게 본문 주해를 하면서 신학적으로 글을 쓴다. 수지는 하나님의 은혜, 택하심의 교리, 인내, 섭리적인 돌보심, 전지전능하심, 그리고 사랑 속에서 힘을 얻는다.

다섯째, 수지가 교리 연구에 대하여 열심을 보인 결과는 그녀 자신의 실천적인 목표 가운데 발견된다. 그녀는 자세하게 신학을 설명하는 가운데 독자들이 위로를 발견하기를 원한다. "나의 앞날이 주의 손에 있사오니"라는 시편 31편 15절 말씀을 해설하면서, 이 말씀 속에 발견되는 실천적인 목적은 독자들을 잠잠케 하는 것이며 평안의 토대를 제공하는 것이라고 인식했다.

그녀는 이렇게 질문한다.

> 그러면 왜 나는 고생하거나 두려움에 떨어야 할 필요가 있는가?

그녀의 삶을 명령하시고 지켜주시는 전능하신 하나님을 믿는다는 것은 그녀가 겪는 고통스러운 마음을 진정시키는 신뢰였다.[16] 그녀는 독자들에게 하나님께서 그들의 삶에 명령을 내리신다는 교리와 "어둡고 힘들 수 있는 여러분의 현재 상황을 향한" 그분의 돌보심과 그분의 권능을 적용하도록 요청했다.[17]

앞서간 자신의 남편처럼 수지는 칼빈주의를 믿는 침례교도였다. 즉, 그녀는 하나님의 주권적인 은혜 교리를 믿었고 환영했으며, 그 교리 속에서 위로를 발견했다. 그녀에게 있어서 선택 교리는 논쟁거리가 아니라, "우리의 마음을 위로"하며 우리에게 "은혜를 통하여 좋은 소망"을 주는 진리이다.[18] 수지에게 있어서 성경 신학을 위한 장소는 학문의 상아탑이 아니라, 주로 하나님 자녀들의 마음과 손과 발이었다.

---

[16] Mrs. C. H. Spurgeon, *A Cluster of Camphire*, 31.
[17] Ibid., 32.
[18] Ibid., 3.

예를 들어, 그녀는 그리스도인들이 믿음의 교리에 반응하기를 원했다. 그녀는 이렇게 촉구했다.

> 우리가 그분의 보호하심을 신뢰한다면, 그 구원하심을 위해 실천으로 옮기면서 우리의 삶은 훨씬 더 거룩하고 행복질 것입니다.[19]

여섯째, 그녀의 글은 수려하다. 한 가지 사례로 이 사실을 증명하기에 충분하다.

> 이 진리는 마치 은빛 시냇물이 초원을 따라 미끄러지듯 흐르는 것처럼 이전의 생각의 영역들을 통과해 왔습니다. 여기에서 넓이와 깊이를 알 수 없는 바다를 향하여 더 깊어지고 넓어져야 합니다. 저는 그 높이와 깊이와 길이와 너비에 대해서 말할 수 있으며 지식을 전달하시는 그리스도의 사랑에 관하여 이야기할 능력이 있습니다.[20]

수지는 단순히 자기가 자세히 설명하는 다른 모든 교리들 속에 하나님의 사랑이 분명히 나타난다고 선언할 수 있을 것이다. 그러나 그녀는 자신의 원고를 써 내려갈 때 그림을 이용한 방법을 선택했다. 그녀는 어떠한 언어적 표현조차도 하나님의 아름다움을 다 표현할 수 없음을 깨달았다.

수지가 저술한 『10년 후』(*Ten Years After*)는 사역 보고서와 목회자들로부터 온 편지들, 그리고 목회자 후원 모금, 외국인 노동자 모금, 북펀드 사역에서 파생된 보조 사역들에 대한 성장 이야기와 함께 그녀의 섬김에 대해서 더욱 자세히 설명한다. 그녀는 자신의 책『10년 후』(*Ten Years After*)에서

---

[19] Ibid., 4.
[20] Ibid., 7.

자신의 고난에 대해 더 자세한 설명을 할 수 있었지만, 더 중요한 것은 홀로 삶의 방향을 찾아가는 가운데 어떻게 하나님께서 "폭풍의 공포" 속에서 그녀를 위로하셨는지를 알려 주었다는 사실이다.[21]

그러나 그녀는 자신이 실제로는 혼자가 아니었음을 독자들이 알아주기를 원했다.

> 그러나 수년 동안 '선하심과 자비하심'은 두 여행자를 따라다녔고, 홀로 남겨진 한 사람을 그냥 내버려두지 않았습니다. 오히려 주님의 다정하심은 '부드럽게 이끌어 주시고' 피곤한 다리에 피로를 풀어주기 위하여 푸른 초장을 준비해 두셨고, 두려움에 떨고 있는 당신의 자녀를 위로하고 회복하기 위해서 물을 제공하셨습니다.[22]

찰스는 이 세상을 떠났지만 수지는 하나님께서 아직 자신과 할 일이 남아 있다고 이해했다. 하나님은 "수지의 삶을 복으로 가득 채우고 그녀에게 다른 사람의 고통을 덜어 주고 위로하는 능력을 주심으로써 오히려 깊은 슬픔을 치료하시는 가운데, 동료 순례자들을 돕는 엄중한 책임"을 맡겨 주셨다.[23]

수지는 자신의 독자들이 "얼마나 주님께서 말로 형용할 수 없을 정도로 선하신 분인지" 아는 것을 목표로 삼았고, 그리하여 그들로 하여금 "그분을 더욱 사랑하고, 더 잘 섬길 뿐만 아니라, 온전히 섬길 수 있게" 하는 것이다.[24] 그녀가 독자들에게 기대했던 섬김은 사랑과 기도였고, 가난한 목회자들과 그 가족들을 후원하는 방법을 찾도록 만드는 것이었다.

스퍼포드(H. T. Spufford)는 1903년 12월에 수지를 향하여 헌사했다. 그

---

[21] Mrs. C. H. Spurgeon, *Ten Years After*, vii.
[22] Ibid.
[23] Ibid.
[24] Ibid.

는 이 책이 "19세기를 마감하는 시기에 나온 책들 중에서 가장 감동적인 책들 가운데 하나"라고 평가했다.²⁵ 1895년 12월에 발간된 「검과 모종삽」(*The Sword and the Trowel*)은 찰스가 자신의 "오랫동안 투병생활을 하던 아내"가 그 속편을 출간하는 것을 본다면 기뻐했을 거라고 상상했다.

> 친애하는 '웨스트우드의 주인'이 첫 번째 책이 발간된 이후로 시작된 거룩한 섬김을 통하여 새롭게 돋아나는 여러 갈래의 가지가 자라나고 있다는 사실을 언급하는 그 책을 본다면 그가 얼마나 놀라고 기뻐할지 모르겠습니다.²⁶

『10년 후』(*Ten Years After*)는 북펀드 사역에 관하여 성실하게 기록했을 뿐만 아니라, 너무 소중했던 찰스에 대한 회고록이 되기도 했는데, 이는 "그를 가장 잘 알고 사랑했지만 이제 홀로 남겨진 아내"가 이 책을 썼기 때문이다.²⁷ 더 나아가, 이 논평은 "이전에 결코 출간된 적이 없었던 개인적인 회고"가 "많은 사람들의 눈가를 촉촉하게 적시며, 그녀의 삶과 사역에 동정과 도움의 실질적인 표시들을 나타내도록 많은 이들의 마음을 감동"시킬 것으로 생각했다.²⁸

수지의 기술적인 스타일의 글쓰기는 오늘날에 그리 많은 사람들이 모방하지 않는다. 어떤 사람들은 그녀의 문장들이 꾸밈이 너무 심하다고 생각할 수도 있는데, 그녀의 글은 산문보다는 시적이라고 말할 수 있다. 그녀가 말하는 방식은 부분적으로 그 시대의 문헌들을 읽은 결과이며, 하나님께서 그녀에게 보내주셨던 남편으로부터 영향을 받기도 했다.

다시 말하자면, 그림을 그리고, 노래하는 예술가 또는 모든 것에 분명히

---

25  *The Sword and the Trowel*, December 1903, 615.
26  Ibid., December 1895, 624.
27  Ibid., 624.
28  Ibid., 625.

드러난 하나님의 영광에 대해서 글을 쓰는 작가에게 끝없이 가치를 부여하고 그런 사람들이 나타나기를 기다리면서, 수지는 찰스처럼 세상을 예술 학교로 믿었다. 찰스는 이렇게 사색했다.

> 내가 정원을 방문할 때면 나무들은 나를 둘러싼 채로 합창을 합니다. 그들은 성가를 부르기 위한 복장을 하고 있지는 않았는데 그들의 노래가 꾸며져 있거나 공식적인 자리에서 노래하지 않기 때문입니다. 그들 중 일부는 윤기가 나는 검은색 옷을 입었지만, 작은 천사들처럼 즐겁게 노래를 부릅니다. 그들은 태양이 떠오를 때부터 노래하고 동이 틀 무렵 나를 깨웁니다. 그들은 여전히 창조주 하나님을 향하여 덤불과 나무에서 찬송을 부르며, 태양이 마지막으로 뿜어내는 붉은 광선이 사라질 때까지 지저귑니다.[29]

찰스와 수지는 꽃, 졸졸 흐르는 물, 가을 아침에 불어오는 신선한 바람, 푸른 하늘이 살짝 보이는 나무 사이에서 하나님의 메시지를 알아차렸다. 자연은 그리스도, 복음, 그리스도인의 삶에 대해서 기쁜 마음으로 설명할 준비가 되어 있고, 설교와 이야깃거리들을 들려주었다. 수지는 자연이라는 책을 보았을 때, 주의를 기울여야 할 죄악에 대한 경고, 환영해야 할 약속들, 하나님 앞에서 신실하게 살아가도록 하기 위한 권면들을 읽어냈다. 1881년 5월에 그녀는 다음과 같은 생각을 보여준다.

> 우리는 지금 "웨스트우드"에서 밤낮으로 열리는 야외 콘서트장에 있습니다. 집 주위에 있는 날개달린 수많은 합창단원들의 노래들은 우리에게 계속 기쁨을 주고 있습니다. 낮 시간 동안, 찌르레기와 개똥지빠귀와 감미로운 소리를 내는 여러 마리의 참새는 합창곡을 계속 부르고, 놀라운 열정과 에너지로 작품들을 연주했습니다.

---

[29] C. H. Spurgeon, *Autobiography*, 2:293-94.

밤이 다가오자, 달은 이 곳의 풍경에 옅은 빛을 비추고 우리의 들을 수 있는 귀는 언덕 밑에 우거진 작은 관목 숲을 은신처 삼아 솔로로 또는 듀엣으로 멋지게 노래를 부르는 나이팅게일들의 감미로운 음악 소리에 매료되었습니다.

수지는 나이팅게일들의 사랑 노래를 특히 좋아했다.[30] 그녀가 좋아하는 새들은 하나님께 "찬양의 심포니"를 노래했고, 그녀는 새들의 노래에 동참하여 하나님의 공급하심과 채워주심에 대한 감사를 드리도록 마음에 감동을 받았다. 수지의 날개달린 친구들은 지난 "14년 또는 15년" 동안의 삶들에 대한 기억을 불러일으켰다.[31]

그러한 기억들은 1869년에 받았던 수술 이전과 이후의 시간 모두를 포함했다. 그렇기 때문에 그녀는 상대적으로 건강했던 시절뿐만 아니라 고통 받았던 시간 속에서도 하나님께 찬양 드리는 법을 배웠다. 또한, 수지의 설명은 아마도 그녀가 받았던 고통이 1867년 즈음 수술 받기 전에 그 강도가 심해지고 있었다는 사실에 신빙성을 더해준다.

그리고 그녀는 자신의 고난을 "고통과 약함 때문에 걸음걸이를 우스꽝스럽게 하고 어렵게 만들었던, 그리고 때때로 죽음의 그림자가 바로 앞까지 다가왔던, 바람이 부는 좁은 계곡"이라고 묘사함으로써 육체적인 어려움이 극에 달했다는 사실을 넌지시 알려 주었다.[32] 수지는 독자들에게 그 고통에 대해서 알려 주었는데, 이는 그녀가 하나님 안에서 위로를 경험할 수 있도록 돕는 수단임을 드러내기 위함이었다.

하지만 어떠한 두려움도 그곳을 지배하지 않습니다. 왜냐하면, 계곡들이 종종 그러한 모습을 보여주는 것처럼, 그곳은 풍성하고 생명력 넘치는 곳

---

30 Mrs. C. H. Spurgeon, *Ten Years*, 161.
31 Ibid., 162.
32 Ibid.

이기 때문입니다.

이제 또 다시 그 피곤한 여행자는 즐거움 덕분에 그 길이 힘들고 시련을 가져다준다는 사실이 거의 잊혀질 정도로, 풍성한 보상의 기쁨을 가져다 주는 "조용하고 쉴 만한 장소"를 발견하는 동안, 하늘의 이슬이 아마도 어쩌면 빛이 들어오는 지점에 비춰고 그 깊은 곳에 오래 머무르면서 믿음과 인내라는 달콤한 향을 진동시키는 수많은 꽃에 영양분을 공급해줄 것입니다.

그리고 심지어 이 풍성한 선하심은 주님의 능력과 사랑으로 더욱 넘치며, "그 계곡의 가치는 상승되었고," 지속적인 고난의 계절은 더욱 밝은 경험에 자리를 내어주었고, 비록 건강 상태와 거동할 힘이 완전하지 않다고 할지라도 삶 가운데 가장 순전한 기쁨들을 누릴 시간들이 있으며, 모든 노래는 시편으로 바뀌어야 하며, 모든 숨결은 찬양으로 이어져야 합니다.

진정으로 하나님께서는 저에게 큰 은혜를 베풀어 주셨습니다. 그분은 저를 "넓은 장소"로 인도하셨으며, "좋은 유산"을 저에게 주셨습니다. 그곳에서 저는

"내 이마를 비추는 햇빛으로
산 가장자리에 우뚝 설 수 있으며,"

그 밑을 내려다보면서 그분께서 저를 인도해 주신 방식이 어떠했는지를 주목하고, 그 손길에서 느껴지는 사랑과 지혜에 놀라움을 금치 못하고 감탄사를 내뱉습니다. 오! 그분을 찬양할 때 외칠 수 있는 힘이 아직 저에게 남아 있습니다.[33]

수지의 시적 사색들은 그녀의 북펀드 보고서에 나와 있다. 그녀는 부지

---

[33] Ibid.

런히 책으로 섬겨준 사람들의 인원을 보고했고, 목회자들에게서 온 편지들을 보여주었으며, 이 일을 위하여 지원을 요청하기도 했다. 그러나 그녀는 개인적인 통증과 자신을 향한 하나님의 신실한 돌보심에 대해서 이야기 나누는 것을 주저하지 않았다. 이것은 아마도 부분적으로 수지에게 있어서 비밀이었고, 많은 사람들이 그녀를 소중히 생각했던 이유이기도 했다. 그녀는 사람들이 자신의 약함, 고군분투, 고난에 대해서 알게 했다.

그녀는 아마도 독자들이 상상했던 것보다 여러 면에서 그들과 같았을 것이다. 그녀는 상인에서부터 수상에 이르기까지 모든 사람이 흠모하던 아주 유명한 목회자와 결혼을 했지만, 고통과 슬픔, 외로움, 그리고 좌절감을 느꼈다. 그녀는 자신이 저술한 책과 논문을 통하여 독자들이 자신의 모습을 있는 그대로 바라봐 주는 것을 환영했다. 그리고 그녀는 자기 슬픔에만 집중한 것이 아니라, 독자들의 고통과 좌절감에 대해서 직접 염려하기도 했다.

> 사랑하는 친구들이여, 어떤 이들은 기쁨의 종소리를 울리지 않고 새해가 왔음에도 환호하지도 반기지도 않으며 새해를 맞이하는 기쁨을 다른 사람에게 나누지도 않은 채, 슬픔과 적막 속에서 시작했을 수도 있습니다. 당신의 시련은 견디기 힘들고, 다른 사람이 당신을 위로하는 일이 거의 없으며, 이 땅에서의 슬픔은 당신의 삶을 의기소침하게 만들고 그리스도께서 거하시는 천국을 향한 당신의 기쁨을 억제합니다.
> 끊임없는 역경과 권태감에 대한 가능성은 당신을 짓누르거나, 슬픔과 고난에 대한 회상은 당신의 감정을 무감각하게 만들 수 있으며, "행복한 새해가 되기를 소망합니다"라는 친구들끼리 나누는 통상적인 인사에 진심어린 마음을 담아 반응할 필요를 느끼지 않습니다. 오히려 하나님께서는 지상에서 모든 일을 마친 당신에게 안식처로 날아 올라갈 비둘기의 날개

를 주셨습니다.³⁴

수지는 이러한 문장들을 만들 때 여러 문학적 장치를 사용했고, 그렇게 함으로써 더욱 단순하면서도 직접적인 소통을 했다. 그래도 그녀는 독자들의 마음에 말하면서 상상력을 동원해서 글을 썼다. 그녀의 가식 없는 말은 독자들 곁에 앉아 있으며, 그들의 손을 붙잡고 있으며, 위로의 눈빛으로 그들을 바라보는 것 같은 분위기를 형성했다. 그녀는 다음과 같이 이야기했다.

> 저는 당신의 감정을 잘 알고 있습니다. 저는 두려움과 연약함 속에 있는 당신과 교제를 나눕니다. 그러나 오늘 저는 복되신 주님께서 당신의 모든 슬픔을 아시며, 당신이 겪고 있는 모든 고난을 보고 계시며, 멈추는 법을 전혀 모르시는 사랑과 보살핌으로 당신을 보호하고 계시며, 그 선하신 때에 당신에게 짊어진 짐을 덜어 내거나 자유롭게 하신다는 사실에 대한, 흡족하며 위로가 되는 확신을 다시 한 번 새롭게 가져다줍니다.³⁵

수지가 이러한 글을 썼을 때, 남편을 떠나보내고 매우 슬퍼하는 아내의 모습이었다. 찰스는 수지에게 충분한 재산을 남겼지만, 그럼에도 그녀는 남편을 잃은 슬픔으로 비통한 마음이었다. 그리고 남편을 잃은 대부분의 아내들이 마주하는 고통을 넘어 그녀의 육체적인 질병은 계속되었다. 그녀는 자신의 아이들이 다양한 사역에 참여하게 되면서 가족을 그리워했다. 그녀를 섬기는 봉사자들, 특히 엘리자베스 톤은 그녀에게 큰 기쁨과 도움을 주었음에도, 찰스의 웃음소리와 자녀들의 목소리와 대체할 수 없었다.

그러나 그녀는 하나님 안에서 참된 안식을 찾았고, 자신의 소망을 그분의 말씀에서 발견했으며, 삶의 모든 것으로부터 오는 위로와 여러 경험을

---

34   Mrs. C. H. Spurgeon, *A Cluster of Camphire*, 90-91.
35   Ibid., 91.

만끽했다. 그녀는 깃펜을 잉크에 찍고서 삶의 여러 상황, 자연, 성경 속에서 보았던 그리스도에 대해서 묘사할 때, 자신의 외로움, 고난, 기쁨에 대해 솔직하게 표현했다.

그녀의 글은 그리스도 중심적이었고, 성경으로 가득 차 있었으며 수년간 기쁨과 슬픔으로 더욱 빛이 났고, 레몬트리, 새해에 울리는 벨소리, 찰스와의 결혼 당시에 대한 기억들과 같은 삶의 모든 것을 반겼다. 그녀의 집 앞에 도착한 편지들은 종종 그녀가 맡은 사역을 위한 기금과 그 안에 포함된 위로의 말이 들어 있었고, 그로 말미암아 그녀에게 힘을 북돋아 주었다.

그녀가 쓴 책에 대한 감사 편지를 받아보았을 때 그녀에게 생기가 돋았다. 이러한 편지들이 남아 있으며, 그것들은 작가로서의 수지에 대한 통찰을 제공한다.

> 나는 때때로 신체적인 이유로 피곤하여 지쳐 있을 때, 은혜로운 주님께서는 친구들의 글과 말로 나에게 행복을 주셨고, 그것들은 내 마음을 다시금 새롭게 해 주었고 지금까지의 일이 헛되거나 그분의 승인 없이는 아무것도 이루어진 것이 없었다는 사실을 알게 되었습니다. 한 달인가 두 달 전 즈음에 마음에 가뭄이 찾아온 시간동안 나는 내 영혼에 이슬과도 같았던 한 통의 편지를 받았습니다.
>
> "친애하는 스펄전 여사께, 저는 몇 자 적어야할 필요를 느끼며, 당신의 손에 맡겨진 주님의 사역에 이 지극히 평범한 기부금을 보냅니다. 저는 당신이 쓴 책, 『명종곡』(*Carillon of Bells*)이 저에게 준 모든 위로에 대해서 말씀드리지 않을 수 없습니다. 당신이 이 책을 쓰고 있었을 때, 마치 저의 모든 문제들을 알고 있는 것처럼 느꼈으며, 매일 정해진 부분을 읽으면서 말로 표현할 수 없는 큰 위로를 발견했습니다.
>
> 격려와 도움의 말을 건네는 당신의 모든 친절함으로 인하여 하나님께서 당신에게 복 주실 것입니다. 저는 『고벨화송이』(*A Cluster of Camphire*)도 읽

었는데, 마찬가지로 동일한 내용에 매료되었습니다.³⁶

수지는 자신이 쓴 경건 서적에서 하나님의 성품을 영화롭게 하고 독자들에게 복음을 전하는 방식으로 성경 구절을 참조했다. 그녀는 『명종곡』(Carillon of Bells[1896]), 『고벨화송이』(A Cluster of Camphire[1898]), 『여름 과일 한 바구니』(A Basket of Summer Fruit[1901]) 이렇게 세 권의 경건 서적을 출간했다. 그녀의 경건적 글쓰기는 성경 말씀으로 가득 차 있었으며, 그녀의 독자들은 따뜻한 마음으로 공감하며 자신들에게 적용했다.

수지는 "제자들이 힘겹게 노 젓는 것을 보시고"라고 기록된 마가복음 6장 48절을 해설하는데, 이 간략한 구절을 마음속에 그려보았다.

여러분은 바람이 휩쓸고 지나가는 호수에 작은 배를 보십니까?
폭풍과 어둠의 힘은 빠르게 결합되어서 바다는 폭풍의 함성에 격정적으로 반응하면서 흔들리고 격렬하게 분노하고 있습니다. 그리고 만만찮은 위험이 부서질 것 같은 배에 탄 사람들을 위협하고 있습니다.

그리고 그녀는 그 제자들을 이렇게 묘사합니다.

반대 해변가로 가기 위해서 모든 신경과 근육에 압력을 가하여 초인적인 힘으로 노를 저었지만, 계속해서 그들을 뒤로 물러나게 하며 그들을 집어삼키려는 바람과 파도의 엄청난 위력에 견줄 수 없습니다.

그리고나서 그녀는 독자들에게 시선을 돌린다.

---

36　*The Sword and the Trowel*, April 1899, 164.

여러분의 마음은 아주 위험한 상황을 바라볼 때 무너지기 쉬우며, 바다가 그 먹잇감을 삼켜버리는 매순간을 예상합니다.[37]

그녀는 단순히 제자들의 배가 폭풍을 만났고 큰 두려움에 휩싸여 있었다고 쉽게 쓸 수 있을 것이다. 그러나 그녀는 배가 작고, 바람이 호수를 휩쓸고, 깊은 어둠은 바다를 흔드는 힘과 결합한다고 묘사할 때 마치 독자들이 직접 경험하는 것처럼 실감나게 글을 쓴다. 폭풍우는 단순히 풍랑이 이는 소리를 내는 것이 아니라, "심각한 위험이 위협하고 있다."

그들은 그냥 배를 타는 것이 아니라 "부서지기 쉬운 배" 위에서 여기저기로 흔들리고 있다. 사람은 바다에 맞서지만 바다의 기세에 겁먹은 제자들의 연약함을 비웃는다. 그래도 그들은 해변가에 도달하기 위해서 "모든 신경과 근육에 압박을" 가했고, 파도와 바람을 거슬러 노를 젓기 위해 거의 "초인적인 힘"을 끌어 모은다.

그러나 "바람과 파도의 엄청난 위력에 견줄 수 없었다." 그들은 계속해서 뒤로 물러날 뿐 앞을 향하여 나아갈 수가 없었다. 압도당하고 두려운 마음으로 무너져 내린 수지의 독자들은 예수님의 제자들이 치명적인 문제에 부딪히고 완전히 무력화된 상태 속에서 마치 그들이 직접 비바람을 맞으면서 물로 흘딱 젖은 채로 노를 젓는 것처럼 느꼈다.

수지의 글은 독자들이 "바다가 그 먹잇감을 삼키는" 모습을 내다보면서, 제자들이 느꼈던 좌절감을 공유하도록 한다. 수잔나 스펄전은 자신이 달필가로서 작문 기술을 활용하던 지면에 독자들의 주의를 끌었다. 그러나 그녀는 독자들 또는 바다에서 갈 길을 잃었던 제자들의 이야기에 매료된 사람들을 그냥 놔두지 않았다.

그러나 이제 시선을 땅을 향해 돌리십시오. 인접해 있는 언덕 쪽 뱃머리

---

[37] Mrs. C. H. Spurgeon, *A Cluster of Camphire*, 92-93.

에는 고독하지만 위엄있으신 분이 서 계십니다. 그는 그 진동의 폭풍우가 휩쓸어 가고 있는 상황 속에서 노를 젓는 제자들을 유심히 지켜보고 계셨습니다.

위험은 간과되지 않았으며, 노력이 외면되지 않았고, 그들 마음속에 있는 두려움이 동정심을 유발하여 그분이 다급하게 일하시게끔 만든 것이 아니라, 그분의 가장 부드러운 사랑에 호소합니다. 그는 제자들을 구할 것이고, 그분의 신적 능력과 선하심을 영광스럽게 드러낼 것입니다. 그는 요동치는 바다 물결을 자기 발아래 두실 것이며, 그분 앞에서 조용히 존경을 표하는 가운데 격렬한 강풍을 잠잠케 하실 것입니다.[38]

수지에게는 언제나 복음과 예수님이 우선이었다. 바다에 있는 사람은 이리 저리 흔들리고, 무기력하며, 죽음의 위협을 마주한다. 그러나 그 곳에는 "위엄있으신 분"이 계시다. 그는 자기 백성의 무기력한 상태를 아신다. 그분은 지금 지켜보고 계신다. 그분은 "요동치는 바다 물결을 자기 발아래" 두시는 분이며, 은혜로우심으로 자기 백성을 구원하시면서 그 위험을 진압하신다. 수잔나 스펄전의 글쓰기 스타일은 지금까지 설명한 바와 같다.

수지는 작가로서 갖추어야 할 작문기술에 있어서 자신이 없었으며 그녀의 "최고 책임자", "사랑하는 편집자"의 눈으로 검토되지 않은 것은 어떤 것도 출판되기를 원하지 않았다.[39] 그녀는 "조언과 위로나 현명한 조언을 찾아서 나는 그에게 달라가며, 항상 그것을 찾는다고 말할 필요가 있나요"라고 확인했다.[40] 작가로서 숙련도에 관한 의심은 수지를 괴롭혔지만, 그녀의 목표는 확실했다. 그녀가 글을 쓸 때 최고의 목적은 하나님을 영화롭게 하는 것이었다.[41]

---

[38] Ibid., 93.
[39] Mrs. C. H. Spurgeon, Ten Years, 26-27.
[40] Ibid.
[41] Ibid., 27.

수지의 글은 『찰스 스펄전의 자서전』(*C. H. Spuegeon's Autobiography*)에 대한 공헌으로 가장 많이 기억된다. 본래 4권짜리로 출간된 이 묵직한 책은 전기적 내러티브의 보관소이다. 찰스 스펄전과 수잔나 스펄전에 대한 관심을 가지고 공부하고 싶어 하는 누구에게나 좋은 출발점이다. 자서전의 제1권은 1897년에, 제2권은 1898년에, 제3권은 1899년에, 제4권은 1900년에 출간되었다.[42]

수지는 가끔씩 찰스의 자서전과 관련된 작업을 감당하는 것이 어렵게 느껴졌다. 그 이유는 사랑하는 남편에 대한 수많은 기억들이 그녀의 마음속을 휘저었으며 그녀의 감정을 힘들게 만들었기 때문이었다. 제2권을 여는 장에서 그녀는 찰스와 관련된 주제와 그들의 교제, 결혼, 결혼 이후의 삶을 다룬다. 그녀는 이러한 작업을 감당할 수 있는 역량을 가진 전기 작가가 아무도 없다는 사실을 인지했다. 그러나 그녀는 자신이 그러한 중요한 임무를 감당하기에 불충분하다고 느꼈다.

찰스와 함께 했던 나날들에 대한 기억을 회고하며 세상 사람들이 읽을 수 있도록 글로 적어 내려가는 작업은 의심할 여지없이 고통스러웠다.

---

[42] 찰스 스펄전은 자기 자서전에 집착하지는 않았지만, 수지와 그의 오랜 비서 조셉 해럴드가 모아둔 자료를 포함해서 기고문들을 남겨 두고 떠났다. 찰스의 연대기를 보면 이렇게 기록되어 있다. "그는 이따금씩 바쁜 생활의 수고를 덜어낼 수 있었던 휴식을 취할 때, 주로 명동의 밝은 햇살 아래에서, 자신의 멋진 경력들 중에서 여러 주요 사건을 기록했다. 그는 기고문이 각각 완성되었을 때마다 '나의 자서전에 또 다른 장이 생겨났습니다' 라고 기쁜 마음으로 외치곤 했다.
그가 충분히 오래 살 수 있었다면, 의심할 여지없이 자신의 관점으로 보았던 전 생애를 기록해서 교회와 전 세계에 알려 주었을 것이다. 비록 그것이 현재 관심을 가지고 있는 것으로 연결되어 있는 형태는 아니지만, 그는 사실상 공적인 사역을 시작할 때부터 이 일을 해 왔다"(찰스의 자서진, 1:1). 스펄전은 『검과 모종삽』(*The Sword and the Trowel*)을 "어떤 면에서 우리의 자서전"으로 생각했다(『검과 모종삽』[*The Sword and the Trowel*], 1885년 1월, 25).
톰 네틀스(Tom Nettles)는 "스펄전의 사후 자서전을 위하여 그의 아내와 자신의 비서 해럴드가 모은 자료의 상당부분은 월간 목회 편지에 처음으로 나타났다"라고 이야기한다(Tom Nettles, *Living by Revealed Truth: The Life and Pastoral Theology of Charles Haddon Spurgeon* [Fearn, Scotland: Christian Focus, 2013], 9).

그녀는 이렇게 이야기했다.

> 나는 수많은 시간 동안 펜을 내려놓고 모든 것을 포기해야 한다고 느낍니다. 내 남편의 편지들을 읽고 옮겨 적는 가운데 과거에 연민을 나누고 소중했던 행복한 지난 날들을 생각해 보면, 내가 겪은 이루 말할 수 없는 상실감이 떠오릅니다.[43]

그녀는 자서전의 제2권 첫 부분을 쓰는 동안 외로움을 느꼈으며 "다시 한 번 하나님의 뜻과 기쁨으로 (나의 사랑하는 남편을 위해서) 멋진 것들로 가득 찬 저 높은 곳으로" 올라갈 때 하나님의 도우심이 필요하다는 것을 느꼈다. 그녀는 친구들에게 자신을 위해서 기도해 주기를 부탁했다.[44] 예상대로 많은 사람들의 기대를 받았던 찰스의 자서전은 영국과 전 세계에서 환영받았다. "베일러대학의 여름 성경 학교에서 선교와 윤리 분과의 특별 강연자"는 스펄전 여사에게 자서전의 제1권에 대한 감사를 표했다.[45]

베일러의 강연자는 찰스의 자서전 제2권에 관하여 이야기하기를, 이 책이 미국에 이제 출간되었고(1899년 1월), 자신은 "그 책을 간절히 원하고 있었다"라고 이야기했다. 그는 스펄전의 삶에 대한 강의를 발전시켜 나갈 계획을 가지고 있었고, 다음과 같이 이야기했다.

> 내가 그 책(제1권)을 읽었을 때, 곧바로 눈물을 흘렸고 더욱 가치 있는 그리스도의 대사가 되도록 도전받는 가운데 내 심장은 불타올랐습니다. 나는 그의 삶에 대한 참된 이야기가 수천 명의 형제와 자매를 더욱 진정성 있고 효과적인 사역으로 안내할 것이라고 믿어 의심치 않습니다.[46]

---

[43] *The Sword and the Trowel*, February 1898, 51.
[44] Ibid., 52.
[45] Ibid., January 1899, 9.
[46] Ibid.

그러나 모두가 이 자서전을 기뻐했던 것만은 아니었다. 수지는 이러한 사실에 대해 슬픈 마음을 가지고 있었는데, 몇몇 사람은 그녀가 나중에 책을 쓰려고 계획한 내용을, 먼저 나온 책에서 공유하기를 지체했다는 사실에 대해 불편한 마음을 가지고 있었다. 다른 사람들은 찰스에 관하여 더욱 많은 면모를 보여주지 않았다는 이유로 비판했다. 그러나 대부분 사람들은 이 책들을 아주 따뜻한 마음으로 환영했다.[47]

수지의 모든 저작에 대한 평가는 이 책이 다루는 범위를 넘어서는 것이다. 그러나 수지의 저작물에 대해서 잠시 생각을 해 보라. 수지는 남편을 떠나보낸 이후로 홀로 글을 쓸 수 있는 시간이 더 많이 생겼는데, 그녀의 글은 대부분 남편과 사별한 이후에 쓰여졌다. 그녀는 남편을 떠나보낸 후 5권의 책과 「검과 모종삽」(*The Sword and the Trowel*)에서 여러 편의 글을 썼으며, 찰스의 설교집에 대한 "번역과 배포"에 있어서 중요한 역할도 맡았다.

1873년부터 그녀가 이 세상을 떠나는 1903년까지 수지는 "스펄전의 삽화를 넣은 연감"(Spurgeon's Illustrated Almanack)에 관한 본문들을 제공했다.[48] 그뿐만 아니라, 그녀는 북펀드 사역에 관한 여러 편의 글을 썼고, 어떻게 교회가 모금할 수 있는지에 관한 안내 책자(바자회에 대한 이의 제기[A Protest Against Bazaars])를 포함하여, 다른 주제들에 관한 자신의 의견을 밝혔다.

수지는 작가로서 많은 글을 쓰고 북펀드 사역을 관리하기 위하여 어마어마한 노력을 했다. 만약 그녀가 조금만 더 노력했다면, 그녀는 신실한 사람으로 칭송받을 수 있었을 것이다. 그러나 만약 특별히 찰스가 자기 일들 가운데 우선순위에 올려놓은 사역들이라면, 수지는 자기에게 주어진 기회들을 무심하게 회피하는 사람이 아니었다. 아마도 그렇다면 병들고 외로운 홀로된 아내가 교회의 파트너 역할을 맡았다는 사실에 대해 놀라지 말아야 할 것이다.

---

47 Ibid., September 1899, 486.
48 Ibid., November 1903, 555-56.

# 마지막 씨앗을 뿌리며

혹시 침례교인들이 함께 모여 예배드리는 장소가 어느 곳에 있는지 말씀해 주실 수 있나요?

잘 모르겠습니다. 침례교인에 대해서 전혀 들어본 적이 없는데요.

이 대화는 수지가 '벡스힐 온 시'(Bexhill-on-Sea)의 한 거주민과 나눈 대화였다.[1] 이 때는 1895년 봄이었고, 수잔나 스펄전은 63세가 되었으며, 남편을 떠나보내고 홀로 남겨진 지 3년이 지났으며, 지난 28년간 육체적인 고통을 겪었다. 그녀는 웨스트우드에서 북펀드 사역을 통하여 하나님을 섬기며 살아갈 것이라고 상상했을 것이다. 수지는 시간을 보내는 동안 하루하루를 나태하게 지켜보는 것을 거부하면서 부지런히 사역을 감당했다. 1895년까지 그녀는 자신의 첫 번째 책, 『북펀드 사역의 10년』(Ten Years of My Life in the Service of the Book Fund)을 출간했고, 많은 사람의 환영을 받았다. 그녀의 다음 책 『10년 후』(Ten Years After)는 이미 많은 관심을 받았다. 수지는 많은 활동으로 분주한 가운데 집안일을 간신히 해냈다. 그녀는 손님을

---

1  *The Sword and the Trowel: A Record of Combat with Sin & Labour for the Lord* (London: Passmore and Alabaster, 1865-1904), May 1896, 217.

대접하고, 자신의 집을 사역 본부로 삼고, 스펄전이 남겼던 복음의 유산을 널리 알리는 데 많은 투자를 했다.

영원히 변치 않고, 여러 가지 중요한 사역으로 바빴던 수지는 아무도 예상 못했던 과업을 곧 수락한다. 웨스트우드는 수리하던 중이었고, 수지는 기분 전환을 위해서 몇 주간 해안가를 찾았다. 그녀의 건강은 1892년 이후로 조금씩 나아졌으며, 더욱 자주 여행할 수 있었다. 수지는 벡스힐이 "좋은 자리에 위치해 있고, 건강에 아주 유익한" 곳이라는 사실을 발견했다.[2]

그러나, 해변가에 위치한 이 마을에서는 건축 붐이 일어나고 있던 상황이었고, 여행자와 요양자들의 유입 인구가 늘어남에 따라 그 수요를 충족시키기 위해 관련 사업들이 생겨나고 호텔들도 지어지면서 다소 어수선했다.[3] 당시 빅토리아 시대의 다른 마을들처럼, 벡스힐은 많은 사람들이 찾아왔는데, 첫째로 아름다운 자연과 바다와의 근접성 때문이었고, 둘째로 당시 통념에 따르면 치료에 좋은 환경 조건이 조성되고 있었기 때문이었다.

수지는 주변 마을들과 지역들에 익숙했다. 일곱 자매(Seven Sisters)로 알려진, 일곱 개의 흰색 절벽으로 멋진 경관을 뽐내는 이스트본(Eastbourne)이 불과 몇 마일 떨어져 있었고, 그곳은 수지에게 특별한 장소였다. 그녀는 찰스가 멍똥으로 마지막 여행을 하기 전인, 1891년 10월초에 그와 함께 그곳으로 여행을 떠났다.

그리고 수지가 수술을 받았고, 그녀의 두 아들 토마스와 찰스가 초기에 대부분의 시간을 교육 받았던 브라이튼은 불과 20마일 정도 떨어져 있었다. 수지는 주일 아침에 침례교회에서 예배하기 위해서 지나가는 사람에게 길을 물었을 때, 그러한 장소가 존재하지 않았다는 사실을 발견하고는 실망감을 감추지 못했다. 침례교인들은 벡스힐에 거주했고, 수년간 교회

---

[2] Ibid.
[3] Ibid.

를 개척하려고 시도를 해 왔지만 존속했던 교회가 없었다.

함께 예배드릴 침례교인들을 찾을 수 없었던 수지와 친구들은 웨슬리안들이 모이는 예배에 참여했지만, 벡스힐 온 시에 침례교회당이 없다는 생각에 마음이 편치 못한 상태였다.[4] 수지는 런던으로 돌아와서 벡스힐의 상황에 대해 생각하고 기도하면서 그 해 대부분의 시간을 보냈다. 그 시간 동안 수지의 친구였던 하키(J. S. Hockey) 목사와 그의 아내는 그녀를 만나기 위해서 웨스트우드를 방문했다.

1880년에 하키는 스펄전의 패스터스칼리지의 학생으로 받아들여졌으며, 그 시기 동안, 학업을 감당하면서 목회자로 섬겼다. 그가 웨스트우드에 도착했을 때에, 최근까지 섬기던 교회를 사임하고 새로운 사역지를 알아보고 있던 중이었다. 기회들이 가끔씩 찾아왔지만 진행되는 일은 전혀 없었던 상황이었다.

수지는 이렇게 말했다.

> 그는 사랑받고 신실한 하나님의 종으로 오랫동안 섬기던 사람이었지만 주님께서 모든 문을 닫고 계셨다.

수지는 하나님께서 하키 목사와 그의 아내가 섬길 수 있는 곳을 주시도록 기도했다. 기도하는 가운데 수지는 깜짝 놀랐는데, 다음과 같이 이야기한다.

> '하나님께서는 그가 벡스힐로 가서 그분의 영광을 드러내게 하실 것이라는' 생각이 뇌리를 스쳐 지나갔습니다. 나는 마음속으로 지체하지 않고 대답했습니다. '예, 주님, 아마도 그렇게 될 것'이고, 그 순간부터 저는 의심

---

[4] Ibid., May 1896, 218.

하지 않으며 그런 일이 일어날 것입니다.[5]

수지는 "환상과 예언이 통용되던 옛 시대는" 끝났다고 믿었다. 그러나 그녀는 물었다.

> 사랑하는 우리 아버지는 지금 이 순간에도 비록 온화한 방식이지만, 때로는 마치 목소리가 귀로 확실하게 들리는 것처럼 당신의 자녀들이 본 것을 통하여 말씀하시지 않습니까?[6]

수지는 자정이 지나서 잠에서 깨어났던 몇 일전 일에 대해서 이야기했다. 그녀는 침대에서 일어나 커튼을 열어야 할 것 같은 생각이 들었다.

> [그녀는] 그 충동에 순응했고, 어느 한 광경으로 보상받았는데, 일상적이라고 말할 수도 있겠지만 삶이 지속되는 동안 나의 마음속에 선명하게 남아 있을 정도로 내 영혼에 풍성한 영적인 의미로 다가오는 그러한 광경이었다.

그날은 어둡고 별이 하나도 보이지 않던 밤이었다. 멀리에서 봤을 때 마을에 있는 빛을 거의 볼 수 없었다. 수평선에는 구름들이 양갈래로 나뉘고 있었고, "양 측면의 짙은 뭉게구름은 천상의 광채로 빛을 내는 가운데, 이 통로로 달이 지나가고 있었는데 은빛 나는 쪽배 한 척이 빛의 강을 건너고 있었다." 그녀에게 인상적이었던 장면은 깊은 밤하늘과 "갈라진 구름 사이에서 비춰오는 광명"이었다. 이 광경은 마치 그녀에게 다음과 같이 보였다.

---

5　Ibid.
6　Mrs. C. H. Spurgeon, *Ten Years After!: A Sequel to "Ten Years of My Life in the Service of the Book Fund"* (London: Passmore & Alabaster, 1895), 94.

진주로 만들어진 천국 문이 열리고, 그 틈으로 '태양도 필요 없고 달도 필요 없으며, 하나님의 영광이 밝게 만드시고 어린양께서 빛 되시는' 그 도성의 빛이 흘러들어왔다.

그녀는 자신의 경험을 설명하면서 "그날 자정의 광경"은 "내가 전에 보았던 그 어떤 것보다 더욱 영적인 것이었으며, 하나님께서 그 안에 계신 것처럼 보였고, 내가 서 있는 장소는 거룩한 땅인 것 같았습니다"라고 생각했다.[7]

수지는 성경을 하나님의 말씀으로 믿고 확신하면서, 하나님께서 정경 이외에 추가로 말씀하시지 않는다고 믿었다. 그렇지만 그녀는 자기보다 앞서 갔던 찰스처럼, 자기 백성을 인도하시는 성령의 사역을 믿었다. 그녀가 자정에 경험했던 광경은 환상이 아니었지만, 그녀가 설명했던 것처럼 그 경험은 "충분히 일상적"이었다. 그녀는 하나님께서 일상적이지 않은 방법으로 자정의 밤하늘이라는 일상적인 광경을 사용하셨다고 믿었다.

수지는 하나님께서 밤하늘에 드러난 자신의 영광을 보게 하신 것으로 생각했으며, 하나님께서 그녀에게 하키 목사가 벡스힐로 가는 것에 대한 생각을 주셨다고 믿었다. 궁극적으로 수지는 자신의 생각을 친구에게 알려 주었다. 그녀의 창의적이면서도 냉철할 정도로 정직한 제안은 절대로 물건을 파는 상인의 어조로 오해할 수가 없었다. 그녀는 다음과 같이 이야기했다.

내가 내 친구에게 제안한 앞으로의 여정은 꽃길이 아닙니다. 그곳에는 아는 지인도 없고 스스로를 아직 존재하지도 않는 교회의 목사가 될 사람으로 소개해야 하는, 그런 생소한 곳을 향해 나아가는 것이 사실 쉬운 일은 아닙니다.[8]

---

[7] Ibid., 94-95.
[8] *The Sword and the Trowel*, May 1896, 218.

이는 말 그대로 정말 쉬운 일이 아니다. 하키 목사의 앞날에 거친 길이 놓여있지만, 그는 수지의 제안을 흔쾌히 받아들였고 그녀는 그에게 확신을 주고 응원해 주었다. 수지의 끈기는 인상 깊었다. 그녀는 벡스힐에 침례교회가 필요하다는 사실을 알고 교회 개척을 결정했을 뿐만 아니라, 하키가 그 교회의 목회자가 되는 것이 어떤지를 제안했다. 그녀의 결정은 기도 없이 이루어진 것이 아니다.

그러한 결정들은 그리스도인들이 기도로 하나님을 의지함으로써 인도함 받는다는 성경적인 확신으로부터 나온 것이었다. 벡스힐에 도착한 후에, 하키는 침례교회가 개척되기를 열망했던 그 지역의 침례 교인들을 모았다. 곧 "학교 겸 예배실"이 건축될 부지를 선정했다. 수지는 놀랄 만한 믿음으로 그 수고가 앞으로 결실을 맺을 것이라고 믿어 의심치 않았다. 그녀는 다음과 같이 기록했다.

> 적은 무리가 함께 모일 수 있는 공동체가 있을 때, 그들은 하나님을 예배하고 그의 이름을 영화롭게 할 큰 건물을 건축할 정도로 충분히 견고해질 때까지 성장하며 부흥을 경험할 것입니다.[9]

그녀의 확신은 큰 격려가 되었는데 이는 그녀가 교회가 온전히 세워져 나갈 것이라는 사실을 의심하지 않았기 때문이다. 초창기에 점점 성장하던 회중은 건축을 계획하고 지어지는 동안 다른 시설을 빌려서 사용했다. 수지는 교회 건축에 관한 확고한 관점을 가지고 있었다.

첫째로, 빚이 발생되지 않아야 한다. 찰스와 수지는 그들의 결혼 생활 동안 가정과 교회에 빚이 생겨나지 않도록 하기 위해서 노력했다. 수지는 자신이 지원할 수 있는 일이 있으면 개인적으로 모든 것을 다 드려 헌신했고, 하나님께서 그 나머지를 공급하신다는 사실에 대해 신뢰를 받으시도

---

[9] Ibid.

록 사람들에게 자신의 믿음을 전해 주었다.

둘째로, 그녀는 재정을 충당하기 위해서 "세상적인" 방법을 동원하지 말아야 한다고 요구했다. 그녀와 몇 안 되는 회중은 하나님께 그들의 필요를 이야기했고, 동료 신자들에게 그들의 필요를 나누면서, 사역에 필요한 것을 지원할 수 있는 기회를 주었다.

> 나는 할 수 있는 대로 내 모든 것을 드릴 것입니다. 그리고 풍성하신 나의 아버지께서 나머지 부분을 채워주시리라 믿습니다. 그는 얼마나 필요할지 아십니다. 그리고 만일 그분이 사랑하는 친구들 가운데 어떤 사람의 마음에 감동을 주셔서 내가 감당하는 이 새로운 사역을 도울 수 있도록 인도하신다면 나는 그들의 도움을 기쁜 마음으로 받아들일 것입니다.
> 그러나 나는 오직 그분께만 "구걸"할 것이며, 벡스힐 온 시의 뷸라 침례교회를 세울 때 콘서트, 바자회를 열지 않을 것이고 어떤 종류의 세상적인 즐거움도 동원하지 않을 것입니다.[10]

벡스힐 프로젝트를 진행하던 때에, 수지는 더 이상 젊고 에너지가 넘치는 사람이 아니었고, 건강한 교회 개척 전문가가 아니었다. 그녀는 체력적인 한계를 가지고 있던 미망인이었다. 그럼에도 불구하고, 그녀는 자기 앞에 놓인 어떤 장애에도 집중하지 않았던 것으로 보인다. 그녀는 손에 아무것도 없이 현재 주어진 일에 집중했다. 그녀는 하나님께서 인도해 주셨으며 교회 개척에 필요한 것들을 공급해 주실 것이라는 믿음을 가지고 있었다.

1896년 말이 되면서 학교와 예배당을 겸하여 사용할 수 있는 첫 번째 건물이 해안가에서 북쪽으로 몇 블록 떨어진 곳에 위치해 있었고, 수지의

---

10 Ibid., 219.

아들 토마스가 헌당 예배를 인도했다.[11] 수지는 이 예배에 참석할 수가 없었다. 찰스와 토마스는 그들의 어머니가 건네준 은색 모종삽으로 첫 건물의 주춧돌을 놓았다. 이 삽은 그들의 아버지가 했던 사역과 관련하여 중요한 물건이었다.

찰스가 사용한 삽은 1868년에 그의 어머니가 스톡웰 고아원의 칼리지 하우스의 주춧돌을 놓을 때 사용했던 것이었다. 또한, 그녀는 1880년에 그 고아원의 여자 기숙사의 주춧돌을 놓을 때 사용되기도 했다.[12] 최근에는 찰스 스펄전을 위한 또 다른 기념 채플인 치스윅침례교채플(Chiswick Baptist Chapel)의 주춧돌을 놓는 데 사용되었다.[13]

토마스 스펄전도 자신의 어머니에게서 삽을 받았다. 그 삽은 그의 아버지가 1873년에 패스터스칼리지의 주춧돌을 놓는 데 사용했던 것이었다. 이 두 삽이 뷸라침례교채플의 헌당 예배 때 사용되었다.[14] 이 말씀이 여기에 새겨져 있었다.

> 이 주춧돌은 설교의 황태자 찰스 스펄전을 기억하며
> 그의 쌍둥이 아이들 찰스와 토마스가 그들의 사랑하는 어머니를 대신하여
> 1896년 8월 11일, 하나님의 영광을 위해 놓여졌다.
> 우리가 이를 그들의 자손에게 숨기지 아니하고 여호와의 영예와 그의 능력과 그가 행하신 기이한 사적을 후대에 전하리로다(시 78:4)[15]

하키 목사가 하나님을 찬양하며 "친애하는 스펄전 여사"의 도움에 감사를 표했다고 「검과 모종삽」(*The Sword and the Trowel*)에 기록되었다. 또한, 이

---

11 Ibid., Preface, 1896, iv.
12 Ibid., September 1896, 508.
13 Ibid., 509.
14 Ibid.
15 Ibid., September 1896, 508.

렇게 기록했다.

> 찰스와 토마스 목사는 동등하게 주춧돌을 놓는 일을 하며, 쌍둥이 형은 '십자가에 못 박히신 예수 그리스도'라는 제목으로 저녁 예배 말씀을 전했다.[16]

저녁 예배는 수지가 침례교 회중을 찾을 수 없어서 참석했던 장소였던 웨슬리안채플에서 드려졌다.[17] 수지는 웨슬리안 형제자매와 사랑과 교제를 나누었는데, 웨슬리안 형제자매들은 스펄전 여사가 노력해 왔던 벡스힐 교회 개척에 협조적이었으며 그들은 한 마음으로 성경의 권위를 인정했다.

수지는 "학교 겸 예배당" 건물의 헌당식에 참석할 수는 없었지만, 다음과 같은 텔레그램을 보냈다.

> 이것은 주님이 하신 일입니다. 우리의 눈에 보기에 놀라운 일입니다. 저의 영혼은 우리 은혜로우신 하나님을 찬양하면서 여러분과 함께 있습니다.[18]

답장은 액자로 만들어서 웨스트우드에 있는 스펄전 여사에게 보내졌는데, 다음과 같이 기록되어 있다.

> 이 교회의 주춧돌이 놓이기를 바래왔던 열정적인 침례교인의 여러 구성원과 친구들은 당신의 사랑의 인사와 지대한 관심에 대해서 따뜻한 감사를 보냅니다. 그들은 당신의 마음이 하나님의 영광을 위한 교회 건축으로 부르셨다는 사실에 온전히 응답했음을 찬양하며, 오늘 어머니의 사랑, 아버

---

16 Ibid., 509.
17 Ibid.
18 Ibid.

지의 기억, 아들의 충성이라는, 삼겹줄의 힘에 감사하고 있습니다.[19]

수지와 찰스의 사랑 이야기는 영국 전역에 널리 알려졌고, 1896년에는 세계로 퍼져나갔다. 벡스힐에서 멀리서 떨어져 지내던 많은 친구들은 교회 건축의 첫 단계를 진행하기 위해서 후원금을 보내주었다. 그러나 수지는 자신이 "기도의 집"이라고 부르던 교회 건축 계획의 다음 단계를 위하여 재정을 충당할 때, 성장하고 있는 회중들이 더욱 온전히 참여할 것이라고 기대했다.

그러나 수지는 더 많은 지역으로부터 온 후원에도 불구하고, 성장하고 있던 회중이 교회 건축과, 목회자, 그리고 다른 필요한 사역들을 온전히 지원할 여력이 없었다는 사실을 깨달았다. 그렇기 때문에 외부의 도움이 중요한 관심사로 남게 되었다. 교회 건축에 관하여 수지가 세운 원칙에 따라, 빚을 져서는 안 되고, 교회 건축을 위한 재정 모금을 위한 "세상적인 수단"이 사용되어서는 안 되었다. 그리고 세 번째 요건 역시 존중되었다.

그 교회 건물 전체 또는 부분적으로 찰스스펄전기념채플이라고 이름 붙여져서는 안 되었다.[20]

이것은 또한 찰스가 자신의 삶과 사역에 대한 태도를 보여준다. 예를 들어, 내리막 논쟁 후에 찰스는 어떤 사람들이 스펄전을 중심으로 새로운 교단을 만들기 원했다는 사실을 알고 있었다. 찰스는 그러한 계획에 강력히 반대했다. 교회 건물은 스펄전의 이름을 따오지 않았지만, 그를 기억하기 위한 곳이었고 그곳은 메트로폴리탄타버내클처럼 복음이 전파되는 장소였다.

---

[19] Ibid.
[20] Ibid., September 1896, 508.

1896년을 보내면서 수지는 벡스힐 사역이 초기에 성공적으로 이루어진 사실과 하키 목사의 신실함을 기뻐했다. 그녀는 교회를 "벡스힐을 비추는 꺼지지 않는 등대"로 보았다.[21]

주님의 종이 선포한 옛 복음은 고대의 불과 능력, 그 어떤 것도 상실하지 않았습니다.

그녀는 사람들에게 하나님의 은혜로 말미암아 "옛 진리에 확고히 서 있으며 쌓아올린 옛 업적에 대해서 경계하며, 건강한 교리에 충실하며, '믿음과 성령 충만'한 모습으로, 자애롭고 열심히 기도하며 믿는 자들로서 설교자 주변으로 한데 모이십시오"라고 도전했다. 만일 그들이 그렇게 한다면, 수지는 위대한 미래가 뷸라 침례교회에 다가올 것이라고 믿었다. 수지가 보기에 그 교회는 "말씀 선포로 인하여" 흥왕했다.[22]

뷸라 침례교회는 '벡스힐 온 시'와 주변 지역에 복음의 증인으로 오늘날까지도 남아 있다.[23] 수지에게는 믿음이 있었고, 건강한 교리에 헌신했으며, 그녀는 성령 사역을 비롯하여 그들의 신실한 목회자를 지원할 회중들의 필요가 중요하다고 생각했다. 수지의 결혼 생활 전체에 걸쳐 한 목회자를 지원해 주는 것은 특별한 열정에 기인한 것이었으며, 그녀가 홀로 남게 된 후로도 이러한 분야에 계속 관심을 가지고 집중했다.

---

21 Ibid., 495.
22 Ibid.
23 필자가 연구를 진행하는 동안, 뷸라 침례교회를 방문했었고, 사역자들과 교회 구성원들에게 환대받았다. 이 건물은 수지의 시대와 상당 부분 동일하다. 그들이 부르던 찬송들은 성경적 진리를 반영했고, 필자는 스펄전 여사가 이 교회의 미래에 대한 확신을 가진 후 120년 넘게 성경 본문에 충실해 온 복음적 설교를 듣게 되어 감사한 마음이 들었다. 그레이엄 할리데이(Graham Holliday) 목사는 이 교회의 이전 담임 목사였고, 침례교 목회자가 되기 위하여 스펄전 대학(Spurgeon's College – 원래 패스터스칼리지[Pastors' College]였다)에서 신학 훈련을 받았다. 현재 담임 목사는 데이비드 락우드(David Lockwood)이다.

그녀는 점점 나이가 들어가면서도 목회자들의 상황을 호전시키기 위해서 열심히 일했고, 그녀의 열정은 결코 시들지 않았다. 1897년이 시작되고, 학교 채플이 빚을 지지 않은 채로 시작했고, 의구심이 드는 재정모금도 없었고, 스펄전의 이름을 기억했을 뿐 그 이름을 건물 명칭으로 사용하지 않았으며, 재정은 교회 건축의 다음 단계를 위해서 들어왔다. 교회는 1월 31일에 공식적으로 40명으로 구성되었다.[24]

수지는 그날에 많은 생각을 했는데, 딱 5년 전에 자신의 "사랑하는 남편"이 세상을 떠났기 때문이다. 그녀는 때때로 남편 없이 살아갈 수 있을지에 대해서 의문을 가졌지만, 하나님의 신실하심에 대한 긍정적인 증언을 할 수 있었다. 수지는 다음과 같이 이야기했다.

> 하나님께서는 내가 홀로 남아서 외로운 시간을 보낼 때 긍휼하심과 자비를 보여주셨습니다. 그분은 하늘에서 태양을 가져가셨지만, 샛별이 엄청나게 밝은 빛을 내도록 하셨습니다. 그리고 믿음의 눈으로 간절히 하늘을 바라볼 때, 여행의 귀로에 오른 피곤한 여행자를 격려하고 인도하는 눈부신 약속의 빛이 보입니다.[25]

확실히 수지는 열정적인 복음의 증인이 벡스힐에서 성장하고 있다는 사실을 알고서는 찰스가 기뻐할 것이라고 생각했고, 이로써 그녀는 힘을 얻게 되었다. 수지는 4월 11일 주일, 벡스힐에서 드려지는 예배에 참석했고, 감격과 감사함으로 슬픈 감정을 극복했다. 그녀는 그날 예배를 생각하면서, 이렇게 말했다.

---

[24] Michael Bradshaw, *Beulah: Yesterday, Today and Tomorrow, 1896-1996: The Story of Beulah Baptist Church* (self-pub., 1996), 16.
[25] *The Sword and the Trowel*, January 1897, 9.

사랑하는 친구들이여, 제가 벡스힐에서 천국문에 도달하기까지 기억될 만한 주일을 보냈다고 생각하시나요?[26]

「검과 모종삽」(The Sword and the Trowel)은 1897년 4월 12일에 대해 이렇게 기록했다.

> 스펄전 여사가 새로운 예배당을 착공했으며, 그곳의 건축 부지를 준비하기 시작했다.[27]

그녀가 삽으로 흙을 폈을 때, 의심할 여지없이 마음속에는 찰스와 그가 감당했던 40년간의 복음 사역이 떠올랐을 것이다. 수지는 그날 빅토리아 여왕과 닮은 모습이었다고 묘사되었으며,[28] 그녀를 잘 알았던 사람들은 그녀의 헌신에 경의를 표했고, 그녀의 사역으로 혜택을 누렸는데 그런 모습이 여왕으로 묘사되었던 것이다.

하키 목사는 이렇게 언급했다.

> 그녀 없이는 침례교회가 벡스힐에 존재하지 않았을 것이며, 확실히 그녀의 인상적인 관대함 없이는 그 큰 건물이 세워지지 않았을 것입니다.[29]

그 커다란 건물을 위한 기공식에서, 수지는 모인 회중들에게 다음과 같이 이야기했다.

---

[26] Ibid., May 1897, 213.
[27] Ibid., January 1897, iii.
[28] Bradshaw, Beulah, 16.
[29] The Sword and the Trowel, May 1897, 215.

사랑하는 친구 여러분, 저는 몇 마디 말씀을 드리고 싶습니다. 저는 연설을 하려고 하는 것이 아닙니다. 하나님께서는 나에게 언변의 은사를 주시지 않았고, 제 아들이 나를 대신하여 연설할 것입니다. 그러나 나는 어제 친애하는 목사님이 그 작은 예배당에서 순수하고 단순한 복음을 설교했다는 사실을 전해 들어서 얼마나 기쁜 마음인지 모른다고 말씀드리고 싶습니다.

여러분은 이 장소가 얼마나 제게 소중한 곳인지에 대해서 상상할 수 없으실 것입니다. 내 마음속에서 가장 부드러운 감정은 여러분이 세운 이 "작은 불라"를 바라봄으로 감동되었습니다. 이곳은 무엇보다 하나님의 영광을 위해 지어졌으며, 그분은 이미 이 곳에 계시며, "죄인들을 받아주심"으로써 이곳을 자기의 소유로 삼으셨고, 당신의 집으로 만드셨습니다.

그는 이곳을 자신의 영광으로 채우셨습니다! 그러나 이곳은 또한 이 세상을 떠났던 나의 사랑하는 남편에 대한 소중한 기억을 간직하게 해 줍니다. 그렇기 때문에 그곳은 나에게 있어서 독특한 성스러움으로 다가옵니다. 이 착공식은 내가 확신하기로 위대하고 영광스러운 결말의 작은 시작입니다. 왜냐하면, 이 사역은 시종일관 주님의 것이며, 그분은 절반만 일하시지 않기 때문입니다.[30]

예배당 밖에서 있었던 스펄전 여사의 연설이 끝나고, 회중은 안으로 들어갔으며, 찰스가 어떻게 자신의 아버지가 벡스힐에서 이루어지는 이 선한 사역을 인정해 주었을지에 대해서 연설했다.

찰스의 연설 후에, 이스트본의 해리스 목사는 스펄전 여사와 만날 수 있는 기회를 가질 수 있어서 기뻐했으며, 어떻게 "남편을 사별한 '웨스트우드'에서 가장 은혜로운 사역이 시작되었고 여전히 실행에 옮겨지고 있는지, 그리고 현재 사용하고 있는 학교 겸 예배당 건물과 앞으로 지어질 커다

---

[30] Ibid.

란 건물이 어떻게 그 사역의 결과들"이 되었는지에 대한 이야기를 했다.[31]

놀랍게 생각할 수 있는 사실은 수지가 사진 찍는 것에 동의했으며, 그녀의 사진을 판매하여 뷸라 침례교회의 건축재정을 충당하는 데 보탬이 되도록 했다. 이러한 사실을 알리기 전에, 「검과 모종삽」(The Sword and the Trowel)은 그 사진으로 인하여 많은 관심을 받았다. 그해 5월, 수지는 벡스힐에 관한 아름다운 글을 썼다.

> 나는 벡스힐에 있습니다. 나는 "아름다운 작은 시온"을 보았습니다. 나는 벽에 둘러싸인 공간 안에서 복음이 완전하면서도 단순하게 선포되어지는 것을 들었으며, 감사하는 마음으로 주님을 예배했고, 하나님의 백성들 가운데 그분의 높으심을 찬양했고, 그들과 그분의 식탁에 앉아서 그분의 사랑과 죽음을 기억했습니다. 진정으로, 그날 나는 우물과 야자수가 있는 엘림으로 왔으며, 나의 영혼은 생수로 인한 큰 기쁨으로 그곳에 머물러 있었습니다.[32]

수지는 벡스힐에서 이루어지는 사역을 생각할 때, 이렇게 이야기했다.

> 내 마음속에 장엄한 경외심이 생겨났고, 나는 모든 벽돌, 돌, 서까래, 들판에서 자라나는 모든 풀잎이, 침묵하고 있는 나의 혀를 부끄럽게 만들면서 우리를 위해 위대한 일들을 행하신 그분을 향하여 찬양하는 목소리를 내주기를 바라는 마음이었습니다![33]

석 달 후인 1897년 7월, 뷸라 침례교회는 새로 짓고 있는 건물의 건축 상황이 진척되어 가고 있었다. 일곱째 달에, 수지가 "완벽한 날"이라고

---

[31] Ibid., 215.
[32] *The Sword and the Trowel*, May 1897, 212.
[33] Ibid., 213.

부르는 날에, 찰스와 토마스와 가까운 친구인 아치볼드 브라운(Archibald Brown) 목사는 다른 주춧돌을 놓기 위하여 벡스힐에 모인 회중에게 연설을 했다. 수지는 큰 예배당의 주춧돌로 '눈부시게 빛나는 대리석'을 놓았다. 그녀는 다음과 같이 선언했다.

> 이 기도의 집은 무엇보다 하나님의 존귀와 영광을 위하여 지어졌으며, 그 다음으로 이곳저곳에서 수천 명의 마음속에 살아 있는 사랑하는 나의 남편을 기억하기 위하여 지어졌습니다.
> 단지 그를 기억을 함으로써가 아닌, 그의 살아 있는 입술에서 나오는 것만 같은, "복음은 모든 믿는 자에게 구원을 주시는 하나님의 능력"(롬 1:16)이라는 놀라운 복음 선포로 인하여 사라지지 않는 그에 대한 기억을 품게 하시는 가운데 기도의 집을 성공적으로 시작하는 모습을 보시면서, 하나님께서는 나의 외로운 삶의 가장 위대한 소망들 가운데 한 가지를 제공하고 계십니다.
> 순수하고 단순한 복음을 전하는 것이 그의 삶의 기쁨이고 목적이었으며, 그는 가난한 죄인들을 용서하시는 구주께로 인도했으며, 이렇게 동일한 복된 사역이 불라 침례교회에서도 이루어지고 있었습니다. 그가 위해서 살았고, 죽었던 진리들은 그곳에 온전하며 담대하게 선언되었습니다.
> 기념비를 세워 놓고, 우리를 향한 하나님의 선하심을 기뻐하기 위하여 함께 모이며, 그분을 찬양하기 위하여 새로운 에벤에셀을 세우는 작은 경이로움은 그 사역에 깊이 관심을 가진 한 사람에게는 말로 다할 수 없는 기쁨이었을 것입니다.[34]

찰리는 1897년 7월 7일을 "벡스힐 침례 교인들을 위한 기념비적인 날"로 불렀으며, "스펄전 여사에 의해 큰 예배당의 기념비가 놓이는 것을 보

---

[34] Ibid., August 1897, 441.

기 위해서 함께 모인 친구들"을 언급했다.³⁵

수지는 예식을 마치면서 청중들에게 다음과 같이 연설했다.

> 사랑하는 친구들이여,
>
> 나는 이 기념비가 잘 세워졌다는 사실을 기쁜 마음으로 선언합니다. 그리고 현재의 순간에 대해서 말하자면, 이 기념비는 우리가 소망했던 커다란 건물이 바로 이 곳에 세워졌다는 사실을 나타내줍니다. 우리는 매우 진지한 마음으로 이 건물을 하나님의 영광과 그분을 예배하는 일을 위하여, 그리고 그분의 사랑하는 종 찰스 스펄전에 대한 좋은 기억들을 간직하면서 헌당합니다.
>
> 나는 오늘 이 곳에 오신 여러분 모두에게 감사의 말씀을 전합니다. 나는 사랑하는 메트로폴리탄타버내클 성도들에게 갑절로 감사를 표합니다. 그들이 이곳을 방문했다는 것은 너무나도 좋은 일입니다. 나는 여러분이 나와 같은 마음을 품고 도움을 주고 있다는 사실을 너무나도 잘 알고 있으며, 여러분이 나의 깊은 감사의 확신을 받아줄 수 있기를 기도합니다. 저는 제 자신의 이름과 "불라"의 사랑하는 친구들의 이름으로 가장 따뜻한 환영의 인사를 드립니다.³⁶

이 주춧돌에 새겨진 글은 다음과 같다.

---

35  Ibid., 466.
36  Ibid., 467.

> 스펄전 여사가 사랑했던 남편의 흠 없는 삶과
> 40년의 사역과 인쇄된 설교집을 통하여
> 복음 선포가 여전히 이루어지고 있음을 기억하며,
> 이 주춧돌은 하나님의 영광을 위하여
> 스펄전 여사에 의하여
> 1897년 7월 7일에 놓여졌다.
>
> 나는 네가 건축한 이 성전을 거룩하게 구별하여 내 이름을 영원히 그 곳에 두며 내 눈길과 내 마음이 항상 거기에 있으리니(왕상 9:3).
>
> 건축가  　　　　목사　　　　건축업자
> 레스타 W. 무어　　존 S. 하키　　찰스 토마스

찰스와 토마스는 아버지의 복음 사역과 사랑하는 어머니가 공헌한 것들을 언급했다. 토마스는 자기 어머니를 빅토리아 여왕에 비유했다.

> 만약 우리가 왕족이었다면, '우리는 빅토리아 외에는 여왕이 없다'라고 말해야 한다고 생각합니다. 나는 빅토리아 여왕 외에 아무에게도 충성하지 않을 것이지만, 다른 여왕이 있다고 말해야 할 것이고 그녀는 저 강단에 앉아 있습니다.
> 우리는 이렇게 쾌청한 날씨(Queen's weather)를 좋아하지 않습니까?
> 왜냐하면, 이렇게 기쁠 때 태양이 가장 밝은 빛을 비추기 때문입니다.

토마스는 자기 아버지가 오랫동안 신실하게 사역을 감당했었다는 사실과 그들이 느꼈던 "우리의 애절했던 기억들에 대한 기쁨"과 슬픔에 대해서 이야기했다.³⁷ 그는 자기 아버지가 보여준 교회 개척에 대한 사랑에 대해서 회상한 후 자기 어머니에게로 관심을 돌렸다.

> 나는 이 대리석이 나의 소중한 어머니에 대한 상징이라고 생각한다고 감히 말씀드립니다. 어머니는 내가 그녀에 대해서 이야기하는 것을 용서해 주시겠지만, 많은 말씀을 드리지는 않겠습니다. 여러분은 이 대리석에서 무시무시하지만, 한편으로 이렇게 윤택이 나는 결이 고운 돌을 만들기 위해서 필수적인, 불의 흔적을 볼 것입니다.
> 여러분 가운데 몇 사람만이 나의 사랑하는 어머니가 개인적인 삶 속에서, 그리고 결코 잊을 수 없는 사별의 경험 속에서 얼마나 고통을 당해왔는지 잘 알 것입니다. 나는 그녀가 지난 주 다시 통증으로 고생했다는 사실을 알려드려서 죄송한 마음입니다. 나는 실제로 어머니께서 이곳에 우리와 함께 할 수 있을지에 대해서 두려워하고 있었습니다.
> 하나님께서는 이 시련의 과정을 통하여 그녀를 우리에게로 인도하셨고, 우리가 소유할 수 없는 그녀의 섬세함과 품위를 교회에 보여주셨는데, 여러분은 그녀의 글에서 이러한 사실을 확인할 수 있습니다. 이 모든 것은 주님께서 그녀가 용광로의 불을 통과할 수 있도록 인도하신 덕분입니다. 나는 여러분에게 나의 어머니를 사랑한다고 말할 필요가 없으며, 여러분과 하나님 앞에서 어머니를 향한 변치 않는 저의 사랑을 거듭 강조하고 싶습니다.
> 어머니께서 나를 향해 보여주신 사랑만큼이나 나는 어머니를 사랑합니다. 사실 어머니께서 나의 삶을 시작할 수 있도록 해 주셨지만, 내가 사랑할 수 있었던 때부터 그녀를 사랑해 왔습니다. 이 주춧돌을 볼 때마다, 나는 그녀를 더욱 사랑하고, 위해서 기도할 것이며, 여러분도 이 일에 함께 동

---

37　Ibid., 469.

참해 주시기를 바랍니다.[38]

수지가 보여준 진심어린 약속을 따라서, "그 교회는 1898년 8월 17일에 문을 열었고, 빚이 없었으며, 영국의 지역 교회 구성원은 하키 목사에게 사례비를 지급했다."[39]

700-800명 정도 되는 사람들이 오후 3시에 새로운 예배당을 가득 채웠고, "헌당 예배를 드리기 한 시간 전에 스펄전 여사는 아들 찰스의 팔을 의지하여 입장했고, 이 기념비적인 날에 회중은 그녀가 이 예배에 참석할 수 있다는 사실에 대한 감사를 표현하고, 이 새로운 예배당과 뗄레야 뗄 수 없는 그녀의 남편을 기억하면서 그녀와 같은 마음을 품었다는 의미로 다함께 동시에 자리에서 일어났다."[40]

"첫 번째 메트로폴리탄타버내클의 검게 타버린 들보의 일부에서 가져와 만든 거치대"는 강대상 성경을 보관할 수 있도록 교회에 기증되었다.[41] 교회는 오늘날까지도 그 책 거치대를 전시해놓고 있다. 찰스와 수지의 친구였던 미국의 토레이(R. A. Torrey)부부는 강대상을 선물했다. 토레이는 무디와 함께 사역했다.[42] 수지가 사망한 다음 해, 벡스힐 교회는 '1903년 10월 22일 교적부에' 그녀의 사망을 기록했다.

교회의 북동쪽 벽에 걸려있는 기념비는 1904년 3월 그녀의 아들 찰스 스펄전 목사가 제막식을 했다.[43]

그 기념비의 문구는 다음과 같다.

---

[38] Ibid., 469-70.
[39] Bradshaw, *Beulah*, 16-17.
[40] *The Sword and the Trowel*, September 1898, 498.
[41] Ibid., 499.
[42] Ibid.
[43] Bradshaw, *Beulah*, 20-21.

제14장 마지막 씨앗을 뿌리며 315

이 기념비는
1903년 10월 22일 영광으로 들어간 C. H. 스펄전 여사를 기억하며
이곳에 모인 교회와 회중에 의해 세워졌다.
이 교회는 하나님의 인도하심 가운데 그녀를 통하여 세워졌으며
이 건물은 상당 부분 그녀의 관대한 후원에 의해 세워졌다.
그가 여러 사람과 나의 보호자가 되었음이라(롬 16:2).[44]

1899년에 스펄전 여사는 예배당과 목사관으로 벡스힐에 있는 교회를 도왔던 많은 사람들에게 감사를 표했다. 그녀의 말투는 점점 웅변조로 변해가면서 다음과 같이 말했다.

그 어느 누구도, 두 길이 만나는 클리포드 로드(Clifford Road) 반대편에 서서, 길 아래로 뻗어있으며 빚을 지지 않았고 하나님의 영광을 위해 드려졌으며 주 예수 그리스도의 나라의 확장을 위해 세워진 이 아름다운 건물을 바라볼 때, 그 모든 것 안에 깃든 그분의 손길을 바라보기를 거부할 수 없을 것이고 "하나님께서 행하신 일"이라고 이야기하는 것을 막을 수 없을 것입니다.[45]

실제로 하나님께서는 벡스힐에 교회를 개척하고 설립하는 위대한 일을 행하셨다. 그리고 그분께서는 한 미망인을 통하여 이 프로젝트의 중대한 부분을 맡기심으로 이루셨다. 그 교회는 오늘날에도 여전히 활기차며, 수잔나 스펄전의 비전을 보여주는 증거이다.

---

[44] 이 문구는 이 책을 저술하기 위하여 조사를 진행하던 중, 불라 침례교회에서 필자가 찍은 사진에서 발췌한 것이다.
[45] *The Sword and the Trowel*, September 1899, 487.

# 왕의 영광을 바라보다

    1892년 2월에 찰스 스펄전의 장례 예배가 메트로폴리탄타버내클에서 드려졌고, 수지가 멍똥에서 보낸 전보가 회중 앞에서 읽혀졌다.

> 나의 마음은 여러분과 같이 상처에서 출혈이 나는 것처럼 통증이 느껴지지만, 우리가 사랑했던 그이의 기쁨은 충만합니다. 우리는 그를 다시 만날 것이며, 우리의 마음은 기뻐할 것입니다. 죽음은 승리에 의해 삼켜질 것이며, 주 하나님께서는 모든 사람들의 눈물을 닦아 주실 것입니다.[1]

    수지는 훗날 메트로폴리탄타버내클의 회중과 함께 찰스와 다시 교제를 나눌 것과, 다가올 천국에서 그와 함께 기뻐할 날이 다가올 것이라고 기대했다. 찰스는 수지의 확신을 나누었다. 그가 그녀를 향해 전한 "사랑의 노래"는 수년 전에 쓰여졌는데, 결혼에 대한 천상의 비전을 묘사하는 연(聯)을 포함했다.

---

[1] Robert Shindler, *From the Pulpit to the Palm-Branch* (New York: Gospel Publishing House, n.d.), 122.

제15장 왕의 영광을 바라보다 317

이 땅에서 태어난 모든 사랑은
본연의 먼지로 돌아가 무덤에서 잠들어야 합니다.
하나님께서 시작하신 사랑은 죽음을 조금도 두려워하지 않을 것이며
천국에서 죽음 그 자체는 불태워질 것입니다.
세상이 보는 앞에서 우리를 선택하신 그분은
우리의 마음을 통치하실 것이 분명하지만,
우리는 사랑의 마음을 담아 그분의 보좌 앞에서
함께 경배할 것이라고 믿습니다.[2]

1895년 찰스가 세상을 떠난 지 3년이 지나고 수지는 이렇게 기록했다.

하나님께서는 고통 중에 있는 나를 위로하셨고, 그의 놀라운 긍휼하심과 온정은 나를 들어 세우셨으며, 상실의 슬픔으로부터 죽음이 없는 그 땅에서 이루어질 영원한 재결합에 대한 기쁜 소망으로 옮기셨습니다.[3]

그녀는 찰스와 함께 보낸 삶의 여정을 "두 명의 순례자가 손에 손을 잡고, 마음과 마음을 연결한 채 삶의 대로를 걸어나가는" 모습으로 그렸다.[4] 그녀는 그들에게 닥쳐왔던 시련이 함께 "건널 강이며, 가로질러 가야할 산이며, 싸워야 할 사나운 적이며, 극복해야 할 여러 위험"으로 기억했다.[5] 그들이 겪었던 어려움 중에서도 그녀는 이렇게 이야기했다.

---

[2] C. H. Spurgeon, *C.H. Spurgeon's Autobiography: Compiled from His Diary, Letters, and Records, by His Wife, and His Private Secretary* (London: Passmore and Alabaster, 1897-99; repr., Pasadena, TX: Pilgrim Publications, 1992), 2:299.
[3] Mrs. C. H. Spurgeon, *Ten Years After!: A Sequel to "Ten Years of My Life in the Service of the Book Fund"* (London: Passmore & Alabaster, 1895), v.
[4] Ibid., vi.
[5] Ibid.

하나님께서 인도자와 구원자 되셔서 언제나 그들을 지켜보고 계셨으며, 그분은 결코 실패가 없으신 분이셨습니다.

그들의 여정은 대부분 '노래하면서' 보냈다. 그러나 궁극적으로,

그들은 두 길이 만나는 곳에 도달했고, 이곳에서, 그들은 이전에 결코 만나보지 못했던 폭풍의 두려움 속에서 서로 헤어졌다.[6]

그래도 수지는 하나님께서 그녀의 삶을 도우시는 분으로 인식했다.

그러나 여러 해 동안 그분의 '선하심과 자비'는 이 두 여행자를 따라다녔고, 그들을 홀로 내버려 두지 않았습니다. 오히려 주님의 다정하심이 그들을 '부드럽게 이끌어 주셨습니다.' 그리고 피곤한 다리를 풀어주기 위해 푸른 초장을 마련하시고, 두려워하는 당신의 자녀를 위로하시고 회복시키기 위하여 물을 공급하셨습니다.[7]

찰스가 "보이지 않는 영광으로 이끌려 올라"가면서 수지와 작별했을 때, 그녀는 "지친 모습으로 초라해졌으며" "홀로"된 것처럼 느꼈다. 훗날에 그녀가 회상하기를 "그 기억할 만한 밤, 히스기야처럼 극심한 외로움에 시달리던 나는 얼굴을 벽을 향한 채로, 고통 중에 주님 앞에서 울부짖었으며, 그분의 응답하시는 목소리가 이 말씀을 통하여 나의 영혼에 속삭이셨습니다.

두려워하지 말라 내가 너와 함께 함이라 (사 41:10).[8]

---

6 Ibid., vi-vii.
7 Ibid., vii.
8 *The Sword and the Trowel: A Record of Combat with Sin & Labour for the Lord* (London:

제15장 왕의 영광을 바라보다　319

　남편을 떠나보낸 후 수잔나 스펄전의 삶은 기쁨, 슬픔, 고난, 생산성이 어우러져 있었다. 수지는 자신이 담당했던 사역들과 함께, 찰스가 마음, 에너지, 재정의 많은 부분을 쏟아 부었던 메트로폴리탄타버내클을 위하여 신실한 마음으로 기도하고 후원했다.
　영국과 미국의 신문들은 수지에 대해서, 특별히 그녀의 활동과 건강에 관한 소식을 정기적으로 제공했다. 「브룩클린 데일리 이글」(*The Brooklyn Daily Eagle*)은 다소 유머러스한 기록을 수록했는데, 미국에서는 수지의 이러한 면모에 관심을 가졌다.

> 스펄전 여사의 집이었던, 웨스트우드의 아름다운 지대에 있는 작은 호수에는 최근까지도 한 마리의 우아한 백조가 살고 있었다. 왕은 자신이 소유한 새의 개체수를 줄인다는 기사를 읽고서, 스펄전 여사는 자신이 한 마리 정도를 구입할 수 있는지를 편지로 문의했다.
> 프란시스 크놀리스(Francis Knollys)경은 그가 편지를 보내고 있는 사람이 메트로폴리탄타버내클의 스펄전 여사인지 물어보면서, 스펄전 여사가 받아준다면 왕이 새 한 마리를 기쁘게 하사하겠다는 긍정적인 답장을 했다. 말할 필요도 없이 이 하사품이 받아들여졌고, 그녀는 적당한 시기에 감사 편지를 보냈다. 왕은 자신이 스펄전 여사에게 기쁨을 주어 반가운 마음이라고 이야기하면서 다시 한 번 더 답장을 보냈다. 그 멋진 새의 이름은 '국왕 폐하'(His Majesty)였다.[9]

　메트로폴리탄타버내클의 그리스 양식의 여러 기둥은 찰스가 이룬 큰 업적들 가운데 하나였는데, 런던 사람들에게 그가 감당하던 인내의 사역을 증명한다. 1898년 4월에 화재로 거의 소실되었지만, 수지는 이 건물이 검

---

　　Passmore and Alabaster, 1865-1904), March 1902, 116.
[9]　*The Brooklyn Daily Eagle*, June 1902, 24.

은 재에서 다시 건축될 수 있도록 만들었던 핵심적인 이유였다. 찰스는 자신이 죽고 나서 아들 토마스에게 교회 리더쉽이 주어졌다는 사실을 알고서는 아마도 자랑스러워했을 것이다.

1899년 1월 1일, 화재 사건이 난지 9개월째, 경황이 없는 상황이었음에도 메트로폴리탄타버내클의 지하실은 회중 예배를 위하여 다시 문이 열렸다. 메트로폴리탄타버내클 재건축을 위한 총 비용은 16,000 파운드였는데, 그중에서 44,550 파운드가 여전히 부족했다. 토마스는 아버지의 발자취를 따라갔으며, 교회에 빚이 없어야 한다는 어머니의 생각을 존중했다. 그렇기 때문에 그 교회 건물은 충분한 예산이 확보된 상태에서만 재건축을 진행했어야 했다.

토마스와 그의 어머니는 재정을 모금하려는 노력에 보탬이 될 수 있는 계획을 생각해냈다. 수지는 이 커다란 도시와 전 세계에 아직 남아 있는 자기 남편에 대한 깊은 사랑 때문에, 많은 사람들이 그녀가 환영회를 주최하고 기부금을 받아준다면, 메트로폴리탄타버내클을 재건축하기 위한 노력을 후원할 것으로 생각했다. 토마스는 이렇게 광고했다.

> 나의 사랑하는 어머니, 스펄전 여사는 2월 8일 수요일 오후에 메트로폴리탄타버내클에 도착하는 선물들을 감사하게 받겠습니다.

게다가 그는 "환영회는 3시부터 9시까지 지속될 것입니다. 스펄전 여사는 약한 체력 때문에 5시 넘어서까지 자리에 있을 것이라고 약속할 수는 없습니다"라고 말했다. 그의 어머니가 가진 소원을 잘 알고 있던 토마스는 "그리스도를 향한 충성과 이 세상을 떠난 사랑하는 남편을 향한 사랑이 찰스 스펄전이 그렇게 오랫동안 독특한 사역을 감당했던 기도의 집을 (빚 없이) 재건축할 수 있는 요인이 될 것이라는 확신은 그녀에게 큰 기쁨

을 가져다 줄 것입니다"라고 이어서 말했다.[10]

그녀는 후원을 위한 노력의 일환으로 편지를 썼다.

> 내 사랑하는 남편에 대한 좋았던 모든 기억들 중에서, 이곳은 우리의 사랑 이야기에 있어서 매우 중요한 장소입니다.

수지는 사람들이 할 수 있는 모든 것을 할 수 있도록 권면했고, 자신의 주소를 포함하여 직접 그녀에게 재정을 보낼 수 있게끔 했다.[11]

수지가 이 세상을 떠난 후에, 토마스는 그녀가 메트로폴리탄타버내클의 재건축 재정에 기여했으며, "우리 모두를 기쁘게 했고, 1899년 2월 8일 수요일에 메트로폴리탄타버내클 지하실에 환영회를 개최함으로써 뜻깊게 섬겼습니다. 그녀는 적어도 6,367 파운드의 기부금을 받았고, 확실한 것은 적어도 반대 의견에 대한 기록으로 봤을 때에도 기록적인 모금이었습니다."[12]라고 기록했다.

수지가 그곳에 있었던 두 시간 동안 모금된 기부금은 1899년의 미국 달러 환율로 약 30,000 달러에 버금가는 금액이었고, 오늘날에는 약 100,000 달러에 해당되는 금액이다. 짧은 시간동안 이 정도로 많은 금액을 모금할 수 있었던 것은 수지가 얼마나 많은 사람들에게 존경을 받았으며, 찰스 스펄전 목사가 이 세상을 떠난 지 7년이 지난 시점에도 여전히 사랑을 받고, 많은 이들에게 기억되고 있었다는 사실을 보여준다.

---

10　미국 남침례신학교의 기록 보관소에 있는 책자에서 발췌한 것이다.
11　Ibid.
12　*The Sword and the Trowel*, November 1903, 556.

36년 동안 수지는 찰스 해돈 스펄전의 행복한 아내였다. 찰스가 이 세상을 떠난 후, 그녀는 북펀드 사역과 글쓰기와 찰스가 남겨놓은 경건한 유산을 확장하기 위한 부지런한 노력으로 하나님께 충실한 삶을 살았다. 그러나 때때로 그녀는 다소 극심한 외로움을 느꼈다. 그녀는 영국의 해안들 가운데 한 곳에서 휴식을 취하곤 했다.

1899년에 그녀는 "정신적, 육체적 힘을 회복하기를 소망하면서" 동남쪽 해안 마을로 여행을 떠났다. 그녀는 1891년 10월초에 찰스와 함께 그곳에 머물렀다. 찰스는 "스펄전 여사의 동행은 나를 행복에 젖도록 만들었습니다 …"라고 기록했다.[13] 이 때 그녀와 함께 동행하여 주었던 사람은 그녀의 오랜 친구 엘리자베스였다.

그녀는 매일같이 해안가에 앉아 파도가 밀려들어오는 것을 볼 때, 자신이 담당했던 북펀드 사역과 그와 관련된 보조 사역들을 생각하면서 우울한 감정과 초조함을 느꼈다. 그녀는 특별히 자신의 아들 토마스과 그가 메트로폴리탄타버내클의 목회자로서 도전받은 일들에 관하여 염려했었던 것 같다. 찰스가 이 세상을 떠난 후, 사역 재정을 유지하는 것이 어려워졌다. 찰스가 살아있었을 때에는 교회재정에 문제가 없었다.

그러나 그가 이 세상을 떠나고 누가 다음 목회자가 될지에 대하여 약간의 논쟁이 있은 후에, 메트로폴리탄타버내클의 재정은 악화되어갔다.[14] 수지는 부두의 끝자락으로 걸어갔고, 독서하고 생각하며 편지에 답장하고 햇살과 신선한 공기를 느끼면서 아침 시간을 보내기로 생각했을 때, 하늘은 밝은 푸른색 빛의 캔버스처럼 보였다.

그녀는 종이봉투로 작은 배를 만들어서 바다에 던지는 장난을 치기도

---

13 런던의 메트로폴리탄타버내클에 보관되어 있는 편지에서 발췌한 것이다.
14 스펄전의 죽음 이후 메트로폴리탄타버내클이 겪은 어려움에 관해서 더 읽어 보려면, 이안 머레이(Iain Murray)가 배너 오브 트루스 출판사(The Banner of Truth Publishers)에서 출판한 두 권의 책, 『잊혀진 스펄전』(*The Forgotten Spurgeon*)과 『아치볼드 G. 브라운』(*Archibald G. Brown*)을 보라.

했다. 잠깐 동안 그녀의 마음속에 있던 염려는 사라졌고, 창조의 아름다움과 그날 아침에 느꼈던 활력으로 인하여 즐거움을 맛보았다. 그녀는 편지 봉투 밑으로 손을 넣었을 때 그녀가 진행하고 있던 다양한 사역에 알맞게 사용될 수 있는 100파운드의 선물을 발견했다. 그녀는 동료 엘리자베스에게로 가서 이 좋은 소식을 나누었다.

엘리자베스는 "이것은 기도의 응답입니다. 얼마나 아름다운지요!"라고 대답했고, 그들은 함께 영광의 노래를 불렀다. 함께 나이 들어가는 동료 신자이자 친구인 두 사람은 40년간 함께 했고, 함께 바람과 바다를 향하여 하나님의 풍성한 축복을 노래하는 소리가 얼마나 감미로왔을지! 수지는 하나님께서 그녀에게 이렇게 말씀하시는 것처럼 느꼈다.

> 믿음이 없는 자여, 그래서 너는 내가 너를 잊었다고 생각했느냐. 너는 얼마나 어리석으며 감사할 줄 모르느냐? 그렇지만 나를 위한 기도의 집을 다시 짓기 위해 필요한 천 파운드의 보물은 내 소유이며 나는 그것의 주인이다. 그것은 '작은 먼지'에 불과하다![15]

이 때 "기도의 집"은 벡스힐의 뷸라 침례교회가 아니라, 메트로폴리탄 타버내클을 가리킨다. 파도가 부두를 지탱하는 기둥 밑에서 철썩 거리는 가운데 수지와 엘리자베스는 1899년 봄날에 부두에서 노래했다. 그들은 100파운드의 선물을 보면서 하나님의 신실하심을 보았고 그분의 이름을 찬양하고 있었다.

수지는 여러 해 동안 메트로폴리탄타버내클을 향한 하나님의 신실하심에 관하여 이야기를 나누면서, 자기가 염려했다는 사실 때문에 자책했다. 마치 하나님이 "내가 여러 해 동안 너를 공급해 주고 은혜를 베풀어 돕지 않았느냐? 그런데 너는 지금 나의 긍휼히 여기는 마음과 능력을 의심하려

---

15 *The Sword and the Trowel*, May 1899, 211.

하느냐"라고 말씀하시는 것 같았다.[16] 수지는 부두를 따라 걸어갔고, 입구에 "음악, 노래, 춤이 허가됩니다"라고 표시된 문을 지나갔다. 그녀는 다음과 같이 자문했다.

> 주님은 이 아침에 기쁨을 누릴 수 있는 완전하며 자유로운 자격과 권한을 나에게 주셨잖아? 그래서 나는 안으로 들어갔고(물론 방은 거의 텅 비어 있었다) 거룩한 즐거움과 승리를 나타내는 이 세 가지 상징에 흠뻑 빠져 있습니다. 왜냐하면, 그분은 내 입술에 새 노래를, 내 삶에 음악을 주셨고, 섬김의 발에 날개를 달아주셨기 때문입니다."

수지는 방을 돌아다니며 춤을 추었고, 피아노가 있는 곳으로 걸어가서 숨이 차오를 때까지 노래하면서 피아노를 연주했다. 그녀는 마치 "바로 그 파도가 기쁨으로 춤을 추며, 사나운 바람은 내가 부르는 찬양의 악보들을 가져갔고, 갈매기들은 원을 그리며 돌면서 그 찬송 소리를 퍼뜨"리는 것처럼 느꼈다.

그녀는 텅 빈 음악실에 앉아서 "주님의 선하심에 압도됨으로써 행복을 누리고 겸손한 마음"을 품었다.[17] 수지는 하나님께서 자신의 삶을 보살피시며 필요한 것을 공급해 주셨다는 사실을 다시금 확인하는 간증의 시간을 가졌던 것이었다.

메트로폴리탄타버내클이 다시 문을 열었을 때 1900년 9월 「로스앤젤레스타임즈」(*Los Angeles Times*)지는 다음과 같은 헤드라인 기사를 썼다.

---

16  Ibid., 211.
17  Ibid., 212.

스펄전의 교회. 그곳은 잿더미에서 재건되었고 이번 주에 다시 문을 열 것이다. 이 일은 반쯤 타버린 성경과 한 미망인의 헌신으로 된 것이다.

이 이야기는 메트로폴리탄타버내클이 잿더미 속에서 회복된 사실과 수지가 1899년에 진행했던 모금에 대한 상세한 정보를 제공해 준다.

새로운 메트로폴리탄타버내클 건물의 상당 부분은 다소 특이해 보이는 환영회에서 재정 모금 받은 것을 가지고 재건되었고, 이 환영회는 나이가 들었지만 여전히 헌신적인 한 노부인이 지난 금요일 어느 오후 아직 완공되지 않은 교회 건물에서 개최하였다. 우선 주치의는 그녀가 이 행사에 참여하는 것을 극구 말렸지만, 그녀의 결심은 달라지지 않았다. 그녀는 회중과 만나는 것이 어떠할 지를 제안했는데, 그 회중은 현재 목회자였던 자기 아들만큼이나 자신과 상관이 있었기 때문이었다.
그녀는 단 위에 있는 의자에 앉아있었고, 여러 명의 근로자가 잠시 청소하고 나서, 회중이 들어왔다. 이 환영회에 참석하기 위해 가게를 운영하는 사람들은 가게문을 닫았고, 시에서 일하는 사무직원들은 드물게 반공휴일을 맞이했다. 여러 회중이 한사람씩 줄지어 더욱 창백해 보이고 연약해 보이게 만들었던 심플한 검은 드레스를 입은 옛 목회자의 아내를 만나기 위해 서 있었고, 사람들은 그녀와 악수를 하고 밀봉된 봉투를 그녀에게 주었다.
그 행렬은 두 시간 동안 지속되었고, 스펄전 여사 옆에 쌓인 모금액은 거의 30,000불 정도였고, 나중에 6,000불이 우편으로 도착했다. 그녀는 25년간 병자로 살아왔고, 그녀가 그날 오후에 감정적이고, 신체적인 압박을 어떻게 간신히 견뎌냈는지에 관하여는 아무도 모른다. 그녀는 이것을 기도 응답이라고 말한다.[18]

---

[18] *The Los Angeles Times*, September 17, 1900, 5.

이는 실로 기도 응답이었다. 찰스에 대한 기억과 수지에 대한 사랑은 가게들이 문을 닫고, 시의 직원들이 일을 일찍 마치고, 수많은 사람들이 도시 이곳저곳에서 메트로폴리탄타버내클을 후원하기 위해 줄지어졌던 사실에서 분명히 나타났다. 신문은 슬픈 소식을 실었다.

> 스펄전 여사가 재건하고자 했던 건물의 최종 상태를 볼 수 있을 것이라는 생각은 가능하지 않다.

더 나아가 신문은 다음과 같이 전했다.

> 웨스트우드는 집주인이 앓아 누운 암울한 분위기였고, 간호사는 당신에게 스펄전 여사가 모습을 드러낼 수 없다고 말한다. 그리고 문 입구에 그 병약자의 의자가 쓸쓸히 놓여 있다.[19]

그녀는 남은 생애 동안 육체적으로 감정적으로 최악의 상태를 수차례나 경험했고, 항상 침대에 누워서 지내지는 않았지만 종종 침대에 갇혀 지내곤 했다. 그 시간동안 그녀는 엄청난 고통을 느꼈고, 자신의 약함을 깨닫게 되었다. 가깝거나 먼 곳에서 보내온 편지들이 그녀가 누워있는 침대로 보내졌고, 그녀는 자기 마음을 공감해 주는 표현들에 대해서 고마워했다.[20]

1900년 늦은 겨울, 수지는 또 다른 수술을 받았고, 1868년 그녀가 처음 받은 수술처럼 그 원인을 밝혀낼 수 없었다. 「검과 모종삽」(*The Sword and the Trowel*)은 다음과 같이 기록했다.

---

[19] Ibid.
[20] *The Sword and the Trowel*, January 1900, 42.

제15장 왕의 영광을 바라보다 327

우리 독자들은 스펄전 여사의 주치의가 그녀가 최근에 겪고 있던 극심한 고난의 원인을 발견했고 제거한 것으로 믿었다는 사실을 알고서는 기뻐할 것이다. 그 수술은 상부 노우드(Upper Norwood)의 번 박사(Dr. Bunn)와 그의 파트너 러더퍼드 박사(Dr. Rutherford)가 2월 12일 월요일에 성공적으로 집도했다.

이러한 '기록들'을 남기는 시간까지 주치의는 매일 자기 환자가 "만족할" 만한 상태라고 보고해 왔다. 이러한 사실은 많은 사람이 스펄전 여사를 위한 기도와 감사가 함께 어우러질 수 있는 또 하나의 이유를 제공한다.[21]

그러나 3월에 그녀의 건강은 양호해지다가 급격하게 악화되었고, 그녀의 고통은 점차 심해져갔다.[22] 그 이후로 그녀는 건강이 호전되었고, 안심하며 즐거운 시간을 보내다가 곧바로 고통의 침대로 되돌아갔다. 1901년 5월에 수지는 다음과 같이 기록했다.

사랑하는 친구들이여, 오! 저는 주님께서 당신의 사랑으로 저를 어떻게 대해 주셨는지를 이 페이지에서 다시 이야기할 때가 오기를 강하게 열망해 왔습니다. 그리고 오랜 고통의 시간동안 나를 향한 그분의 은혜가 얼마나 넉넉했는지에 대해서 알려 주고 싶습니다.

그녀는 계속해서 이야기했다.

때때로 저는 이렇게 기도합니다. '사랑의 주님, 제가 나를 향한 당신의 자비와 사랑과 친절을 전하기 위해서 간단한 문단이라도 쓸 수 있게 해 주세요. 저를 '깊은 수렁에서' 건져주신 당신께 찬송드리게 해주세요!

---

[21] Ibid., March 1900, 193.
[22] Ibid., May 1900, 242.

그녀는 다음과 같이 애통한 마음을 가졌다.

> 그러나 나를 향한 그분의 뜻은 잠잠해야 하는 것임을 발견했습니다. 그는 나의 생각과 언어의 활동을 멈추게 하셨고, 모든 정신적인 활동을 제한하셨으며, 나의 몸과 영혼에 완전한 무력감을 느낄 정도로 쇠퇴하게 만드셨습니다.

그녀의 저술 목적은 자신이 얼마나 고통을 당했는지에 대한 자세한 설명으로 독자들에게 부담을 짊어지어주기 위함이 아니며, "'넘치는 은혜'로 인하여 그분을 찬양함으로써 주님을 영화롭게 하도록" 그들을 돕는 것이었다. 그녀는 독자들을 도와주기를 소망해 왔다.

> 나 자신이 하나님의 위로를 받은 그 위로로 고통당하는 친구들을 기꺼이 위로해 줄 것입니다. 아마도 그분은 먼 훗날 이것을 허락하실 것이지만, 현재로는 약함이 여전히 나의 펜을 무력하게 만들고, 저는 할 말이 더 없습니다.[23]

그녀는 종종 웨스트우드에서 휴식을 취할 때, 찰스와 지난 날 함께 했던 여행들에 대해서 생각했다.

> 아! '부드러운 은혜가 존재하던 날은 사라졌습니다.' 당신의 기쁨은 먼 거리 때문에 없어지지 않았고, 이별 때문에 상실되지도 않았습니다. 오히려 그 기쁨은 하늘과 내 마음의 깊숙한 방에 보관되어 있습니다. 그리고 그 보관함이 부서지는 어느 날, 그 기쁨은 이곳이 아닌, 낮이 사라지지 않고 '사라져 버린 손길'이 다시금 느껴지며 '변치 않는 그 음성'이 나의 귓속

---

[23] Ibid., May 1901, 217-18.

에 달콤한 음악으로 들려올, 그 행복의 나라에서 '저에게 다시 돌아' 올 것입니다.**24**

1892년에 찰스가 이 세상을 떠났을 때, 그녀는 그와 함께 하늘에 올라가며 하나님의 보좌 주변에서 찬양하는 꿈을 꾸었다. 수지는 그가 이 세상을 떠나기 전에, 먼저 이 세상을 떠났고, 그리스도와 함께 하는 신실한 그리스도인들을 생각했다. 수지는 그들이 그리스도 안에서 영원한 안식에 있을 것이라는 확신이 있었지만 그럼에도 사랑하는 동료 그리스도인들, 친구들, 교우들, 북펀드 사역과 관련된 사람들을 떠나보낸 슬픔에 젖어 있었다.

매번 동료들을 떠나보낼 때, 그녀는 "우리 친구들의 집에서 어둠의 그림자가 홀로 남은 사람들의 마음으로 모여들고, 우리가 슬픔을 나누고 있을 때 죽음의 사자는 문을 통과하지 못했을 지라도, 그로 인하여 조성되는 으스스한 어두침침한 분위기를 느낄 수 있다"는 것을 알았다.**25** 1903년 10월에 그 죽음의 사자는 수지의 문을 통과하지 않았으며, 지체했다.

수지는 자신의 생애에 있어서 마지막 날에 토마스를 그녀 곁에 불렀으며(1903년 10월 17일), 그에게 축복했다. 토마스는 "그녀의 입술에서 나온 축복"은 "내가 나의 주인님의 부르심을 듣기까지 나의 마음속에" 울려 퍼졌다. 그것은 다음과 같다.

'그리스도인 여성이 자기 자녀들에게 해 주었던 축복'이었는데, 다음과 같다. '너희 아버지의 하나님의 복이 두 배로 너와 너의 형제에게 영원히 임하기를 빈다. 아멘!'**26**

---

**24** C. H. Spurgeon, *Autobiography*, 2:180.
**25** Mrs. C. H. Spurgeon, *Ten Years*, 251.
**26** *The Sword and the Trowel*, November 1903, 556-57.

나중에 그녀는 덧붙여서 이야기했다

> 사랑하는 톰, 안녕, 주님께서 너에게 영원토록 복 주시기를! 아멘.[27]

그 전날, 수지는 자신의 "신실한 친구이자 동료인 톤"과 기쁨의 대화를 나누었다. 토마스는 엘리자베스가 "깊은 사랑으로부터 나올 수밖에 없는 헌신으로 이 마지막 기간 동안 그녀를 간병했습니다"라고 언급했다. 수지는 그녀의 친구에게 물었다.

> "내가 다음에는 누구를 보게 될까요?"
> 엘리자베스는 대답했다.
> "누구를 보고 싶으신가요?"

토마스는 이야기했다.

> 그러면 넘치는 기대와 기쁨으로 포로기를 마치고 곧 집으로 돌아오는 것인데, 그녀가 '나의 남편!'이라고 외쳤다.[28]

찰스 레이는 수지가 자신의 생애를 마칠 때 "너무나도 오랫동안 신뢰했던 하나님을 향한 강한 믿음"을 고백했다는 사실을 주목했다. 그녀는 남은 힘을 모아 "그가 나를 죽이시리니 내가 희망이 없노라 그러나 그의 앞에서 내 행위를 아뢰리라"(욥 13:15)라고 선언할 수 있었다. 그녀는 자신있게 단언했다.

---

[27] Ibid., 557.
[28] Ibid.

그분이 결국에는 저를 수렁에 빠뜨리신 채로 떠나실 것이라는 생각을 하지 않도록 그의 사랑은 지난 날 저를 막으셨습니다.

그녀는 방안에 함께 있던 사람들이 "찬송시를 그만 읽도록" 요청했다.[29] 삶의 끝자락에서 그녀는 "복되신 예수여! 복되신 예수여! 저는 영광 중에 계신 왕을 볼 수 있습니다"라고 고백했다.[30] 수잔나 스펄전은 1903년 10월 22일 목요일에 이 세상을 떠났으며, 나중에 그녀가 사랑하던 남편과 나란히 땅에 묻혔다.

「침례교도」(The Baptist)지는 수지가 세상을 떠난 날 아침에 메트로폴리탄 타버내클 밖에 공지가 붙었고, 이렇게 기록되었다고 알려 주었다.

스펄전 여사는 오늘 아침 8시 30분 천국에 들어갔습니다.[31]

토마스 스펄전은 자신의 어머니의 특별한 삶을 다음과 같이 요약했다.

1903년 10월 22일 목요일 아침 8시 반에 "나의 어머니"는 잠에서 깨어나지 않으셨습니다. 왜냐하면, 하나님께서 그녀를 데려가셨기 때문입니다. 그녀가 마지막으로 아팠을 때 많이 고통스러워했지만, 마지막은 평화스러웠습니다. 세상이 깨어나고 있었을 때, 그녀는 위에 있는 더 밝은 세상에서 깨어나기 위해서 잠을 자고 있었습니다.

---

29 Charles Ray, *The Life of Susannah Spurgeon, in Free Grace and Dying Love* (1903; repr., Edinburgh: The Banner of Truth Trust, 2013), 247. 수지가 인용한 이 가사는 존 뉴턴(John Newton)의 찬송에서 가져온 것이다. 존 뉴턴, "Be Gone, Unbelief; My Savior Is Near," http://www.oremus.org/hymnal/b/b004.html을 보라. 이 가사는 그녀와 찰스가 함께 묻혀 있는 무덤에 새겨져 있다.
30 Ray, *The Life of Susannah Spurgeon*, 247.
31 「침례교도」(*The Baptist*), October 30, 1903, 281. 이 신문 기사는 런던의 메트로폴리탄타버내클에서 보유하고 있었다. 앞으로 「침례교도」(*The Baptist*)에서 발췌될 모든 참고 자료는 이 판본에서 온 것이다.

진정으로 놀라운 인생을 살았던, 선하고 재능이 있었고, 자애로우며, 특별히 생활고로 시달렸던 왕을 섬기는 종들을 포함하여 많은 사람들을 구제하려고 애썼던 한 여성이 이 세상을 떠나는 순간이었습니다. 수천 명의 사람은 슬퍼하는 그녀의 아들과 함께 자리에서 일어나 그녀를 복된 사람이라고 불렀습니다.

이제 천국에 들어가는 구원받은 그녀의 영혼이 얼마나 기뻐하는지를 그 누가 알 수 있겠습니까?

오! 나의 어머니, 당신이 어린 자녀들 앞에서 찬미하던 "행복의 땅", 당신이 자녀들에게 알려 주었던 사랑하는 구원자, 사랑하는 남편, 당신의 마음이 오랫동안 갈망해 온 분이 보여주신 또 다른 시각, 거룩한 예배, 당신이 너무나도 매력적으로 묘사했던 거룩한 안식, 이 모든 것은 영원히 당신의 것입니다.

"아멘, 그렇게 될지어다!"[32]

토마스는 가족을 위한 그녀의 헌신에 관하여 다음과 같이 기록했다.

그 신실한 아내는 행복했던 결혼 생활 초기에 힘들게 일하는 남편을 위하여 하지 않은 일이 없었습니다. 그녀는 슬픔에 빠져있고 실망감을 가지고 있었던 남편을 위로했습니다. 사람들이 남편에 대해 악의를 가지고 거짓말을 할 때, 그녀는 "하나님의 천사로서" 그를 도왔고, 병에 걸렸을 때 그를 간호해 주었으며, 그의 손님들을 정성껏 대접했고, 그가 외국으로 여행을 갈 때 동행했습니다.

자신의 남편이 잠들기 전에 만족스럽게 풀어내지 못했던 본문으로부터 한 편의 설교를 그가 자는 동안 재탄생시키기도 했습니다. 1856년 9월 20일에 하나님은 두 아이를 선물로 주셨고, 결혼 생활 가운데 기쁨으로 화관을

---

[32] *The Sword and the Trowel*, November 1903, 557.

씌워주셨습니다. 그 이후로 그녀는 두 아들과 남편을 위해서 살았고 그들을 열심히 섬겼습니다.

나이팅게일 레인에 있는 오래된 집에서 그녀는 한 남편의 아내이자 두 자녀의 어머니로 살았고, 그들에게 삶의 모범을 보여주었습니다. 그녀는 두 아들이 하나님을 경외하며 그분이 주신 은혜의 복음을 설교하면서 자라나는 것을 보면서 기뻐했습니다. 그리고 그녀는 자신이 환자로서 받은 훈련이 이러한 일들과 상관이 있었다는 사실을 너무나도 잘 알았습니다.

나의 회심은 그녀의 진심 어린 간구와 밝은 모습으로 모범을 보인 것에 직접적으로 기인합니다. 그녀는 주일 저녁 예배에 참석함으로써 얻을 수 있는 기쁨을 내려놓고 자신의 가정을 위하여 생명의 말씀 사역으로 섬겼습니다. 그녀는 나에게 찬양하는 법을 가르쳐 주었지만 무엇보다 그것이 무엇을 의미하는지를 알려 주었습니다.

"나는 예수님이 나를 위해 돌아가셨다는 사실을
진정으로 믿고, 믿을 것입니다.
죄에서 나를 자유케 하려고
십자가에서 그가 자기 피를 흘리셨음을 믿을 것입니다."

나의 사랑하는 형제는 어느 선교사가 가르쳐준 말씀을 통하여 그리스도께로 나아왔습니다. 그러나 감사하게도 그도 역시 어머니의 영향을 받았고, 그녀의 가르침은 이러한 일에 있어서 중요한 부분이었습니다. 이것은 나중에 씨를 뿌릴 수 있도록 잘 가꿔진 토양을 만들었습니다. 그렇기 때문에 우리는 각자 이렇게 이야기할 수 있습니다.

"그리고 만일 내가 천국에서 발견된다면
어머니의 거룩한 기도
어머니의 손길 그리고 온화한 눈물
나를 사랑하는 구주께로 안내했던 그것들이

그 방황하는 자를 그곳으로 안내했습니다."[33]

10월 27일 화요일, 11시 30분에 수잔나 스펄전의 친척들과 친구들은 웨스트우드의 도서관에 모였다. 꽃으로 장식된 관은 그 방의 중심부를 차지했다. 장례식은 풀러 구치(W. Fuller Gooch) 목사와 하키(J. S. Hockey) 목사에 의해 인도되었다. 이 장례 예배 때 부른 찬송은 〈지쳐있는가?〉(*Art thou weary?*)였다.

1903년 10월 3일자 「침례교도」(*The Baptist*)지는 수지의 장례 예배가 웨스트우드에서 멀리 떨어져 있지 않고, 그녀가 찰스 곁에 묻혀 있는 웨스트 노우드 묘지(West Norwood Cemetry)에서 5분 거리에 위치한 채츠워쓰로드 침례채플(Chatworth Road Baptist Chapel)에서 드려졌다는 소식을 상세히 보도했다. 헤드라인이 큰 볼딕체로 인쇄되었다.

> 본향으로 돌아가는 C. H. 스펄전 여사.
> 큰 회중이 장례 예배때
> 무덤 곁에 선 가슴 아픈 장면들[34]

「침례교도」(*The Baptist*)지는 장례 예배를 1시에 드리기로 되어 있었지만, 슬픔으로 애곡하던 많은 사람들은 12시에 도착했다고 기록했다. 그 행렬이 도착했을 시간에 예배당 좌석은 꽉 차 있었고, 패스터스칼리지에서 온 여러 학생은 서 있어야만 했다. 회중 대부분은 여성들이었고, 모두 검은색 드레스를 입고 있었다. 스톡웰 고아원에서 온 20명의 소녀들은 노래를 불렀고 오르간 연주자는 잔잔한 음악을 연주하고 있었다.

---

[33] Ibid., 551-53.
[34] 『침례교도』(*The Baptist*). 상세한 것들을 참조하려면 이전의 자료를 보라.

5분후 아치볼드 브라운(Archibald Brown) 목사와 소데이(C. B. Sawday) 씨는 문 앞에 놓인 관을 마주했고, 많은 회중이 일어섰다. 천천히, 아주 천천히 어여쁜 화환에 가려진 오크 나무로 만들어진 관은 복도로 옮겨졌고, 성찬 난간(communion rail)에 놓여졌을 때 종려나무로 둘러싸여 있었고 "안식"이 라는 단어가 새겨진 검은 벨벳 위에 흰 꽃으로 된 침대와 마주하고 있었다.

스펄전의 두 아들 토마스와 찰스는 토마스의 아들 헤럴드와 함께 회중을 뒤로하고 복도로 함께 걸어갔다. 그들을 따랐던 무리들은 수지의 사촌이자 오랜 친구 수잔나 올니와 스펄전의 형제, 사촌, 찰스 스펄전의 세 자매와 같은 스펄전가의 다른 가족 구성원들, 다른 가족들과 친구들이었다. 가족 행렬에 포함된 사람들은 웨스트우드에서 일했던 일꾼들과 정원사도 있었는데 그들은 가족처럼 여겨졌다.

찰스와 수지의 오랜 친구이자 목사인 아치발드 브라운은 찰스의 장례 예배의 사회를 보고 설교했다. 터너(G. Turner) 목사와 소데이(C. B. Sawday)는 그를 도와주었다. 수지가 안치되어 있는 관을 둘러싼 많은 꽃들은 "메트로폴리탄타버내클의 교우들, 장로들, 집사들, 간사들, 여러 교회, 고아원, 학생들"로부터 온 것들이었다.[35]

---

「침례교도」(*The Baptist*)지는 웨스트 노우드 묘지로 가는 행렬이 바뀌었다는 것을 알려 주었는데, 이곳은 "위대한 설교자가 지금까지 누워있는 지하 납골당을 덮는 아름다운 기념물이 세워져 있는 언덕 꼭대기이고, 회중은 부슬부슬 내리는 비를 뚫고 산비탈을 힘들게 올라가고 있었고, 아치볼트 브라운이 마지막 문장을 읽을 때, 청중들의 얼굴은 우산에 가려져 있었

---

[35] *The Sword and the Trowel*, December 1903, 599.

다"라고 설명했다.

마지막 말씀을 전하고 있는 브라운 목사를 따라서, 패스터스칼리지의 학생들은 마지막 찬송을 부르기 시작했다. 윌리엄 카우퍼(William Cowper)의 찬송가 〈그곳에 원천이 있네〉(*There Is a Fountain filled with blood*)였다.

줄곧 나는 믿음으로 그 물줄기를 보았습니다.
당신에게 나 있는 수많은 상처가 공급하십니다.
구속하시는 사랑은 내 대화의 주제이고, 죽는 날까지 그렇게 될 것입니다.
죽는 날까지 그렇게 될 것이며, 또 그렇게 될 것입니다.[36]

모인 무리들은 패스터스칼리지 학생들의 찬송에 참여했으며, 하나님의 구속하신 사랑을 향한 이 위대한 찬송은 웨스트 노우드 묘지의 하늘을 가득 채웠다.[37] 군중이 흩어지고, 기록 담당자는 홉스(Hobbs) 목사를 따라서 큰 납골당 근처 땅을 장식했던 꽃들을 살펴보았고, 다음과 같이 기록했다.

> 스펄전 여사가 1889년부터 교회 회원으로 섬겨온, 쏜톤 히쓰(Thornton Heath)에 위치한 불라채플의 젊은 목회자는 우리와 함께 서 있었다. 그 교회는 그리니치(Greenwich)에 위치한 메트로폴리탄타버내클의 집사들이 그러했던 것처럼 화환을 보냈다.

---

[36] C. H. Spurgeon, "The Cleansing Fountain" by William Cowper (1779) in *Our Own Hymn-Book: A Collection of Psalms and Hymns for Public, Social, and Private Worship*. (London: Passmore and Alabaster, 1885), 288. 오늘날 카우퍼의 찬송의 공통 제목은 "거기에 원천이 있네"이다. 스펄전은 이 찬송을 "정결케 하는 원천"이라는 제목으로 찬송집에 포함했다.

[37] *The Sword and the Trowel*, December 1903, 599.

쏜톤 히쓰에 위치한 뷸라 침례교회의 기록부는 공식 회의록에서 수지가 실제로 1889년에 그 교회에 다니기 시작했다는 사실을 보여준다.[38] 그 교회는 웨스트우드에서 산책하거나 짧게 운전할 수 있을 정도로 가까우며, 수지는 가끔씩 예배에 참석할 수 있었는데, 그녀가 메트로폴리탄타버내클로 장거리 운전을 도전했었다면 불가능한 일이었다.

메트로폴리탄타버내클에 보관된 교회 기록은 수지가 이 세상을 떠날 때까지 그 교회의 회원 자격을 가지고 있었음을 보여준다. 가장 가능성 있는 시나리오는 수지가 자신의 회원 자격을 메트로폴리탄타버내클에서 그 교회로 옮겨달라고 요청한 적이 없었다는 것이며, 그녀가 뷸라 침례교회에 합류하게 된 이유는 거주하던 집이 가까왔고 불안정한 건강 상태 때문에 예배를 가끔씩 드릴 수 있었기 때문이었다.

그러나 수지가 이 세상을 떠난 후에, 메트로폴리탄타버내클은 수지가 뷸라 침례교회의 구성원이었다는 사실을 부인했다. 수지는 뷸라 침례교회에 다니는 동안 교회 사역을 후원했고, 편지로 그 교회를 격려했다. 놀랍게도 그녀는 즐거움을 목적으로 하는 것이 아닌, 하나님의 영광을 위하여 그들의 첫 오르간을 기부했다. 이 사실이 놀라운 이유는 찰스가 메트로폴리탄타버내클에서 악기를 사용한 적이 없었기 때문이었다.

이러한 사실과 상관없이, 찰스는 쏜톤 히쓰에 위치한 뷸라 침례교회를 개척하는 데 중요한 역할을 했는데, 그의 비서인 헤롤드는 그 교회의 첫

---

[38] 현재 뷸라패밀리처치(Beulah Family Church)의 목사 존 클레버리(John Clevely)는 1889년 말부터 수지가 이 세상을 떠나는 1903년까지 쏜톤 히쓰에 위치한 뷸라 침례교회에서 그녀가 소유했던 회원 자격에 관한 기록을 제공해 주었다. 초반에 수지는 할 수 있는 한 예배에 참석했다. 훗날 그녀는 건강 문제로 참석하지 못했다.
그러나 다양한 사역과 재정적인 후원을 통하여 교회와 여전히 관계를 맺고 있었다. 수지의 이름은 또한 그녀가 이 세상을 떠나는 날까지 메트로폴리탄타버내클의 교회 기록부에도 남아 있었다. 뷸라 침례교회와 메트로폴리탄타버내클 간에 주고받은 서신은 메트로폴리탄타버내클이 수지가 뷸라 침례교회의 회원이었다는 사실을 반박했음을 보여준다. 수지는 또한 뷸라 침례교회에 오르간을 선물했는데, 찰스가 메트로폴리탄에서 악기를 사용하지 않았기 때문에 이는 놀랄 만한 일이었다.

번째 목사였다. 수지의 장례 및 하관 예배에 참석한 손님들 중에서 토마스 존슨(Thomas L. Johnson) 목사가 있었다. 존슨은 버지니아에서 온 노예 출신이었고, 남북전쟁 이후에 영국으로 왔으며, 찰스 스펄전을 찾았다.

찰스는 존슨의 간증을 듣고는 그에게 패스터스칼리지로 입학하는 것을 허가했고, 이 때 그의 나이는 40세였다. 존슨은 노예였을 때 그의 주인으로부터 스펄전에 대해서 들었다. 그리고 존슨은 그에 대해 들을수록, 그를 더욱 더 알고 싶어 했다.

그는 그 유명한 설교자를 만나기 위해 영국으로 떠날 것이라고 상상해 본 적이 없었다.[39] 찰스를 처음 만난 후, 존슨은 이렇게 말했다.

> 그의 첫 번째 말은 나를 안심시켰지만 그의 동정심 어린 친절함은 내가 기대했던 것 이상이었습니다. 그는 손으로 나를 붙잡고 몇 가지 질문을 했으며 나의 성공을 빌어주었습니다.[40]

그가 패스터스칼리지에서 공부를 마친 후에, 침례교선교사협회(Baptist Missionary Society)와 자신의 출신지인 아프리카를 섬기기 위해 떠났다. 그가 그곳에 있는 동안 수지에게 편지를 썼을 때 한 노래 가사를 그녀에게 보냈다. 그녀는 자신의 책, 『북펀드 사역의 10년』(Ten Years of My Life)에서 그가 보내준 가사의 일부를 기록으로 남겼다.

> 오늘 아프리카에서 바다 건너 저에게 메시지가 도착했습니다. 이 편지는 기쁜 기억들을 떠오르게 했고, 나의 마음을 격려하고 강하게 만들어 준, 사랑이 담긴 임무를 잘 완수했습니다. 그에게 온 편지는 다음과 같습니다. '친애하는 스펄전 여사에게 "계속 조금씩 나아가세요, 예수 그리스도는 장

---

[39] Thomas L. Johnson, *Twenty-Eight Years a Slave* (Bournemouth, England: W. Math & Sons, 1909), 86.
[40] Ibid., 88.

래에 오실 것입니다.'"[41]

아프리카에서 시간을 보낸 후 존슨의 아내는 병 들었고 곧 세상을 떠났다. 존슨의 건강도 좋지 않았고, 그는 치료를 받으러 미국으로 돌아가는 것이 어떻겠느냐고 권유 받았다.[42] 수지는 그에게 책 한 상자를 보내주었고, 찰스는 10파운드를 동봉했다. 전쟁 기간 동안 찰스는 싸움을 시작했고, 노예 제도를 절대적으로 반대하는 입장에 서 있었다. 그가 이러한 입장에 서 있음으로 많은 희생이 따랐다.

찰스는 남북 전쟁 기간 동안 종종 미국에서 설교 초청을 받았지만, 그가 초청에 응하면 두들겨 맞거나 그보다 더 한 일이 있어날 수 있을 것이라고 협박받았다. 스펄전의 설교는 알라바마주에서 불을 지폈다.

한 학자는 이렇게 기록했다.

> 스펄전을 반대하는 사람들은 횃불을 들고 남부에 있는 주들의 감옥 뜰, 농장, 서점, 법원청사를 밝혔다.[43]

찰스와 수지는 인종에 관계없이 모든 사람을 존중했고, 존슨과의 우정 그리고 그들이 그에게 보여준 사랑은 특별했다. 찰스와 수지는 그들의 신념을 결정할 때 상황을 파악하면서 불이익을 피하려는 사람들이 아니었다. 그들은 단순히 그리스도께 충성하기를 원했다. 존슨은 1891년 11월에 미국에서 영국으로 돌아왔고, 1892년 2월에 런던에 와서 찰스의 장례 예배에 참석했다.

그는 그의 재혼한 아내와 여름에 수지가 살던 곳 근처인, 수정궁이 위치

---

[41] Ibid., 104.
[42] Ibid., 143-44.
[43] https://www.thegospelcoalition.org/article/why-american-south-would-have-killed-charles-spurgeon/.

한 시든햄으로 이사 왔다. 그리고서는 선교를 위해서 플리머스(Plymouth)를 돌아보았고, 나중에 런던으로 돌아왔는데, 질병 때문에 아프리카로 돌아가지 않기로 결정했다. 존슨은 본머스(Bournemouth)와 유럽 대륙의 다양한 곳에서 설교했다. 「침례교도」(*The Baptist*)지는 이렇게 기록했다.

> 그는 스펄전 여사에게서 친절한 섬김을 받았으며, 두 사람[찰스와 수지]의 장례 예배에 참석한 것이 다행이라는 생각이 들었지만 한편으로는 침울한 마음이었다.

찰스와 수지는 수천 명에게 복음을 전했지만, 그들이 그리스도를 위하여 마음의 변화를 받을 수 있도록 도움을 주었다. 찰스가 이 세상을 떠난 후 수지가 기록한 글은 이제 찰스에 대해서만이 아닌, 그들 모두에 대한 것이라고 말할 수 있다. 그들을 잘 알았고 가장 사랑했던 사람들에게 그들이 보냈던 나날들은 매일 점차적으로 사랑스럽고 달콤했던 기억으로 자라갔다. 이 세상에 그들과 같은 사람들은 없었다.

> 천국은 어떤 매력을 지금 보여줍니까!

주 예수께서 그곳에 계시며, 찰스와 수지가 그와 함께 그곳에 거한다. 1903년 10월 아침, 수지는 자신이 오랫동안 신뢰해 온 구주 되신 분을 만났고, 그녀가 오랫동안 사랑해 왔던 찰스와 다시 교제를 나누었다. 수지의 죽음에 대한 존슨의 글은 찰스와 수잔나 스펄전의 사랑, 그들이 사랑했던 하나님의 은혜와 선하심, 그리고 수지 자신의 유산에 대한 증거이다.

> 1903년 10월 22일 친애하는 스펄전 여사는 영원한 안식으로 들어갔습니다. 그녀가 이 세상을 떠나감으로써 제게 가장 친절하고 큰 도움을 주었던 친구 한명을 잃어버렸습니다. 저는 노우드에서 드려진 장례 예배에 참석

했습니다. 저는 1892년 2월 다시 노우드에 와서 스펄전 목사의 장례식에 참여했습니다. 그때에도 비슷한 슬픔의 표현이 있었고, 그리스도인의 정서로 이해될 수 있는 동일한 승리감이 있었습니다. 저는 그때 이곳에서 짧은 찬송을 작곡했습니다.

## 본향으로 돌아갔습니다.
(우리의 친애하는 C. H 스펄전 여사를 기억하며)

내가 살아 있고 너희도 살아 있겠음이라 (요 14:19)

언약적 사랑에 대한 하나님의 약속은
우리를 위에 있는 본향과 연결시켜 줍니다.
우리의 선지자, 제사장, 왕이신 예수님과 함께 살아가기 위해
본향으로 돌아갔습니다.
그분의 복되신 임재하심 안에서
부를 구원의 노래.
영광 중에 자기 본향을 떠났던
영원히 사랑할 분, 예수님과 함께 살아가기 위하여
본향으로 돌아갔습니다,
그 죄인들은 승리할 것입니다.

예수님과 함께 살아가고 영원한 안식을 나누기 위해서
영원한 복을 누리기 위해서
그녀가 사랑했던 사람과 함께
본향으로 돌아갔습니다.

## 수잔나 스펄전의 유산

　수잔나 스펄전은 그녀의 유명한 남편에 대한 진실과 전해져오는 이야기의 그늘에 가려져 왔다. 학생들은 그녀를 주로 찰스 스펄전의 아내로 알고 있다. 그들은 그녀가 가난한 목회자들에게 책을 기부했으며, 오랜 투병 생활을 했다는 사실 외에 더 많은 정보에 대해서 알지 못했다.
　수지가 성취한 것들은 그녀의 유명한 남편의 것과 비교할 수 있을 만큼 많지는 않았지만 중요하다고 말할 수 있다. 한편으로 수지가 성취한 모든 것은 하나님께서 하신 것이기 때문에 우리는 기념비에 그녀의 이름을 새기거나 그녀에게 경의를 표해서는 안된다. 예상과는 달리 그녀는 죄와 싸웠고, 때때로 두려움을 느꼈으며, 외로움을 견뎌내야 했다. 다른 한편으로, 우리는 그녀의 명성 때문에 경의를 표해야만 한다.
　그녀는 의심할 여지없이 동의하겠지만, 우리는 리차드 데이(Richard Day)가 쓴 스펄전 전기에서 "영웅이 등장한다"라고 표현하는 것을 피해야 한다. 그럼에도 우리는 그녀 자신이 보여준 삶과 인격과 품격에 감사를 표해야 한다. 그리고 우리는 수지가 했던 동일한 일을 같은 방식으로 이룰 수는 없지만, 그녀가 보여준 삶의 원리들을 획득할 수 있고, 이러한 것들은 우리가 생각하고 상상할 가치가 있다.
　만일 수잔나 스펄전이 하나님께 신실한 마음을 계속 가졌다면, 우리는 고난에 짓눌리는 상황 속에서 불평하며 하나님을 섬기는 대신에 그녀처럼 하나님의 은혜로 살아갈 수 있다.

## 1. 예수님을 바라본 수지 여사

> 땅의 모든 끝이여 내게로 돌이켜 구원을 받으라 나는 하나님이라 다른 이가 없느니라(사 45: 22).

이 말씀은 이사야 45장 22절 말씀이며 종종 찰스 스펄전이 자주 언급하던 말씀이다. 눈이 오는 어느 주일 아침, 한 작은 예배당에서 예배드릴 때, 그리스도를 바라보라는 메시지가 동일한 성경 구절을 중심으로 말씀을 전했던 교육을 받지 못한 평신도 설교자의 입에서 나와 그의 마음속으로 빨려 들어갔다. 스펄전은 그리스도를 바라보았고 구원받았다.

버진(S. B. Bergene) 목사는 런던의 포울트리채플에서 로마서 10장을 중심으로 말씀을 전했다. 수지는 그리스도를 바라보았고 구원받았다. 이후 그녀가 뉴파크스트리트채플에서 교회 회원자격을 얻는 과정의 일환으로 찰스에게 간증문을 보여주었을 때, 찰스는 그녀의 간증문이 보여주는 깊이에 감명을 받았지만, "저는 당신이 그런 위대한 광경을 '보았으며', 영적 지식에 그렇게 조예가 깊은지를 전혀 상상하지 못했습니다"라고 대답했다.[1]

수지는 훗날 다음과 같이 기록했다.

---

[1] C. H. Spurgeon, *C.H. Spurgeon's Autobiography: Compiled from His Diary, Letters, and Records, by His Wife, and His Private Secretary* (London: Passmore and Alabaster, 1897-99; repr., Pasadena, TX: Pilgrim Publications, 1992), 2:11. 이탤릭체는 필자가 강조한 것이다.

내 안에 존재하는 죄와 이기심, 슬픔으로 인한 애통함 때문에 나의 눈과 마음이 시리도록 아팠습니다. 그러나 사랑하는 주님, 저를 도우셔서 저로 하여금 "내가 산을 향하여 눈을 들리라 나의 도움이 어디서 올까"(시 121:1) 라고 고백하게 하면서 당신을 바라보게 하소서.

여행자들이 높은 산을 올라갈 때 갑작스런 현기증이 엄습해 오지 않도록 하기 위해서 눈을 높은 곳을 향한 채로 가파른 절벽을 내려다보지 말아야 하는 것처럼, 저는 겸손한 마음으로 주님을 계속 바라보며, 저를 위해 표시해 두신 길을 오르락내리락 할 수 있는 힘과 용기를 받게 될 것입니다![2]

"예수님을 바라보라"라는 말씀은 수지가 우리에게 던져주는 메시지이며 그녀는 이 말씀대로 살았다. 그녀는 만나는 사람들이 그리스도인이든 아니든 이 메시지를 똑같이 전했다. 그녀는 죄인됨을 애통해 하며, 죄를 미워하고 싸우는 그리스도인 또는 육체적, 감정적 고통으로 고난받는 그리스도인 모두에게 그리스도께 도움을 구하며 그분을 바라보라고 말할 것이다.

## 2. 주님의 방식으로 자녀들을 양육한 수지 여사

수지가 더 많은 자녀를 낳지 못한 이유가 심각한 건강 문제 때문이었다는 사실은 널리 알려져 왔다. 그녀는 이러한 사실에 개의치 않고 두 쌍둥이 아들을 복음으로 신실하게 양육했다. 찰스는 종종 다른 도시와 마을로 말씀을 전하러 가기 위해 자주 집을 비웠지만, 두 아들의 영적 훈련에 대해 염려하지 않았다. 이와 비슷하게, 찰스의 아버지 역시 종종 사역 때문

---

[2] Susannah Spurgeon, *Free Grace and Dying Love* (repr., Edinburgh: The Banner of Truth Trust, 2013), 101-102.

에 집을 떠나 있었고, 그렇기 때문에 찰스가 유년기와 청소년기를 보내는 동안 그의 영적 훈련의 상당 부분은 어머니에게 맡겨졌다.

어느 날 저녁 설교 일정이 다른 지역으로 잡혀 있어서 그곳으로 가던 도중에, 찰스의 아버지 존 스펄전은 자신의 아이들과 충분한 시간을 보내지 못했다는 사실에 대하여 죄책감을 느꼈다. 그는 집으로 돌아와서 "자녀들의 구원, 특별히 맏아들이며 강한 의지를 가진 찰스의 구원을 위해서 간절하게 기도하고 있었던" 자기 아내의 모습을 보았다.

그녀의 기도를 우연히 들으면서 존은 자신이 멀리 떠나 있는 동안에도 그의 가족이 하나님의 손길로 돌보심을 받고 있다고 확신했다. 찰스는 다음과 같이 기록했다.

> 나의 아버지는 사랑하는 아내가 집에서 자녀들의 영적 유익을 위해 잘 돌보고 있는 동안 마음 놓고 주님의 일을 하러 집을 나섰고, 그렇기 때문에 그는 아내를 방해하지 않았고 자신에게 주어진 설교 사역을 지체함 없이 완수할 수 있었습니다.[3]

찰스 레이는 수지에 대해서 회상하면서 이렇게 말했다.

> 스펄전 여사는 몸이 너무 약한 상태였고, 병 때문에 오랜 기간 동안 침대에 갇혀 지냈지만, 두 쌍둥이 아들을 기독교 교리로 신실하게 훈련시켰고, 그들이 어린 나이에 그리스도께로 인도받는 모습을 바라보는 기쁨을 누렸다.[4]

두 아들은 1874년 9월 21일에 침례를 받았고, 스펄전 여사는 건강상의 이유로 자주 예배에 참석할 수 없었지만, 이 날에 드려진 예배는 참석

---

[3] C. H. Spurgeon, *Autobiography*, 1:69.
[4] Charles Ray, *The Life of Susannah Spurgeon. In Free Grace and Dying Love* (1903; repr., Edinburgh: The Banner of Truth Trust, 2013), 191.

할 수 있었다. 그 교회 사람들은 예배를 드리면서 찰스와 수지에게 존경을 표했다.

> 연설이 시작될 때 조명이 비춰지고 그녀가 소개되었다. 이 연설에서 "우리가 사랑하고 존경하는 목회자의 두 아들이 어린 시절부터 성도의 교제로 부르심" 받았다는 사실로 인하여 하나님께 진심어린 감사를 드렸으며, "두 아들의 마음속에 하나님의 생명이 소생케 되고 풍성해지기까지 우리가 사랑하는 자매 스펄전 여사의 모범과 경건한 가르침을 사용하기를 기뻐하시는 은혜로운 주님을 찬양했다.
> 그리고 우리는 그녀의 오랜 투병생활 동안 모든 영적 위로를 주시고, 주님 안에서 그녀에게 갑절로 맡겨진 사람들의 경건의 성장으로 말미암아 힘을 얻을 수 있기를 진정한 마음으로 기도했다."[5]

수지는 두 아들을 가르치는 내내 그들의 믿음의 고백에 있어서 진실됨의 중요성을 가르치면서, 성경을 읽고, 기도했으며, 두 아들과 함께 피아노에 앉아서 찬송을 불렀다. 토마스와 찰스는 모두 복음 사역자가 되었고, 그들의 섬김은 훌륭했다. 찰스가 이 세상을 떠난 후에, 토마스는 메트로폴리탄타버내클의 목회자로 부름을 받았다. 수지가 이 세상을 떠났을 때, 아들 찰스는 그녀에 관하여 이렇게 이야기했다.

> 본향으로 돌아가셔서 지금 우리가 애곡하고 있는, 고통의 삶을 살다간 사랑하는 어머니에게서 아주 어린 시절부터 비교할 수 없는 영향을 받았고, 놀랄 만한 재산인 복에 관하여 익히 들어왔습니다.[6]

---

5　Ibid., 192-93.
6　*The Sword and the Trowel: A Record of Combat with Sin & Labour for the Lord* (London: Passmore and Alabaster, 1865-1904), December 1903, 607.

## 3. 성경을 귀히 여겼고 사랑했으며 많은 책을 섭렵했던 수지 여사

수지는 매년 성경 전체를 읽기도 하고, 성경의 적은 분량을 묵상하는 습관을 가지고 있었다. 찰스도 성경을 잘 알았지만, 그는 자신이 선호했던 습관에 관하여 다음과 같이 이야기했다.

> 여러 장을 읽으면서 내 손을 씻는 것보다는 하루 종일 6절 정도를 정해서 내 영혼을 그 속에 푹 담그는 것이 좋습니다.
> 오! 당신의 마음이 흠뻑 적셔질 때까지 성경 본문 안에서 목욕을 하는 것, 영혼 깊숙한 곳까지 빨아들이는 것이 좋습니다!
> 당신의 마음을 하나님의 말씀에 두십시오!
> 옷을 염색약에 완전히 적시듯이, 당신의 전인격을 하나님 말씀에 빠뜨리도록 하십시오![7]

수지가 출간한 작품들을 대충 읽어 보더라도 성경에 열중하며, 다른 작가들의 우물 깊숙한 곳으로부터 물을 길러서 마시는 한 여성의 모습을 볼 수 있다. 책은 수지와 찰스의 관계에 있어서도 중요했다. 수지가 찰스에게 준 첫 번째 선물들 가운데 하나는 존 칼빈 주석 한 세트였다. 찰스는 그 중 한 권에 다음과 같이 적어 놓았다.

> 칼빈의 주석은 사랑하는 다정한 아내가 나에게 준 것입니다. 그녀는 다른 여성들보다 복됩니다. 얼마나 많은 위로와 힘을 나에게 주었는지 세어보는 것은 내 힘 밖의 일입니다. 그녀는 하나님께서 저에게 주신 지상 최고의 선물이며, 어떤 작은 천상의 보물도 그녀를 통하지 않고는 제게로 다가오지

---

[7] C. H. Spurgeon, *The Metropolitan Tabernacle Pulpit: Sermons Preached and Revised by C. H. Spurgeon*, (Pasadena, TX: Pilgrim Publications, 1970-2006), 27:42.

않았습니다. 그녀는 하나님께서 저에게 보내주신 천사와도 같습니다.[8]

수지는 그리스도를 사랑했다고 여기는 다양한 작가들의 글을 폭넓게 읽었다. 그녀는 프란시스 하버갈(Frances Havergal)의 작품들을 "고귀한 책들"로 여겼다. 하버갈이 이 세상을 떠난 후, 수지는 그녀의 찬송시를 "천상의 음악"으로, 그녀의 노래를 "천사와 같은" 곡으로 언급했다. 하버갈이 쓴 책들 중에서 수지는 그녀의 논문, 〈주께서 쓰시도록 준비해 두라〉(Kept for the Master's Use)를 추천했는데, 봉헌(consecration)에 관한 탁월한 가르침 때문이었다. 그녀는 다음과 같이 이야기했다.

> 그녀가 쓴 백조와 같은 죽음의 노래는 모든 노래 중에서 가장 감미로우며 최상의 것입니다. 제가 감당할 수 있는 한, 이 진주와 같은 책은 덤으로 주어지는 축복으로 북펀드 사역에서 보내는 모든 소포에 포함하기를 원하며, 주님께서는 많은 사람들에게 영향을 미치심으로 인하여 그들이 그 분을 향한 예배와 그분의 목적에 대하여 새로운 마음으로 자신들의 몸과 혼과 영을 바치도록 인도하실 것입니다.[9]

수지가 책의 진가를 인정한 사실은 부분적으로 찰스의 모범을 따른 것이다.

---

[8] C. H. Spurgeon, *Autobiography*, 2:11.
[9] Mrs. C. H. Spurgeon, *Ten Years*, 80. 하버갈과 머레이는 때때로 케스윅 무브먼트(Keswick movement)에 연루되었지만, 찰스와 수지가 이러한 무브먼트를 지지했다고 결론 내려서는 안 된다. 케스윅 무브먼트에 관한 스펄전의 관점을 이해하기 위해서, Peter Morden, *Communion with Christ and His People, The Spirituality of C. H. Spurgeon* (Eugene, OR: Pickwick Publications, 2013), 223-57을 보라.
수지 역시 루터, 칼빈, 청교도들에게서 큰 영향을 받았다. 그녀는 청교도 문헌들이 "그들의 성경적 강해" 때문에 읽혀져야 한다고 생각했으며, 그러한 책들은 "불분명하고 미심쩍은 '당시 인기 많던 설교자들'의 설교보다 더욱 탁월한 것으로 여겨져"야 한다고 주장했다. 수지는 케스윅 추종자들처럼, "자연스럽게 흘러가도록 하라, 하나님께서 일하시게 하라"라는 신학으로 특징지워질 수가 없다.

북펀드 사역을 향한 저의 애정은 남편이 자신의 책을 귀하게 여긴 사실로
부터 종종 자극받았으며, 그는 지속적이고 인내를 가지고 책들을 활용했
습니다. 집에서 선반에 꽉 찬 책들을 볼 때 저의 마음은 우리 가난한 형제
들의 텅 빈 서재에 책들을 채워야 하겠다고 다짐했습니다.[10]

## 4. 목회자들과 그들의 가족들을 사랑했던 수지 여사

수지는 특별히 패스터스칼리지와 연관된 목회자와 가난한 사람들을 돕
는 일에 헌신했다. 패스터스칼리지에서 연례 행사로 개최된 컨퍼런스 기
간 동안, 그녀가 각 학생에게 선물을 제공하는 것은 이 행사의 하이라이트
였다. 그녀가 청소년 시절에 메트로폴리탄타버내클에서 제임스 스미스 목
사가 인도하는 예배에 참여했을 때 목회자 직분에 대한 진가를 알아보기
시작했다.

시간이 지날수록 그녀는 점차 목회자 직분의 가치에 대해서 생각했고,
결혼 생활을 하는 동안 스펄전이 감당하는 사역에 우선순위를 두었으며,
그가 독서하고 공부할 수 있도록 격려했으며, 다른 목회자들도 찰스처럼
책을 소유하며 읽는 것을 즐거워하면서 여러 혜택을 누릴 수 있기를 갈망
했다. 북펀드에 관하여 그녀가 쓴 두 권의 책은 그녀와 목회자들 간의 온
정 넘치는 교류를 풍성하게 담아내었다. 찰스가 한번은 이렇게 질문했다.

> 그들의[목회자들의] 마음이 굶주린다면, 사역은 어떻게 되는 것입니까?
> 여러 목사관에 급속히 번지고 있는 기근을 해소하는 것이 의무가 아닙
> 니까?

---

10　Mrs. C. H. Spurgeon, *Ten Years of My Life in the Service of the Book Fund: A Grateful Record of My Experience of the Lord's Ways, and Work, and Wages* (London: Passmore & Alabaster, 1887), 83.

이 일은 분별 있는 조치가 아닙니까?

기독교에 영향 받는 대중을 보기 원하는 모든 이들을 주목할 만한 가치가 없습니까?

그래서 강단에서 말씀을 전하는 설교자들이 생각하도록 하기 위한 자료들을 온전히 구비해야 하지 않습니까?[11]

그리고 수지는 대답했다. 빅토리아 시대의 영국에서 더욱 교양 있는 회중은 완성된 설교자를 가치 있게 생각한다. 찰스는 옛 청교도주의를 추구했지만, 그럼에도 영국의 어떤 건물을 당장 차고 넘치게 할 수 있었다(한번은 수정궁에서 2,000명이 넘는 사람들에게 말씀을 전했다). 그러나 대부분의 영국 목회자들은 많은 회중에게 설교하지 않는다. 그들은 재정적으로 빈약한 훨씬 적은 회중을 섬겼다.

그러므로 그런 목회자는 종종 사례비를 충분치 못하게 받았다. 이 목회자들은 거의 헐벗은 아이들과 함께 살아가곤 했다. 그렇기 때문에 책은 목회자와 교회에 큰 유익을 줄 수 있었을지라도, 경건한 목회자는 자신의 필요보다는 가족의 물질적인 필요를 우선시 했다. 텅 빈 책장은 목사와 회중 모두에게 큰 대가를 치르게 만들었다. 수지는 그 사실을 잘 알고 있었는데, 그녀는 목회자들과 그들의 교회를 사랑했다.

그녀는 목회자에게 투자하는 것이 궁극적으로 교회, 복음 사역, 하나님 나라 확장에 투자하는 것임을 알았다. 그녀는 주장했다.

책은 사례가 적고 과도하게 사역하는 목회자들에게 사치품이 아니었고, 단지 필수적인 도구였다.[12]

---

[11] Ibid., Preface, iii.

[12] Mrs. C. H. Spurgeon, *Ten Years After!: A Sequel to "Ten Years of My Life in the Service of the Book Fund"* (London: Passmore & Alabaster, 1895), 21.

찰스는 "교회 건축을 하는 것은 설교자를 세우는 것과 비교할 수가 없다"고 믿었다. 목회자들을 향한 사랑은 찰스와 수지 모두의 마음에 있었다. 그들은 패스터스칼리지, 북펀드 사역, 목회자들을 위한 재정 지원, 셀 수 없이 많은 방법을 통하여 목회 사역에 투자했다. 수지의 유산은 목회자들을 향한 사랑으로 만들어졌다. 그녀는 북펀드 사역뿐만 아니라 종종 재정 지원 사역과 옷과 다른 필요한 물품을 제공하는 일도 했다.

수지는 이렇게 썼다.

> 누군가 저에게 보낸 편지에 이렇게 쓴 것을 보았습니다. '세 가지의 텅 빈 것이 종종 한 패가 됩니다. 바로 텅 빈 책장, 텅 빈 머리, 텅 빈 예배당입니다.'

그녀는 "텅 빈 주머니와 텅 빈 찬장이 실제로 위에서 언급한 세 가지의 '텅 빈' 것들에 기인한다는 수많은 사례들을" 어렵지 않게 떠올려 볼 수 있었다. "그것은 대개 사람들로부터 목회자들에게 전달되는 아낌없는 봉사의 부재인데, 이는 공동체 전체를 아사시키는 결과를 낳습니다." 그녀는 계속 이야기했다.

> 당신의 목회자의 식탁에 음식이 잘 공급된다면, 당신은 최상의 밀가루를 먹을 것입니다. 그가 감당하는 지상에서의 돌봄이 그를 고통스럽게 짓누르지 않는다는 사실을 보십시오. 그리고 당신이 짊어지고 있는 마음의 짐은 그의 가르침으로 말미암아 가벼워질 것입니다. 그에게 이 세상에서 필요한 위로를 제공하십시오. 그러면 곤경에 빠진 당신에게 위로를 가져다주는 일은 실패하지 않을 것입니다. 그가 당신에게 영적인 것들로 씨 뿌렸다면, 그가 육신적인 것들을 거두는 일이 엄청난 일입니까?[13]

---

13   Mrs. C. H. Spurgeon, *Ten Years*, 337.

그녀는 너무 가난해서 더 이상 지속할 수 없는 교회들이 존재했다는 사실을 발견했다 그래서 그녀는 재정이 넉넉한 규모가 있는 교회들이 그들의 목회자와 사역을 지원할 수 있도록 가난한 회중들을 도와야 한다고 믿었다. 그녀가 이 세상을 떠나고 일 년 후인 1904년에 「검과 모종삽」(The Sword and the Trowel) 8월호는 수지의 사역이 오랫동안 지속되었다는 사실을 이야기하면서 독자들에게 호소했다.

> 스펄전 여사의 북펀드 사역과 목회자 재정 모금 사역을 이어서 하고 있는 톤(E. H. Thorne)양은 이 재정 지원 사역을 위해 기부금과 옷 꾸러미를 감사히 받을 것입니다. 주소는 '웨스트 우드', Beulah Hill, Upper Norwood, London, S. E입니다.[14]

1903년 찰스 레이는 수지 여사의 자서전을 마무리 지었다. 그는 북펀드 사역이 재정이나 노력이 부족하지 않기를 소망했다.

> 수요가 언제나 공급보다 더 많고, 책들을 제공할 수 있는 재정이 빠른 시일 내에 모아지지 않을지라도, 이 사역이 재정 부족이라는 오명을 갖게 하지 말아야 합니다.[15]

찰스와 수지가 살아 있었을 때 그들은 돈에 대해 관대했다. 하나님은 그들이 물질적으로 부족하지 않게 하시는 가운데 다른 사람을 재정적으로 지원할 수 있을 정도로 넉넉한 생활이 가능하게 만드셨다. 찰스는 수지의 남은 생애 동안 사용할 수 있는 충분한 재산을 남겨 두고 떠났다. 그녀는 충분한 재정을 소유하고 있었고, 일꾼들과 조력자들이 자기 곁에 있었다.

---

[14] *The Sword and the Trowel*, August 1904, 414.
[15] Charles Ray, *The Life of Susannah Spurgeon*, 250.

그뿐만 아니라, 그녀의 두 아들은 그녀의 집 근처에서 사역을 했다. 그렇기 때문에, 수지가 다른 사람을 돕는 일과 책 나눔 사역을 지원하고 활성화하기 위해 많은 금액을 후원하는 일에 있어서 지속적으로 너그러운 마음을 가지고 있었다는 사실은 놀라운 일이 아니다. 레이는 다음과 같이 기록했다.

> 북펀드 사역을 시작했고, 오랜 시간동안 눈부신 성공을 이루어 냈으며, 평생토록 헌신적으로 섬기며, 물질적으로 넉넉히 후원했던 이 헌신적인 여성은 의심할 여지없이 다른 '주님의 청지기들'에게 자신의 것을 관대하게 드릴 수 있도록 동기를 부여했다. 그래서 그녀가 보여준 노력은 그 기관으로 이어지는 필요성에 점점 더 원활히 대처할 수 있게 되었다.[16]

엘리자베스 톤은 스펄전 여사의 북펀드 사역을 1913년까지 관리 감독했는데, 그 이후에 북펀드 사역이 정형화된 형태로 지속되었는지에 관한 기록이 나타나 있지 않다. 그러나 수지가 보여준 모범은 기부하고 여러 방식으로 책과 옷을 빌려주거나 제공하며 가난한 목회자들과 그들의 가족을 지원하는 여러 가지 다른 사역을 파생시켰다.

수지가 책을 나눠주는 사역에 대한 현대에 찾아볼 수 있는 모범은 "목회자, 선교사, 대학교와 신학교, 전 세계에 퍼져 있는 가난한 사람들에게 무료로 또는 상당 부분 할인해 줌으로써 책을 공급하는" 배너 오브 트루스(Banner of Truth) 출판사의 북펀드 사역에서 찾아볼 수 있다. 이 출판사의 북펀드 사역은 1960년 즈음에 "스펄전 여사의 북펀드 사역의 이야기에서" 영감 받은 것이었다. 그 결과 "수십만 권의 책이 전 세계에 보내졌다."[17]

---

16  Ibid.
17  "The Banner Book Fund," Banner of Truth, https://banneroftruth.org/us/about/the-banner-book-fund/.

## 5. 모든 것 속에서 하나님의 아름다움을 바라보았던 수지 여사 – 하나님의 아름다움을 다른 사람에게 창의적인 방식으로 전하는 방법을 발견한 수지 여사

수지는 "향기 나는 꽃잎을 보관하기 위해서 장미를 모으"려고 어느 날 저녁 웨스트우드 주변을 산책했던 것을 기억했다. 그녀는 어떻게 자신이 기르던 장미들이 "땡볕과 뜨거운 남풍"을 견뎌 냈는지 묘사했는데, 그녀는 이러한 시련 속에서도 "분명히 우리가 기도했던 복된 비가 이미 내렸던 것처럼 생기가 돋아나고 신선하고 멋지며 진귀하고도 아름다운 장미 송이들"을 발견했다.

그녀가 장미를 모을 때 땅에 떨어져 있던 장미꽃 한 송이를 주웠다. 그녀는 그 장미에 "물이 뿌려져 있었다"는 사실에 주목했다. 그리고 그녀는 "장미를 흔들었을 때" "그 가장자리의 움푹 들어간 곳"에서 물이 흘러나왔다는 사실을 알아차렸다. 수지가 재배하던 모든 장미 속에 들어 있던 물은 "낮의 뜨거운 열로부터" 그것들을 견딜 수 있도록 했고, 그 안에 있는 물로 생기를 돋게 만들었던 것이었다.[18]

수지는 자신의 발견을 "낮의 뜨거운 열과 괴로움" 속에서 고군분투하고 있던 그리스도인들에게 적용했다.

> 내가 키우고 있는 장미에 대해서 잠깐 생각해 보시고, 어떻게 하나님께서 부드러운 마음으로 그들의 필요를 채워주시는지 살펴보십시오.
> 그는 당신에게 관심을 덜 가지시겠습니까?
> 그는 가뭄의 때에 그 꽃에게 자양물과 음료를 놀랍게 공급해 주시는데, 하물며 당신을 향하여 "은혜 베푸시는 것을 잊"으시겠습니까?
> 오, 아닙니다!

---

[18] Mrs. C. H. Spurgeon, *Ten Years After*, 37.

당신은 그것이 사실이 아님을 잘 알고 있습니다.[19]

   수지의 책들은 삶의 모든 영역과 피조물에 드러난 하나님의 아름다움을 반영한다. 그녀는 새, 나무, 산, 강, 달과 별을 보고 나서 쓴 아름다운 글 속에서 교훈을 드러낸다. 수지는 단순히 장미에 묻은 물을 보고 돌아서지 않았다. 그녀는 물과 장미를 묘사했고, 깊이 관찰했으며, 그분의 피조물을 향한 하나님의 공급하심을 인식했다. 그녀는 찰스처럼 자신의 주변 세계가 보여주는 아름다움을 향해 눈을 닫아 버리는 거짓된 경건을 거부했다.

   그녀는 아름다움을 반겼으며 하나님의 영광과 수지 자신의 즐거움에 이목을 집중시키는 방식으로 아름다운 것들을 묘사했다. 그녀가 음미했던 아름다움은 자연뿐만이 아니었다. 그녀는 집에 있는 물건들, 스펄전의 펜, 책들, 서재에 있는 의자를 묘사했다.

## 6. 믿음과 섬김으로 고난을 직시한 수지 여사

   수지는 극심한 고난에 시달렸다. 그러나 그녀는 고난에 대하여 불평을 일삼는 사람이 아니었다. 그녀가 사람의 마음을 끄는 특징은 사생활 속에서 고통을 완전히 숨기지 않았다는 사실이다. 그 중 일부는 선택에 의한 것이었지만, 다른 면에서 너무나도 많은 사람들이 그녀에게 관심을 가지고 있었기 때문이었다. 그녀의 고난은 전 세계의 신문에 인쇄되었다.

   그녀는 자신의 시련을 하나님을 의지하고 그분께 영광 돌릴 수 있는 수단으로 여겼다. 그녀가 당했던 고난의 이야기들은 사람들이 그녀를 위해 기도하도록 인도했고, 그들이 고난 중에서도 하나님의 신실하심을 바라볼 수 있도록 도움을 주었다. 그녀의 아들 찰스는 다음과 같이 기록했다.

---

[19] Ibid., 38.

병든 성도들은 바램이라는 덤불에 둘러싸여 있는 아름다운 백합과 같은 데 그들은 오직 그리스도만을 위하여 존재합니다. 나의 사랑하는 어머니는 그런 백합과도 같습니다. 그녀는 감옥같은 집에서 고통스럽게 갇혀 지냈고, 북펀드 사역을 통하여 향기를 진동시켰습니다. 그렇게 함으로써 많은 이들의 마음과 집에 향기를 퍼트렸고, 하나님의 교회를 거룩한 삶의 향기로 가득 채웠습니다.

그는 계속해서 수지가 했던 말을 인용했다.

폭풍우가 몰아칠 때, 기쁨이라는 우리의 나무가 헐벗고 잎사귀가 다 떨어졌을 때, 그분의 사랑이 우리를 길들이셨다는 위로가 사라지고 또는 여전히 더욱 더 고통스러울 때, 그분이 우리를 이 세상에 홀로 내버려두실 때, 우리 마음 가운데 가장 소망하는 바가 사라져서 슬퍼하는 것, 그리고 나서 그분께 노래하는 것, 그분의 이름을 찬송하고 영광 돌리는 것은 오직 그분께서만 보여주시는 자유로운 은혜의 역사입니다.[20]

수지가 자신의 시련을 언급할 때 주목할 만한 사실은 대부분의 고난이 그녀의 삶과 결혼 초기에 시작되었다는 것이다. 이 때 그녀의 나이는 35살에 불과했고 꽤 젊었을 때였다. 찰스는 1867년 즈음에 그녀의 주치의와 편지를 주고받았다. 1869년 7월에 스펄전은 자기 아버지에게 편지를 쓴다.

불쌍한 제 아내는 점점 약해져 가고, 언제나 통증을 달고 살아갑니다. 그러나 모든 것이 잘 될 것임에 틀림없습니다.[21]

---

20 *The Sword and the Trowel*, December 1903, 606.
21 영국 옥스퍼드의 리젠트파크칼리지(Regent's Park College)의 앵거스 도서관(Angus Library)에 보관되어 있는 한 편지에서 발췌했다. 사용이 허가됨.

수지가 고난 중에서도 보여준 믿음, 인내, 수고는 놀랍다. 1875년에 북펀드 사역이 시작되었고, 그녀는 세상을 떠날 때까지 그 사역을 관리 감독했다. 그녀의 첫 번째 책은 1886년에 출간되었다. 그녀는 찰스가 세상을 떠난 후 「검과 모종삽」(The Sword and the Trowel)의 편집자가 되었고, 몇 년 동안 그 일을 지속해 나갔다.

교회 개척을 위한 그녀의 노력은 1896년에 시작되었고 1900년 즈음 그녀는 두꺼운 4권의 책들로 구성된 스펄전의 자서전을 출간했다. 수지는 1899년 어느 추운 금요일에 불 타버린 메트로폴리탄타버내클을 재건축하는 데 보탬이 되기 위해서 두 시간 동안 30,000 달러의 재정을 모금했다. 그녀는 수백 통의 편지에 답장을 했고, 심지어 생애를 마감하는 날이 다가오는 순간에도 여전히 북펀드 사역을 맡았다. 그녀의 아들 찰스는 다음과 같이 기록했다.

> 그녀는 일을 할 때 포기할 줄 몰랐고, 끝까지 주님을 위하여 수고했습니다. 마음이 지쳐있고, 몸이 연약해져 있을 때조차, 그녀는 삽화 연감을 위해서 끈질기게 원하는 본문을 고르고 또 골랐습니다. 그리고 가난한 목회자들의 존재가 잊혀지지 않도록 하기 위해서, 그들이 책 선물을 목 빠지게 기다리지 않도록 하기 위해서 그녀는 밤낮으로 염려했습니다.[22]

이 모든 일은 그녀가 극심한 고통 가운데 살아가는 동안 감당했던 것이었다. 어떤 사람이 수지에게 "하나님은 결코 실수가 없으십니다"라는 문구를 보냈고, 그녀는 그것을 자신이 앓아 누웠던 방에 액자로 걸어놓았다. 그녀는 하나님을 신뢰했고, 그분의 길은 항상 옳다고 믿었다. 그러한 태도는 에너지가 고갈되었을 때에도 지속되었다.

수지는 자신이 할 수 있는 한 모든 일을 감당했다. 그녀는 뉴파크스트리

---

[22] The Sword and the Trowel, December 1903, 607.

트채플과 메트로폴리탄타버내클에서 단순히 예배를 참석했다는 사실만으로도 존경을 받았다. 토마스 스펄전은 이렇게 회상했다.

> 계속 늘어나는 모든 선한 일들 가운데, 스펄전 여사는 적합한 역할을 맡았으며, 그녀가 가장 애정했던 사역들 가운데 한 가지는 여성 침례 대상자들을 격려하고 그들의 침례식에 참여하는 것이었습니다. 오늘날에도 얼마나 많은 사람들이 저에게 이처럼 기쁨 섞인 말들을 하는지 모릅니다. '당신이 아시다시피 그녀는 저를 이 침례탕으로 이끌어 주었습니다. 저는 그녀가 저에게 해 준 사랑의 말씀들을 결코 잊을 수가 없습니다.'[23]

## 7. 자기 남편의 유산을 전했던 수지 여사

수지에게 있어서 가장 큰 유산은 북펀드 사역도 아니고, 교회 개척도 아니며, 그녀가 참여했던 다른 교회 사역들도 아니며, 그녀가 저술한 책들도 아니었다. 그녀의 사역 가운데 최고의 유산은 자신의 남편을 섬긴 것이며, 그를 향한 사랑이며, 그의 저술 활동과 사역에 대한 지지였다. 찰스와의 결혼 생활은 진정으로 평생에 걸친 로맨스였다.

찰스는 수지의 격려 없이는 그의 사역의 요구를 충족시킬 수도 없었고, 그렇게 많은 책을 써낼 수도 없었고, 역사에 길이 남을 만한 족적도 남길 수 없었을 것이다. 그가 우울증으로 고생했을 때 수지는 그에게 책을 읽어 주었고, 그가 집을 떠나 있을 때에는 그를 위하여 부지런히 기도했고, 그가 시련당할 때 함께 울었으며, 그가 병들었을 때 옆에서 간호해 주었다.

그를 위한 애칭은 '디르사다'(Tirshatha, 역자주: 에스라 2장 63절[개역개정판]에서 '방백'으로 번역되었다)였는데, '존경받을 만한 분'(Your Reverence, 역자 주:

---

[23] Ibid., November 1903, 551.

이 표현은 영어권에서 목사를 가리킨다)을 의미했다.[24] 찰스는 이 경건한 여인에게 사랑 받는 것을 기뻐했기 때문에 자신의 기쁨과 슬픔을 주저함 없이 그녀에게 표현했다. 찰스가 언론에서 비방당했을 때 수지는 마음이 쓰라렸지만, '그 누구보다 찰스는 도덕성과 충성심으로 존경을 받으며 살았다'라는 사실로 인하여 하나님께 감사드렸다.[25]

찰스는 수지로부터 진심어린 사랑과 존경을 받았다는 사실에 반응했다. 그는 사랑하는 아내가 자신의 삶과 사역을 격려했다는 사실이 매우 중요하다고 생각했다. 스펄전은 자신의 어머니에게 보낸 1856년 3월 18일자 편지에서 수지에 대한 감사가 터져 나왔다.

> 수지는 복 받은 피조물이며 나를 주님의 일로부터 멀어지게 하지 않았습니다, 오히려 그녀는 주님을 위하여 자기를 부인하고자 했습니다. 내가 설교를 잘 할 수 없을 것이라고 생각했을 때 나를 응원해 준 그녀가 얼마나 좋은지 모르겠습니다. 그녀는 저로 하여금 다시 일어나 앞으로 나아갈 수 있도록 애쓰는 마음으로 속삭입니다.
> "뭐라구요. 당신 안 믿어요?
> 그런 비할 데 없는 성공을 경험한 사람이, 뭐라구요, 당신 지금 의심하는 거에요?"[26]

스펄전에게 있어서 설교하고, 글을 쓰고, 목양하는 것은 훨씬 쉬운 일이었다. 왜냐하면, 그의 "소중한 사랑"의 격려 때문이었다. 찰스를 향한 수지의 특별한 격려는 자신뿐만 아니라, 복음을 전파하는 데 있어서 일종의 투자였다. 찰스의 글이 오늘날 많이 읽혀지고 많은 사람이 유익을 얻고 있는 이유는 그녀의 지지 때문이었다.

---

[24] Lewis Drummond, *Spurgeon: Prince of Preachers* (Grand Rapids: Kregel, 1992), 230.
[25] C. H. Spurgeon, *Autobiography*, 2:21.
[26] 런던에 위치한 메트로폴리탄타버내클에 보관된 한 통의 편지에서 발췌함.

찰스의 죽음 이후, 수지는 자서전에서 그의 이야기를 기록하는 일을 하고, 그의 책과 설교를 번역하여 전 세계에 알림으로써, 그가 사랑했던 복음을 전파하며 여생을 보냈다. 수잔 바커(Susan Barker)는 다음과 같이 기록했다.

> 수잔나 스펄전이 북펀드 사역을 감당했던 28년 동안, 거의 20만권의 책들이 2만 5천명의 목회자의 수중으로 들어갔으며, 수만 명의 설교집이 전 세계로 보내졌다. … 그 결과 찰스 해돈 스펄전의 이름이 널리 알려지기 시작했는데, 그가 단순히 능력 있는 설교자여서가 아니라, 그의 책과 설교집이 '스펄전 여사의 북펀드 사역'을 통하여 대영제국을 비롯하여 전 세계로 널리 퍼져나갔기 때문이었다.[27]

수지는 종종 '해외 사역'에 관하여 글을 쓰기도 했다. 선교사들을 비롯하여 여러 사람이 그녀의 북펀드 사역으로부터 소포를 받았는데, 뉴질랜드, 중국, 콩고, 인도 등지에 소포가 보내졌다. 찰스 스펄전이 그리스도의 품으로 떠나간 지 오랜 시간이 지난 후, 수지의 영향력을 통하여 그의 명성이 점차적으로 더 많이 알려졌다. 찰스는 수지의 마음속에 여전히 살아 있었고, 그녀는 자신이 세상을 떠나는 순간까지 신실한 섬김의 본을 보였을지라도, 하늘로 간 자기 남편과 재회하기를 갈망했다.

아치볼트 브라운 목사는 수지에 대하여 말했다.

> 우리의 자매는 삶의 모든 여정을 마쳤습니다. 그것은 영원한 안식입니다. 그녀를 포함해서 우리 모두가 사랑하는 그 왕을 바라봅니다. 두 사람은 이제 재회했습니다. 찰스가 숨을 거두는 모습을 지켜본 그녀는 이제 자신

---

27 Susan Valerie Barker, "Susannah and the Lemon Tree": Mrs. C.H. Spurgeon's Book Fund, *Baptist Quarterly* 48, no. 4 (2017): 159-67, DOI: 10.1080/0005576X.2017.1376536.

의 마지막 숨을 거두었고, 그로 말미암아 그들은 영원히 재회하게 되었습니다.[28]

찰스 레이는 이렇게 생각했다.

> 만일 위대함이 세상 속에서 행한 선행의 양에 의존한다면, 그것이 다른 사람을 섬기는 이타적인 헌신의 또 다른 이름이라면(확실히 참된 위대함은 이 모든 것을 포함합니다), 스펄전 여사는 그 시대의 위대한 여성들 가운데 한 사람으로서, 그 이름이 후대에 전해질 것이다.[29]

수지는 결코 자신을 위대한 여성으로 생각한 적이 없으며, 모든 시대를 통틀어서 위대한 여성의 반열에 들 수 있다고 생각하지 않았다. 그녀는 자신을 짓누르는 죄악의 무게를 느꼈다. 그녀는 찰스가 집에서 멀리 떠나 있을 때 걱정 근심으로 가득했다.

그녀는 자기가 지은 죄악들을 빨리 인정하고 회개했고, 자기 친구들과 독자들에게 힘든 상황을 버텨내고 있다고 솔직하게 이야기 했으며, 하나님께서 그녀를 사랑하시기 때문에 경험할 수 있었던 모든 것을 기억하면서 희망을 가지고 살았다.

만일 그녀가 천국에서 우리에게 이야기를 한다면 무엇이라고 말할까?

그녀의 아들 토마스는 그러한 일이 일어날 것을 상상하면서 다음과 같이 이야기했다.

> 저는 그녀가 이전보다 더욱 솔직하고 다정하게, 그러나 한편으로 강권적인 어투로 하나님 말씀의 귀중함을 마음에 담아야 한다고 우리에게 말할

---

[28] *The Sword and the Trowel*, December 1903, 603.
[29] Charles Ray, *The Life of Susannah Spurgeon*, 250.

것이라고 생각합니다. 그녀는 우리에게 하나님의 약속을 받고 간구하라고 말할 것입니다. 그녀는 우리에게 십자가를 꼭 붙잡고 선한 것을 놓치지 말라고 권면할 것입니다. 그녀는 한때 구원받지 못했던 죄인들에게 예수님의 완성된 사역을 신뢰하라고 간청할 것입니다.[30]

그뿐만 아니라, 그녀는 우리에게 예수님을 위한 선한 일에 적극적으로 임하라고 도전할 것이다. 웨스트우드에서 드려진 장례 예배에서 풀러 구치 목사는 예배 처소에 모인 사람들에게 "그녀가 보인 모범을 기쁜 마음으로 따르십시오"라고 도전했다.

우리는 사랑하는 고인을 가슴 쓰라리게 그리워 할 것이며, 다시 만나보기를 원할 것입니다.
그녀가 떠난 빈 공간을 과연 누가 채울 수 있을까요?
그녀에 대한 기억이 노력을 배가시키도록 자극을 주고, 다른 사람들을 사랑으로 돌볼 사람들이 이 방 안에 존재할 수 있습니다.
우리가 그녀가 보여준 자기희생, 그녀가 주님을 위하여 사랑했던 사람들을 위한 인내의 노동을 생각할 때, 그녀가 보여주었고 우리 안에 심겨놓은 모범을 따르도록 각성합시다. 지상에서 우리의 섬김은 곧 끝날 것입니다. 우리는 신선한 기름으로 기름 부음 받고, "이리로 오라"라고 부르시는 그 음성을 들을 때까지 우리 주님을 위해서 일하고, 우리를 사랑하신 구주를 만나게 될 것이고, 우리보다 앞서 간 사랑하는 사람들과 재회할 것입니다![31]

---

30 *The Sword and the Trowel*, December 1903, 608.
31 Ibid., December 1903, 602-604.

질문은 여전히 남아 있다. 수지가 보여준 모범 때문에 더욱 뜨거운 열정으로 주의 일을 맡을 사람이 누가 있을까?

수지 역시 이와 동일한 질문을 가지고 있었다.

> 제가 맡았던 사역의 현재와 미래에 대해서 걱정해야 하는지 잘 모르겠습니다. 분명한 사실은 그것이 주님께 속해 있다는 사실입니다. 그분은 저에게 사역을 감당할 수 있도록 일거리를 제공하셨고, 든든한 버팀목이 되어 주셨습니다. 그 일이 시작된 이후로 그분은 이 섬김을 보시고 미소 지으셨습니다. 확실한 것은 제가 이 사역을 그만둘 때, 어떻게 될지에 관하여 걱정할 필요가 전혀 없습니다. 그런데 때때로 그 생각이 적막을 깨고 들어옵니다.
> "누가 이 일을 이어나갈 수 있을까?" …
> 오! 이 어리석은 마음이여!
> 불필요한 짜증과 염려로 당신께 드리는 이 질문이 과연 무슨 의미가 있을까요?
> 그러한 질문이 얼마나 많은 자만심과 자부심을 드러내는 것일까요?
> 왜 주님께서는 당신의 요청을 듣고 그 사역을 감당하기 위해서 준비하며 기다리고 있는 수백 명의 종을 예비해 두셨을까요?
> 그러니깐 쉿!
> 기다리고, 지켜보고, 일하세요.
> "주님 안에서 안식을 누리고, 그분을 위하여 인내하며 기다리세요."[32]

아치볼드 브라운은 수잔나 스펄전의 무덤에서 이러한 메시지를 전하면서 마무리 짓는다.

---

32　Mrs. C. H. Spurgeon, *Ten Years*, 396.

자매여, 안녕!

우리는 당신을 인하여 하나님께 찬양을 드립니다. 멈추지 않는 수고를 했고, 치열한 전쟁과 같은 삶을 보낸 당신의 남편을 도와주셔서 감사드립니다. 우리 주님의 가난한 종들을 향한 사랑의 섬김으로 인하여, 수백 명의 마음은 당신에 대한 소중한 기억을 간직하고 있습니다. 오늘날, 당신의 죽음을 진심으로 슬퍼하는 사람들 가운데 알려지지 않은 겸손한 사역자들이 있습니다.

가난과 싸우느라 지쳐있던 수많은 목회자의 아내들은 당신이 "축복"이라고 불렀던 사랑의 구호품을 받았습니다. 당신의 아이들은 살아 있는 동안 당신이 남긴 눈에 보이지 않는 발자국을 따라가고, 우리는 한 마음으로 이 일을 위하여 다음과 같이 기도합니다.

"당신들의 아버지와 어머니의 하나님께서 충만하도록 영광 받으시기를 원합니다. 예수님께서 재림하시고 모든 후손이 영원한 집에 모이는 그날까지 당신의 복이 자녀들에게 이어져 내려갈 수 있기를!"[33]

웨스트우드에서 2마일 떨어져 있고, 수정궁에서부터 경사진 언덕으로 내려가다 보면 '웨스트노우드묘지'가 보인다. 고딕 스타일의 묘지 내부 입구에 들어가서 바로 언덕의 오른편 그리고 왼쪽 위에 찰스와 수지의 관을 보관해 놓은 기념물이 있다. 기념물의 왼편 화강암에 수지의 유언과 〈나 같은 죄인 살리신〉을 지은 작가의 가사가 새겨져 있다.

이 가사는 그리스도인들에게 있어서 염려할 필요가 없고, "쉿! 기다리고, 지켜보고, 일하세요. '주님 안에서 안식을 누리고, 그분을 위하여 인내하며 기다리'"라고 끊임없이 상기시켜 준다.[34]

---

[33] *The Sword and the Trowel,* December 1903, 604-605.
[34] Mrs. C. H. Spurgeon, *Ten Years*, 396.

1832년 1월 15일 출생하여 1903년 10월 22일 세상을 떠나다.
수잔나 스펄전에 대한 사랑의 기억을 간직하며

과거에 베푸신 그분의 사랑은 나로 하여금 생각하는 것을 금하시고,
그는 마침내 나를 침몰시키는 곤경에 빠지도록 내버려 두실 것입니다.

내가 회상하는 기분 좋은 에벤에셀 하나하나가
나를 전적으로 도우시려는 그분의 선하신 기쁨을 확인시켜 줍니다.

내가 마주한 모든 것이 나의 형통함을 위해 작용하기 때문에
쓴 것은 달콤해지고 약은 음식이 됩니다.
현재는 고통 속에 있지만, 그 기간이 길어지기 전에 멈출 것입니다,
그러면 그때, 오! 얼마나 그 정복자의 노래가 그리 유쾌하게 들릴지.

## 스펄전의 증손녀 글

나는 스펄전이란 이름을 거의 들어본 적이 없으며, 찰스 또는 수지에 대한 정보도 거의 알지 못하는, 아일랜드의 더블린에서 자랐다. 나는 어렸을 때 나의 조상들에 대한 관심이 거의 없었으며, 우리 부모님은 그들에 관하여 자주 이야기하지 않았다. 누군가 우리 교회를 방문할 때 회중 가운데 '스펄전 가족'이 있다는 사실을 발견할 때나 언급될 때, 그냥 지나쳤다. 확실한 사실은, 나는 그들에 대해서 그렇게 많은 생각을 한 적이 없었다.

찰스 스펄전의 글을 많이 읽어본 한 친구가 나에게 그가 쓴 책 중에서 어떤 책을 가장 감명 깊게 읽었는지에 대해서 질문을 했던 기억이 있다. 나는 그가 쓴 책을 한 권도 읽지 않았다는 사실을 말하기가 부끄러웠다. 나는 인생의 많은 시간을 하나님께 많은 관심을 기울이지 않은 채 보내 왔다. 하나님께서 나의 믿음을 자라나게 하셨을 때 한순간에 그의 책을 읽기 시작했는데, 나는 스펄전의 『아침과 저녁 묵상집』(Morning and Evening)을 집어 들고 읽기 시작했다.

나는 그 글이 꽤 오래전에 쓰여졌기 때문에 지루하고 이해하기 어려울 것이라고 생각했다. 그와 반대로 놀랍게도 나는 스펄전의 글이 단순하면서도 놀라운 방식으로 예수님께서 살아 계심을 깨닫게 한다는 사실을 발견했다. 하나님께서는 성경을 비롯하여 다른 글과 함께, 나의 고조할아버지의 글을 사용하셔서서 그분께서 나의 필요가 되신다는 사실에 눈을 뜨게 하셨다. 구원자를 향한 찰스의 사랑과 헌신은 그의 글 전체에서 발견되며, 글을 읽을 때 무언가가 내 마음속 깊은 곳에 박혔다.

나는 나의 또 다른 조상인 수지에 관한 글을 읽고 나서 놀라움을 금치 못했다. 수지에 관한 글은 그녀가 가지고 있는 믿음의 깊이 그 이상을 보여주었다. 나는 하나님과 동행하는 삶에 관하여 그녀와 멋진 대화를 나누고 싶었다. 만일 무엇보다 나는 그녀가 하나님과 그분이 그녀에게 주신 약속을 신뢰하지 않았다면 이처럼 놀라운 여성이 되지 못했을 것이라고 생각했다.

그녀는 그리스도께 깊이 뿌리를 내렸으며, 그분 안에 거했으며, 어떤 일이 생기면 반드시 그분께로 나아갔다. 그녀는 좋을 때는 하나님을 찬양하며 시련이 다가올 때는 그분께 무릎을 꿇었다. 그녀는 생수의 근원으로 또 다시 나아갔으며 그곳에서 흘러나오는 생수를 마셨다. 그리고 나서 그녀는 자신의 삶 속에 주어진 모든 일을 감당할 수 있었다.

나는 그녀와 같은 삶을 살아가고, 내 삶의 모든 필요가 되시는 예수님을 모시고, 매일 그분 안에 거하고, 맡겨진 일이 무엇이든지 간에 그분을 영화롭게 할 수 있도록 용기를 얻었다. 레이가 주목했듯이, 수지와 찰스는 복음의 메시지를 두 아들, 찰스와 토마스(나의 증조부)에게 전해 주려고 전적으로 헌신했다. 나는 그들이 자신들의 후손을 위해서 기도했다는 사실을 안다.

찰스는 8월 1일에 『믿음 은행의 수표책』(*The Cheque Book of the Bank of Faith*)에서 이렇게 기록했다.

모든 세대의 후손을 위해서 기도합니다. 나의 하나님이 그들의 하나님이 되게 하소서. 나에게 있어 가장 큰 영예는 당신을 예배하는 것이며, 나의 후손들이 다가올 모든 날 동안에 당신을 섬기는 것입니다.

우리 하나님은 지금까지 이 기도에 응답하셨기 때문에 하나님은 너그러우시며, 필요한 것을 공급하시는 분이심을 확인할 수 있다. 나의 할아버지 헤롤드(토마스의 아들)는 예수님께 영광을 돌리는 삶을 살았고, 나의 아버지(데이비드) 역시 그분을 따르는 삶을 살았다.

하나님은 나의 형제(리차드)와 내 눈을 열어서 그리스도의 영광을 바라보게 하셨고, 그분을 사모하는 마음을 주셨다. 나는 나의 자녀들을 믿음 안에서 양육할 것이며, 이 기도는 하나님의 은혜로 말미암아 다가올 세대에게 계속 응답될 것이고, 궁극적으로 하나님께서 영광 받으실 것이다.

수잔나 스펄전 코클랭